审计学教程

崔君平　主　编

徐振华　杨　斌　副主编

清华大学出版社

北　京

内 容 简 介

本书根据高等院校审计学课程的基本要求编写,注重理论与实践相结合,系统地介绍了审计学的理论架构和应用实务。主要内容包括:审计概论,审计的种类、方法和程序,审计组织形式,我国注册会计师行业管理,注册会计师职业道德和法律责任,审计准则与审计依据,审计计划、重要性和审计风险,审计证据和审计工作底稿,内部控制系统评价和审计,审计的导向类型和技术发展,销售与收款循环审计,购货与付款循环审计,生产与费用循环审计,筹资与投资循环审计,货币资金审计,完成审计工作与审计报告,验资、会计咨询与会计服务业务。

本书可以作为高等院校财政学、会计学、金融学等经济管理类专业的教学用书,也可作为广大审计人员、注册会计师和企业会计及财务管理人员的学习参考书和继续教育培训教材。本书配有课件,下载地址:http://www.tupwk.com.cn/downpage。

图书在版编目(CIP)数据

审计学教程/崔君平 主编. —北京:清华大学出版社,2015(2019.9重印)
(普通高等教育经管类专业"十二五"规划教材)
ISBN 978-7-302-39781-6

Ⅰ.①审… Ⅱ.①崔… Ⅲ.①审计学—高等学校—教材 Ⅳ.①F239.0

中国版本图书馆 CIP 数据核字(2015)第 077163 号

责任编辑:施 猛 马遥遥
封面设计:周晓亮
版式设计:方加青
责任校对:曹 阳
责任印制:刘海龙

出版发行:清华大学出版社
　　　　　　网　　　址:http://www.tup.com.cn,http://www.wqbook.com
　　　　　　地　　　址:北京清华大学学研大厦 A 座　　　　邮　　编:100084
　　　　　　社 总 机:010-62770175　　　　　　　　　　邮　　购:010-62786544
　　　　　　投稿与读者服务:010-62776969,c-service@tup.tsinghua.edu.cn
　　　　　　质 量 反 馈:010-62772015,zhiliang@tup.tsinghua.edu.cn
　　　　　　课 件 下 载:http://www.tupwk.com.cn,010-62794504
印 装 者:北京富博印刷有限公司
经　　　销:全国新华书店
开　　　本:185 mm×260mm　　　　印　　张:24　　　　字　　数:614 千字
版　　　次:2015 年 6 月第 1 版　　　　印　　次:2019 年 9 月第 2 次印刷
定　　　价:59.00元

产品编号:060289-02

前　言

　　《审计学教程》是作者结合我国审计学发展的理论与实践，在认真消化、研究国内外有关审计准则、法律、法规的相关规定基础上，编写完成的一部审计学教材。同时，《审计学教程》也是沈阳工学院承担的辽宁省省级实践教学基地建设研究成果。

　　近年来，我国经济发展方式正在发生重大转变，审计行业的法律环境也发生了重大变化。审计理论和实务正在经历一个变革和完善的过程。我国先后颁布了新的审计准则，即从2011年1月1日起执行新的《中华人民共和国国家审计准则》；自2012年1月1日起执行新修订的38项《中国注册会计师审计准则》；从2014年1月1日起执行新的《中国内部审计准则》。

　　为了指导注册会计师更好地运用中国注册会计师审计准则，解决审计实务问题，防范审计风险，中国注册会计师协会起草了《中国注册会计师审计准则问题解答第1号——职业怀疑》《中国注册会计师审计准则问题解答第2号——函证》《中国注册会计师审计准则问题解答第3号——存货监盘》《中国注册会计师审计准则问题解答第4号——收入确认》《中国注册会计师审计准则问题解答第5号——重大非常规交易》《中国注册会计师审计准则问题解答第6号——关联方》共六项审计准则问题解答，自2014年1月1日起施行。

　　为满足高等院校财政学、会计学、金融学、管理学、税务专业，以及经济管理类各专业的教学需要，我们根据新的审计理论和实务编写了《审计学教程》一书。本教材以现代审计理论、方法和审计程序为基本结构，以审计发展过程中的审计活动为主线，全面介绍审计的理论和方法。本书遵循应用型人才培养模式，贯彻"理论适度够用，强化实践应用"的原则，旨在培养学生具有较系统的审计学的基本理论、基础知识和专业技能。

　　本书可以作为高等院校财政学、会计学、金融学等经济管理类专业的教学用书，也可作为广大审计人员、注册会计师、企业会计及财务管理人员的学习参考书和继续教育培训教材。

　　全书内容包括：审计概论，审计的种类、方法和程序，审计组织形式，我国注册会计师行业管理，注册会计师职业道德和法律责任，审计准则与审计依据，审计计划、重要性和审计风险，审计证据和审计工作底稿，内部控制系统评价和审计，审计的导向类型和技术发展，销售与收款循环审计，购货与付款循环审计，生产与费用循环审计，筹资与投资循环审计，货币资金审计，完成审计工作与审计报告，验资，会计咨询与会计服务业务。

　　本书体例完整，各章设有本章小结及复习思考题，部分章节还编写了案例分析题。在内容编写上，本着应用为本、学以致用的原则，注重审计理论与审计实务相结合。本书在编写过程中，尽量体现"实用、更新"的精神，力求做到深入浅出、通俗易懂。

本书由沈阳工学院崔君平担任主编，由沈阳理工大学徐振华、抚顺职业技术学院杨斌担任副主编。参与本书编写的人员有沈阳工学院岳春玲、商敏、李争艳、安洋，以及抚顺职业技术学院吴春珍。

全书共分18章，具体写作分工：第1、2、3章由徐振华编写；第4、5、6章由崔君平编写；第7、8章由吴春珍编写；第9、10章由杨斌编写；第11、12章由岳春玲编写；第13、14章由李争艳编写；第15、16章由商敏编写；第17、18章由安洋编写。全书由崔君平负责总撰定稿。

本书编写过程中，我们参考了已经出版的同类教材，借鉴了国内外学者的研究成果。在此，一并向他们表示深深的感谢。

由于编写时间仓促，同时作者水平有限，书中一定存在不足之处，敬请读者批评指正。反馈邮箱：wkservice@vip.163.com。

编 者

2015年2月

目　录

第1章　审计概论

1.1　审计的产生与发展

社会经济环境决定着审计的产生与发展。当社会经济发展到一定程度，经济组织规模扩大了，经济活动过程复杂了，管理层次增多了，财产所有者无法亲自掌管全部资产的运营，只好委托他人代为经营，财产所有权与经营管理权发生分离，形成了受托责任关系。为了监督经营管理者的经济行为和受托责任的履行情况，财产所有者就授权或委托专职机构与人员(独立的第三者)代替自己进行监督检查，于是就产生了审计。按照审计主体不同，可将审计分为政府审计、内部审计和注册会计师审计。注册会计师审计，也可称为社会审计、民间审计。

1.1.1　我国审计的产生和发展

我国审计经历了一个漫长的发展过程，大体上经历了三个发展时期：古代审计、近代审计和现代审计。

公元前11世纪至1840年，为我国古代审计时期；1840年至1949年，为我国近代审计时期；中华人民共和国成立以后，我国审计步入了现代审计时期。

以上三个时期的审计，按照审计发展历程可分为6个阶段：西周初期为初步形成阶段；秦汉时期为最终确立阶段；隋唐至宋为日臻健全阶段；元明清为停滞不前阶段；新中国成立前为不断演进阶段；新中国为振兴阶段。

1. 我国古代审计

1) 西周初期是我国审计初步形成阶段

西周国家财计机构分为两个系统：一是地官大司徒系统，掌管财政收入；二是天官冢宰系统，掌管财政支出。天官所属中大夫司会，为主宦之长，主天下之大计，本为分掌王朝财政经济的审核和监督。《周礼》中记载："凡上之用，必考于司会。"即凡帝王所用的开支，都要受司会的检查，可见司会的权力很大。而且还说："以参互考日成，以月要考月成，以岁会考岁成。"即司会每旬、每月、每年都要对下级送上来的报告加以考核，以判断每一个地方官吏每旬、每月和每年所编制的报告是否真实、可靠，再由周王据此决定赏罚。我国政府审计的起源，基于西周的宰夫。《周礼》云："宰夫岁终，则令群吏正岁会。月终，则令正月要。旬终，则令正日成。而考其治，治以不时举者，以告而诛之。"即年终、月终、旬终的财计报告先由宰夫命令各部门官吏整理上报，宰夫就地稽核，发现违法乱纪者，可越级向天官冢宰或周王报告，加以处罚。由此可见，宰夫是独立于财计部门之外的职官，该官职的设立标志着我国政府审计的产生。

2) 秦汉时期是我国审计的确立阶段

(1) 初步形成了统一的审计模式。秦汉时期是我国封建社会的建立和成长时期，封建社会经济的发展，促进了秦汉时期全国审计机构与监察机构相结合、经济法制与审计监督制度相统一的审计模式的确立。秦朝，中央设"三公""九卿"辅佐政务。御史大夫为"三公"之一，执掌弹劾、纠察之权，专司监察全国的民政、财政以及财物审计事项，并协助丞相处理政事。汉承秦制，西汉初中央仍设"三公""九卿"，仍由御史大夫领掌审计大权。

(2) "上计"制度日趋完善。所谓"上计"，就是皇帝亲自听取和审核各级地方官吏的财政会计报告，以决定赏罚的制度。这种制度始于周朝，至秦汉时期，日趋完善。

(3) 审计地位提高，职权扩大。御史制度是秦汉时期审计建制的重要组成部分，秦汉时期的御史大夫不仅行使政治、军事的监察职权，还行使经济的监督之权，控制和监督财政收支活动，勾稽总考财政收入情况。应该指出的是，秦汉时期审计制度虽已确立，但仍属初步发展时期。

3) 隋唐至宋是我国审计日臻健全阶段

隋唐时代是我国封建社会发展的鼎盛时期，宋代是我国封建社会经济的持续发展时期。隋唐至宋，中央集权不断加强，官僚系统进一步完善，审计在制度方面也日臻健全。隋开创一代新制，设置比部，隶属于都官或刑部，掌管国家财计监督，行使审计职权。

唐改设三省六部，六部之中，刑部掌天下律令、刑法、徒隶等政令，比部仍隶属于刑部，凡国家财计，不论军政内外，无不加以勾稽，无不加以查核审理。比部审计之权通达国家财经各领域，而且一直下伸到州、县。由此可见，唐代的比部审查范围极广、项目众多，而且具有很强的独立性和较高的权威性。

宋代审计一度并无发展。元丰改制后，财计官制复唐之旧，审计之权重归刑部之下的比部执掌，审计机构重获生机。此外，还专门设置审计司，隶属于太府寺。北宋时又曾将这个机构改称为审计院。南宋时，湖、广还设有审计院，四川也设有审计院。宋审计司(院)的建立，标志着我国审计的正式命名，从此，"审计"一词便成为财政监督的专用名词，对后世中外审计建制具有深远的影响。

4) 元明清是我国审计停滞不前阶段

元明清各朝，君主专制日益强化，审计虽有发展，但总体上停滞不前。元代取消比部，户部兼管会计报告的审核，独立的审计机构即告消亡。明初设比部，不久即取消，洪武十五年设都察院，以左右都御史为长官，审查中央财计。清承明制，设置都察院，"对君主进行规谏，对政务进行评价，对大小官吏进行纠弹"，成为最高的监察、监督、弹劾和建议机关。虽然明清时期的都察院制度有所加强，行使审计职能，但由于取消了比部这样的独立审计组织，其财计监督和政府审计职能严重削弱，与唐代行使司法审计监督职能的比部相比，后退了一大步。

2. 我国近代审计

1912年在国务院下设审计处，1914年北洋政府改为审计院，同年颁布了《审计法》。国民党政府根据孙中山先生五权分立的理论，设立司法、立法、行政、考试、监察五院。在监察院下设审计部，各省(市)设审计处，不能按行政区域划分的单位，如国库、铁路局、税务机关等，则根据需要与可能设审计办事处，分别对中央和地方各级行政机关以及单位的财政和财务收支实行审计监督。国民党政府也于1928年颁布《审计法》和实施细则。1929年颁布了《审计组织法》，审计人员有审计、协审、稽察等职称。

与此同时，我国资本主义工商业有所发展，民间审计应运而生。1929年《公司法》的颁布以及后来有关《税法》和《破产法》的施行，也对职业会计师事业的发展起了推动作用。20世纪30年代以后，一些大城市相继成立了会计师事务所，接受委托人委托办理查账等业务，民间审计得到了发展。

这一时期，我国审计日益演进、有所发展，但由于政治不稳定，经济发展缓慢，审计工作一直没有长足的进展。

3. 我国现代审计

中华人民共和国成立以后，国家没有设置独立的审计机构。对企业的财税监督和货币管理，是通过不定期的会计检查进行的。党的十一届三中全会以来，党和政府把工作重心转移到经济建设上来，并采取了一系列的方针政策。为适应这种需要，我国在1980年恢复和重建了注册会计师制度，财政部颁布了《关于成立会计顾问处的暂行规定》，会计师制度在改革开放中获得了迅速发展。1986年7月，国务院颁布了《中华人民共和国注册会计师条例》，标志着我国民间审计的发展进入了一个新阶段。1994年1月1日《中华人民共和国注册会计师法》的实施，使民间审计步入了法制的轨道，并得到迅猛发展。与此同时，我国已把建立政府审计机构，实行审计监督，载入我国1982年修改的《中华人民共和国宪法》，并于1983年9月成立了我国政府审计的最高机关——审计署，在县以上各级人民政府设置各级审计机关。1985年8月发布了《国务院关于审计工作的暂行规定》；1988年11月颁发了《中华人民共和国审计条例》；1995年1月1日《中华人民共和国审计法》的实施，从法律上进一步确立了政府审计的地位，为其进一步发展奠定了良好基础。2006年2月颁布了《中华人民共和国审计法》(2006年修正)，对原《中华人民共和国审计法》做了大量修订，自2006年6月1日起施行。为了全面开展审计工作，完善审计监督体系，加强部门、单位内部经济监督和管理，我国于1984年在部门、单位内部成立了审计机构，实行内部审计监督。1985年10月颁布了《审计署关于内部审计工作的若干规定》，在各级政府审计机关、各级主管部门的积极推动下，内部审计蓬勃发展。2003年5月1日，审计署颁布施行了《审计署关于内部审计工作的规定》。至此，我国形成了政府审计、民间审计和内部审计三位一体的审计监督体系。

1.1.2　我国注册会计师审计的产生与发展

1. 我国注册会计师审计的产生

注册会计师审计，也称为社会审计、民间审计。我国民间审计始于辛亥革命后，当时一批爱国的会计学者鉴于外国注册会计师包揽我国注册会计师业务的现实，为了维护民族利益和尊严，积极倡导创建中国自己的注册会计师事业。1918年9月，北洋政府农商部颁布了我国第一部注册会计师法规——《会计师暂行章程》，并于同年批准著名会计学家谢霖先生为中国的第一位注册会计师，谢霖先生创办的中国第一家会计师事务所——正则会计师事务所也获批准成立。此后，又逐步批准了一批注册会计师，建立了一批会计师事务所。1925年上海成立了"全国会计师协会"。1930年国民政府颁布了《会计师条例》，确立了会计师的法律地位。1933年，又成立了"全国会计师协会"。至1947年，全国已拥有注册会计师2619人，并建立了一批会计师事务所。

2. 我国注册会计师审计的发展

中华人民共和国成立初期，国家没有设置独立的审计机构。20世纪80年代，为适应改革开放和经济建设的需要，我国全面开展审计工作，1980年恢复、重建注册会计师制度，1981年"上海会计师事务所"成立。1986年《注册会计师条例》的颁布，成为我国注册会计师制度步入法制化道路的重要标志。1988年中国注册会计师协会成立。1993年我国颁布了《注册会计师法》。自1994年开始，中国注册会计师协会相继发布了一批注册会计师审计准则，至2006年已发布、修订了48项执业准则及指南。2012年国家财政部根据与国际审计准则全面趋同的原则，公布了新修订的38项审计准则，中国注册会计师行业蓬勃发展。至此，我国形成了国家审计、注册会计师审计和内部审计三位一体的审计体系，三者各自独立、各司其职，在不同领域实施审计，审计工作进入了振兴时期。

审计监督体系的构建和完善对我国市场经济体制的有序运行乃至整个社会的良性发展都起到了积极的促进作用。从审计的产生与发展历程中我们可以看到，审计的产生与发展与经济环境密切相关，经济越发展，审计越重要。

近年来，由于我国经济的迅速发展，民间注册会计师在社会审计中的应用日益广泛，影响也越来越大。

1.1.3 西方审计的产生与发展

在西方国家，随着生产力的发展和经济关系的变革，审计也经历了一个漫长的发展过程。在西方，政府审计的产生早于民间审计和内部审计。注册会计师审计起源于企业所有权和经营权的分离，是市场经济发展到一定阶段的产物。从注册会计师审计的发展历程看，其最早起源于意大利的合伙企业制度，形成于英国的股份企业制度，发展和完善于美国发达的资本市场。

1) 西方政府审计的产生与发展

(1) 西方政府审计的产生。据考证，早在奴隶制度下的古罗马、古埃及和古希腊时期，已有官厅审计机构。审计人员以"听证(Audit)"方式，对掌管国家财物和赋税的官吏进行审查和考核，这成为具有审计性质的经济监督工作。在历代封建王朝中，也设有审计机构和人员，对国家的财政收支进行监督。但当时的审计，不论从组织机构上还是方法上，都还处于很不完善的阶段。

(2) 西方政府审计的发展。随着经济的发展和资产阶级国家政权组织形式的完善，政府审计也有了进一步的发展，其主要类型有：立法型、司法型、行政型和独立型。

现代资本主义国家大多实行立法、行政、司法的三权分立，议会为国家的最高立法机关，并对政府行使包括财政监督在内的监督权。为了监督政府的财政收支，切实执行财政预算法案，以维护统治阶级的利益，西方国家大多在议会下设有专门的审计机构，由议会或国会授权，对政府及国有企事业单位的财政财务收支进行独立的审计监督。美国于1921年成立的总审计局，就是隶属于国会的一个独立经济监督机构，它担负着为国会行使立法权和监督权提供审计信息和建议的重要职责。总审计长由国会提名，经参议院同意，由总统任命。总审计局和总审计长置于总统管辖以外，独立行使审计监督权。另外，加拿大的审计公署、西班牙的审计法院等，也都是隶属于国家立法部门的独立机构，其审计结果要向议会报告，享有独立的审计监督权限。这是世界上比较普遍的立法系统的政府审计机关。

应该看到，各国政府审计机关都是根据自己的国情来设置的，除立法系统的政府审计机关外，还有一些国家的审计机关隶属于政府，称为行政系统政府审计机关，如罗马尼亚由总统直接领导的高级监察院等；一些国家的审计机关由政府的财政部领导，称为次行政系统政府审计机关，如瑞典的政府审计局等；此外，实际上还存在一种既不属于立法系统也不属于行政系统的政府审计机关，如日本的会计检察院直接对天皇负责。总之，不管采取哪种类型，都应保证政府审计机关拥有独立性和权威性，以不受干扰，能够客观、公正地行使审计监督权。

2) 西方民间审计的产生与发展

(1) 西方民间审计的产生。西方注册会计师审计起源于16世纪的意大利。当时地中海沿岸国家的商品贸易得到了发展，出现了为筹集大量资金进行贸易活动的合伙经营方式，即由许多人合伙筹资，委托给某些人去经营贸易。这样，财产的所有权和经营权分离了，对经营管理者进行监督就成为必要，所有者便聘请会计工作者来承担这项工作。

17世纪初中期，英国的苏格兰也出现了一批类似的会计工作者。这是早期的、处于萌芽状态的民间审计。

现代意义上的注册会计师审计是伴随18世纪初期到19世纪中叶产业革命的完成而开始的。产业革命的完成推动了资本主义商品经济的发展，股份有限公司的兴起，使公司的所有权与经营权进一步分离，不参与经营管理的股东非常关心公司的经营成果，债权人及潜在的投资人也重视公司的经营情况，客观上需要由独立会计师对公司财务报表进行审计，以保证报表的真实可靠。

注册会计师审计产生的"催产剂"是1721年英国的"南海公司"事件。当时的"南海公司"以虚假的会计信息诱骗投资者上当，其股票价格一时扶摇直上，但好景不长，公司最终破产倒闭，其债权人和股东损失惨重。英国议会聘请了精通会计实务的查尔斯·斯耐尔对"南海公司"进行审计。查尔斯以"会计师"名义出具了"报告书"，从而宣告注册会计师的诞生。

(2) 西方民间审计的发展。在西方，由职业会计师进行的民间审计，随着资本主义商品经济的兴起得到了迅速的发展。不同阶段的审计目标和审计方法，如表1-1所示。

表1-1 不同阶段的审计目标和审计方法

序号	审计发展阶段	审计目标	审计方法
1	16世纪，意大利，地中海沿岸商业城市，审计的起源	熟悉会计专业的第三方，对合伙企业经济活动进行鉴证	查账、公证
2	1844年到20世纪初，英国，英式审计，代表CPA审计形成	查错防弊，保护企业资产的安全和完整	对会计账目进行详细审计
3	20世纪初，美国，美式审计，CPA审计发展	帮助债权人以了解企业信用为目的的资产负债表审计	分析、逆查
4	1929—1933年，美国《证券法》《证券交易法》后	以保护投资者为目的的利润表审计	抽样审计
5	二战后到现在，跨国公司，国际资本，国际会计师事务所发展	对财务报表发表审计意见	制度基础审计到风险导向审计

1844年，英国政府为了保护广大股票持有者的利益，颁布了《公司法》，规定股份公司必须设监察人，负责审查公司账目。因为当时的监察人一般由股东担任，他们大多并不熟悉会计业务和专业知识，难以有效监督，所以1845年修订《公司法》时规定，股份有限责任公司可以聘请职业会计师协助办理此项业务。这一规定无疑对发展民间审计起到了推动作用。

1853年，在苏格兰的爱丁堡成立了"爱丁堡会计师协会"，这是世界上第一个职业会计师专业团体。随后，英国有数家会计师协会相继成立，民间审计队伍迅速扩大。但此时的英国民间审计并没有成套的方法和理论依据，只是以查错揭弊为目的，对大量的账簿记录进行逐笔审查，即详细审计。由于详细审计产生于英国，且在英国盛行，故也称为英国式审计。

19世纪末到20世纪初，全球经济发展的重心逐步由欧洲转向美国，美国的注册会计师审计得到了迅速发展。

美国南北战争结束后，英国巨额资本流入美国，起到了促进其经济发展的积极作用。为了保护广大投资者和债权人的利益，英国的执业会计师远涉重洋到美国开展民间审计业务，同时美国也很快形成了自己的民间审计队伍。1887年美国会计师公会成立，1916年改组为美国会计师协会，后来发展为美国注册公共会计师协会(American Institute of Certified Public Accountants，AICPA)，成为世界上最大的民间审计专业团体。

初期的美国民间审计多采用英国式的详细审计。20世纪初期，美国的短期信用发达，企业多从银行举债。银行为了维护自身利益，要求对申请贷款企业的资产负债表进行审查、分析，判断企业的偿债能力，以决定是否给予贷款。因此，以证明企业偿债能力为主要目的的资产负债表审计，即信用审计，在美国风行一时。由于资产负债表审计是美国首先实施的，故其又被称为美国式审计。

20世纪20年代以后，随着资本市场的发育成熟，证券交易的业务量和规模都有了较大的发展。顺应证券市场发展和社会各方面的要求，资产负债表审计已无法满足需要，美国率先进入财务报表审计时代。美国颁布的《1933年证券法》规定，对于在证券交易所上市的所有企业的财务报表，都必须进行强制审计，其财务报表都须经注册会计师出具报告。由于美国以立法的形式推行企业会计公开制度，要求所公开的各种财务报表必须按一定的标准编制，客观上就要求与之相适应的审计工作也必须步入规范化、标准化的轨道。为此，西方会计学家、审计学家加快了对会计准则、审计准则的研究。许多国家的会计职业团体制定和实施了会计准则和审计准则。

20世纪40—60年代，各经济发达国家通过各种渠道推动本国的企业向海外拓展，跨国公司得到空前发展。跨国公司是因资本输出形成和发展起来的，开始时，发达国家的公司向不发达国家投资；到后来，发达国家之间的公司相互渗透，一些不够发达的国家也向发达国家投资。这一方面是由各国经济发展不平衡造成的，另一方面是由于国际经济的发展和国际经济交流日益密切。跨国公司的日益增多，也带动了注册会计师的业务向世界范围扩展。为服务于分设在不同国家和地区的跨国公司，一些国家的会计师事务所组成大规模的国际会计师事务所，或者是跨国公司母国的会计师事务所在投资国分设机构，从而形成国际会计师事务所。这些国际会计师事务所包括普华永道、德勤、安永、毕马威，其机构庞大，人员众多，有统一的工作程序和质量要求，能够适应不同国家和地区的业务环境。它们不但为跨国公司的各个企业服务，而且为当地的企业服务，其业务收入每年达数十亿美元。它们通过遍设于世界各地的事务所，在国际经济活动中发挥重要作用。与此同时，审计技术也在不断完善，抽样审计方法普遍运用，系统导向审计方法得到推广，审计准则逐步完善，审计理论体系开始建立，注册会计师业务扩大到代理纳税、代理记账等业务。

20世纪60年代以后，科学技术有了显著的进步，新兴的产业部门不断涌现，一些新技术和新方法成功地运用于经济管理领域，如高等数学、电子计算机、系统科学被运用于经营管理。这些理论给企业管理的各个方面带来思想和观念的变革，促进了审计技术的进步和管理咨询业务的发展。系统导向审计技术不断完善和还不太成熟的风险导向审计技术开始运用到审计工作中。对注册会计师来说，民间审计业务已不仅仅包括传统的服务项目，还包括许多管理范畴内的服务。当时美国就有几家会计师事务所试行这种应用范围很广的服务方式。20世纪60年代以后，具有各国特色的管理咨询服务在很多国家被广泛接受。注册会计师从适应公司管理手段的改变和改进经营管理的需要出发，开发了电子数据处理系统审计和计算机辅助审计技术，并把业务范围从主要执行审计职能迅速向管理咨询领域扩展。例如，提供经济和财务信息、电子数据处理、存货管理，直至人事管理和个人财务管理等，这些无疑增加了注册会计师在经济生活中的重要性。在一些西方国家，大多数投资者和企业经理在作重大决策前，都要先听取注册会计师的意见。注册会计师在社会中的形象显得更加高大，被视做一种"强大的无形力量"。

21世纪初至今，随着美国安然公司等一批美国公司财务丑闻被揭露及安达信国际会计公司的倒闭，美国实施了《萨班斯-奥克斯利法案》，强化了对公司内部控制的要求和对外部注册会计师的监管。为了适应这种形势，国际审计和保证委员会及美国等发达国家的职业会计师组织修改了相关的审计准则，推行适合揭露财务报表重大错报的经营风险导向审计。

1.1.4 国际内部审计的发展

国际内部审计师协会(IIA)1999年修订的《内部审计实务标准》将内部审计定义为："内部审计是一种旨在增加组织价值和改善组织运营的独立、客观的确认和咨询活动、它通过系统化、规范化的方法来评价和改善风险管理、内部控制及治理程序的效果，以帮助实现组织的目标。"

从IIA对内部审计的定义可见，国际内部审计呈现三大发展趋势：一是开拓风险管理的新领域；二是深入介入的内部控制评价；三是推动更有效的公司治理。

1. 开拓风险管理的新领域

近年来，很多内部审计组织开始介入风险管理，并将其作为内部审计的重要领域。内部审计之所以涉足风险管理领域，主要有以下几个原因。

(1) 内部审计顺应加强风险管理的要求。近年来，随着经济全球化及国际化程度的加深，公司经营环境日趋复杂，经营风险也大为增加。公司对外经营运作过程中，面临各种经营风险。而在内部的运营过程中，公司也面临运作效率低下的风险，等等。因此，减少公司面临的风险是公司实现目标的关键，也是公司管理人员十分关心的问题。内部审计的目的在于增加公司的价值和改善公司的经营，内部审计人员是公司的管理咨询师。因此，内部审计部门和内部审计人员参与公司的风险管理也就顺理成章了。

(2) 内部审计组织对拓展新领域的探索。内部审计组织为了自身的发展，为了在公司中担当更重要的角色和发挥更重要的作用，不断探索内部审计的新领域。公司高层管理人员对风险管理的空前重视，为内部审计发展提供了一个良好的机遇。内部审计组织对风险管理的介入，使内部审计在公司中成为一个重要的角色，并将其作用推向一个新高度。正因为如此，国际内部审计师协会才会不遗余力地倡导内部审计师进军这一领域。国际内部审计师协会推进内部审计由财务审计为主逐步向以风险管理审计为主转变，既是内部审计发展的结果，更是受托责任关系发展变化的体现。

(3) 内部审计发展和发挥作用的内在要求。内部审计作为内部控制的重要组成部分，其在风险管理中发挥着不可替代的作用，主要有以下几个方面：一是内部审计人员不从事公司具体的业务活动，独立于业务管理部门，这使得他们可以从全局出发，从客观的角度对风险进行识别，及时建议管理部门采取措施控制风险。二是内部审计人员通过对长期风险策略与各种决策的调查、审计，可以调控、指导公司的风险管理策略。三是内部审计部门独立于公司高级管理层，其风险评估的意见可以直接上报给董事会，其建议更易引起管理当局的重视。

(4) 内部审计受外部审计开展风险评估的影响。近年来，注册会计师的业务领域不断拓展，在其所扩展的新业务中就包括了风险评估，且是主要业务之一，这不能不对内部审计世界产生影响。因为内部审计部门和内部审计人员在风险管理方面拥有注册会计师无可比拟的优势。比如：内部审计部门和内部审计人员对公司面临的风险更了解；内部审计部门和内部审计人员对防范公司风险、实现公司目标有着更强烈的责任感。既然外部审计可以从事此项业务，内部审计就可以从事这一工作。

2. 深入介入内部控制评价

从20世纪80年代开始，内部控制是企业管理的重要内容，检查和评价内部控制的有效性是内部审计的重要工作。2001年，美国许多公司出现财务丑闻，如安然、世通等公司的财务丑闻，使各公司面临公众的信任危机，在此情况下，加强公司内部审计的呼声不断提高。

(1) 深入介入内部控制评价的原因。《萨班斯-奥克斯利法案》第404条款——管理层对内部控制的评价，强调公司管理层建立和维护内部控制系统及相应控制程序充分有效的责任；上市公司管理层最近财务年度末对内部控制系统及控制程序有效性的评价。

内部审计深入介入内部控制这一领域是与该法案的明确要求密切相关的。这是因为人们已经认识到内部控制在组织目标实现过程中所起的关键作用，因此，公司内部控制的运行状况已不再是公司内部关心的对象，而越来越受到外部相关人士的关注。

(2) 内部控制自我评价。《萨班斯-奥克斯利法案》将运行和维持内部控制的主要责任赋予管理层，同时，使员工和内部审计师与管理人员合作评估控制程序有效性，共同承担对内部控制评估的责任。这使以往由内部审计部门对内部控制的有效性进行验证，发展到通过设计、规划和运行内部控制自我评估程序，由企业整体对管理控制和治理负责。简言之，这种要求不再以内部审计部门实施内部控制评价为主，而是以管理部门的自我评估为主。

通过内部控制自我评估，使内部审计人员不再仅仅是"独立的问题发现者，而成为推动公司改革的使者"，将以前消极的、以"发现和评价"为主要内容的内部审计活动向积极的、以"防范和解决方案"的内部审计活动转变，从事后发现内部控制薄弱环节转向事前防范，从单纯强调内部控制转向积极利用各种方法来改善公司的经营业绩。另外，通过内部控制自我评估，可以发挥管理人员的积极性，使他们可以学到风险管理、控制的知识，熟悉本部门的控制过程，使风险更易于被发现和监控，纠正措施更易于落实，业务目标的实现更有保证。内部审计人员广泛接触各部门人员，与各管理部门建立经营伙伴关系，有利于共同采取措施防止内部控制薄弱环节的产生。

(3) 出具内部控制评价报告。内部控制评价是指企业董事会或类似权力机构对内部控制的有效性进行全面评价、形成评价结论、出具评价报告的过程。企业内部控制评价有助于促进企业全面评价内部控制的设计与运行情况，及时发现企业内部控制缺陷，提出和实施改进方案，确保内部控制有效运行，提示和防范经营风险。

具体实施内部控制评价的是内部审计部门，其工作包括确定评价内容和标准、评价程序和方法、评价报告的出具和批漏等。企业内部审计部门应当结合内部监督情况，定期对内部控制的有效性进行自我评价，出具内部控制自我评价报告。内部控制自我评价的方式、范围、程序和频率，由企业根据经营业务调整、经营环境变化、业务发展状况、际风险水平等自行确定，但国家有关法律法规另有规定的除外。

3. 推动更有效的公司治理

有效的内部审计是公司治理结构中形成权力制衡机制并促使其有效运行的重要手段，是公司治理过程中不可缺少的组成部分。

1) 公司治理过程

IIA给"治理过程"下的定义是："组织的投资人的代表，如股东等所遵循的程序，旨在对管理层执行的风险和控制过程加以监督。"

IIA发布的《国际内部审计专业实务标准》规定："内部审计活动应该评价并改进组织的治理过程，为组织的治理做贡献。公司治理有助于：制定、传达目标和价值；监控目标的实现情况；确保责任制的落实；维护价值。内部审计应对经营和管理项目进行评价，以确保经营管理活动与组织的价值保持一致，应该为改进公司治理过程提出建议，为公司治理作出应有的贡献。"

在强化公司治理方面，内部审计的作用为：强化报告关系、协助董事会完成其职责、评价整个组织的道德环境。

2) 强化公司治理的重要举措

在安然公司财务丑闻曝光之前，美国的公司治理结构大多为三位一体，即董事会、管理层和外部审计。但是，安然公司、世界通讯等公司的财务丑闻充分证明了三位一体公司治理结构存在缺陷，并主要表现在以下几点。

(1) 由管理层聘请外部审计，使会计事务所自身的利益与公司管理层密切相关，丧失独立性。如原国际五大会计师事务所之一的安达信会计公司在安然公司精心策划的财务丑闻中，既是受害者又是帮凶，当财务丑闻曝光后，它还销毁了审计文件，直接导致这家"百年老店"的关闭。

(2) 内部监督机制不健全，内部审计缺乏相对的独立性。在安然和世界通讯公司财务丑闻曝光之前，美国的相关法律并没有明确规定审计委员会和内部审计的职能。许多公司的内部审计机构向公司管理层报告工作，审计的内容、范围和结果报告受到管理层的限制，致使董事会无法全面了解公司的经营管理和财务的真实状况。

《萨班斯-奥克斯利法案》要求公司的审计委员会发挥更加积极的作用，监督会计、财务报告程序，领导内部审计和选聘外部审计机构。采用审计委员会这种内部监督机制，可以避免由管理层直接聘请会计事务所和决定审计费用的现象，从而强化对公司管理层的监督功能。审计委员会领导下的内部审计机构有较强的独立性和权威性，其工作范围不受管理部门的限制，能够确保审计结果受到足够的重视，进而提高内部审计的效率。

3) 内部审计与公司治理

内部审计作为一项内部治理活动，是治理结构的关键组成部分和重要基石。在公司治理结构中，内部审计通过"风险监控"和提供"控制确认"这两项基本活动参与公司治理。

内部审计对风险的监控具体包括的内容有：评价被审计领域的现有风险，并向管理层、审计委员会或同时向二者报告评价结果；制定系统评价整个公司风险的计划；评价与计算机最新发展状况相互联系的风险；协助管理层推行贯穿整个组织的风险模型。对控制的确认具体包括的内容有：在职能范围内测试控制的遵循性，向管理层、审计委员会报告结果；协助管理层设计综合的评价方法，包括测试整个公司的内部控制；识别重大控制缺陷，并向审计委员会报告；推行计算机测试技术，监控控制的有效性。

1.1.5　审计产生和发展的客观基础

从上述中外审计产生和发展的历史可以看出，审计的产生和发展有其客观基础。

1. 维系受托经济责任关系是审计产生和发展的基础

在奴隶社会和封建社会，奴隶主和封建主阶级为了巩固其统治地位，必须设置军队、法庭和监狱等国家权力机构，并通过征税来维持这些权力机构的正常运转。而征收税赋都是由最高统治者的代理官员负责的，最高统治者是授权者。代理官员是代理者，两者之间便产生了一种受托经济责任关系。在民间，奴隶主或封建主也将其剥削得来的财产授权给代理人管理。奴隶主、封建主与代理人之间也产生了同样的受托经济责任关系。这时，无论是奴隶主、封建主由代理官员所从事的会计行为和财政经济活动，还是个别奴隶主、封建主私有财产由代理人所做记录及其所反映的收支活动，都有必要授权给独立于财税、会计活动以外的官员来进行审查，对代理人所经手的钱、财、物、账予以勾稽核实，证明代理人是否诚实地承担了自己的受托经济责任。中外古代审计，都是在这样的客观条件下应运而生的。

随着社会的发展和生产规模的日益扩大，资本主义社会出现了以股份有限责任公司为主要形式的生产经营组织形式。股东对公司的财产拥有所有权，但并不直接参与企业生产经营管理，而委托经理行使管理的职能，这时，财产的所有权与经营管理权日益分离。公司经理人员对股东的委托经济责任大大加强了，经理人员要以财务报表形式定期向股东汇报公司的经营情况和财务成果，这些财务报表是否真实、正确，能否证明管理人员尽忠职守，切实地履行其所承担的经济责任，更需要作为第三者的审计人员进行审查，以保证股东和债权人的正当权益不受侵犯，这时民间审计便应运而生。

20世纪20年代以来，经济贸易活动日趋国际化，跨国公司不断增加。这时，总公司的经理人员已不可能亲自收集各种经济管理所需信息，不可能对各级管理层次和各个管理区域的管理者进行监督，为审查各级管理者在所有权统一的前提下对总公司最高管理者和经理人员所承担的受托经济责任，内部审计因此产生和发展起来。

在社会主义市场经济体制下，国有企业对国家担负着及时、足额上缴利税，确保资产完好和增值等受托经济责任，为了保护全体人民利益，维护企业的合法权益，必须由独立的权威机构审查企业的财务收支情况，以保证会计资料的准确可靠和经济活动的合法合理，确定和解除有关责任人的受托经济责任。社会主义国家的政府、人民团体和事业单位虽然不是生产经营组织，但他们负有节约财政开支、减少经费支出和提高工作效率的受托经济责任，因此，国家也要审查其财政、财务收支的合法性、合理性和真实性。

因此，从审计行为的萌芽状态到政府审计、民间审计和内部审计机构的形成，从奴隶社会、封建社会到资本主义社会和社会主义社会，都有同财产所有权与经营管理权相分离而产生的受托经济责任关系。没有这种受托经济责任关系，就不可能产生审计行为。

在审计实施过程中，财产所有者是审计的授权人或委托人，财产的经营管理者是被审计者，专职机构与人员是审计行为的执行者，即审计者。在这三者之间形成了最初的审计关系。在这种审计关系中，审计者是第一关系人，被审计者是第二关系人，审计授权人或委托人是第三方关系人。这三个方面的关系人形成的审计关系，如图1-1所示。

图1-1　审计关系图

可见，审计是社会经济发展到一定阶段的产物，是在财产所有权与经营权相分离而形成的受托责任关系下，基于监督的客观需要而产生的，也就是说，受托责任关系是审计产生与发展的社会基础。

2. 提高劳动效率和生产效果是审计发展的动力

人类社会在生产活动中，力求以较少的劳动消耗和劳动占用取得最大的劳动成果，以不断提高劳动效率和生产效果，这是社会进步和发展的客观要求。要实现这一目标，就需要对生产过程和一切经济活动进行严格的管理和控制，对各种计划和方案进行评价，对计划和方案执行的效益性进行审查。而审计作为独立的经济监督活动，对企业内部控制系统和经济活动客观、公正的评价，可以为管理者提供正确有用的资料和审计结论。由于审计所处的独立的第三方地位，一般不带有任何偏见，审计结论容易被社会所接受，能作为评价一个部门或单位财务状况和经营成果的依据。

早期传统的审计，只局限于审查账目和财务报表，通常称为财务审计，其目的仅仅在于检查、揭露差错和弊端。但是，随着企业规模的扩大、生产的发展，管理方法和技术日趋复杂，审计对企业生产经营、管理和控制来说也显得更加重要。审计的目的，不仅在于审查账目和财务报表，而且包括评价企业的生产经营管理，并及时提出积极、合理的建议，如哪些环节和步骤存在不合理的开支，哪些制度不适应生产的发展，增加企业收入的途径有哪些，怎样改善企业的经营管理，等等。事前审计、经营审计、管理审计、经济审计、效率审计和效果审计都是适应上述需要而发展起来的审计种类和方式。

3. 现代科学技术为审计的发展提供了方法和手段

这不但表现为审计领域的不断扩展，更表现为审计方法的不断发展。如财务审计经常使用统计抽样法，经济效益审计广泛采用现代管理方法和数学方法以及有关预测、决策及分析方法等。同时，在审计过程中，运用系统论、信息论、控制论等原理对审计事项进行总体的全面验证和综合分析，使审计结论朝着更加精准、可靠和卓有成效的方向发展。特别是计算机应用与管理和会计系统，传统的手工数据处理系统转变为电算化数据处理系统后，审计的对象发生了重大变化，对电子数据处理系统的审计方法的研究，形成了一门与会计、审计和计算机交叉的边缘学科——电子数据处理系统审计。随着网络技术在社会经济生活中的广泛运用，网络审计和即时审计也应运而生。

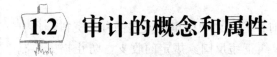 1.2 审计的概念和属性

1.2.1 审计的概念

美国会计学会颁布的《基本审计概念说明》将审计定义为：审计是为了查明经济行为和经济表现与所制定标准之间的一致程度，而将与这种结论有关证据进行客观收集、评定，并将结果传达给有利害关系的使用者的有组织的过程。

美国审计总局对审计下的定义是：审计包括审查会计记录、财务事项和财务报表，它还包括如下内容：查核各项工作是否符合法律和规章；查核各项工作是否经济和有效；查核各项工作的结果，评价其是否已有效地达到了预期的结果。

我国审计理论和实务工作者普遍认为：审计是由专职机构和人员，对被审计单位的财政、财务收支及其他经济活动的真实性、合法性和效益性进行审查和评价的独立性经济监督活动。

审计是一项具有独立性的经济监督活动。它是由独立的专职机构或人员接受委托或授权，对被审计单位特定时期的财务报表及其他有关资料以及经济活动的真实性、合法性、合规性、公允性和效益性进行审查、监督、评价和鉴证的活动，其目的在于确定或是解除被审计单位的受托经济责任。

根据审计的概念，可以概括出审计的两个基本特征：独立性和权威性。

1. 独立性

审计的独立性是保证审计工作顺利进行的必要条件。审计的原始意义就是查账，即由会计人员以外的第三者，对会计账目和财务报表进行审查，借以验证其公允性和合法性。现代审计理论中的三种审计关系人就是据此产生的。

第一关系人，即审计主体(审计机构或人员)，他们根据审计委托者的委托，就被审计单位的财务状况及有关人员履行受托经济责任情况进行验证、审查，并提出审计报告或证明书；

第二关系人，即审计客体(被审计单位)，他们对审计委托者承担的委托经济责任，须经审计机构或人员验证审查后才能确定或解除；

第三关系人，即审计委托者，被审计单位对他们承担某种受托经济责任，他们之间存在一定的权责关系。

审计关系必须由委托审计者、审计者和被审计者三方构成，缺少任何一方，独立的、客观公正的审计将不复存在。这是由财产所有权与经营管理权相分离决定的。

财产所有者对企业拥有所有权但不亲自参加经营管理，为了保护自身的利益，财产所有者迫切希望了解与自己有经济联系的经济组织的财务收支和经济状况，这就需要对负有受托经济责任的经营管理者进行审查，而这种审查只有由独立于他们之外的第三者进行，才能得到正确、公允、可靠的结果。这就是审计机构或审计人员的所谓的超然独立性。

2. 权威性

审计监督的权威性是指审计组织的工作过程具有法律保障，且审计结果具有法律效力的特征。

审计的权威性主要表现在以下三个方面。

(1) 审计组织是根据宪法规定建立的，宪法赋予了审计组织依照法律独立行使审计监督的权力；

(2) 审计组织按照授权人的委托依法行使职权时，有权要求被审计人提供有关资料，政府审计组织还有权追究违法乱纪者的经济责任，有权纠正违反国家规定的收支，防止损失，制止浪费；

(3) 审计组织出具的审计报告具有法律效力，政府审计机关的审计决定，可以作为依法定性、处理和处罚的依据。

审计组织的权威性是审计监督正常发挥作用的重要保证。审计组织的独立性，决定了它的权威性。审计组织或人员以独立于企业所有者和经营者的"第三者"身份进行工作，他们对企业财务报表的经济鉴证，恪守独立、客观、公正的原则，按照有关法律、法规，根据一定的准则、原则、程序进行；审计资格的取得必须通过国家统一规定的严格考试，因而审计人员具有的丰富的专业知识，保证了其所从事的审计工作的准确性、科学性。正因为如此，审计人员的审计报告具有一定的社会权威性，这使经济利益不同的各方乐于接受。各国为了保障审计的这种权威性，分别通过《公司法》《商法》《证券交易法》《破产法》等，从法律上赋予审计在整个市场经济中的经济监督、经济评价和经济鉴证的职能。一些国际组织致力于增强各国会计信息的一致性和可比性，以有利于加强国际经济贸易往来，促进国际经济的繁荣。

1.2.2　审计的属性

独立性是审计的重要特征。审计师开展具有独立性的经济监督活动。正因为审计具有独立性，才受到社会的信任，才能保证审计人员依法进行的经济监督活动客观公正，他们提出的证实财务状况和经营成果的审计信息才更有价值，才能对被审计单位确定或解除受托经济责任提供依据，才能更好地发挥审计的监督作用。所以，独立性的经济监督活动是审计的属性。审计的属性，明确揭示了独立性是审计的特征、经济监督是审计的性质。为了充分体现审计的属性，在审计机构的设置和审计工作过程中，必须遵循独立性原则，具体包括以下几个。

1. 机构独立

为确保审计机构独立地行使审计监督权，对审计的事项作出客观公正的评价和鉴证，充分发挥审计监督作用，审计机构应当独立于被审计单位之外，这样才能更有效地进行经济监督。

2. 经济独立

审计机构或组织从事审计业务活动，必须有一定的经济收入和经费来源，以保证其生存和发展的需要。经济独立指审计机构或组织的经济来源应有一定的法律、法规作保证，不受被审计单位的制约。即使是民间审计组织，也规定除了正常的业务收费外，不允许与被审计单位有其他经济依附关系。

3. 精神独立

审计人员开展审计业务，必须按照审计范围、审计内容、审计程序进行独立审计，坚持客观公正、实事求是的精神，作出公允、合理的评价和结论，不受任何部门、单位和个人的干涉。

美国注册公共会计师协会指出，审计属性体现在三方面：一是审计人员的自主性，即不受委托人的任何影响；二是精神上的独立性，即审计人员必须公正无私，不带任何偏见；三是审计人员地位的独立性，这种独立性应受到公认，为社会所接受。

最高审计机关国际组织(International Organization of Supreme Audit Institutions，IOSAI)在《利马宣言——审计规则指南》第一章中，就审计的属性，首先提到最高审计机关的独立性，指出审计机关只有具备独立性才能客观而有效地完成其工作任务；其次提到最高审计机关成员和官员的独立性，强调最高审计机关成员的独立性应有宪法予以保证；最后提到了最高审计机关财政上的独立性。

新修正的《中华人民共和国审计法》第五条规定："审计机关依照法律规定独立行使审计监督权，不受其他行政机关、社会团体和个人的干涉。"第十一条规定："审计机关履行职责所必需的经费，应当列入财政预算，由本级人民政府予以保证。"第十五条规定："审计人员依法执行职务，受法律保护。任何组织和个人不得拒绝、阻碍审计人员依法执行职务，不得打击报复审计人员。审计机关负责人依照法定程序任免。审计机关负责人没有违法失职或者其他不符合任职条件的情况，不得随意撤换。地方各级审计机关负责人的任免，应当事先征求上一级审计机关的意见。"由此可见，我国《审计法》也对审计机关、经费来源及设计人员三方面的独立性作了明确规定。

从上述情况来看，无论是我国还是国外都承认独立的经济监督活动是审计的属性。不具有独立性的经济监督活动，如财政、银行、税务、工商行政管理等部门所从事的经济监督活动，则不能称为审计。

1.3 审计的目标和对象

1.3.1 审计的目标

审计的目标是指审查和评价审计对象所要达到的目的和要求，它是指导审计工作的指南。审计目标的确定，除受审计对象的制约以外，还主要取决于审计的属性、审计的职能和审计委托者对审计工作的要求。不同种类的审计，其审计目标不尽相同，如财务审计的审计目标与经济效益审计的目标就有所不同。审计的目标概括起来，就是指审查和评价审计对象的真实性和公允性、合法性和合规性、合理性和效益性。具体包括以下几点。

1. 真实性和公允性

审计的首要目标是审查和评价被审计单位财务报表和其他有关资料的真实性和公允性。审查财务报表和其他有关资料的目的在于，评价会计数据和其他经济数据的真实性和公允性，说明是否如实、恰当地反映了被审计单位的财务收支状况以及与其有关的其他经济活动的真相，说明其记录和计算是否准确无误，所有经济业务是否全部入账或记录，从中发现问题，纠错揭弊，并作出纠正的意见和建议。政府审计和内部审计侧重于审查真实性，民间审计侧重于审查公允性。

2. 合法性和合规性

审计的目标之一就是审查和评价被审计单位的财务收支及有关的经营管理活动的合法性和合规性。审查被审计单位的财务收支及有关的经营管理活动的目的在于，评价其财务收支及其有关的经营管理活动是否符合国家的法律、法规，是否符合会计准则的规定，揭露和查处违法乱纪行为，保护资财的安全完整，正确处理国家、地方、企事业单位、个人之间的经济利益关系，促进被审计单位和整个国民经济健康、和谐地发展。

3. 合理性和效益性

审计的另一个目标是审查和评价被审计单位的财务收支及有关的经营管理活动的合理性和效益性。审查被审计单位的财务收支及有关的经营管理活动的合理性的目的在于，评价被审计单位的经济活动是否正常，是否符合事物发展的常理，是否符合企业经营管理的原理和原则。审查被审计单位的财务收支及有关的经营管理活动效益性的目的在于，评价被审计单位的供、产、销等各项经营活动和人、财、物等资源利用是否经济、是否讲究效率，经营目标、决策、计划方案是否可行、是否讲究效果，内部控制系统是否建立、健全，经济活动有无经济效益，并找出其原因和薄弱环节，提出建设性的意见，促使其改善经营管理，提高经济效益。

1.3.2 审计的对象

审计对象是指审计监督的客体，即审计监督的内容和范围。正确认识审计的对象，有利于正确理解审计概念、正确运用审计方法和进一步发挥审计监督职能。

描述审计的对象，必须明确与审计对象有关的基本问题：一是审计的主体。审计的主体是指审计机构和审计人员，即实施审计监督的执行者。二是审计的范围。审计的范围是指审计监督客体的外延，它是审计对象的组成部分，具体而言就是被审计单位。三是审计的主要内容。审计的主要内容构成审计对象的内涵，即财务收支及其经营管理活动。四是审计所依据的信息来源。审计所依据的信息是指形成审计证据的各种文字、数据以及电子计算机存储的信息等。

综上所述，审计对象可以概括为被审计单位的财务收支及其经营管理活动。具体来说，审计对象包括下列两个方面的内容。

1. 被审计单位的财务收支及其经营管理活动

不论是传统审计还是现代审计，不论是政府审计还是民间审计、内部审计，都要求以被审计单位客观存在的财务收支及其有关的经营管理活动为审计对象，对其是否公允、合法、合理进行审查和评价，以便对其受托经济责任是否认真履行进行确定、解除和监督。《中华人民共和国宪法》规定，政府审计的对象为国务院各部门和地方各级政府及其各部门的财政收支、国有金融机构和企业、事业单位的财政收支。内部审计的对象为本部门、本单位的财务收支及其有关的经济活动。民间审计的对象为委托人指定的被审计单位的财务收支及其有关的经营管理活动。

2. 被审计单位的财务报表及其有关资料

被审计单位的财务收支及其有关经营管理需要通过财务报表和其他有关资料等信息载体反映出来。因此，审计对象还包括记载和反映被审计单位的财务收支、提供会计信息的会计凭证、账簿、报表等会计资料以及有关计划、预算、经济合同等其他资料。作为被审计单位的经营管理活动信息的载体，除上述会计资料、计划统计等资料外，还有经营目标、预测、决策方案、经济活动分析资料、技术资料等其他资料、电子计算机存储的信息等信息载体。以上这些都是审计的具体对象。

综上所述，审计的对象是指被审计单位的财务收支及相关的经营管理活动以及作为这些经济活动信息载体的财务报表及有关资料。因此，财务报表及有关资料是审计对象的现象，其反映的被审计单位的财务收支及有关的经营管理活动才是审计对象的本质。

1.4 审计的职能和作用

1.4.1 审计的职能

审计的职能是指审计本身所固有的内在功能。审计有什么职能，有多少职能，这些都不是由人的主观意愿决定的，而是由社会经济条件和经济发展的客观需要决定的。审计职能不是一成不变的，它是随着经济的发展而发展变化的。

通过总结审计实践得出，审计的职能主要包括：经济监督、经济评价和经济鉴证。经济监督是审计最基本的职能。

三种职能的关系：经济监督是基础，经济评价和经济鉴证是经济监督的演进和发展。

1. 经济监督

监督是指监察和督促。经济监督是指监察和督促被审计单位的全部经济活动或其某一特定方面在规定的标准以内，在正常的轨道上进行。

纵观审计产生和发展的历史，审计无不表现为经济监督的活动，履行着经济监督的职能。古代封建王朝的官厅审计，为维护王朝的统治和利益，代理皇家专司财经监督的职责，对侵犯皇室利益者予以惩罚。资本主义政府审计为维护资产阶级的整体利益，代理政府专司经济监督的职责，对损害资本主义利益的行为进行严格的审查和处罚。而作为资本主义国家的民间审计组织，也是代表审计委托者(如股东等)通过对被审计单位财务收支的公允性和合法性的审查来实施经济监督。内部审计同样要对本部门、本单位经济活动进行检查，依照法规依据或内部标准加以评价和衡量，明辨是非，揭发违法违纪和不经济行为，追究受托经济责任，这些都是其执行经济监督职能的具体表现。社会主义政府和人民通过审计监督，可以严肃财经纪律，维护国家、人民和股东的利益，可以保证企事业单位经济活动的合法性。可见，经济监督仍然是社会主义审计的基本职能。

2. 经济评价

经济评价就是通过审核检查，评定被审计单位的计划、预算、决策、方案是否先进可行，经济活动是否按照既定的决策和目标进行，经济效益的高低优劣，以及内部控制系统是否健全、有效等，从而有针对性地提出审计意见和建议，以促使其改善经营管理，提高经济效益。

审核检查被审计单位的经济资料及其经济活动，是进行经济评价的前提。只有查明了被审计单位的客观事实，才能按照一定的标准，进行对比分析，形成各种经济评价意见。这样，经济评价才能建立在真实情况的基础之上，评价的结果才能客观、公正，才能被社会各界接受。经济评价的过程同时也是肯定成绩、发现问题的过程。所以，审计建议是依据经济评价而产生的，是经济评价职能的一部分。审计建议就是审计人员从经济评价出发，提出改进经济工作、提高效率的办法和途径。这是现代审计在职能上的拓展。

3. 经济鉴证

鉴证是指鉴定和证明。经济鉴证是指通过对被审计单位的财务报表及有关经济资料所反映的财务收支和有关经济活动的公允性、合法性进行审核检查，确定其可信赖的程度，并作出书面报告，以取得审计委托人或其他有关方面的信任。

经济鉴定职能是随着现代审计的发展而出现的一项职能，它因不断受到人们的重视而日益强化，并显示出其自身的重要作用。西方国家非常重视审计的经济鉴定职能。我国各类企业财务报表必须经民间审计人员鉴证后，才具有法律效力。因此，审计的经济鉴证职能将越来越发挥其在经济生活中的重要作用。

应该说，不同的审计组织形式在审计职能的体现上侧重点有所不同，政府审计和内部审计侧重于经济监督和经济评价，民间审计则更侧重于经济鉴证。

1.4.2 审计的作用

审计的作用是履行审计职能、实现审计目标过程中产生的社会效果。总结古今中外的审计实践发现，审计具有制约性和促进性两大作用。

1. 制约性作用

审计的制约性作用主要表现在：通过对被审计单位的财务收支及其有关经营管理活动的审核检查，对被审计单位的财务收支及经营管理活动进行监督和鉴证，揭露贪污舞弊、弄虚作假等违法乱纪、严重损失浪费及不经济的行为，提请追究相关单位和人员的责任，从而纠错揭蔽，保证国家的法律、法规、方针、政策、计划和预算的贯彻执行，维护财经纪律和各项规章制度，保证会计资料及其他资料的真实、可靠，保护国家财产的安全和完整，维护社会主义经济秩序，巩固社会主义法制。具体可以概括为以下两点。

(1) 揭示错误和舞弊。审计通过审查取证可以揭示错误和舞弊，不仅可以纠正核算错误，提高会计工作质量，还可以揭露舞弊，保护财产的安全，堵塞漏洞，防止损失。

(2) 维护财经法纪。在审查取证、揭示各种违规违法行为的基础上，通过对过失人或犯罪者的查处，提交司法、监察部门进行处理，有助于纠正或防止违法行为，维护财经法纪。

2. 促进性作用

通过审核检查，对于被审计单位的经营管理制度及经济管理活动进行评价，指出其合理方面，以便继续推广；指出其不合理方面，并提出建议，以便纠正改正，促进其加强经营管理。对于经济活动所实现的经济效益进行评价，指出潜力所在，促进其进一步发掘潜力，不断提高经济效益和社会效益。具体可以概括为以下两点。

(1) 改善经营管理。通过审查取证、评价揭示经营管理中的问题和管理制度上的薄弱环节，提出改进建议，促进改善经营管理。

(2) 提高经济效益。通过对被审计单位财务收支及其有关经营管理活动效益性的审查，评价受托经济责任，总结经验，指出效益低下的环节，提出改进意见以便改进生产和经营管理工作，促进经济效益提高。

本章小结

审计产生的根本原因是财产所有权和经营管理权的分离和受托经济责任的产生。审计是由独立的专门机构或人员，接受委托或根据授权，对国家行政、事业单位、企业单位和其他组织的财务报表和相关资料，及其所反映的经济活动进行审查并发表意见。任何一项审计行为必然涉及审计者、被审计者和审计授权人或委托人三方。通常，审计具有经济监督、经济鉴证和经济评价职能。由于审计的责任、范围、时间、地点不同，对审计工作的要求不同，从而形成了不同类型的审计，其中最为常见的是按审计主体分类，可分为政府审计、内部审计和注册会计师审计。

复习思考题

1. 审计的定义及其特征是什么？

2. 审计的目的及其对象是什么？

3. 审计的职能和作用有哪些？

4. 审计独立性的含义及其表现是什么？

5. 怎样理解受托经济责任关系是审计产生和发展的社会基础？

6. 简述审计关系的含义。

7. 我国审计产生和发展经历了哪几个主要阶段？

8. 简述我国注册会计师审计的产生和发展。

9. 简述西方审计的产生和发展。

10. 简述国际内部审计的发展。

案例分析题

【案例】注册会计师与审计

小张手上有一笔多余的闲散资金10 000元，听说最近股市回报率比银行存款利率高得多，于是，他决定用这笔资金去购买股票。他翻开证券报后，看到那么多上市公司，不知买哪一家的股票才好。于是，他请教了几位朋友。朋友小王告诉他，这很简单，你查一下上市公司的利润表，挑一家盈利最好的公司股票做投资，决不会有错。于是，他决定买A公司的股票，因为A公司的每股盈利是最高的。而另一位朋友小李提醒他，最好再看看A公司公布的审计报告，看看注册会计师是怎样说的。小张看到了A公司该年度的审计报告。审计报告说，他们对A公司的财务报表持保留意见，小张不懂是什么意思，再回头来问问小李，于是，小李告诉他，这家公司的财务报表有一些问题，最好不要立即购买这家公司的股票。果然，没有多久，A公司的股票价格就开始大跌，小张感到十分庆幸。

【问题】注册会计师的职责是什么？审计的目的和作用又是什么？

【提示】由于上市公司的财务报表使用者(如投资者)并不直接参与公司的经营管理，而是将经营管理权委托给上市公司的管理层，财务报表成为他们了解企业经营状况的重要渠道，财务报表提供的信息是否合法、真实，需要由注册会计师提供专业的服务，对财务报表的合法性、公允性发表鉴证意见。审计是由独立的审计机构及其成员，根据国家法律、法规和审计准则，运用专门的程序和方法，对被审计单位的财务报表及其所反映的经济活动进行监督、检查和评价，以确定其真实性、合法性、经济性和效率性，并根据审查结果出具审计报告，以达到维护国家和经济活动各利益关系人正当权益这一目的的一种独立的经济监督活动。

第2章 审计的种类、方法和程序

2.1 审计的种类

审计的发展史表明，古今中外，都有适合当时社会和时代特点的审计形式。由于社会制度和管理类型不同，各国审计工作的要求、范围、主体也不一样，从而形成了不同类型的审计。与其他复杂的事物一样，对审计可以从不同的角度加以考察，从而作出不同的分类。研究审计的意义就在于从各个不同的角度加深对审计的认识，以便有效地组织和运用各种类型的审计，充分发挥审计的职能作用，并不断探索和开拓新的审计领域，建立和完善我国审计理论、组织和工作体系。

审计分类的标准很多，相应的，审计有许多不同的种类。参照国际审计分类的惯例，结合我国经济类型和审计监督的特点，我国审计的分类方法如下。

2.1.1 审计的基本分类

说明审计本质的分类称为基本分类，包括按审计主体分类和按审计内容、目的分类，分别从不同角度说明审计的本质。

1. 按审计主体分类

审计主体是指执行审计的一方。根据国内外审计的发展和现状，审计按其主体分类，可分为政府审计、民间审计和内部审计。

(1) 政府审计。政府审计是指由政府审计机关执行的审计。政府审计，在我国亦称国家审计。政府审计机关包括按我国宪法规定，由国务院设置的审计署，由各省、自治区、直辖市、市、县等地方各级政府设置的审计局和政府在地方或中央各部委设置的派出审计机关。政府审计机关依法对国务院各部门和地方各级人民政府及其各部门、国有金融机构、国有企事业单位以及其他有国有资产的单位的财政、财务收支及其经济效益进行审计监督。

(2) 民间审计。民间审计是指由经财政部门审核批准成立的民间审计组织实施的审计，如经财政部门审核批准成立的会计师事务所实施的审计。民间审计的特点是受托审计。民间审计组织接受政府审计机关、国家行政机关、企事业单位和个人的委托，依法对被审计单位的财务收支及其经济效益承办审计、经济鉴证、注册资本验证和管理咨询服务等多项业务。民间审计在我国亦称社会审计、注册会计师审计。

(3) 内部审计。内部审计是指由本部门和本单位内部专职的审计机构或人员所实施的审计，包括部门内部审计和单位内部审计两大类。这种专职的审计机构或人员，独立于财会部门之外，直接接受本部门、本单位董事会下设的审计委员会或本部门、本单位主要负责人的领导，依法对本部门、本单位及其下属单位的财务收支、经营管理活动及其经济效益进行内部审计监督。内部审计的主要目的是纠错防弊，改善经营管理，提高经济效益。

2. 按审计内容和目的分类

我国审计按内容和目的分类，可分为财政财务审计、财经法纪审计和经济效益审计。

(1) 财政财务审计。财政财务审计是指审计机构对被审计单位的财务报表及其有关资料的公允性及其所反映的财政收支、财务收支的合法性所进行的审计。财政财务审计也称传统审计或常规审计。就其内容而言，财政财务审计是对国务院各部门和地方各级政府及其部门、国有金融机构、企事业单位的财政财务收支进行的审计监督，其目的是确定或解除被审计单位的受托经济责任。其主要特点是通过对被审计单位的财务报表及其有关资料的审查和验证，确定其可信赖的程度，并作出书面报告，确定或解除被审计单位的受托经济责任。因此，财政财务审计的主要内容包括两个方面：一是检查会计处理的合法性、公允性，这是形式上的审计；二是验证被审计单位受托经济责任的履行情况，这是实质性审计。

(2) 财经法纪审计。财经法纪审计是指审计机构对被审计单位和个人严重侵占国家资产、严重损失浪费以及其他严重损害国家经济利益等违反财经纪律行为所进行的专案审计。它是我国审计监督的一种重要形式，其目的是保护国家财产，维护党和国家的路线、方针和政策及法律规章得以贯彻执行。其主要特点是根据群众揭发和会计资料所反映出来的问题，对有关单位或当事人在经济活动中的不法行为立案审查，以查清事实并确定问题的性质。其主要内容包括审查严重侵占国家资财、严重损失浪费、在经济交易中行贿受贿、贪污以及其他严重损害国家和企业利益的重大经济案件等。

(3) 经济效益审计。经济效益审计是指审计机构对被审计单位的财政财务收支及经营管理活动的经济性和效益性所实施的审计。经济效益审计的内容通常包括对各级政府及其各部门的财政收支及其管理活动，企业的财务收支及其经营管理活动，事业单位的资金使用及其管理活动，固定资产投资及其管理活动的经济效益情况及其影响因素、途径所进行的审计。其目的是促使被审计单位改善经营管理，提高经济效益和工作效率。其主要特点是通过对被审计单位工作和生产经营活动的分析评价，发现其在工作和经营管理上存在的薄弱环节，挖掘潜力，厉行节约，增收节支，寻求提高经济效益的正确途径。其审查重点包括两个方面：一是对被审计单位资金使用、投资项目、资源利用等方面的效益性进行审查和分析；二是对被审计单位经营管理活动的效益性进行审查和分析。

2.1.2 审计的其他分类

除审计的基本分类外，还可以对审计进行其他分类。

1. 按审计范围分类

审计按其范围，可以分为全部审计、局部审计和专项审计。

(1) 全部审计。全部审计又称全面审计，是指对被审计单位一定期间的财政财务收支及有关经济活动的各个方面及其资料进行全面审计。这种审计的业务范围较广，涉及被审计单位的会计资料及其经济资料所反映的采购、生产、销售、各项财产物资、债权债务和资金以及利润分配、税款缴纳等经济业务活动。其优点是审查详细彻底，缺点是工作量太大、花费时间太多。全部审计一般适合规模较小、业务较简单、会计资料较少的行政机关和企事业单位，或适合被审计单位内部控制薄弱及会计核算工作质量差等情况。

(2) 局部审计。局部审计又称部分审计，是指对被审计单位一定期间的财务收支或经营管理活动的某些方面及其资料进行部分、有目的、有重点的审计，如对被审计单位进行的现金审计、银行存款审计、存货审计等，都属于局部审计。另外，为了查清贪污盗窃案件而对部分经济业务进行的审查，也属于局部审计范围。这种审计时间较短，耗费较少，能及时发现和纠正问题，达到预定的审计目的和要求，但也容易遗漏问题，因此有一定的局限性。

(3) 专项审计。专项审计又称专题审计，是指对某一特定项目所进行的审计。该种审计的范围是特定业务，针对性较强，如基建资金审计、支农扶贫专项资金审计、世界银行贷款审计等。专项审计有利于及时围绕当前的工作中心和重点开展审计工作，有利于有针对性地提出意见和建议，为宏观经济调控和决策提供真实、可靠的信息。

2. 按审计实施时间分类

按照实施审计的时间进行分类，可以分为事前、事中和事后审计。另外，还可以分为定期审计和不定期审计。事前审计、事中审计和事后审计，是按照被审计单位经济业务发生的时间来划分的。

(1) 事前审计。事前审计是指在被审计单位经济业务发生以前所进行的审计。对预算或计划的编制和对经济事项的预测及决策进行的审计，均属于事前审计。其主要目的是加强预算、计划、预测和决策的准确性、合理性和可行性。事前审计的审计内容包括对财政预算、信贷计划、企业生产经营的计划和决策，诸如投资方案可行性、固定资产更新改造决策、产品生产或个别部件加工方案的选择以及行政事业单位经费预算等。这种审计对于预防错弊，防患于未然，保证经济活动的合理性、有效性和会计资料的正确性，提出建设性意见，形成最佳决策方案，严格执行财经纪律，都具有积极的作用，故也称其为预防性审计。

(2) 事中审计。事中是指被审计单位经济业务执行过程中进行的审计。通过对被审计单位的费用预算、费用开支标准、材料消耗定额等执行过程中的有关经济业务进行事中审计，便于及时发现并纠正偏差，保证经济活动的合法性、合理性和有效性。

(3) 事后审计。事后审计是指在被审计单位经济业务完成以后所进行的审计。财务报表审计这类传统的审计均属事后审计。事后审计的适用范围十分广泛，主要是进行合法性、合规性、公允性和效益性审计，其主要目的是监督和评价被审计单位的财务收支及有关经济活动、会计资料和内部控制系统是否符合国家财经法规，是否符合会计准则和会计原则，是否具有良好的经济效益，从而确定或解除被审计单位的受托经济责任。政府审计、民间审计大多是事后审计，内部审计也经常进行事后审计。

定期审计和不定期审计是按照审计是否定期进行来划分的。定期审计是按照预先规定的时间进行的审计，如民间审计对各类企业的年度财务报表审计。不定期审计是出于需要而临时安排进行的审计，如政府审计中对被审计单位存在的贪污、受贿案件进行的财经法纪审计等。

3. 按审计执行地点分类

审计按其执行地点，可以分为报送审计和就地审计。

(1) 报送审计。报送审计又称送达审计，是指审计机构按照审计法规的规定，对被审计单位按期报送来的凭证、账簿和财务报表及有关账证等资料进行的审计。报送审计主要适用于政府审计机关对规模较小的单位执行财务审计。这种方式的优点是节省人力、物力，缺点是不能实地观察、了解被审计单位的实际情况，不能从财务报告、报表资料外发现被审计单位的实际问题。

(2) 实地审计。实地审计是指审计机构委派审计人员到被审计单位所在地进行的审计。实地审计可以深入实际，调查研究，易于全面了解和掌握被审计单位的实际情况，是我国审计监督中使用最广泛的一种方式。按照实地审计的具体方式不同，又可分为驻地审计、专程审计和巡回审计三种。驻地审计是审计机构委派审计人员长期驻在被审计单位所进行的就地审计。专程审计是审计机构为特定目的而委派有关人员专程到被审计单位进行的实地审计。巡回审计是审计机构委派审计人员轮流对若干被审计单位所进行的实地审计。

4. 按审计动机分类

审计按其动机，可以分为强制审计和任意审计。

(1) 强制审计。强制审计是指审计机构根据法律、法规规定对被审计单位行使审计监督权而进行的审计。这种审计是按照审计机关的审计计划进行的，不管被审计单位是否愿意接受审计，都应依法进行。我国政府审计机关根据法律赋予的权力，对国务院各部门和地方各级政府及其各部门的财政收支、国有金融机构和企事业单位的财务收支实行强制审计。按照《中华人民共和国公司法》的规定，我国各类企业的年度财务报表须经中国注册会计师审计。

(2) 任意审计。任意审计是根据被审计单位自身的需要，要求审计组织对其进行的审计。一般民间审计接受委托人的委托，按照委托人的要求对其进行的经济效益审计，即属于这种审计。任意审计是相对于强制审计而言的。

5. 按审计是否通知被审计单位分类

审计按其在实施前是否预先告知被审计单位，可以分为预告审计和突击审计。

(1) 预告审计。预告审计是指进行审计以前，把审计目的、主要内容和日期预先通知被审计单位的审计方式。采用这种审计方式，可以使被审计单位有充分时间做好准备工作，以利于审计工作的顺利进行。一般进行财务审计和经济效益审计时，多采用这种方式，事前向被审计单位下达审计通知书或签订审计业务约定书。

(2) 突击审计。突击审计是指在对被审计单位实施审计之前，不预先把审计的目的、内容和日期通知被审计单位而进行的审计，其目的是使被审计单位或被审计者在事前不知情的情况下接受审查，没有时间去弄虚作假、掩饰事实真相，为的是取得较好的审计效果。这种审计方式主要用于对贪污盗窃和违法乱纪行为的财经法纪审计中。

6. 按审计使用的技术和方法分类

审计按其所使用的技术和方法，可以分为报表导向审计、系统导向审计和风险导向审计。

(1) 报表导向审计。这种审计技术和方法是围绕着会计凭证、会计账簿和财务报表的编制过程进行的，通过对报表上的数字进行审计来判断是否存在舞弊行为和技术性错误。报表导向审计技术和方法适用于评价简单的受托经济责任，是审计技术和方法发展的第一阶段，在审计技术和方法史上占有十分重要的地位。

(2) 系统导向审计。这种审计技术和方法强调对内部控制系统的评价，当评价的结果证明内部控制系统可以信赖时，在实质性测试阶段只抽取少量样本就可以得出审计结论了；当评价结果认为内部控制系统不可靠时，才根据内部控制的具体情况扩大审计范围。系统导向审计是财务审计发展的高级阶段，但是，系统导向审计人需运用报表导向审计的很多技术方法。

(3) 风险导向审计。这种审计技术和方法要求审计人员从对企业环境和企业经营进行全面的风险分析出发，使用审计风险模型，积极采用分析程序，以制订与被审计单位状况相适应的多样化审计计划，以突显审计工作的效率性和效果性。风险导向审计是迎合高度风险社会的产物，是现代审计方法的最新发展。风险导向审计还可分为传统风险导向审计和经营风险导向审计。

2.2 审计的方法

2.2.1 审计方法的选用

审计方法是指审计人员检查和分析审计的对象、收集审计证据，并对照审计依据，形成审计的结论和意见的各种专门手段的总称。

审计方法是从长期实践中总结和积累起来的。审计人员在审计工作过程中，为了实现审计目标，完成审计任务，必须运用各种审计方法，对审计对象进行审查和评价，收集各种审计证据，以便发表审计意见和给出审计结论。

现代审计方法已经超越了传统的事后查账技术，发展到广泛运用审计调查、审计分析、内部控制系统评审及运营风险导向等技术方法，并日趋多样化，已经形成了一个完整的审计方法体系，该体系包括审计基本方法和技术方法。

审计的基本方法是指将马克思主义辩证唯物论和历史唯物论作为指导的工作方法，适用于各种审计项目。具体包括实事求是，一切从实际出发；透过现象看本质；要相互联系看问题；要有长远观点；要有全面观点；既要凭借专门的技能，又要依靠职工群众。审计的技术方法是指为了证实被审计单位的实有资产负债和所有者权益，核实会计记录和财务报表等的公允性和合法性的方法。

在审计过程中，如果选用合理的审计方法，便能提高审计工作效率，收到事半功倍的效果。相反，如果采用审计方法不合理，不仅不能以一定的人力、物力取得必要的审计证据，而且可能误入歧途，导致生成错误的审计意见和结论。因此，审计方法的选用，应当符合以下要求。

(1) 审计方法的选用要适应审计的目的。审计方法是达到审计目的的手段，达到不同的审计目的，要用不同的审计方法。如在财经法纪审计中，可根据有关线索，对有关方面进行详细审查；在财政财务审计中，则应在评价被审计单位内部控制系统的基础上，决定进行详查还是抽查，等等。

(2) 审计方法的选用要适合审计方式。不同的审计方式，所需的审计证据不同，可以取证的途径不同，因此应采用不同的审计方法。如对被审计单位进行财务审计采用报送审计的方式时，就无法采用盘点法、观察法，而在采取实地的审计方式时，这些方法就可以采用。

(3) 审计方法的选用要联系被审计单位的实际情况。被审计单位经营管理良好，内部控制比较健全有效，就可以选用抽查方法。相反，被审计单位经营管理较差，内部控制不完善，财会工作混乱，则应选用详查的方法。

所以，科学、合理地选用审计方法，对做好审计工作，提高审计工作质量具有重要意义。

2.2.2 审计的技术方法

审计的技术方法体系，一般由审查书面资料的方法和证实客观事物的方法两大类组成。

1. 审查书面资料的方法

审查书面资料的方法是审计的最基本的方法，不管是过去还是现在，不管是国内还是国外，都广泛采用这类方法。这类方法审查的对象主要是会计凭证、会计账簿和财务报表，因此也叫查账法。

审查书面资料的方法，可以按不同的标准进行以下划分。

1) 按审查书面资料技术可分为审阅法、核对法、查询法、比较法和分析法

(1) 审阅法。审阅法是指仔细地审查和翻阅会计凭证、会计账簿和财务报表以及计划、预算、决策的方案、合同等书面资料，借以查明资料及经济业务的公允性、合法性、合规性，从中发现错误或疑点，收集书面证据的一种审查方法。审阅法在财政财务审计中运用得最为广泛，审阅对象主要是会计凭证、会计账簿和财务报表。

对原始凭证的审阅，主要是审阅原始凭证上反映的经济业务是否符合规定。还要看凭证上记载的抬头、日期、数量、单价、金额等方面字迹是否清晰，数字是否相符。如有不符合规定的情况或有涂改字迹、数字的情况，就有可能存在舞弊行为。还要审阅原始凭证的单位名称、地址或图章，审查凭证的各项手续是否完备。

对记账凭证的审阅，主要审阅记账凭证是否有合法的原始凭证；记账凭证的记载是否符合会计准则的规定、是否依据会计原理，所记账户名称和会计分录是否正确，有无错用账户或错记方向的情况。

对账簿的审阅，主要是审阅明细记录的内容是否真实、正确，其账户对应关系是否正确、合理，有无错误或舞弊，特别应注意审阅应收应付账款、材料成本差异、管理费用、制造费用、销售费用、财务费用等容易掩盖错弊和能够经常反映会计转账事项的账簿。

对财务报表的审阅，主要是审阅报表项目是否按制度规定编制；其对应关系是否正确，双方合计数是否相等，并按各报表之间有关项目的勾稽关系，核对相关数据是否一致，审阅各项目是否合理、合规、合法，有无违反财经纪律的现象，有无异常变化。

除此之外，对计划资料、合同有关经济资料也应审核，以便掌握事实，发现问题，获取证据。

在实际工作中，可以把审阅法和核对法结合起来加以运用。

(2) 核对法。核对法是指对会计凭证、会计账簿和财务报表等书面资料之间的有关数据进行相互对照检查，借以查明证证、账证、账账、账表、表表之间是否相符，从而取得有无错弊的书面证据的一种复核查对的方法。

在核对会计资料时，一般主要核对下列内容。

① 核对原始凭证的数量、单价、金额和合计数是否相符。

② 核对记账凭证与其所附原始凭证是否相符，原始凭证的合计数与记账的合计数是否相符，原始凭证的张数与金额是否相符。

③ 核对记账凭证是否与记入有关明细账和总账的金额相符。

④ 核对各明细账户的余额合计数与总账中有关账户的余额是否相符。

⑤ 核对总账各账户的期初余额、本期发生额和期末余额的计算是否正确，各账户的借方余额合计与贷方余额合计是否平衡。

⑥ 核对财务报表的数字是否与总账余额或明细账余额相符。

⑦ 核对银行账单、客户往来核算等外来对账单是否与本单位有关账项的记载相符。

⑧ 核对资产负债表、利润表、股东权益变动表、现金流量表上的数字计算是否正确无误。

⑨ 核对资产负债表、利润表、股东权益变动表、现金流量表之间以及利润表与营业收支明细表之间的相关数据是否相符。

⑩ 核对账卡所反映的实物余额是否与实际存在的实物数相符。

通过对上述数据的详细核对，可以发现会计资料中存在的差错和问题，然后再进一步分析

其性质。有的可能是一般的工作差错，有的则可能是违法乱纪行为，应依据问题的性质及其严重程度进行处理。

审计人员在核对过程中应认真细致，有条不紊，这样才能不致遗漏和重复。为了使这项工作井然有序，就需要使用一些符号，符号多种多样，既可以用本书提供的，也可以自己创造。常用的符号有以下几种。

√——表示已经核对。

×——表示所核对的资料有误。

?——表示所核对的资料可能有问题，待查。

!——表示所核对的数据有待调整。

\——表示有待详查。

4/2——表示已核对至4月2日。

(3) 查询法。查询法是指审计人员对审计过程中发现的疑点和问题，通过向被审计单位内外的有关人员进行调查和询问，弄清事实真相并取得审计证据的一种方法。

查询法又分为面询和函询两种。面询是指审计人员向被审计单位内外的有关人员当面征询意见，核实情况。征询意见的方式包括面谈和书面回答两种。函询是指通过向有关单位发函来了解情况和取得证据的一种方法。这种方法一般用于往来款项的查证。

运用查询法时，审计人员要讲究方式方法，寻求被查询单位和人员的真诚合作，让他们提供真实有用的审计证据。

(4) 比较法。比较法是指将被审计单位的被审计项目的书面资料同相关的标准进行比较，确定他们之间的差异，经过分析，从中发现问题、取得审计证据的一种方法。

比较法大多通过有关指标进行比较，包括指标绝对数比较和相对数比较。

指标绝对数比较适用于同质指标数额的对比。绝对数比较法的主要内容有：实际指标与计划指标比较；本期实际指标与上期指标或历史最高水平比较；被审计单位的指标与同行业先进单位的同质指标比较，等等。比较后得出差异，可用做实际证据，并据以作进一步分析。

指标相对数比较是指对于不能直接比较的指标，可先将对比的指标数值换算为相对数，然后比较各种比率。如考核不同规模企业的利润水平时，可利用各企业资本金利润率进行比较，借以评价被审计单位的财务状况和经济效益。

(5) 分析法。分析法是指通过对会计资料的有关指标进行观察、推理、分析和综合，以揭示其本质和了解其构成要素的相互关系的审计方法。

分析法在审计工作中运用较为广泛。通过分析发现存在的差距和问题以后，需进一步分析原因，提出改进方法。

审计分析法按其分析的技术，可以分为比较分析、比率分析、账户分析、账龄分析、平衡分析和因素分析等方法。

2) 按审查书面资料的顺序可以分为顺查法和逆查法

(1) 顺查法。顺查法又称正查法，是按照会计核算的处理顺序，依次对证、账、表各个环节进行检查核对的一种方法。

顺查法的特征：一是从审查原始凭证出发，着重审查和分析经济业务是否真实、正确、合法、合规；二是审查记账凭证，查明会计科目处理、数额计算是否正确、合规，核对证证是否相符；三是审查会计账簿，查明记账、过账是否正确，核对账证、账账是否相符；四是审查和分析财务报表，查明各报表各项目是否正确完整，核对账表、表表是否相符。

顺查法的最大优点是系统、全面，可以避免遗漏。其缺点是面面俱到，不能突出重点，工作量太大，耗费人力和时间太多。因此，只对那些业务十分简单，或一些已经发现有严重问题的单位或单位中的某些部门进行审计时，才使用这种方法，以便查清全部问题。

(2) 逆查法。逆查法又称为倒查法，是按照会计核算相反的处理程序，依次对表、账、证各个环节进行检查核对的一种方法。

逆查法的特征：一是从审查和分析被审计单位财务报表出发，从中发现并找出异常和有错弊的项目，据以确定下一步审查的线索和重点；二是根据所确定的可疑账项和重要项目，追溯审查会计账簿，进行账表、账账核对；三是进一步追查记账凭证和原始凭证，进行账证、证证核对，查明主要问题的真相、原因及结果。

逆查法最大的优点是便于抓住问题的实质，还可以节省人力和时间。其缺点是不能全面审查问题，易有遗漏。对于规模较大、业务较多的大中型企业单位和凭证较多的行政事业单位，都可以采用这种方法。

3) 按审查书面资料所涉及的数量可以分为详查法和抽查法

(1) 详查法。详查法是指对被审计单位一定时期内的所有会计凭证、会计账簿和财务报表或某一项目的全部会计资料进行详细审查的方法。

详查法的特征是：对所审查的被审计单位一定时期内的所有会计凭证、会计账簿和财务报表等会计资料和其所反映的财务收支以及有关的经济活动作全面、详细的审查，巨细无遗，以查明被审计单位或被审计项目存在的各种错误和舞弊。

详查法的主要优点是能全面查清被审计单位存在的问题，特别是对于弄虚作假、营私舞弊等违反财经法纪的行为，一般不易疏漏，能够保证审计质量。其缺点是工作量太大，耗费人力和时间过多，审计成本高，故难以普遍采用，只能用于规模较小的企事业单位或特定情况。

(2) 抽查法。抽查法又称为抽样法，是指从被审计单位审查期的会计资料中抽取一部分进行审查，并根据审查结果推断总体的一种方法。

抽查法的特征是：根据被审计期的审计对象总体的具体情况和审计的目的与要求选取具有代表性的样本，然后根据抽取的样本的审查结果来推断总体，或推断其余未抽查部分。

抽查法的主要优点是能明确审查重点，省时省力，具有效率高、成本低和事半功倍的效果。其缺点是审计结果过分依赖抽查样本的合理性，如果抽样不合理，或缺乏代表性，抽查结果中往往不能发现问题，甚至会以偏概全，作出错误的审计结论。特别是对于发生频率较低的舞弊行为，较难发现。因此，这种方法仅适用于内部控制系统较健全、会计基础较好的企事业单位。

从详查法发展到抽查法，是现代审计的重要发展。现代审计的一大进步是在评审被审计单位内部控制系统的基础上实施抽样审计。

2. 证实客观事物的方法

证实客观事物的方法，是审计人员收集书面资料以外的审计证据，证明和落实客观事物的形态、性质、存放的地点、数量和价值等的方法。这类方法包括盘点法、调节法、观察法和鉴定法。

(1) 盘点法。盘点法又称实物清点法，是指对被审计单位各项财产物资进行实地盘点，以确定其数量、品种、规格及其金额等实际情况，借以证明有关实物账户的余额是否真实、正确，从中收集实物证据的一种方法。

盘点法按其组织方式，分为直接盘点和间接盘点两种。

直接盘点是审计人员亲自到现场盘点实物，证实书面资料与有关的财产物资是否相符的方法。审计人员一般不采用直接盘点法。

监督盘点是指为了明确责任，审计人员不亲自进行盘点，而是由经管财产人员及其他相关人员进行实物盘点清查，审计人员只是在一旁对实物盘点进行监督，如发现疑点可以要求复盘核实。监督盘点方式又分为突击性盘点和抽查性盘点两种形式。突击性盘点是指事先不告知经管财产的人员在什么时间进行盘点，以防止经管人员在盘点前对财产保管工作中的挪用、盗窃及其他舞弊行为加以掩饰。对于大宗原材料、产成品等，应采用抽查性的盘点。抽查性的盘点是指不对所有的物资都进行盘点，只是对一部分财产物资进行抽查核实，以便检查日常盘点工作质量的优劣，检查盘点记录是否真实正确，查明财产物资是否安全完整，有无损坏或被挪用、贪污和盗窃等情况。监督盘点一般用于数量较大的实物，如原材料、低值易耗品等。

(2) 调节法。调节法是指审查某个项目时，通过调整有关数据，求得需要证实的数据的方法。

在审计过程中，往往出现现成的数据和需要证实的数据不一致的情况，为了证实数据是否正确，可采用调节法。如对银行存款实存数的审查，通常运用调节法编制银行存款余额调节表，对企业单位和开户银行双方所发生的"未达账项"进行增减调节，以便根据银行对账单的余额来验证银行存款账户的余额是否正确。

运用调节法还可以证实财产物资是否账实相符。当盘点日与书面资料结存日不同时，结合实物盘点，将盘点日期与结存日期之间新发生的出入数量与结存日期有关财产物资的结存数进行调节，以验证和推算结存日期有关的财产物资应结存数。其计算公式为

结存日(书面资料日期)数量＝盘点日盘点数量＋结存日至盘点日发出数量−结存日至盘点日收入数量

【例2-1】某企业2010年12月31日账面结存A材料2000千克，通过审阅和核对并无错弊。2011年1月1日期间收入35 000千克，期间发出34 500千克。1月1日期初余额及收发数额均经核对、审阅和复算无误。2011年1月15日下班后监督盘点实存量为2800千克。调节计算如下：

结存日的数量＝2800＋34 500−35 000＝2300(千克)

经过上述调节计算，2010年12月31日实存数为2300千克，与账面记录的A材料2000千克不一致。审计人员应要求有关人员说明原因，并进行核实。如有故意歪曲事实者，应进一步查明责任人员，并追究其责任。

(3) 观察法。观察法是指审计人员进驻被审计单位后，对于生产经营管理工作的进行、财产物资的保管、内部系统的控制执行等，亲临现场进行实地观察，借以查明被审计单位经济活动事实真相，核实是否符合有关标准和书面资料的记载，以取得审计证据的方法。

进行财政财务审计和经济效益审计时，一般运用观察法进行广泛的实地观察，收集书面资料以外的审计证据。审计人员应深入被审计单位的仓库、车间、科室、工地等现场，对其内部控制系统的执行情况、财产物资的保管和利用情况、工人的劳动效率和劳动态度等生产经营管理活动情况进行直接观察，从中发现薄弱环节以及存在的问题，以便收集审计证据，提出建议和意见，促进审计单位改进经营管理，提高经济效益。

应用观察法时，要与查询法等其他审计方法结合起来，才能取得更好的效果。必要时，可视具体情况和要求，对现场进行摄像和拍照，留存作为审计证据。

(4) 鉴定法。鉴定法是指对书面资料、实物和经济活动等进行分析、鉴别，对于超过一般审计人员能力和知识水平的业务，邀请有关部门或人员运用专门技术进行确定和识别的方法。

鉴定法可用于财政财务审计、财经法纪审计和经济效益审计。如对实物性能、质量和价值

的鉴定，涉及书面资料真伪的鉴定，以及对经济活动的合理性、有效性的鉴定等；如伪造凭证的人不承认其违法行为，可通过公安部门鉴定其笔迹，以确定其违法行为；又如对质次价高的商品材料的质量情况难以确定时，请商检部门通过检查化验确定商品质量和实际价值等；还可以邀请基建方面的专家，对所建工程进行质量检查等。这是通过观察法不能取证时，必须使用的一种方法。

鉴定法的鉴定结论必须是具体的、客观的和准确的，并作为一种独立的审计证据，详细地记入审计工作底稿。

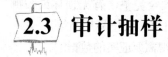 2.3 审计抽样

2.3.1 审计抽样的意义

抽样技术已运用于政治、经济、科学文化及社会生活的各个领域，并发挥着重要作用。抽样技术运用于审计工作是审计理论和实践的重大突破，实现了审计从详查到抽查的历史性飞跃。

抽样是指先对特定对象总体部分抽取部分样本进行审查，然后以其审查结果来推断该总体数量的一种方法。审计抽样是指审计人员对某类交易或账户余额中低于百分之百的项目实施审计，使所有的抽样单元都有被选取的机会。在审计历史上，先后出现过任意抽样、判断抽样和统计抽样三种类型。

1. 任意抽样

任意抽样是当审计人员从详查向抽查演变时最先运用的一种抽样方法。当时审计人员运用这种抽样方法纯粹是为了减少工作量，而对于抽样的规模、技术和内容等均无规律可循，只是任意抽取样本。由于是任意地抽取样本，故其审查结果缺乏科学性和可靠性，所以，这一方法不久就被判断抽样所替代。

2. 判断抽样

判断抽样是根据审计人员的经验判断，有目的地从特定审计对象总体中抽查部分样本进行审查，并以样本的审查结果来判断总体的抽样结果。采用这种方法能否取得成效，取决于审计人员的经验和判断能力。正确的判断只能是来自周密的调查和对实际情况的研究分析。因此，审计人员必须深入实际掌握各方面的情况，才有可能作出正确的判断。但是，由于判断抽样只凭借审计人员的经验和主观判断，判断正确了，就会有成效；判断不准，缺乏客观性，就会影响审计工作的效果，因此，现代审计常用统计抽样。

3. 统计抽样

统计抽样是审计人员运用概率论原理，遵循随机原则，从审计对象总体中抽取一部分有效样本进行抽查，然后以样本的审计结果来推断总体的抽样方法。运用统计抽样可以使总体中的每一单位都有被抽查的机会，使样本的特征尽可能地接近总体的特征。在抽样过程中，要使样本的特征接近总体特征，必须有一定数量的样本。抽查的样本越多，则越可能接近总体的特征，但需要花费更多的时间；反之，抽样的样本过少，虽能节省时间，但抽样的误差必然加

大。正确地运用统计抽样就可以做到抽查适度的样本数量，使其既取得较好的效果，又能花费较少的时间，还能科学地评价审计结果的可靠程度。但是，统计抽样运用难度大，要求审计人员具有较高的数学和统计学水平。此外，对于资料残缺不全的被审计单位以及揭露贪污舞弊的财经法纪审计来说，均不宜采用统计抽样。

现代审计广泛采用统计抽样有其合理的理论依据：一是有充分的数学依据。统计抽样要求利用高等数学方法。抽查时，如选择样本适当，那么根据审查抽样的结果，运用概率论的原理，可以通过样本显示出与总体性质近似的现象，即可以通过抽取的样本推断总体。二是有健全的内部控制系统依据。企业具有健全的内部控制系统，则会计上发生错误和舞弊的可能性必然减少，即使发生了错误和舞弊也能迅速发现。所以，运用统计抽样必须以企业有健全的内部控制系统为前提。三是有合理的经济依据。现代企业机构庞大，业务往来频繁，在这种情况下，如采用详查法，既费时间又耗精力，同时还要支出大量的审计费用，为节约审计资源，也需要以统计抽样进行抽查代替详查。

统计抽样的意义在于以下几方面。

(1) 统计抽样能够科学准确地确定抽样规模；

(2) 统计抽样中总体各项被抽中的机会是均等的，可以防止主观判断；

(3) 统计抽样能计算抽样误差在预先给定的范围内其概率有多大，并根据抽样判断的要求，把这种误差控制在预先给定的范围之内；

(4) 统计抽样便于实行审计工作规范化。

尽管统计抽样有上述优点，并解决了判断抽样法难以解决的问题，但是统计抽样法的产生并不意味着判断抽样法的消亡。因为在运用统计抽样时，存在许多不确定因素，要求审计人员能够正确判断并加以确定，所以统计抽样不能排斥审计人员的经验判断。在实际工作中，往往把统计抽样和判断抽样结合起来运用，才能收到较好的审计效果。

抽样技术在审计工作中的具体运用，主要有属性抽样和变量抽样。

4. 抽样风险和非抽样风险

审计人员在运用抽样技术进行审计时，有两方面的不确定性因素，其中一方面的因素直接与抽样相关，另一方面的因素与抽样无关。我们将直接与抽样相关的因素造成的不确定性称为抽样风险，将与抽样无关的因素造成的不确定性称为非抽样风险。

1) 抽样风险

抽样风险是审计人员依据抽样结果得出的结论与审计对象总体特征不相符合的可能性。抽样风险与样本量成反比，样本量越大，抽样风险越小。

(1) 审计人员在进行控制测试时，应关注以下抽样风险。

① 信赖不足风险。这是指抽样结果使审计人员没有充分信赖实际上应予信赖的内部控制的可能性。

② 信赖过度风险。这是指抽样结果使审计人员对内部控制的信赖过度超过了其实际上可予以信赖程度的可能性。

(2) 审计人员在进行实质性测试时，应关注以下抽样风险。

① 误受风险。误受风险也称"β风险"，是指抽样结果表明账户余额不存在重大错报而实际上存在重大错报的可能性。

② 误拒风险。误拒风险也称"α风险"。与误受风险相反，误拒风险是指抽样结果表明账

户余额存在重大错报而实际上不存在重大错报的可能性。

上述这些风险都将严重影响审计的效率与效果。信赖不足风险与误拒风险一般会导致审计人员执行额外的审计程序，降低审计效率；信赖过度风险与误受风险很可能导致注册会计师形成不正确的审计结论。

可见，信赖过度风险和误受风险对于审计人员来说是最危险的，出现信赖不足和误拒这两种风险后，审计效率虽不高，但其效果一般都能保证。

2) 非抽样风险

非抽样风险是指审计人员因采用不恰当的审计程序或方法，或因误解审计证据等而未能发现重大误差的可能性。产生这种风险的原因主要有以下几方面。

(1) 人为错误，如未能找出样本文件中的错误等。

(2) 运用了不切合审计目标的程序。

(3) 错误解释样本结果。

非抽样风险无法量化，但审计人员应当通过对审计工作适当的计划、指导和监督，以坚持质量控制标准，力争有效地降低非抽样风险。非抽样风险对审计工作的效率和效果都有一定影响。

2.3.2　审计的属性抽样

属性抽样是指在精确度界限和可靠程度一定的条件下，为了测定总体特征的发生频率而采用的方法。

现代审计的一大特征是以内部控制系统测试和评价为基础，其重要步骤之一是要对内部控制系统进行控制测试，以便了解实际执行的内部控制系统是否与规定一致，是否有效或一贯地执行。属性抽样是用于控制测试方面的系统抽样方法。在控制测试中，审计人员只要求作出某种属性的总体发生频率是多少的结论，而不必作出总体错误数额的大小估计。因此，采取属性抽样，要通过对样本的审核，以证明被审计单位的内部控制系统是否有效地执行，并与此前比较，核实内部控制系统是在改善还是在恶化。

运用属性抽样的方法，主要应包括下列几个步骤。

1. 确定预计差错发生率

属性抽样是推断错误或舞弊的发生频率，即估计账目或内部控制系统出现错误或异常的频率，预计差错发生率，用百分比表示。

预计差错发生率与被审计单位的内部控制系统以及会计核算质量有密切关系。如果内部控制制度无效、会计核算质量差，则预计差错发生率就要高，那么抽样的规模势必要大，抽取的样本就更多一些；反之，则抽取的样本就可以少一些。因此，差错发生率与样本数量成正比例关系。

审计人员在确定预计差错发生率时，可按下列三种情况来确定：①在参考前期审计工作底稿的基础上确定，也就是在参考历史资料的基础上确定；②抽查少量样本并在加以测试的基础上确定；③依据审计人员对情况的了解和判断来确定。

2. 确定精确度

在控制测试中，审计人员必须事先确定精确度。因为样本的预计差错发生率不一定等于总体的实际差错率，它可能略大于或小于实际差错率，所以有必要根据样本结果，以一定的正数和负数为界限设立一个区间。这个区间也就是抽样误差的容许界限，而这个容许界限就叫精确度。因此，我们可以样本结果为基础，设定一个偏差区间，比如±1%，±1%就是精确度。在样本结果上加、减一定的精确度，就构成精确度的界限，界限的两端为精确度的上限和下限。假设样本结果预计差错发生率为3%，精确度为±1%，则精确度的上限为4%(即3%+1%)，下限为2%(即3%-1%)。假定总体差错率处于2%~4%之间都是可以接受的，2%~4%就称为精确度界限。精确度除用相对数表示外，也可用绝对数表示，如±1000元。精确度越小，即差错的容许界限越大，则抽查的样本数量越少；反之，提高精确度，即差错的容许界限越小，则抽查的样本数量越多。

精确度的高低往往取决于审计项目的重要性。审查重要项目时，应提高精确度，对差错的容许界限严加限制，审查一般项目则可放宽一些。精确度的高低与抽取样本的多少成反比例关系。

3. 确定可靠程度

可靠程度，又称置信度，是测定抽样可靠性的尺度。因为样本毕竟不是总体，根据样本计算出来的差错率并不能百分之百地代表总体的实际差错率。可靠程度就是表明样本性质能够代表总体性质的可靠程度。

可见，根据可靠程度可以判断样本代表总体的可信水平，同样也可以估计样本不能代表总体的可能性。如果可靠程度定为95%，表示总体的真实特征有95%的可能性落在特定的精确度范围内，另外还有5%的可能性不落在精确度界限内，这里的5%就称为风险度。例如，在95%的可靠程度下，精确度为±1%的含义是：总体某特征的真实发生率在样本发生率±1%范围内的概率为95%，或审计人员有95%的把握保证总体某特征的真实发生率在样本发生率±1%的范围内，另外还存在5%的风险，即有5%的可能总体某特征的真实发生率不在±1%的范围内。因此，风险度与可靠程度是两个相互独立的概念，二者互为补充，5%的风险度和95%的可靠程度表达的是同一个问题的两个不同方面。

可靠程度是测定样本可信水平的尺度，要求样本的可靠程度越高，就必须有较大的样本容量作保证，当样本容量等于总体容量时，样本的可靠程度达到100%，这时的可信度最高。所以可靠程度越高，样本量也就越大，显然，可靠程度成为影响样本量的又一重要因素。

可靠程度主要取决于被审计单位的内部控制系统。内部控制系统越健全、有效，则可靠程度越高。

4. 确定样本数量

确定了差错发生率、精确度和可靠程度之后，就可以通过确定样本容量的统计表来确定样本数量。详见表2-1、表2-2和表2-3。

表2-1　样本量确定表(可靠程度90%)　　　　　　　　　　　　　%

预 计 差错率	精确度上限														
	0.5	1	2	3	4	5	6	7	8	9	10	11	12	13	14	15
0.00	460	230	120	80	60	50	40	40	30	30	25	**	**	**	**	**
0.25	*	400	200	140	100	80	70	60	50	50	40	40	30	30	**	**
0.50		800	200	140	100	80	70	60	50	50	40	40	30	30	30	**
1.0		200	180	100	80	70	60	50	50	40	40	30	30	30	**
1.5		400	320	180	120	80	70	60	50	50	40	30	30	30	**
2.0		*	600	200	140	90	80	50	50	40	40	30	30	30	**

(续表)

预计差错率	精确度上限															
	0.5	1	2	3	4	5	6	7	8	9	10	11	12	13	14	15
2.5				*	360	160	120	80	70	60	40	40	30	30	30	**
3.0					800	260	160	100	90	60	60	50	30	30	30	**
3.5					*	400	200	140	100	80	70	50	40	40	30	**
4.0						900	300	200	100	90	70	50	40	40	30	**
4.5						*	550	220	160	120	80	60	40	40	30	**
5.0							*	320	160	120	80	60	40	40	30	**
5.5							*	600	280	160	120	70	50	40	30	30
6.0								*	380	200	160	80	50	40	30	30
6.5								*	600	260	180	90	60	40	30	30
7.0									*	400	200	100	70	40	40	40
7.5									*	800	280	120	80	40	40	40
8.0										*	460	160	100	50	50	40
8.5										*	800	200	100	70	50	40
9.0											*	260	100	80	50	40
9.5											*	380	160	80	50	40
10.0												500	160	80	50	40
11.0												*	280	140	70	60
12.0													550	180	90	70
13.0													*	300	160	90
14.0														600	200	100
15.0														*	300	140
16.0															650	200
17.0															*	340
18.0																700
19.0																*

说明：*大于1000，**小于25

表2-2 样本量确定表(可靠程度95%) %

预计差错率	精确度上限															
	0.5	1	2	3	4	5	6	7	8	9	10	11	12	13	14	15
0.00	600	300	150	100	80	60	50	50	40	40	30	30	**	**	**	**
0.25	*	650	240	160	120	100	80	70	60	60	50	40	40	30	30	30
0.50		*	320	160	120	100	80	70	60	60	50	40	40	30	30	30
1.0			600	260	160	100	80	70	60	60	50	40	40	30	30	30
1.5			*	400	200	160	120	90	60	60	50	40	40	30	30	30
2.0				900	300	200	140	90	80	70	50	40	40	30	30	30
2.5				*	550	240	160	120	80	70	70	40	40	30	30	30
3.0					*	400	200	160	100	90	80	60	50	30	30	30
3.5					*	650	280	200	140	100	80	70	50	40	40	30

(续表)

预计差错率	精确度上限															
	0.5	1	2	3	4	5	6	7	8	9	10	11	12	13	14	15
4.0						*	500	240	180	100	90	70	50	40	40	30
4.5						*	900	360	200	160	120	80	60	40	40	30
5.0							*	500	240	160	120	80	60	40	40	30
5.5							*	900	360	200	160	90	70	50	50	30
6.0								*	550	280	180	100	80	50	50	30
6.5								*	1000	400	240	120	90	60	40	30
7.0									*	600	300	140	100	70	50	40
7.5									*	*	460	160	100	80	50	40
8.0										*	650	200	100	80	50	50
8.5										*	*	280	140	80	70	50
9.0											*	400	180	100	70	50
9.5											*	550	200	120	70	50
10.0												800	220	120	70	50
11.0												*	400	180	100	70
12.0													900	280	140	90
13.0													*	460	200	100
14.0														1000	300	160
15.0														*	500	200
16.0															*	300
17.0															*	550
18.0																*
19.0																*

说明：*大于1000，**小于25

表2-3 样本量确定表(可靠程度99%) %

预计差错率	精确度上限															
	0.5	1	2	3	4	5	6	7	8	9	10	11	12	13	14	15
0.00		460	230	160	120	90	80	70	60	50	50	40	40	30	30	30
0.25	*	*	340	240	180	140	120	100	90	80	70	60	50	40	40	40
0.50		*	500	280	180	140	120	100	90	80	70	60	50	40	40	40
1.0				*	400	260	180	140	100	90	80	70	50	40	40	40
1.5				*	800	360	200	180	120	120	100	90	60	50	40	40
2.0					*	500	300	200	140	140	100	90	70	50	40	40
2.5					*	1000	400	240	200	160	120	100	70	60	40	40
3.0						*	700	360	260	160	160	100	90	60	50	40
3.5							*	550	340	200	160	140	100	70	50	40
4.0							*	800	400	280	200	160	100	70	50	40
4.5							*	*	600	380	220	200	120	80	60	40
5.0								*	900	460	280	200	120	80	60	40

(续表)

预计差错率	精确度上限															
	0.5	1	2	3	4	5	6	7	8	9	10	11	12	13	14	15
5.5							*	*	650	380	280	160	90	70	70	50
6.0								*	1000	500	300	180	100	80	70	50
6.5								*	*	800	400	200	120	90	70	60
7.0								*		*	600	240	140	100	70	70
7.5									*		*	800	280	160	120	80	70
8.0											*	400	200	140	100	70
8.5											*	500	240	140	100	70
9.0											*	700	300	180	100	90
9.5											*	1000	360	220	140	90
10.0												*	420	220	140	90
11.0												*	800	300	180	140
12.0													*	500	240	160
13.0													*	600	360	200
14.0														*	500	280
15.0														*	900	360
16.0																500
17.0															*	1000
18.0																*
19.0																*

说明：*大于1000

假定审计人员确定的预计差错发生率为2%，可靠程度为95%，精确度上限为4%，则可根据表2-2所列样本量确定表查得样本数量为300。

5. 选择随机抽样方法

当样本数量确定以后，就要选择适当的抽样方法抽取足够的样本。适当的样本数量对以最低的代价保证样本的代表性固然重要，虽然它解决了"抽多少"的问题，但仅有这一点是不够的，要产生恰当的样本，关键在于"如何抽"，即依照什么原则采用什么方法来抽取样本。一般来说，依照随机原则进行抽样，能够使抽取的样本具有广泛的代表性，并能避免人为偏见。随机原则是指在抽样时，总体项目被抽中与否必须完全由随机率因素决定，即完全是盲目的、偶然的，不让主观因素起任何作用，因而，每一个总体项目都有同等被抽中的机会。所以，在审计过程中一旦确定了抽取样本的数量和方法，任何人来抽取都能保证样本具有充分的代表性。在审计工作中运用的随机抽样方法主要有随机数表法、系统抽样法、分层抽样法和整群抽样法。

（1）随机数表法。利用随机数表抽取样本是最简便的方法，因而被普遍采用。所谓随机数表，亦称乱数表，是任意组成五位数字、同时把这五位数字完全随机地纵横排列所构成的一种表格。表2-4就是随机数表。

表2-4　随机数表

行\列	1	2	3	4	5	6	7	8	9	10
1	32044	69037	29655	92114	81034	40582	01584	77184	85762	46505
2	23821	96070	82592	81642	08971	07411	09037	81530	56195	98425
3	82383	93987	66441	28677	95961	78346	37916	09416	42438	48432
4	68310	21792	71635	86089	38157	95620	96718	79554	50209	17705
5	94856	76940	22165	01414	01413	37231	05509	37489	56459	52983
6	95000	61958	83430	98250	70030	05436	74814	45978	09277	13827
7	20764	64638	11359	32556	89822	02713	81293	52970	25080	33555
8	71401	17964	50940	95753	34905	93566	36318	79530	51105	26952
9	38464	75707	16750	61371	01523	69205	32122	03436	14489	02086
10	59442	59247	74955	82835	98378	83513	47870	20795	01352	89906
11	11818	40951	99279	32222	75433	27397	46214	48872	26536	41402
12	65785	06837	96483	00230	58220	09756	00533	17614	98144	82427
13	05993	69834	57402	35168	84138	44850	11527	05692	84810	44109
14	31722	97334	77178	70361	15819	35037	46319	21085	37957	05102
15	95118	88373	26934	42991	00142	90852	14199	93593	76028	23664
16	14347	69760	76797	91159	85189	84766	88814	90023	62928	14789
17	64447	95461	85772	84261	82306	90347	97519	03144	16530	52542
18	82291	62993	83884	69165	14135	25283	35685	47029	62941	37099
19	45631	73570	53937	02803	60044	85567	10497	26882	50000	47039
20	59594	78376	47900	30057	94668	04629	10087	13562	13800	15764
21	72010	44720	92746	82059	42361	54456	66999	77103	47491	65161
22	35419	04632	07000	25529	72128	90494	05118	34453	42189	82994
23	71750	86044	76982	81606	93646	00776	06017	10638	08818	94242
24	84739	48460	08613	88344	27585	44997	58464	68682	56828	78191
25	38929	79307	78252	14446	21545	34737	48625	61374	32181	17834
26	67690	88918	06316	08110	24591	38729	53296	64295	87158	64938
27	64601	76493	91280	23056	21242	26983	34203	40045	82157	65050
28	72065	44093	88240	17510	73412	88774	96914	05702	17130	20916
29	90225	74930	08500	64177	13202	15085	15734	57555	63812	57696
30	28621	05997	60429	26054	65632	27972	42932	81090	49530	35918

表2-4所列数都是五位数字，在使用时不限于五位数字，可以用两位，也可以用三位、四位数字。使用这种方法的程序是，先确定抽样数量，然后将总体项目的编号与随机数表的数字相对照，最后挑选出需要抽样的数量。例如，审查银行存款支出凭证，凭证编号0001~1000，审计人员打算从其中随机抽出100张。选择数字时，可以从表的任何地方开始，但必须遵循一定的顺序。

假定从随机数表的第一行开始，从左至右选择，可选出：

320、690、296、921、810、405、015、771、857和465十个数字。第一行用完后，就可以从第二行、第三行等继续挑选，直至抽满100个数字为止。

利用随机数表抽取样本项目，可以避免主观成分。选择数字时，即可以从随机数表的任何地方开始选择。

(2) 系统抽样法。系统抽样法又称间隔抽样法，亦称等距抽样法，是以总体中某一标志为出发点，按照固定的顺序，每隔一个固定的间隔抽出一个单位组成样本的一种随机抽样方法。这种方法比随机数表法要简便一些，不过总体的排列必须是完全处于随机状态。

确定间隔数的公式为

$$M = N / n$$

式中，M为抽样间隔数；N为总体数量；n为抽样数量。

【例2-2】从2500张凭证中抽取500张凭证审查，则抽样间隔数如何确定？

抽样间隔数为：$M=2500/500=5$

那么，从前5张凭证中随机选定一张凭证，如从3#开始，每间隔5张凭证抽取一张，即3#、8#、13#、18#、23#、28#、…，直到抽完500张凭证为止。

(3) 分层抽样法。分层抽样法是按照一定标准将总体划分为若干层次，然后对每一层进行随机抽样的方法。

分层抽样法的特点是依据审计人员的判断，将总体分成若干性质相近的层次，然后再进行随机抽样。审查各层次时，对每一层次所使用的方法并不局限于随机抽样法。例如，审计人员审查某企业库存材料时，将库存材料分为三类：第一类是价值高、使用频繁的重要材料；第二类是价值中等、比较重要的材料；第三类是价值低的一般材料。运用分层抽样法，第一类材料为第一层次，该层次要全部审查；第二类材料为第二层次，该层次可利用随机数表进行抽查；第三类为第三层次，该层次可按系统抽样法抽取样本。

分层抽样法的优点主要在于，它使审计人员将样本选择与总体中的关键项目联系起来，并能对不同的层次采用不同的审计方法，可以提高样本的代表性和审计的有效性。因此，分层抽样法可理解为判断抽样与统计抽样的综合运用。

(4) 整群抽样法。整群抽样法是先将总体项目按某一标志分成若干群，然后使用随机数表抽样或系统抽样法抽样，整群地抽取样本项目的方法。

【例2-3】将全年的现金支出凭证按旬划分为36个群，现要从中抽出4个旬进行审查。假设从随机数表中选出32、29、15、7四个随机数，那么样本就由第7、15、29、32四旬的现金支出凭证组成。

整群抽样法的优点是抽选单位比较集中，避免了样本过于分散，简化了审计工作。但因为以群为单位进行抽样，显著地影响了总体中各单位分配的均匀性，抽样误差比较大，代表性较低。

6. 评价抽样结果，推断总体特征

样本项目抽出后，通过对样本项目的审查，就能得到样本差错率。比较样本差错率与确定样本时所使用的预计差错发生率的差异，并确定是否要对抽样规模作适当的调整。具体情况有以下几种。

(1) 样本差错率与预计差错发生率大致相同，说明样本规模符合抽样要求。

(2) 样本差错率小于预计差错发生率，说明样本规模较大。但这时样本都已审查完毕，已无必要缩小样本。

(3) 样本差错率大于预计差错发生率，说明样本规模过小。这时就应以样本差错率代替预计差错发生率重新确定样本规模，并抽取和审查新增的样本项目，重新计算样本差错率，直至样本差错率等于或小于计算样本规模时所使用的预计差错发生率为止。

评价抽样结果后，样本实际差错率等于或小于预计差错发生率，审计人员便可接受样本结果，结束测试，并进一步作出推断。属性抽样的审计结论，通常是以一定的可靠程度确信总体

差错率不超过某一百分比，这个百分比就是样本差错率加上精确限度所形成的精确度上限。在属性抽样中，只要根据所确定的可靠程度，以审查的样本规模和审查样本中发现的差错数，就可以直接从样本结果评价表上查找精确度上限百分比。

样本结果评价详见表2-5、表2-6和表2-7。

表2-5 样本结果评价表(可靠程度：90%)

样本规模	精确度上限/%															
	0.5	1	2	3	4	5	6	7	8	9	10	12	14	16	18	20
25											0				1	
30									0				1		2	
40						0					1		2	3		4
50						0			1			2	3	4	5	
60				0			1		2			3	4	5	6	7
70				0		1			2		3	4	5	6	8	9
80				0	1		2		3	4		5	6	8	9	10
90				0	1		2		3	4		6	7	9	11	12
100				0	1		2	3	4		5	7	9	10	12	14
120			0	1	2	3	4	5	6	7	9	11	13	15	17	
140			0	1	2	3	4	5	6	7	9	11	13	16	18	21
160			0	1	2	4	5	6	8	9	10	13	16	19	22	25
180			0	2	3	4	6	7	9	10	12	15	18	22	25	28
200			1	2	4	5	7	8	10	12	14	17	21	24	28	32
220			1	2	4	6	8	10	12	13	15	19	23	27	31	35
240		0	1	3	5	7	9	11	13	15	17	21	26	30	35	49
260		0	1	3	5	8	10	12	14	17	19	24	28	33	38	43
280		0	2	4	6	8	11	13	16	18	21	26	31	36	41	46
300		0	2	4	7	9	12	14	17	20	22	28	33	39	45	50
320		0	2	5	7	10	13	16	18	21	24	30	36	42	48	54
340		0	3	5	8	11	14	17	20	23	26	32	38	45	51	58
360		0	3	6	9	12	15	18	21	25	28	34	41	48	55	61
380		0	3	6	9	13	16	19	23	26	30	37	44	51	58	65
400		1	4	7	10	14	17	21	24	28	31	39	46	54	61	69
420		1	4	7	11	14	18	22	26	29	33	41	49	57	65	73
460	0	1	4	8	12	16	20	24	28	33	37	45	54	63	71	80
500	0	1	5	9	13	18	22	27	31	36	40	50	59	69	78	88
550	0	2	6	10	15	20	25	30	35	40	45	55	56	76	87	97
600	0	2	7	12	17	22	28	33	39	44	50	61	72	84	95	107
650	0	2	8	13	19	24	30	36	42	48	54	66	79	91	104	116
700	0	3	8	14	20	27	33	39	46	52	59	72	85	99	112	126
800	0	4	10	17	24	31	38	46	53	61	68	83	99	114	129	145
900	0	4	12	20	28	36	44	52	61	69	78	95	112	129	146	164
1000	1	5	13	22	31	40	49	59	68	77	87	106	125	144	164	183

表2-6　样本结果评价表(可靠程度：95%)

样本规模	精确度上限/%															
	0.5	1	2	3	4	5	6	7	8	9	10	12	14	16	18	20
25												0				1
30											0			1		2
40									0			1		2		3
50						0					1		2	3	4	5
60						0			1			2	3	4	5	6
70						0		1		2		3	4	5	7	8
80					0		1		2		3	4	5	7	8	9
90					0		1	2		3	4	5	6	8	9	11
100				0		1		2	3	4		6	8	9	11	13
120				0	1		2	3	4	5	6	8	10	12	14	16
140				0	1	2	3	1	5	6	7	10	12	14	17	19
160			0	1	2	3	4	5	6	8	9	12	15	17	20	23
180			0	1	2	3	5	6	8	9	11	14	17	20	23	26
200			0	1	3	4	6	4	9	11	12	16	19	23	26	30
220			0	2	3	5	7	8	10	12	14	18	22	25	29	33
240			1	2	4	6	8	10	12	14	16	20	24	28	33	37
260			1	3	4	7	9	11	13	15	17	22	26	31	36	41
280			1	3	5	7	10	12	14	17	19	24	29	34	39	44
300		0	1	3	6	8	11	1	16	18	21	26	31	37	42	48
320		0	2	4	6	9	11	14	17	20	22	28	34	40	45	51
340		0	2	4	7	10	12	15	18	21	24	30	36	42	49	55
360		0	2	5	8	10	13	17	20	23	26	32	39	45	52	59
380		0	2	5	8	11	14	18	21	24	28	34	41	48	55	62
400		0	3	6	9	12	15	19	22	26	29	37	44	51	59	66
420		0	3	6	9	13	16	20	24	27	31	39	46	54	62	70
460		0	4	7	11	15	18	22	26	31	35	43	51	60	68	77
500		1	4	8	12	16	21	25	29	34	38	47	56	66	75	84
550		1	5	9	14	18	23	28	33	38	43	53	63	73	83	94
600	0	1	6	10	15	20	26	31	36	42	47	58	69	80	92	103
650	0	2	6	12	17	23	28	34	40	46	52	64	76	88	100	112
700	0	2	7	13	19	25	31	37	43	50	56	69	82	95	108	122
800	0	3	9	15	22	29	36	43	51	58	65	80	95	110	125	141
900	0	4	10	18	26	34	42	50	58	66	74	91	108	125	142	159
1000	1	4	12	20	29	38	47	56	65	74	84	102	121	140	159	178

表2-7　样本结果评价表(可靠程度：99%)

样本规模	精确度上限/%															
	0.5	1	2	3	4	5	6	7	8	9	10	12	14	16	18	20
25																0
30														0		
40														0	1	2
50													0	1	2	3
60												0	1	2	3	4
70										0	1	2	3	4	5	6
80										0	1	2	4	5	6	7
90									0	1	2	3	5	6	7	9
100								0	1	2	3	4	6	7	9	10
120							0	1	2	3	4	6	8	9	11	13
140						0	1	2	3	4	5	7	10	12	14	16
160					0	1	2	3	5	6	7	9	12	14	17	20
180				0	1	2	3	4	6	7	8	11	14	17	20	23
200				0	1	3	4	5	7	8	10	13	16	19	23	26
220				0	2	3	5	6	8	10	11	15	18	22	26	30
240			0	1	2	4	6	7	9	11	13	17	21	25	29	33
260			0	1	3	5	6	8	10	12	14	19	23	27	32	36
280			0	2	3	4	7	9	12	14	16	21	25	30	35	40
300			0	2	4	6	8	10	13	15	18	23	28	33	38	43
320			0	2	4	7	9	11	14	17	19	24	30	35	41	47
340			1	3	5	7	10	13	15	18	21	26	32	38	44	50
360			1	3	6	8	11	14	16	19	22	28	35	41	47	54
380			1	3	6	9	12	15	18	21	24	30	37	44	50	57
400			1	4	7	10	13	16	19	22	26	32	39	46	54	61
420			2	4	7	10	14	17	20	24	27	35	42	49	57	64
460		0	2	5	8	12	15	19	23	27	31	39	47	55	63	72
500		0	3	6	10	13	17	21	26	30	34	43	52	60	70	79
550		0	3	7	11	15	20	24	29	34	38	48	58	68	78	88
600		0	4	8	13	17	22	27	32	37	43	53	64	78	86	97
650		0	4	9	14	19	25	30	36	41	47	58	70	82	94	106
700		1	5	10	16	21	27	33	39	45	51	64	76	89	102	115
800		1	7	13	19	25	32	39	46	53	60	74	88	103	118	133
900		2	8	15	22	29	37	45	53	61	69	85	101	118	135	152
1000	0	2	9	17	25	34	42	51	60	69	78	96	114	133	151	170

【例2-4】确定的可靠程度为95%，审计人员在审查了被审计单位300张现金支出凭证后，发现有6张现金支出凭证有差错，则从表2-6的样本规模300那一行往右查到6个差错所在的栏次，该栏4%就是总体差错率的精确度上限。因此，审计人员可以作出如下审计结论：以95%的把握，确信全部现金支出凭证的差错率不超过4%。

查阅样本结果评价表时，如果审查的样本规模位于两行中间，则要使用较小的样本规模那一行；如果样本中发现的差错数在两列中间，则要使用较高的差错发生数那一列。只有这样，才能使审计结论较为可靠。

2.3.3 审计的变量抽样

属性抽样虽然对控制测试极有用处，但它并不提供货币价值的资料，不适用于变量总体。由于在审计工作中存在大量的变量总体，使变量抽样在审计实验中得以广泛地运用。审计人员用来估计总体金额的统计抽样称为变量抽样，它适用于对企业存货、应收账款等的估计。变量抽样是用于实质性测试方面的统计抽样方法，它通过检查财务报表各项目数据的真实性和正确性，来取得作出审计结论所需的直接证据。变量抽样有平均值估计、差异估计和比率估计等多种形式，下面主要介绍平均值估计和差异估计。

1. 平均值估计

平均值估计是利用样本平均值估计总体平均值，然后对总体的金额进行推断估计的一种变量抽样方法。平均值估计的步骤如下。

(1) 确定审计的总体范围。

(2) 拟定所需要精确和可靠程度，并将估计总体所需要精确度换算成单位平均精确度。

$$单位平均精确度(\overline{P})=\frac{估计总体所需精确度(P)}{总体单位(N)}$$

(3) 估计总体标准离差。总体标准离差是指各个数值与总体平均数的平均偏离程度。公式为

$$\delta_x=\sqrt{\frac{\sum(\overline{X}-X)^2}{N}}$$

式中，δ_x表示总体标准离差；$\overline{X}=\sum X/N$，表示总体平均值；$\overline{X}-X$表示总体平均值与各个数值之差。

估计总体标准离差的初始样本标准离差的公式为

$$\sigma_x=\sqrt{\frac{\sum(\overline{X}-X)^2}{n-1}}$$

式中，σ_x为估计总体标准离差；$\overline{X}=\sum X/n$，为初始样本平均值；$\overline{X}-X$为初始样本平均值与各个数值之差。

(4) 根据要求的可靠程度确定标准正态离差系数。标准正态离差系数与可靠程度的关系如表2-8所示。

表2-8　标准正态离差系数与可靠程度的关系

可靠程度/%	77	75	80	85	90	95	99
标准正态离差系数(±t)	1.04	1.15	1.28	1.44	1.64	1.96	2.58

(5) 计算所需样本容量。在不放回的抽样方式下样本容量计算公式为

$$n=\frac{N}{1+\dfrac{N\overline{p}^2}{t^2\sigma^2}}$$

式中，N为总体数量；n为抽样数量；$\overline{P}$为单位平均精确度；σ为估计总体标准离差；t为可靠程度系数(标准正态离差系数)。

(6) 选取样本。

(7) 审查样本的各个项目，计算审定样本的实际平均数$\overline{X}=\dfrac{\sum X}{n}$。

(8) 以样本的平均数作为总体的平均数的估计，对总体的总金额进行区间估计。

$$总体平均数的估值=N\overline{X}\pm P$$

(9) 得出审计结论。当样本结果可以接受时，利用可靠程度和精确度对总体进行推断，形成审计结论，即审计人员在事先要求的可靠程度下，保证实际总值在$N\overline{X}-\text{P}$与$N\overline{X}+\text{P}$之间。

【例2-5】甲材料40 000件，其账面价值总额为2 950 800元，审计人员决定对甲材料进行抽查，并以95%的可靠程度来估计总体的价值，所设定的精确度为±50 000元。

审查前，选取30件甲材料作为估计总体标准离差的初始样本，假设初始样本的标准离差为8，则样本量可计算如下。

$$n=\frac{40\ 000}{1+\dfrac{40\ 000\times1.25^2}{1.96^2\times8^2}}\approx157(件)$$

随机抽取157件甲材料进行详细审查，假定审定价值为23 550元，则审定样本的平均值为150元。根据每单位平均值抽样的特点，可推断总体平均值的估计值为150±1.25元，则40 000件甲材料的估计金额为6 000 000±50 000元。于是，审计人员可作出这样的结论：有95%的把握保证40 000件甲材料的真实金额在5 950 000元~6 050 000元之间。

2. 差异估计

差异估计是利用审查样本所获得的样本平均差错额去推断总体差错额或正确额的一种统计抽样方法。它适用于能获得书面记录值，并且被审计总体存在较大差错的情况。差异估计的步骤如下。

(1) 确定审计的总体范围。

(2) 拟定所需精确度和可靠程度。精确度要以金额表示，并且还要用到精确度下限。

(3) 确定总体标准差。在变量抽样中，一般采用先抽取一个初始样本，以初始样本的标准差为预计总体标准差的办法。样本标准差计算公式为

$$S=\sqrt{\frac{\sum_{i=1}^{n}d_i^2-\overline{d}^2n}{n-1}}$$

式中，d_i代表差错额，为正数时表示缩小差额，为负数时表示扩大差额；$\overline{d}$代表样本平均差错额，$\overline{d}=\sum_{i=1}^{n}d_i/n$。

(4) 计算所需样本容量。计算公式为

$$n' = \left(\frac{t \cdot S \cdot N}{P} \right)^2$$

$$n = \frac{n'}{1 + \dfrac{n'}{N}}$$

式中，t 代表可靠程度系数(标准正态离差系数)；S 代表预计的总体标准差；N 代表总体容量；P 代表精确度；n' 代表放回抽样的样本量；n 代表不放回抽样的样本量。

(5) 审查样本项目。

(6) 根据样本审查结果推断总体。差异估计是根据总体记录额(Y)加上总体差错额(D)去估计总体正确额。总体差错额的计算公式为

$$D = \bar{d} \cdot N$$

总体正确额的点估计(T)为

$$T = Y + D$$

总体正确额精确区间(Δ)的计算公式为

$$\Delta = t \cdot \frac{S}{\sqrt{n}} \cdot N \sqrt{1 - \frac{n}{N}}$$

【例2-6】审计人员在审查宏达股份有限公司2005年12月31日的原材料账时，原材料账余额为1 850 000元，由500个明细账户组成，确定的可靠性水平为95%，精确度为90 000元，使用随机数表从500种原材料明细账户中抽查30种原材料明细账户作为初始样本，在审查初始样本时发现如下5个错误项目(见表2-9)。

表2-9　错误项目

项目号	审定额	记录额	差错额(d)	d^2
3	2867.20	2355.20	512.00	262 144
7	4902.00	5282.00	−380.00	144 400
11	3475.00	3675.00	−200.00	40 000
14	2919.00	5699.00	−2780.00	7 728 400
23	2884.00	2678.00	206.00	42 436
合计	17 047.20	19 689.20	−2642.00	8 217 380

根据初始样本审查结果，可计算出初始样本的标准差。

$$\bar{d} = \frac{\sum\limits_{i=1}^{n} d_i}{n} = \frac{-2642.00}{30} = -88.07(\text{元})$$

$$S = \sqrt{\frac{\sum\limits_{i=1}^{n} d_i^2 - \overline{d}^2 \cdot n}{n-1}} = \sqrt{\frac{8\,217\,380 - 30 \times (-88.07)^2}{30-1}} = 524.72$$

因为已审查了30个样本项目，所以只需要再抽取1个样本(根据概率论原理，超过30个项目的样本为大样本)。假设再抽取的1个样本项目，经审查没有发现差错，所以应重新计算31个项目的样本平均差错额和样本标准差。

$$\overline{d} = \frac{\sum\limits_{i=1}^{n} d_i}{n} = \frac{-2642.00}{31} = -85.23(元)$$

$$S = \sqrt{\frac{\sum\limits_{i=1}^{n} d_i^2 - \overline{d}^2 \cdot n}{n-1}} = \sqrt{\frac{8\,217\,380 - 31 \times (-85.23)^2}{31-1}} = 516.14$$

所以 $D = \overline{d} \cdot N = (-85.23) \times 500 = -42\,615(元)$

$T = Y + D = 1\,850\,000 + (-42\,615) = 1\,807\,385(元)$

$$\Delta = t \cdot \frac{S}{\sqrt{n}} \cdot N\sqrt{1 - \frac{n}{N}} = 1.96 \times \frac{516.14}{\sqrt{31}} \times 500 \times \sqrt{1 - \frac{31}{500}} = 87\,986(元)$$

最后可作出这样的审计结论: 以95%的把握确信宏达股份公司2005年12月31日的原材料正确额在1 807 385±87 986元之间, 即在1 719 399～1 895 371元之间。

2.4 审计程序

审计程序是审计人员对审计项目从开始到结束的整个过程中所采取的系统性工作步骤。

为了使审计工作有组织、有计划、有步骤地进行, 保证审计工作的质量和提高审计工作效率, 审计人员执行审计业务时, 都必须遵循一定的审计程序, 选用一定的审计方法来获取审计证据, 以支持其对被审计单位的财务状况和经营成果发表审计意见和作出审计结论。

不论政府审计、内部审计, 还是民间审计, 也不论是财政财务审计、财经法纪审计, 还是经济效益审计, 审计程序一般包括准备、实施和完成三个阶段, 每个阶段又包括若干具体的工作内容。审计程序各个阶段的具体工作内容, 随着审计种类的不同而有所不同。本节主要说明民间审计组织(会计师事务所)在实施审计方式下进行财务审计的审计程序及其特点。

2.4.1 审计的准备阶段

审计的准备阶段是整个审计过程的起点, 其工作主要包括了解被审计单位的基本情况, 与被审计单位签订审计业务约定书, 初步评价被审计单位的内部控制系统, 分析审计风险, 编制审计计划等。

1. 了解被审计单位的基本情况

会计师事务所通过初步调查, 在接受被审计单位的委托之前, 应对被审计单位的基本情况做初步的了解, 包括被审计单位行业状况、法律环境与监管环境以及其他外部因素, 被审计单位的性质, 被审计单位对会计政策的选择和运用, 被审计单位的目标、战略以及相关经营风险, 被审计单位财务业绩的衡量和评价, 被审计单位的内部控制。审计人员了解了被审计单位基本情况后, 以此决定是否接受审计委托。

2. 初步评价被审计单位的内部控制系统

在审计工作开始前, 必须初步了解和评价被审计单位的内部控制系统, 包括了解和评价被审计单位各项有关的规章制度、业务处理程序和人员职责分工等是否合理, 处理每一项经济业务的程序和手续是否科学等，然后才能确定审计工作的重点。

3. 分析审计风险

审计风险，是在审计准备阶段必须认真分析的一个重要问题。所谓审计风险，是指审计人员通过审计工作未能发现财务报表中存在的重大错误而签发无保留意见审计报告的风险。

一般而言，审计风险由重大错报风险和检查风险组成，它们之间的关系是

$$审计风险 = 重大错报风险 \times 检查风险$$

重大错报风险是指财务报表在审计前存在重大错报的可能性。在设计审计程序以确定财务报表整体是否存在重大错报时，注册会计师应当从财务报表层次和各类交易、账户余额、列表认定层次考虑重大错报风险。注册会计师应当评估认定层次的重大风险错报，并根据既定审计风险水平评估的认定层次重大错报风险确定可接受的检查风险水平。

4. 签订审计业务约定书

审计业务约定书是指会计师事务所在接受被审计单位委托的审计项目时提交给被审计单位的正式文件。以此来明确委托项目的接受，以及对约定事项的理解。审计业务约定书具有合同的性质，一旦被审计单位签字认可，即成为会计师事务所与被审计单位之间在法律上生效的合同。因民间审计进行审计时通常要收费，所以被审计单位又被称为客户。

会计师事务所在签约之前，应当首先与被审计单位就审计项目的性质、目的、审计范围有无限制、审计收费以及被审计单位应协助的主要工作等问题进行商谈。

审计业务约定书的具体内容可能因被审计单位的不同而存在差异，但主要应当包括下列方面。

(1) 财务报表的审计目标。

(2) 管理层对财务报表的责任。

(3) 管理层编制财务报表采用的会计准则。

(4) 审计责任与审计范围，包括指明在执行财务报表审计业务时应遵守的审计准则。

(5) 执行审计工作的安排，包括出具审计报告的时间要求。

(6) 审计报告格式以及对审计结果的其他沟通形式。

(7) 由于测试的性质和审计的固有限制以及内部控制的固有限制，不可避免地存在着某些重大错报可能未被发现的风险。

(8) 管理层为审计人员提供必要的工作条件和协助。

(9) 审计人员不受限制地接触任何与审计有关的记录、文件以及所需要的其他信息。

(10) 管理层对其作出的与审计有关的声明予以书面确认。

(11) 审计人员对执业过程中获知的信息保密。

(12) 审计收费，包括收费的计算基础和收费安排。

(13) 违约责任。

(14) 解决争议的方法。

(15) 签约双方法定代表人或其授权人的签字盖章，以及签约双方加盖的公章。

(16) 签约的日期。

5. 编制审计计划

完成上述工作后，审计组织便可以拟订审计计划。审计计划是根据审计任务和具体情况拟定的审计工作的具体步骤。其内容一般包括：被审计单位的概况、被审计单位委托审计的目的

和出具报告的要求、参加审计组的人员、审计重要性考虑、审计风险评价、审计范围、为被审计单位提供其他服务的性质和内容、时间预算等。审计计划一般包括总体审计策略、具体审计计划。

2.4.2　审计的实施阶段

审计的实施阶段是审计全过程的中心环节，其主要工作是按照审计计划的要求，对被审计单位内部控制系统的建立及其遵守情况进行检查，对财务报表项目实施重点、细致的检查，收集审计证据。

1. 进驻被审计单位

审计人员在实施审计之前，先要进驻被审计单位。进驻以后，应通过与被审计单位的管理人员和其他员工的接触，进一步了解被审计单位的情况，并使相关员工了解审计的目的、内容、起讫时间等，争取员工的信任、支持和协助。

2. 检查和评价内部控制系统

内部控制系统的检查和评价是实施审计的基础。因此，在执行审计业务时首先必须对被审计单位的内部控制系统进行检查并作出评价，这有利于促进被审计单位内部控制系统的改进，帮助其加强管理；同时，通过评价被审计单位内部控制系统的完善与健全情况，确定下一步审计工作的范围和重点内容。对内部控制系统的检查和评价包括：检查和评价被审计单位的内部控制系统是否健全；检查和评价被审计单位的内部控制系统是否合理；检查和评价被审计单位的内部控制系统是否有效。

3. 审查财务报表及其所反映的经济活动

审计人员通过审查财务报表，对被审计单位财务收支及其他经济活动的合法性和公允性进行全面或重点的检查，这是审计实施阶段的一项重要工作。对财务报表的审查，主要包括审阅观察，复核财务报表内相关数据填列是否符合要求，抽查核对各报表项目金额是否与总账、明细账、会计凭证和实物相一致，分析各报表项目所反映的内容是否真实正确，揭发财务报表项目中违反会计准则的重大错报等。

4. 收集审计证据

审计证据是审计人员对审计对象的实际情况作出判断、表明意见，并作出审计结论的依据。事实上，审计人员执行审计业务的过程就是一系列收集、评价审计证据的活动过程。收集审计证据的方法包括：一是通过审查被审计单位的财务报表，取得必要的证据；二是通过审查其他相关资料，获取相关证据；三是通过查阅有关文件，取得审计证据。

2.4.3　完成审计工作阶段

完成审计工作阶段是实质性审计工作的结束。其主要工作有：整理、评价审计过程中收集到的审计证据，复核审计工作底稿，编写审计报告，提出管理建议书。

1. 整理、评价审计证据

为了使在审计实施阶段收集的分散的个别证据结合起来形成具有充分证明力的证据，有效地用来评价被审计单位的经济活动，从而得出正确的审计意见和结论，必须对收集到的证据进行整理和评价。整理和评价审计证据的过程，从根本上说，也是审计人员凭借政策水平、专业知识和个人实践经验对证据进行分析研究的过程。通过整理和评价，选出若干最适宜、最有说服力的证据，作为编制审计报告、提出管理建议书的依据。

2. 复核审计工作底稿

审计工作底稿是审计人员在审计工作中汇总、综合分析、整理与审计问题有关的资料所形成的书面文件。当审计程序进入完成审计工作阶段时，审计工作底稿已编写完成，但尚不能形成最后结论。审计工作底稿是审计人员根据自己的取证记录独立编写的，因而在一定程度上存在着主观性与片面性，其编写质量受审计人员的素质影响很大。为此，必须对审计人员编写的审计工作底稿进行复核，然后根据审计工作底稿反映的有关问题与被审计单位进行商议，听取对审计证据的真实性与准确性予以认可的反馈意见。这对形成正确的审计结论有着重要的意义。

3. 编写审计报告

审计报告是审计工作的最终成果，是审计人员完成审计任务、向被审计单位提出审计情况、形成审计意见的书面文件。审计报告主要应根据审计证据和审计工作底稿，通过对各类审计资料加以认真整理、分析和综合，经过取舍和删补，选择其中与审计目的和重点有关的素材，并按编制要求与规定格式编写。

本章小结

本章主要介绍了审计的种类、方法和程序。审计按其主体分类，可分为政府审计、民间审计和内部审计；按内容和目的分类，可分为财政财务审计、财经法纪审计和经济效益审计。除基本分类外，审计还可以进行其他分类。审计方法是指审计人员检查和分析审计的对象，收集审计证据，并对照审计依据，形成审计的结论和意见的各种专门手段的总称。审计的技术方法体系，一般由审查书面资料的方法和证实客观事物的方法两大类组成。按审查书面资料技术可分为审阅法、核对法、查询法、比较法和分析法；按审查书面资料的顺序可以分为顺查法和逆查法；按审查书面资料所涉及的数量可以分为详查法和抽查法。证实客观事物的方法包括盘点法、调节法和鉴定法。本章还介绍了审计抽样技术，包括属性抽样、变量抽样。审计程序是审计人员对审计项目从开始到结束的整个过程中所采取的系统性工作步骤。审计程序一般包括准备、实施和完成三个阶段，每个阶段又包括若干具体的工作内容。审计程序各个阶段的具体工作内容，随着审计种类的不同而有所不同。

复习思考题

1. 审计的基本分类方法有哪些？
2. 审计的其他分类方法有哪些？
3. 审计的查账方法有哪些？
4. 审计调查、取证的方法有哪些？
5. 审计盘存的方法有哪些？
6. 什么是审计抽样？现代审计中为什么必须采用审计抽样？
7. 什么是误受风险？什么是误拒风险？什么是信赖不足风险？什么是信赖过度风险？
8. 试探讨以下抽样风险对审计效率、审计效果的影响：误受风险、误拒风险、信赖不足风险、信赖过度风险。

9.统计抽样与非统计抽样有何异同？实务中如何选用统计抽样和非统计抽样方法？

10.确定样本规模的要素有哪些？它们与样本规模有什么关系？

案例分析题

【案例】分析法的应用

×公司2007年度未审利润及2006年度已审利润如下表所示。

元

项目	2007年度未审数	2006年度已审数
一、营业收入	104 300	58 900
减：营业成本	91 845	53 599
营业税金及附加	560	350
二、主营业务利润	11 895	4951
加：其他业务利润	40	56
减：营业费用	2800	1610
管理费用	2380	3260
财务费用	180	150
三、营业利润	6575	(13)
加：投资收益		
补贴收入	980	
营业外收入	100	
减：营业外支出	260	150
四、利润总额	7395	300
减：所得税费用(25%)	600	(163)
五、净利润	6795	

【问题】请运用分析法确定该公司2007年度利润表审计的重点领域。

【提示】可运用比率分析：营业收入增长77.1%，营业成本增长71.4%，营业费用增长73.9%，增长幅度大，而管理费用却降低了27%，这四者都应确定为重点审计领域。同时进行比较分析：2007年度增补贴收入980万元(2006年度为0)，所得税600万元，也应确定为重点审计领域。

第3章　审计组织形式

根据《中华人民共和国宪法》(以下简称《宪法》)、《中华人民共和国审计法》(2006年修正)(以下简称《审计法》)和《中华人民共和国注册会计师法》(以下简称《注册会计师法》)的规定，我国审计组织的形式主要有：政府审计机关、部门和单位内部审计机构以及民间审计组织。

3.1 政府审计机关

3.1.1 政府审计机关层次划分

政府审计机关是代表政府依法行使审计监督权的行政机关，它具有宪法赋予的独立性和权威性。现行《宪法》第91条规定："国务院设立审计机关，对国务院各部门和地方各级政府的财政收支，对国家的财政金融机构和企事业组织的财务收支，进行审计监督。审计机关在国务院总理领导下，依照法律规定独立行使审计监督权，不受其他行政机关、社会团体和个人的干涉。"政府审计机关实行统一领导、分级负责的原则。

我国政府审计机关分为中央和地方两个层次。

1. 最高审计机关——审计署

审计署隶属于国务院，负责组织领导全国的审计工作，对国务院各部门和地方各级政府的财政收支、国有金融机构和企事业单位的财务收支以及公共资金的收支进行审计监督。

审计署设审计长一人，副审计长若干人。审计长由国务院总理提名，全国人民代表大会决定，国家主席任命。副审计长由国务院任命。从2003年起，审计署开始向全国人民代表大会提交审计报告。

审计署根据工作需要，可以在重点地区、部门设立派出机构，进行审计监督。审计署向重点地区、城市和计划单列市派出的代表人员，在该地区和城市组成审计特派员办事处，代表审计署执行审计业务，监督某些地方审计局难以监督的审计项目。

审计署根据工作需要，可以在国务院各部委设立派出机构，进行审计监督。审计署还可以按工作内容和范围分设财政、金融、外贸外资、农林水利、基本建设、科教卫生等职能审计部门，开展对行政机关、企业、事业、团体等各种专业性审计工作。另外，审计署还可设置审计科研培训机构，开展审计科学研究和培训审计人员。审计署对地方各级审计机关(包括审计特派员办事处)实行业务上的领导，主要包括以下几方面。

(1) 地方各级审计机关对本级人民政府和上一级审计机关负责并报告工作，审计业务以上级审计机关领导为主。

(2) 审计署根据国家方针、政策作出的审计工作决定和颁发的审计规章，地方各级审计机关要遵照执行。

(3) 审计署制订的工作计划，组织的全国性行业审计、专项审计，交办和委托办理的审计任务，地方各级审计机关要认真办理。

(4) 各省、自治区、直辖市和计划单列市审计局的审计工作情况，查出的重要违纪问题以及其他有关文件资料，应及时向审计署报告和提供。

(5) 审计署有权纠正地方审计机关作出的不适当的审计结论和处理决定。

(6) 地方审计机关在审计监督中，对涉及中央财政收支的审计项目以及办理审计署委托的审计项目所作出的审计结论、处理决定，必须报审计署备案，重大的必须报经审计署同意。

2. 地方各级审计机关

县级以上各级人民政府设立相应的审计机关，负责领导本级审计机关职责范围内的审计事项，对上一级审计机关和本级人民政府负责并报告工作。地方审计机关受双重领导，即在业务上受上一级审计机关的领导，在其他方面受本级人民政府的领导。

地方各级审计机关分别在省长、自治区主席、市长、县长、区长和上一级审计机关的领导下，组织领导本行政区的审计工作，负责领导本级审计机关审计范围内的审计事项，对上一级审计机关和本级人民政府负责并报告工作。地方各级审计机关负责人的任免，应当事先征求上一级审计机关的意见。

3.1.2　政府审计机关的职责权限

政府审计机关是依照宪法规定建立的，实行的是法定审计，承担着繁重的审计任务，为此，在《审计法》中，明确规定了其职责和权限。

1. 政府审计机关的主要职责

政府审计机关应按有关法律、法规规定的审计客体的范围，对各单位的下列事项及其他财政收支情况，进行审计监督。

(1) 审计机关对本级各部门(含直属单位)和下级政府的预算执行情况和决算以及其他财政收支情况，进行审计监督。

(2) 审计署在国务院总理的领导下，对中央预算执行情况和其他财政收支情况进行审计监督，向国务院总理提出审计结果报告。地方各级审计机关分别在省长、自治区主席、市长、州长、县长、区长和上一级审计机关的领导下，对本级预算执行情况和其他财政收支情况进行审计监督，向本级人民政府和上一级审计机关提出审计结果报告。

(3) 审计署对中央银行的财务收支，进行审计监督。审计机关对国有金融机构的资产、负债、损益，进行审计监督。

(4) 审计机关对国家的事业组织以及使用财政资金的其他事业组织的财务收支，进行审计监督。

(5) 审计机关对国有企业的资产、负债、损益，进行审计监督。

(6) 对国有资产占控股地位或者占主导地位的金融机构的审计监督，由国务院规定。

(7) 审计机关对政府投资和以政府投资为主的建设项目的预算执行情况和决算，进行审计监督。

(8) 审计机关对政府部门管理的和其他单位受政府委托管理的社会保障基金、社会捐赠资金以及其他有关基金、资金的财务收支，进行审计监督。

(9) 审计机关对国际组织和外国政府援助、贷款项目的财务收支，进行审计监督。

(10) 审计机关按照国家有关规定，对国家机关和依法属于审计机关监督对象的其他单位的主要负责人，在任职期间由本地区、本部门或者本单位的财政收支、财务收支以及有关经济活动应负经济责任的履行情况，进行审计监督。

(11) 除《审计法》规定的审计事项外，审计机关对其他法律、行政法规规定的应当由审计机关进行审计的事项，依照《审计法》和有关法律、行政法规的规定进行审计监督。

(12) 审计机关有权对与国家财政收支有关的特定事项，向有关地方、部门、单位进行专项审计调查，并向本级人民政府和上一级审计机关报告审计调查结果。

(13) 审计机关根据被审计单位的财政、财务隶属关系或者国有资产监督管理关系，确定审计管辖范围。

(14) 依法属于审计机关审计监督对象的单位，应当按照国家有关规定建立健全内部审计制度，其内部审计工作应当接受审计机关的业务指导和监督。

(15) 社会审计机构审计的单位依法属于审计机关监督对象的，审计机关按照国务院的规定，有权对该社会审计机构出具的相关审计报告进行核查。

2. 政府审计机关的权限

政府审计机关在审计过程中，对被审计单位正在进行的违反国家规定的财政收支、财政收支行为，有权予以制止；制止无效的，经县级以上审计机关负责人批准，通知财政部门和有关主管部门暂停拨付与违反国家规定的财政收支、财政收支行为直接有关的款项，已经拨付的，暂停使用。审计机关采取该措施不得影响被审计单位的合法业务活动和生产经营活动。

1) 行使权限的具体规定

(1) 审计机关有权要求被审计单位按照审计机关的规定提供预算或者财务收支计划、预算执行情况、决算、财务会计报告，运用电子计算机存储、处理的财政收支、财务收支电子数据和必要的电子计算机技术文档，在金融机构开立账户的情况，社会审计机构出具的审计报告，以及其他与财政收支或者财务收支有关的资料，被审计单位不得拒绝、拖延、谎报。

(2) 审计机关进行审计时，有权检查被审计单位的会计凭证、会计账簿、财务会计报告和运用电子计算机管理财政收支、财务收支电子数据的系统，以及其他与财政收支或财务收支有关的资料和资产，被审计单位不得拒绝。

(3) 审计机关进行审计时，有权就审计事项的有关问题向有关单位和个人进行调查，并取得有关证明材料。有关单位和个人应当支持、协助审计机关工作，如实向审计机关反映情况，提供有关证明材料。

(4) 审计机关进行审计时，被审计单位不得转移、隐匿、篡改、毁弃会计凭证、会计账簿、财务会计报告以及其他与财政收支或者财务收支有关的资料，不得转移、隐匿所持有的违反国家规定取得的资产。

(5) 审计机关认为被审计单位所执行的上级主管部门有关财政收支、财务收支的规定与法律、行政法规相抵触的，应当建议有关主管部门纠正；有关主管部门不予纠正的，审计机关应该提请有权处理的机关依法处理。

(6) 审计机关可以向政府有关部门通报或者向社会公布审计结果。审计机关公布或者通报审计结果，应当依法保守国家秘密和被审计单位的商业秘密，遵守国务院有关规定。

(7) 审计机关履行审计监督职责，可以提请公安、监察、财政、税务、海关、价格、工商行政管理等机关予以协助。

2) 对违反财经法规的被审计单位的处理规定

(1) 被审计单位违反《审计法》规定，拒绝或者拖延提供与审计事项有关的资料的，或者提供的资料不真实、不完整的，或者拒绝、阻碍检查的，审计机关责令改正，可以通报批评，予以警告；拒不改正的，依法追究责任。

(2) 被审计单位违反《审计法》规定，转移、隐匿、篡改、毁弃会计凭证、会计账簿、财务会计报告以及其他与财政收支、财政收支有关的资料，或者转移、隐匿所持有的违反国家规定取得的资产，审计机关认为对直接负责的主管人员以及其他负责人员依法应当予以处分的，应当提出予以处分的建议，被审计单位或者其上级机关、检察机关应当依法及时作出决定，并将结果书面通知审计机关；构成犯罪的，依法追究刑事责任。

(3) 对本级各部门(含直属单位)和下级政府违反预算的行为或者其他违反国家规定的财政收支行为，审计机关、人民政府或者有关主管部门在法定职权范围内，依照法律、行政法规的规定，区别情况采取下列处理措施。

① 责令限期缴纳应当上交的款项。

② 责令限期退还被侵占的国有资产。

③ 责令限期退还违法所得。

④ 责令按照国家统一的会计制度的有关规定进行处理。

⑤ 其他处理措施。

(4) 对被审计单位违反国家规定的财政收支行为，审计机关、人民政府或者主管部门在法定职权范围内，依照法律、行政法规的规定，区别情况采取前条规定的处理措施，并可以依法给予处罚。

(5) 审计机关在法定职权范围内作出的审计决定，被审计单位应当执行。依法责令被审计单位上缴应当上缴的款项，被审计单位拒不执行的，审计机关应当通报有关主管部门，有关主管部门应当依照有关法律、行政法规的规定予以扣缴或者采取其他处理措施，并将结果通知审计机关。

(6) 被审计单位对审计机关作出的有关财务收支的审计决定不服的，可以依法申请行政复议或者提起行政诉讼。被审计单位对审计机关作出的有关财政收支的审计决定不服的，可以提请审计机关的本级人民政府裁决，本级人民政府的裁决为最终决定。

(7) 被审计单位的财政收支、财务收支违反国家规定，审计机关认为对直接负责的主管人员和其他直接负责人员依法应当给予处分的，应当提出给予处分的建议，被审计单位或者其上级机关、检察机关应当依法及时作出决定，并将结果书面通知审计机关。

(8) 被审计单位的财政收支、财务收支违反法律、行政法规的规定，构成犯罪的，依法追究刑事责任。

(9) 报复陷害审计人员的，依法予以处分；构成犯罪的，依法追究刑事责任。

(10) 审计人员滥用职权、徇私舞弊、玩忽职守或者泄露所知悉的国家秘密、商业秘密的，依法予以处分；构成犯罪的，依法追究刑事责任。

3. 政府审计机关审计监督活动的原则

审计机关进行审计监督活动的原则包括如下三个。

(1) 合法性原则。审计工作从开始到送交审计报告整个过程应按照审计法规的规定进行；

审计机关在审计时应按照法律规定的权限，依法取证，保证所取得的审计证据的合法性；审计工作以国家法规、制度为监督依据；审计机关在法律规定的权限内，根据以事实为依据、以法律为准绳的原则，依法作出审计决定。

(2) 独立性原则。审计机关不参与被审计单位的经济活动，与被审计者没有任何经济利害关系，所处地位比较客观、公正，又有职能上的独立性。我国《宪法》第91条规定："审计机关在国务院总理领导下，依照法律规定独立行使审计监督权，不受其他行政机关、社会团体和有关人员干涉。"这就从组织上、法律上为政府审计的独立性提供了保证。

(3) 强制性原则。审计机关的审计活动是具有强制性的国家经济监督活动，被审计单位和有关人员必须积极配合审计机关的工作；审计机关作出的审计结论和决定，被审计单位和有关人员必须执行；审计结论和决定涉及其他有关单位的，有关单位应当协助执行。

3.1.3 政府审计是高层次的经济监督

要使社会主义市场经济体制有序运行，必须建立和健全经济监督体系。在经济监督体系中，与财政、税务、金融、工商行政管理等经济监督相比，与民间审计、内部审计相比，政府审计是高层次的经济监督。

1. 政府审计的对象决定了它是高层次的的经济监督

长期以来，我国参照苏联模式，设立了财政、税务、金融、工商行政管理等经济监督，这些经济监督也确实发挥了一定的作用。但是，这些经济监督主要是从某一个侧面对微观经济活动进行监督，无法对整个国民经济进行有效的监督。民间审计是接受委托的审计，没有强制性；内部审计是单位内部的经济监督，监督范围较窄。而政府审计监督则是根据法律、制度和国务院的决定，对国务院各部门和地方各级人民政府及其各部门的财政收支、银行信贷、重大投资决策、投资项目进行审计监督，否决、修改某些经济方案、计划、决策或中止某项经济活动，促使国家数以亿计的货币资金、财产物资以及宝贵的人力、物力资源得到合理有效地使用，从而保证在经济活动中有决定影响的部门及企业的经济效益。可见，政府审计监督是高层次的经济监督。

2. 政府审计的地位和性质也决定了它是高层次的经济监督

财政、税务、金融等经济监督机构都有自身的目的性和价值观，即都有本身的业务及与之相配套的要求。民间审计是一种社会中介机构，有其自身的利益，实施审计是要收费的；内部审计是为本单位的业务和目标服务的，并不超越所在单位的利益。而政府审计则不以本部门的收益为目标，它唯一的目标就是维护政府和全体人民的利益。这也决定了政府审计是高层次的经济监督。因此，政府审计对计划、预算、决算、信贷、重大项目的客观公正的监督是任何其他经济监督部门和其他审计所不能替代的，对中央与地方、国家与企业有关资金分配、使用等问题的监督、执法作用也胜于其他任何经济监督部门和其他审计形式。

3. 政府审计实施了对国民经济的全面经济监督

政府审计机关通过遍布全国的各级审计机构，依照法律、制度、规定，对一切影响国民经济正常运行的单位，通过没收其非法所得、处以罚款、停止财政拨款等处理方法强行和及时制止一切损害政府利益的错误行为，着力解决那些普遍存在的，或者有重大影响的倾向性问题。

政府审计机关还向政府及有关部门提供预算执行情况和国民经济管理中有关各项资金的使

用和来源的财政财务状况、财经法纪执行情况及经济效益的信息，使有关部门能够及时采取措施，防止重大损失。

3.1.4 最高审计机关国际组织

截至2010年，世界上已有223个国家和地区设置了适应各自国家的政府审计机关，有182个国家和地区的政府审计机关加入了国际性的审计组织——最高审计机关国际组织。

最高审计机关国际组织是联合国经济和社会理事会下属的一个由联合国成员国的最高审计机关组成的非政府间的永久性国际审计组织。这个组织是经过长期筹备建立的。由一些国家的政府审计机关发起，先后于1953年、1956年、1959年、1962年和1965年，在哈瓦那、布鲁塞尔、里约热内卢、维也纳和耶路撒冷等地召开会议，筹建政府审计机关和国际组织。1968年在东京举行大会，制定了组织章程，通过了《东京宣言》，该组织正式宣布成立。

最高审计机关国际组织规定联合国组织及任何一个专门机构中的所有成员国的最高审计机关均可参加，但各国政府对国际审计组织不承担任何义务。该组织的宗旨是互相介绍情况，交流经验，推进和促进最高审计组织更好地完成该国的审计工作。该组织每三年召开一次代表大会，各国可将有关问题、建议和意见提交大会讨论。经国务院批准，我国审计署于1983年正式加入了该组织。我国审计署加入这一国家组织，有利于与国外审计机关交流经验、互通信息，有利于借鉴国外的审计理论和方法促进我国审计事业的发展。

最高审计机关国际组织设有代表大会、理事会、秘书处等机构，总部设在奥地利首都维也纳。该组织的机关刊物是《国际政府审计》，创刊于1974年1月，由美国、加拿大和委内瑞拉三国合办，编辑部设在美国华盛顿，以英、法、西班牙、德、阿拉伯与中文向世界各国出版发行。

最高审计机关国际组织目前主要有9个专业委员会和3个工作小组。9个专业委员会包括：①审计准则委员会；②会计准则委员会；③内部控制准则委员会；④数据处理委员会；⑤公共债务委员会；⑥计算机审计委员会；⑦财务与管理委员小组；⑧知识分享委员会；⑨能力建设委员会。3个工作小组为：①环境审计小组；②项目评估工作小组；③民营化工作小组。

最高审计机关国际组织目前拥有以下7个区域组织：①最高审计机关拉丁美洲和加勒比海组织；②最高审计机关非洲组织；③最高审计机关阿拉伯组织；④最高审计机关亚洲组织；⑤最高审计机关南太平洋联盟；⑥最高审计机关加勒比海组织；⑦最高审计机关欧洲组织。

3.2 内部审计机构

3.2.1 内部审计机构及其人员

内部审计是指由部门或单位内部相对独立的审计机构和审计人员对本部门或本单位的财政财务收支、经营管理活动及其经济效益进行审核和评价，查明其真实性、正确性、合法性、合规性和有效性，提出意见和建议的一种专门经济监督活动。其主要目的是通过审计健全内部控制系统，严肃财经纪律、查错揭弊、改善经营管理、提高经济效益。

1. 内部审计机构

内部审计机构是指本组织内部设立的从事审计业务的专门机构，是组织内部经营管理的组成部分。

我国的内部审计机构是根据财经法规的规定设置的，主要包括：部门内部审计机构和单位内部审计机构。不管是部门内部审计机构还是单位内部审计机构，都有其专职业务，其性质和会计检查并不相同，因此必须单独设立，并由董事会下设的审计委员会或本单位主要负责人领导。内部审计机构不应设在财务部门之内、受财务负责人领导，因为这样审计机构难以开展内部审计工作。

《中央企业内部审计管理暂行办法》中规定，企业应当按照国家有关规定，建立相应的内部审计机构，设置相应的专职工作人员，建立和健全内部审计工作规章制度，有效开展内部审计工作，强化企业内部监督和风险控制。

国有控股公司和国有独资公司，应当依据完善公司治理结构和完善内部控制机制的要求，在董事会下设立独立的审计委员会。企业审计委员会成员应当由熟悉企业财务、会计和审计等方面专业知识，并具备相应业务能力的董事组成，其中主任委员应当由外部董事担任。

建立内部审计机构，一定要报经单位最高管理组织或主管部门批准。内部审计机构的规模大小，主要根据单位职工人数、经营规模、业务性质及其复杂程度、经营管理状况与收益状况确定。

1) 影响内部审计机构的组织机构的主要因素

(1) 企业的资源及所处的地理环境；

(2) 企业的业务范围；

(3) 内部审计的职能、作用；

(4) 企业计划编制情况。

2) 根据内部审计机构设置的范围划分内部审计机构

(1) 部门内部审计机构。国务院和县级以上地方各级人民政府各部门，应当建立内部审计监督制度。根据审计业务需要，分别设立审计机构并配备审计人员，在本部门主要负责人的领导下，负责所属单位和本行业的财务收支及其经济效益的审计。

(2) 单位内部审计机构。目前，单位内部审计机构的设置形式主要有以下几种。

① 受本单位主要负责人(总经理)领导的单位内部审计机构；

② 受本单位董事会下设的审计委员会领导的单位内部审计机构。

从审计的独立性和有效性看，隶属的领导层次越高，内部审计工作就会越有成效。大中型企事业单位应当建立内部审计监督制度，设立审计机构，在本单位董事会下设的审计委员会或主要负责人的领导下，负责本单位的财务收支及经济效益的审计。

审计业务少的单位和小型企事业单位，可设置专职的内部审计人员，而不设立独立的内部审计机构。

2. 内部审计的特征

我国内部审计的特征，有些与西方企业的内部审计基本相似，有些则是社会主义市场经济体系下特有的。我国内部审计一般具有如下特征。

(1) 服务上的内向性。内部审计是为加强内部经济管理和控制服务的，内部审计人员是部门、单位领导在经济管理和经济监督方面的参谋和助手。服务上的内向性是国内外内部审计共同的基本特征。无论是西方企业的内部审计还是我国的内部审计，其主要职责都是代表股东监督企业及其各部门，贯彻管理层的意图，维护本单位的利益，为实现企业目标服务。

(2) 审查范围的广泛性。内部审计是作为部门，单位领导在经济管理和经济监督方面的参谋和助手来进行的，其审计报告不具有法律效力。它既可进行内部财务审计和经济效益的审计，又可对下属单位进行财经法审；既有制约作用，又有促进作用。管理层要求审查什么，审计人员就审查什么。与外部审计相比，这种业务范围的广泛性，是国内和国外审计的共同特征。

(3) 作用的稳定性。随着经济的发展，西方的内部已冲破只起制约作用的范围，扩展到改善经营管理层的要求和提高风险控制水平等的促进作用方面。我国内部审计亦是如此，一方面，它必须以法律为准绳，履行财务审计的监督职能，发挥审计的制约作用；另一方面，他还要履行经济效益审计的评价职能，促进部门或单位改善经营管理，增强风险控制能力，提高经济效益，充分发挥审计的促进作用。我国内部审计的制约性和促进性两项作用，在相当长的时间内会同时存在。所以，审计作用的稳定性是我国内部审计的重要特征。

(4) 微观监督与宏观监督的统一性。我国内部审计代表部门、单位的管理层执行经济监督，防止差错舞弊，为加强内部管理服务，这是微观监督的性质，也是内部审计的主要工作内容。与此同时，内部审计还应从国家利益出发，对本部门、本单位是否遵守国家的政策、法律、法令、规章和制度进行审查，因此它具有宏观监督的性质。微观监督与宏观监督的统一性，是我国内部审计的重要特征。

3. 内部审计人员

内部审计人员是指部门、单位从事审计业务的人员。内部审计机构的人员编制，主要取决于审计任务的轻重及复杂程度。

在我国，内部审计的从业人员需要取得岗位资格证书。岗位资格证书的取得采取认证和考试两种办法。

凡具备下列条件之一者，可通过认证发给资格证书。

(1) 具有审计、会计、经济及相关专业中级及以上专业技术资格的人员；

(2) 具有国际注册内部审计师证书的人员；

(3) 具有注册会计师、造价工程师、资产评估师等相关执业证书的人员；

(4) 审计、会计及相关专业本科以上学历工作满两年，以及大专学历工作满4年的人员。

不具备上述条件者，必须参加中国内部审计协会统一组织的资格考试，考试合格者发给资格证书。资格证书考试内容包括：内部审计原理与技术；有关法律法规与内部审计十准则；计算机基础知识与应用。

3.2.2　内部审计机构的职责权限

我国的部门和单位内部审计机构是依据审计法规和其他财经法规建立的，为了便于其行使审计监督权，在法规中对其职责权限也作了明确规定。

1. 内部审计机构的职责

内部审计机构按照本单位董事会下设的审计委员会或者主要负责人的要求，履行下列职责。

(1) 对本单位及所属单位(含占控股地位或者主导地位的单位，下同)的财政收支、财务收支及其有关的经济活动进行审计。

(2) 对本单位及所属单位预算内、预算外资金的管理和使用情况进行审计。

(3) 对本单位内设机构及所属单位领导人员的任期经济责任进行审计。

(4) 对本单位及所属单位固定资产投资项目进行审计。

(5) 对本单位及所属单位内部控制系统的健全性和有效性以及风险管理进行评审。

(6) 对本单位及所属单位经济管理和效益情况进行审计。

(7) 法律、法规规定以及本单位主要负责人或者权力机构要求办理的其他审计事项。

2. 内部审计机构的职权

1) 内部审计机构履行职责所必需的权限

单位董事会下设的审计委员会或者主要负责人应当制定相应规定,确保内部审计机构具有履行职责所必需的权限,该权限主要有以下几方面。

(1) 要求被审计单位按时报送生产、经营、财务收支计划,预算执行情况,决算,财务会计报告和其他有关文件、资料。

(2) 参加本单位有关会议,召开与审计事项有关的会议。

(3) 参与研究制定有关的规章制度,提出内部审计规章制度,由单位审定公布后施行。

(4) 检查有关生产、经营和财务活动的资料、文件和现场勘查实物。

(5) 检查有关的计算机系统及其电子数据和资料。

(6) 对与审计事项有关的问题向有关单位和个人进行调查,并取得证明材料。

(7) 对正在进行的违法违规、严重损失浪费行为作出临时制止决定。

(8) 对可能转移、隐匿、篡改、毁弃会计凭证、会计账簿、财务会计报告以及与经济活动有关的资料,经本单位董事会下设的审计委员会或者主要负责人批准,有权予以暂时封存。

(9) 提出纠正、处理违法违规行为的意见以及改进经济管理、提高经济效益的建议。

(10) 对违法违规以及造成损失浪费的单位和人员,给予通报批评或者提出追究责任的建议。

2) 内部审计机构必要的处理、处罚权

单位董事会下设的审计委员会或者主要负责人在管理权限范围内,授予内部审计机构必要的处理、处罚权,主要有以下几方面。

(1) 被审计单位不配合内部审计工作、拒绝审计或者提供虚假资料、拒不履行审计责任或者报复陷害内部审计人员的,单位董事会下设的审计委员会或者主要负责人应当及时予以处理;构成犯罪的,移交司法机关追究刑事责任。

(2) 被审计单位无正当理由拒不执行审计结论的,内部审计机构应当责令其限期改正;拒不改正的,报请本单位董事会下设的审计委员会或主要负责人依照有关规定予以处理。

(3) 对被审计单位违反财经法规、造成严重损失浪费行为负有直接责任的主管人员和其他直接负责人员,构成犯罪的,依法追究刑事责任;不构成犯罪的,依照有关规定予以处理。

(4) 报复陷害内部审计人员,构成犯罪的,依法追究刑事责任;不构成犯罪的,依照有关规定予以处理。

3.2.3 内部审计行业管理机构

1. 中国内部审计协会

中国内部审计协会(China Institute of Internal Audit, CIIA)接受审计署、民政部的业务指导和监督管理。其前身为中国内部审计学会,成立于1984年。2002年经民政部批准,学会更名为协会，其成为对企业、事业、行政机关和其他事业组织的内审机构进行行业自律管理的全国性社会团体组织。中国内部审计协会依据《中华人民共和国审计法》《审计署关于内部审计工作的规定》《中国内部审计协会章程》开展工作，秉承服务、管理、宣传、交流的宗旨，为中国内部审计的规范化建设、理论探索和实践经验的创新、交流、内审人员岗位培训及后续教育、指导内审机构的业务建设、开展国际互动学习、提高内审工作的科学技术水平，提供全方位的服务。

2. 协会的业务范围

(1) 制定内部审计准则、职业道德标准，并监督检查实施情况；向有关部门提出涉及内部审计需要立法的意见和建议。

(2) 调查研究内部审计发展中的新问题，提出指导内部审计工作的意见和建议。

(3) 组织内部审计业务培训，开展后续教育，推动内部审计人员持证上岗制度和内部审计技术职称考试制度的建立和完善。

(4) 开展内部审计理论和实务研究，总结交流内部审计工作经验，办好《中国内部审计》会刊。

(5) 维护会员合法权益。

(6) 提供内部审计咨询等中介服务，协调行业内、外部关系。

(7) 开展国际交往活动，在中国组织实施国际注册内部审计师(CIA)的统一考试，办理国际内部审计师协会会员的审核、申报工作。

(8) 办理国家法律、行政法规规定和审计机关委托或授权的其他有关工作。

3.2.4　国际内部审计机构

1. 国际内部审计师协会

国际内部审计师协会(Institute of Internal Auditors，IIA)是由内部审计人员组成的国际性审计职业团体。成立于1941年。其前身是美国内部审计师协会。其会员称为国际注册内部审计师。几十年来，内部审计在世界范围内发展很快，国际交流日益增多。

早在20世纪40年代初就成立了国际内部审计机构。1941年，美国内部审计师协会在纽约正式成立，标志着传统内部审计工作开始向现代内部审计发展。这一年也被称为内部审计的奠基年。B. Z. 布林克(B. Z. Brink)发表了最早的关于内部审计的单行本——《内部审计——它的性质、职能、程序和方法》。内部审计协会自成立以来，发展相当迅速。

1944年，美国内部审计师协会在加拿大多伦多设立分会，开始跨越国境开展活动。随后，1948年，又在伦敦设立分会，到20世纪50年代逐步发展成为国际性组织。1947年，该协会制定了《内部审计师职责条例》，规定了内部审计人员的职责和工作范围。同时，一些审计专著也相继问世。虽然协会成立时只有24名会员，但它的成立即意味着内部审计已经产生相当大的影响，条例的制定和专著的出版，则表明当时内部审计已经从实践上升为理论，并为以后的发展奠定了基础。

20世纪60年代，内部审计师协会的成员已发展到4600人，代表着2000多个企业。

到20世纪70年代后期，内部审计有了更大的发展。1978年6月，内部审计师协会又拟定了《内部审计专业实物准则》，对内部审计的含义、职责、独立性、机构和人员，以及工作范围和工作程序等都做了原则性的规定。1947年制定的《内部审计师职责条例》，于1981年进行了第四次修订。这些都充分说明了内部审计已在多年实践的基础上，具备了更加完备的行为规范和工作标准。

到2010年年底，内部审计师协会已发展为拥有200多个分会和17万多名会员的国际性学术团体，分布在100多个国家和地区，每年定期召开一次国际会议，讨论内部审计的学术问题。1985年7月在澳大利亚悉尼召开的第44次会议特邀我国代表列席参加。

1987年，内部审计师协会在美国纽约举行了理事会，经过讨论通过，批准中国内部审计协会以国家分会形式加入该组织。从此，中国内部审计协会成为国际内部审计师协会的成员国，标志着中国内部审计步入了国际化的轨道。

2. 国际内部审计师协会的机构

(1) 国际内部审计师协会的机构主要有：理事会、执行委员会、国际委员部和总部，总部设在美国佛罗里达州。

(2) 国际内部审计师协会出版的主要刊物有如下几个。

① 《内部审计师》(The Internal Auditor)；

② 《今日内部审计师协会》(The IIA Today)；

③ 《国际内部审计师协会教育者》(The IIA Educator)。

3. 协会的业务范围

国际内部审计师协会(Institute of Internal Auditors，IIA)于1972年开始实施注册内部审计师(Certified Internal Auditor，CIA)考试制度，考试的科目有：内部审计在公司治理、风险和控制中的作用；实施内部审计业务；经营分析和信息技术；经营管理技术。作为国际内部审计专家的标志，国际注册内部审计师(CIA)资格证书代表了内部审计领域的最高资质，获取CIA资格证书，即获取了内部审计职业在国际范围内的认可，CIA证书持有者越来越受到大型企事业单位、机关团体等的重视。

西方国家有关部门和企业都设有内部审计机构。如美国联邦各部以及很多大中型企业就都设有内部审计机构；英国、日本、加拿大等国也很重视内部审计，很多单位都设有内部审计机构，不仅进行财务审计，还进行经济、效率和效果审计。

4. 西方国家内部审计机构按隶属关系分类

(1) 受本单位主计长(相当于我国企业的总会计师)领导。

(2) 受本单位总裁或总经理领导。

(3) 受本单位董事会下属的审计委员会领导。

(4) 受本单位董事会下设的审计委员会和主计长双重领导。

3.3 民间审计组织

民间审计也称为社会审计，或注册会计师审计，它是商品经济发展到一定阶段的必然产物。只要商品经济发展到一定阶段，企业中存在两权分离，存在不同利益的集团和阶层，民间审计就有存在和发展的必要。

民间审计组织是由一定资格的专业人员，通过政府部门的批准，以一定组织方式形成的民间审计机构。

不同国家的民间审计机构的名称各不相同，除会计公司、会计师事务所外，德国称经济审计公司，日本称审计法人，泰国称审计会计事务所。我国民间审计组织是会计师事务所。

我国民间审计的振兴，始于1980年注册会计师制度的恢复和重建。目前，无论是从民间审计组织看，还是从民间审计人员的数量上看，我国民间审计都得到了飞速的发展。

1. 会计师事务所组织形式

1) 国际上会计师事务所组织形式

会计师事务所是注册会计师依法承办业务的机构。从世界范围来看，会计师事务所的组织形式有独资、普通合伙制、股份有限公司制、有限责任合伙制4种。

(1) 独资会计师事务所。独资会计师事务所由具有注册会计师执业资格的个人独立开办，承担无限责任。它的优点是，对执业人员的需求不多，容易设立，经营灵活，能够在代理记账、代理纳税等方面很好地满足小型企业对注册会计师服务的需求，虽承担无限责任，但实际发生风险的程度相对较低。缺点是，无力承担大中型企业的业务，缺乏发展后劲。

(2) 普通合伙制会计师事务所。普通合伙制会计师事务所是由两位或两位以上注册会计师组成的合伙组织。合伙人以各自的财产对会计师事务所的债务承担无限连带责任。它的优点是，在风险的牵制和共同利益的驱动下，促使会计师事务所强化专业发展，扩大规模，提高规避风险的能力。缺点是，建立一个跨地区、跨国界的大型会计师事务所要经历一个漫长的过程。同时，任何一个合伙人执业中的错误与舞弊行为，都可能给整个会计师事务所带来灭顶之灾。

(3) 股份有限公司制会计师事务所。股份有限责任公司制会计师事务所由注册会计师认购会计师事务所股份，并以其所认购股份对会计师事务所承担有限责任。会计师事务所以其全部资产对其债务承担有限责任。它的优点是：可以通过公司制形式迅速聚集一批注册会计师，承办大型业务。它的缺点是：降低了风险责任对执业行为的高度制约，弱化了注册会计师的个人责任。

(4) 有限责任合伙制会计师事务所。有限责任合伙制会计师事务所以全部资产对其债务承担有限责任，各合伙人对个人执业行为承担无限责任。它的最大特点在于，既融入了合伙制和股份有限公司制会计师事务所的优点，又摒弃了它们的不足。这种组织形式是为顺应经济发展对注册会计师行业的要求，于20世纪90年代初期兴起的。到1995年底，原六大国际会计公司在美国的执业机构已完成了向有限责任合伙制的转型，在其他国家和地区的执业机构的转型已基本完成。同时，在它们的主导下，许多国家和地区的大中型会计师事务所也陆续开始转型。有限责任合伙制会计师事务所已成为当今注册会计师职业界组织形式发展的一大趋势。

2) 我国会计师事务所组织形式

我国《注册会计师法》规定，不准个人设立独资会计师事务所，只批准设立有限责任会计师事务所、合伙会计师事务所。另外，根据《中华人民共和国合伙企业法》《国务院办公厅转发财政部关于加快发展我国注册会计师行业若干意见的通知》(国办发〔2009〕56号)、《会计师事务所审批和监督暂行办法》(财政部令第24号)，财政部为了推动我国大中型会计师事务所发展，促进我国会计师事务所做大做强，采用特殊普通合伙组织形式。

(1) 有限责任会计师事务所。注册会计师可以发起设立有限责任会计师事务所。有限责任会计师事务所是指由注册会计师可以发起设立、承办注册会计师业务并负有限责任的社会中介机构。在以有限责任方式设立的情况下，会计师事务所以其全部资产对其债务承担责任，会计师事务所的出资人承担的责任以其出资额为限。它有别于由合伙人按照出资比例或者协议以各自的财产承担连带无限责任的合伙会计师事务所。

(2) 合伙会计师事务所。会计师事务所可以由注册会计师合伙设立。合伙设立的会计师事务所债务由合伙人按出资比例或者协议的约定，以各自的财产承担责任，合伙人对会计师事务所的债务承担连带责任。

(3) 特殊普通合伙会计师事务所。我国现行的特殊普通合伙会计师事务所，在性质上相当于西方国家的有限责任合伙制会计师事务所。2010年7月，财政部、国家工商行政管理总局联合发布了《关于推动大中型会计师事务所采用特殊普通合伙组织形式的暂行规定》。

采用特殊普通合伙组织形式的会计师事务所，一个合伙人或者数个合伙人在执业活动中因故意或者重大过失造成合伙企业债务的，应当承担无限责任或者无限连带责任，其他合伙人以其在合伙企业中的财产份额为限承担责任。合伙人在执业活动中非因故意或者重大过失造成的合伙企业债务以及合伙企业的其他债务，由全体合伙人承担无限连带责任。

随着社会主义市场经济的迅速发展，社会各界对会计师事务所所提供服务的需求也会日益增加，中国正成为举世瞩目的一大会计市场。中国的会计师事务所应当利用逐步改善的外部环境，加快自身的发展，加强规范化的运作，实现业务的多元化和发展的规模化，进一步加强国际合作，提高自身的竞争实力。

3) 合伙制与有限责任制会计师事务所的比较

合伙制会计师事务所是由两个或两个以上的注册会计师组成的合伙组织。合伙人按出资比例或协定，以个人财产承担会计师事务所的债务，并且，合伙人对会计师事务所的债务承担连带责任。有限责任制会计师事务所是由一定数量的股东出资组成，每个股东以其所认缴的出资额为限对会计师事务所承担责任，事务所以其全部财产对事务所的债务承担责任。合伙制与有限责任制相比，有以下几个方面的特点。

(1) 出资者所负的责任不同。在合伙制形式下，当合伙制事务所发生索赔案件时，合伙人首先以事务所的合伙财产按其承担债务的比例来清偿。如果不足，则要以个人财产或家庭共有财产来清偿。并且，各合伙人之间承担连带责任。相比之下，有限责任制对投资人的约束力就要小得多，事务所的财产与出资者的个人财产分离，出资者仅以其出资额为限承担责任，因此，有限责任会计师事务所承担的风险和责任比合伙制小得多。

(2) 人员结构稳定程度不同。合伙制会计师事务所人员结构稳定。由于合伙人共同经营管理事务所，对公司债务负连带责任，因此，合伙人的变动对于其他合伙人及债权人来说都是非常重要的问题。对于合伙人的变动，合伙协议要有严格的规定，如合伙人转让股份要受很多约束。这使合伙制会计师事务所人员相对稳定。相对于合伙制而言，有限责任制会计师事务所的股东转让股份，可以不经其他股东同意，股东变动自由，这降低了对事务所成员的约束力，也在一定程度上降低了他们的责任感。

(3) 规模的可塑性不同。股东人数的多寡在一定程度上影响到会计师事务所规模的大小，股东人数多，资金就多，设立公司的规模就相对大。反之亦然。合伙制会计师事务所由于合伙人共同经营管理事务所，对公司债务负连带责任。因此，合伙人之间必然是相互监督、相互信任的，新合伙人的加入要经过全体合伙人的同意。这就限制了合伙人加入。相对于合伙制，有限责任公司的股东只依据自己的出资额承担债务，对新股东的加入没有过多的限制，因此股东人数的弹性比较大。有限责任会计师事务所的规模的可塑性强。

因此，合伙制在提高注册会计师风险意识，提高职业质量方面比有限责任制优越得多，在人员构成方面，也相对比较稳定。但是，合伙制规模的可塑性比有限责任制事务所小，不利于事务所规模的扩展。

4) 国际四大会计师事务所

国际会计师事务所是世界先进民间审计组织的典型代表。这些国际会计师事务所是由若干中小型会计师事务所逐步扩充发展而成的。20世纪40年代以后，作为国际会计师事务所前身的几个中小事务所以办理企业的破产、合并业务和担任跨国公司审计为契机，扩大了其在世界上的影响，由于业务的增多，它们一方面在世界各地设立分支机构。一方面兼并其他会计公司，从此走上了扩张之路。当今活跃在国际民间审计舞台上的"超级大国"，主要是由英美两国主宰的声名赫赫的国际四大会计师事务所。它们几乎垄断了世界上所有大型企业的审计业务，它们就像一条大章鱼，把触须伸向任何可能的角落。早在20世纪80年代末，就有人提出，在全世界，原"六大"会计师事务所几乎无处不在，在欧洲的每一个重要的商业城市中都可以找到至少一家属于原"六大"会计师事务所。原"六大"会计师事务所成员机构遍布全世界，业务范围从早期的代理记账、审计、税务服务发展到如今的业务开发、合同谈判、公司改造、安排上市、管理顾问、公司秘书等，几乎包揽了各种商务活动。各大会计师事务所在服务对象上也各有侧重，越来越专门化。如解体前的安达信以员工训练和公用事业业务著称，较多地拥有石油和天然气工业的委托单位；安永在医疗保健及财务服务方面占有很大优势；毕马威在银行方面具有很强的竞争力；永道在通信电子工业中称雄；普华则以处理国际性事业机构业务为优。

1997年9月，原"六大"会计师事务所之中的永道、普华宣布合并成为普华永道国际会计师事务所，实力超强的原"六大"会计师事务所变成了"五大"会计师事务所。2002年，因参与安然公司财务欺诈案，安达信会计公司解体，至此，著名的"五大"会计师事务所变成"四大"会计师事务所。

目前，国际"四大"会计师事务所如下所述。

(1) 德勤(Deloitte & Touche)。

(2) 普华永道(Price Water House Coopers)。

(3) 安永(Ernst & Young)。

(4) 毕马威(KPMG)。

本章小结

我国审计的组织形式主要有政府审计机关、部门和单位内部审计机构以及民间审计组织。政府审计机关实行统一领导、分级负责的原则。我国政府最高审计机关是审计署。最高审计机关国际组织是联合国经济和社会理事会下属的一个由联合国成员国的最高审计机关组成的非政府间的永久性国际审计组织。本章详细介绍了我国的部门和单位内部审计机构和人员、内部审计的特征、内部审计机构的职责权限。国际注册内部审计师(CIA)资格证书代表了内部审计领域的最高资质。我国民间审计的振兴，始于1980年注册会计师制度的恢复和重建。目前，无论是从民间审计组织看，还是从民间审计人员的数量上看，我国民间审计都得到了飞速的发展。

复习思考题

1. 我国审计的组织形式主要有哪些？
2. 政府审计机关的职责权限主要有哪些？
3. 如何理解政府审计是高层次的经济监督？
4. 最高审计机关国际组织目前拥有哪些区域组织？
5. 我国内部审计一般具有哪些特征？
6. 国际内部审计发展趋势有哪些？
7. 我国民间审计组织的组织形式主要有哪些？

第4章　我国注册会计师行业管理

中国注册会计师制度创建于1918年，于1980年恢复重建。1986年7月，国务院颁布《注册会计师条例》，1993年10月，八届全国人大四次会议通过了《注册会计师法》并于1994年1月1日起实施，条例和法案的颁布、实施将我国注册会计师行业的管理和发展纳入了法制化、规范化的轨道。

4.1　注册会计师行业管理的主要内容

1999年底，根据国家发展社会中介机构的产业政策和有关要求，注册会计师行业率先在中介服务机构中完成脱钩改制，会计师事务所由原来挂靠政府部门、企事业单位的下属机构，脱钩改制为由执业人员发起设立的自主经营、自我管理、自我约束、自担风险的独立中介机构。

根据财政部2002年11月下发的《关于进一步加强注册会计师行业管理的意见》(财会[2002]19号)，国家财政部门依据《注册会计师法》赋予财政部门对注册会计师行业监督、指导职能，加强注册会计师行业自律管理，经财政部党组决定，将原委托中国注册会计师协会行使的行政职能予以收回，由财政部有关职能机构行使，注册会计师协会履行行业自律性管理职能。

1. 财政部门对注册会计师行业的主要行政管理内容

(1) 加强对注册会计师、会计师事务所、注册会计师协会的监督、指导；

(2) 审批会计师事务所、审批注册会计师执业准则和规则；

(3) 对违法的会计师事务所和注册会计师实施行政处罚等行政职能；

(4) 进一步规范和加强对注册会计师行业的监管。

2. 注册会计师协会对注册会计师行业的主要业务管理内容

(1) 加强自律性监管，指导、督促注册会计师公正执业，严格遵守职业道德规范；

(2) 加强执业标准建设，强化业务指导，不断提高注册会计师执业水平；

(3) 认真组织注册会计师考试，完善后续教育制度；

(4) 及时向政府有关部门反映注册会计师的意见和建议，努力改善注册会计师的执业环境；

(5) 提供必要的专业援助，维护注册会计师的合法权益；

(6) 加强行业与国际组织、执业机构间的交流与合作。

3. 财政部门与注册会计师协会在行业管理方面的关系

财政部门会计管理、监督检查、财政法制等机构和注册会计师协会应当建立工作协调机制，相互支持和配合。财政部门要加强对注册会计师协会的监督、指导，支持注册会计师协会的工作。

注册会计师协会作为注册会计师行业的自律性组织，应当密切与注册会计师、政府有关部门的联系，进一步发挥行业组织的作用。注册会计师协会主要负责行业自律性管理、维护注册会计师合法权益、提供专业支持和法律援助等，努力为注册会计师执业和行业发展服务。

4.2 注册会计师行业管理机构

1. 中国注册会计师协会

中国注册会计师协会(简称中注协)负责行业自律管理，主要包括：拟定执业规则；会员注册及管理；组织考试和继续教育；对会员进行行业监督和内部惩戒等。

中国注册会计师协会是在财政部的领导下，经政府批准成立的注册会计师的职业组织，成立于1988年11月15日。

中国注册会计师协会和中国注册审计师协会(1992年7月8日成立并接受审计署监督、指导)，于1995年6月19日联合组成注册会计师组织。联合后的中国注册会计师协会依法对全国社会审计行业实行管理，依法接受财政部、审计署的监督、指导，依据《中华人民共和国注册会计师法》(以下简称《注册会计师法》)和《中国注册会计师协会章程》行使职责。

1) 中国注册会计师协会的主要职责

中国注册会计师协会作为注册会计师行业的自律性组织，依法履行以下职责。

(1) 审批和管理本会会员，指导地方注册会计师协会办理注册会计师注册；

(2) 拟订注册会计师执业准则、规则，监督、检查实施情况；

(3) 组织对注册会计师的任职资格、注册会计师和会计师事务所的执业情况进行年度检查；

(4) 制定行业自律管理规范，对违反行业自律管理规范的行为予以惩戒；

(5) 组织实施注册会计师全国统一考试；

(6) 组织和推动会员培训工作；

(7) 组织业务交流，开展理论研究，提供技术支持；

(8) 开展注册会计师行业宣传；

(9) 协调行业内、外部关系，支持会员依法执业，维护会员合法权益；

(10) 代表中国注册会计师行业开展国际交往活动；

(11) 指导地方注册会计师协会工作；

(12) 办理法律、行政法规规定和国家机关委托或授权的其他有关工作。

2) 中国注册会计师协会的主要作用

(1) 中国注册会计师协会对会计师事务所和注册会计师进行教育和管理；

(2) 中国注册会计师协会是注册会计师与政府机关联系的桥梁和纽带。

中国注册会计师协会作为独立的社会团体，对外发展与外国和国际会计职业组织之间的相互交往，为我国注册会计师步入国际舞台发挥作用；对内拟订会计师事务所管理制度和注册会计师专业标准，组织注册会计师业务培训和考试等方面工作。

中注协分别于1996年10月和1997年5月加入亚太会计师联合会(CAPA)和国际会计师联合会(IFAC)，并与50多个境外会计师职业组织建立了友好合作和交往关系。

3) 中国注册会计师协会的组织机构

(1) 全国会员代表大会。中注协最高权力机构为全国会员代表大会，每五年举行一次。凡重大事项，必须经会员代表大会讨论决定。

(2) 理事会。理事会由全国会员代表大会选举理事若干名组成。理事会选举产生会长、副会长、常务理事会，理事会设若干专门委员会和专业委员会。常务理事会在理事会闭会期间行使理事会职权。协会下设秘书处，为其常设执行机构。

(3) 中国注册会计师协会的专门、专业委员会。专门委员会是理事会履行职责的专门工作机构，对理事会负责。专业委员会负责处理行业发展中的专业技术问题，也对理事会负责。

目前，中国注册会计师协会设立7个专门委员会和1个专业委员会，各自的主要职责如下所述。

① 审计准则委员会。审计准则委员会主要负责审议独立审计准则；拟订计划；审议独立审计准则征求意见稿；审议批准独立审计准则拟订稿。

② 惩戒委员会。惩戒委员会主要负责对违规违纪的会计师事务所和注册会计师予以惩戒。中国注册会计师协会惩戒委员会主要负责对行业具有重大影响的违规违纪行为进行惩戒，其他违规违纪行为由地方注册会计师协会负责惩戒。

③ 申诉委员会。申诉委员会主要负责当事会计师事务所、注册会计师对中国注册会计师协会惩戒委员会的拟惩戒决定不服的申诉工作，确定是否维持或修改惩戒委员会的决定。

④ 维权委员会。维权委员会主要负责直接办理注册会计师行业内有重大影响的维权事项；研究维护会员依法执业的具体措施和办法；指导地方协会的维权工作；针对在维权工作中发现的问题，向有关部门提出规范会员依法执业并切实保护其合法权益的意见、建议；负责就承办的维权事项，推动、配合、协调有关部门工作；研究和探讨维护会员合法权益的途径和办法，提出维权工作的政策性建议或研究报告。

⑤ 教育培训委员会。教育培训委员会主要负责研究、分析注册会计师行业的执业状况和能力需求，审议注册会计师行业培训规划；推动、改进、指导注册会计师资格前教育；审议注册会计师后续教育制度；审议注册会计师教育培训教材。

⑥ 财务委员会。财务委员会主要负责研究行业会费政策；审查本会年度会费收支报告，并向理事会报告；指导、规范行业财务工作；确定聘请外部审计机构事宜。

⑦ 《中国注册会计师》编辑委员会。编辑委员会主要负责审议《中国注册会计师》办刊方针；监督《中国注册会计师》办刊方针的实施情况；收集、分析会员对《中国注册会计师》的意见；对《中国注册会计师》提出改进意见和建议。

⑧ 专业技术咨询委员会。专业技术咨询委员会主要负责研究注册会计师在执业过程中遇到的专业问题；向注册会计师提供专业技术援助；与有关政府部门沟通，就有关专业问题提出建议。

4) 中国注册会计师协会的会员构成

中国注册会计师协会的会员有三类。

(1) 个人会员；

(2) 团体会员；

(3) 名誉会员。

截至2014年6月30日，中国注册会计师协会个人会员数量突破20万人，达到200 045人。其中，在会计师事务所执业的注册会计师98 927人，在其他行业工作的非执业会员101 118人。中注协个人会员中，有海外非执业会员499人。中国注册会计师协会的会员拥有一定的权利和义务，入会须提交申请和履行登记手续。

2. 地方注册会计师协会

省、自治区、直辖市注册会计师协会是注册会计师的地方组织，其章程由省、自治区、直辖市会员代表大会制定，并报省、自治区、直辖市人民政府财政部门备案。我国香港特别行政区、澳门特别行政区、我国台湾地区和外国的会员，可以组织成立地区会员联谊会。

3. 财政部门

国务院财政部门和省、自治区、直辖市人民政府财政部门依法对注册会计师、会计师事务所和注册会计师协会进行监督、指导。

2002年11月15日财政部发布的《关于终止委托注册会计师协会行使的行政管理职能的通知》规定："注册会计师协会批准设立外国会计师事务所常驻机构、审批注册会计师执业准则、规则，以及对省级财政部门批准设立的会计师事务所和省级注册会计师协会准予注册的注册会计师人员名单实行备案等职能由会计司行使。"

4. 证券监督管理委员会

中国证监会成立于1992年10月，经国务院授权，依法对全国证券期货市场进行集中统一监管。证监会会同有关部门审批会计师事务所、资产评估机构及其成员从事证券期货中介业务的资格并监管其相关的业务活动。

5. 财政部会计准则委员会

财政部会计准则委员会是中国会计准则制定的咨询机构，旨在为制定和完善中国的会计准则提供咨询意见和建议，于1998年10月成立，2003年换届改组。2006年换届改组。2006年按照会计准则趋同的要求，制定发布了新的会计准则体系，包括一项基本准则和38项具体准则，初步建立了我国会计准则体系。

6. 审计署

审计署是中华人民共和国的最高审计机关，在国务院总理的领导下，依法组织领导全国的审计工作，对国务院各部门和地方各级政府的财政收支、对国家的财政金融机构企事业组织的财务收支进行审计监督。审计署的职责包括指导和监督内部审计工作，核查社会审计机构对依法属于审计机关、审计监督对象的单位出具的相关审计报告。

4.3 注册会计师资格取得与注册制度

我国注册会计师是指取得注册会计师资格并在会计师事务所从业的人员。民间审计人员主要是指注册会计师及从业人员。

注册会计师是经过专门培训并符合执业条件的人员。执业条件包括个人品德、教育程度、考试和专业经验等，各国对注册会计师资格的要求不完全相同。

1. 注册会计师资格取得

我国于1991年建立了注册会计师全国统一考试制度，并从1994年起规定取得注册会计师资格必须通过注册会计师全国统一考试。目前，在我国取得注册会计师资格主要由通过考试和具有实际工作经验两方面确定。

要想取得注册会计师资格必须通过注册会计师全国统一考试。

1) 报考资格

根据《注册会计师法》和《注册会计师全国统一考试办法》的规定，具有下列条件之一的中国公民，可报名参加考试：①高等专科以上学历；②会计或者相关专业(指审计、统计、经济)中级以上专业技术职称。具有会计或者相关专业高级技术职称的人员，如高级会计师、会计学教授、副教授、研究员、副研究员等并具有会计工作经验的人员，以及具有大专或相当于大专学历，或者大专同等学力，从事财会工作20年以上，确有会计业务专长的人员，可以免除部分科目的考试。

2) 考试阶段及考试科目

目前，我国注册会计师考试分为两个阶段。

第一阶段，即专业阶段，主要测试考生是否具备注册会计师执业所需的专业知识，是否掌握基本技能和职业道德要求。现设6个考试科目：会计、审计、财务成本管理、企业战略与风险管理、经济法、税法。

第二阶段，即综合阶段，主要测试考生是否具备在注册会计师执业环境中运用专业知识、保持职业价值观、职业态度与职业道德、有效解决实务问题的能力。现设一个考试科目：综合。

考生在通过第一阶段的全部考试科目后，才能参加第二阶段的考试。两个阶段的考试，每年各举行一次。第一阶段的单科合格成绩5年内有效，对在连续5年内取得第一阶段6个科目合格成绩的考生，发放专业阶段合格证。第二阶段考试科目应在取得专业阶段合格证后5年内完成，对取得第二阶段考试合格成绩的考生，发放全科合格证，并可申请加入注册会计师协会，成为注册会计师协会的非执业会员。注册会计师还必须具有两年以上在会计师事务所从事审计业务的经验并具备相应的业务能力，才能申请注册成为中国注册会计师协会执业会员。注册会计师只有加入会计师事务所才能接受委托承办业务。

2. 注册会计师注册制度

注册会计师考试合格者取得注册会计师资格，具备注册会计师资格者只有加入会计师事务所，从事审计业务工作两年以上，并具备相应的业务能力，可由其申请加入的会计师事务所报财政部或省级财政厅批准注册。经批准注册的注册会计师，由财政部统一制发注册会计师证书，才能准予注册，成为执业注册会计师。

1) 准予注册登记

根据《注册会计师法》的规定，参加注册会计师全国统一考试成绩合格，并从事审计业务工作两年以上的，可以向省、自治区、直辖市注册会计师协会申请注册。准予注册的申请人，由注册会计师协会发给国务院财政部门统一制发的注册会计师证书。国务院财政部门发现注册会计师协会的注册不符合《注册会计师法》规定的，应当通知有关的注册会计师协会撤销注册。

2) 不准予注册登记

申请注册者，如果有下列情形之一的，受理申请的注册会计师协会不予注册。

(1) 不具有完全民事行为能力的；

(2) 因受刑事处罚，自刑罚执行完毕之日起至申请注册之日止不满五年的；

(3) 因在财务、会计、审计、企业管理或者其他经济管理工作中犯有严重错误，受行政处罚、撤职以上处分，自处罚、处分之日起申请之日止不满两年的；

(4) 受吊销注册会计师证书的处罚，自处罚决定之日起至申请注册之日止不满五年的；

(5) 国务院财政部门规定的其他不予注册的情形。

3) 撤销注册登记

已取得注册会计师证书的人员，如果注册后出现以下情形之一的，准予注册的注册会计师协会将撤销注册，收回注册会计师证书。

(1) 完全丧失民事行为能力的；

(2) 受刑事处罚的；

(3) 因在财务、会计、审计、企业管理或者其他经济管理工作中犯有严重错误，受行政处罚、撤职以上处分的；

(4) 自行停止执行注册会计师业务满一年的。

4.4 会计师事务所的设立与审批

1. 有限责任会计师事务所的设立与审批

根据1993年颁布的《注册会计师法》中的相关规定和《有限责任会计师事务所设立及审批暂行办法》中的规定，有限责任会计师事务所是指由单位发起设立的会计师事务所。

1) 设立有限责任会计师事务所应符合的条件

(1) 不少于三十万元的注册资本；

(2) 有十名以上在国家规定的职龄以内的专职从业人员，其中至少有五名注册会计师。

2) 申请设立有限责任会计师事务所应当报送的文件

(1) 发起单位设立会计师事务所的申请报告；

(2) 会计师事务所的名称、组织机构、业务场所；

(3) 会计师事务所章程；

(4) 注册会计师和从业人员的名单、简历及有关证明文件；

(5) 会计师事务所主要负责人及简历和有关证明文件；

(6) 出资证明；

(7) 办公场所的产权或使用权证明文件。

3) 办理申请及审批的主要程序

(1) 由发起设立的单位向所在地的省、自治区、直辖市注册会计师协会提交申请书及上述规定的文件。

(2) 省、自治区、直辖市注册会计师协会接到申请文件后三十日内审查完毕，将批准或者不批准的意见报告财政厅(局)主管厅(局)长，由财政厅(局)主管厅(局)长决定批准或不批准。

(3) 省、自治区、直辖市财政厅(局)批准的会计师事务所，应当送中国注册会计师协会并报财政部备案。中国注册会计师协会在复审中发现审批不当的，应当自收到备案报告之日起三十日内报告财政部主管部长，由财政部主管部长决定是否应通知原审批机关重新审查。

(4) 经批准设立的会计师事务所，应当自接到批准通知书二十日内到所在地的省、自治区、直辖市注册会计师协会领取财政部统一制发的会计师事务所批准证书，并办理执业登记。

2. 合伙会计师事务所的设立与审批

根据《注册会计师法》《会计师事务所审批和监督暂行办法》(财政部令第24号)规定，会计师事务所可以由注册会计师合伙设立。合伙设立的会计师事务所的债务，由合伙人按照出资比例或者协议的约定，以各自的财产承担责任。合伙人对会计师事务所债务承担连带责任。

合伙会计师事务所可以设立有限责任合伙人。有限责任合伙人不得超过合伙人总数的三分之一。

省级财政部门应当自受理设立合伙会计师事务所申请之日起二十七个工作日内，按照规定对申请材料进行审核，作出批准或者不予批准的决定。

1) 设立合伙会计师事务所应当具备的条件

(1) 有两名以上的合伙人；

(2) 有书面合伙协议；

(3) 有会计师事务所的名称；

(4) 有固定的办公场所。

2) 会计师事务所的合伙人应当具备的条件

(1) 持有中华人民共和国注册会计师证书(以下简称"注册会计师证书")；

(2) 在会计师事务所专职执业；

(3) 成为合伙人前三年内没有因为执业行为受到行政处罚；

(4) 有取得注册会计师证书后最近连续五年在会计师事务所从事下列审计业务的经历，其中在境内会计师事务所的经历不少于三年。

① 审查企业会计报表，出具审计报告；

② 验证企业资本，出具验资报告；

③ 办理企业合并、分立、清算事宜中的审计业务，出具有关的报告；

④ 法律、行政法规规定的其他审计业务。

(5) 成为合伙人前一年内没有因采取隐瞒或提供虚假材料、欺骗、贿赂等不正当手段申请设立会计师事务所而被省级财政部门作出不予受理、不予批准或者撤销会计师事务所的决定。

3) 申请成为会计师事务所合伙人的注册会计师应符合的条件

(1) 必须是中华人民共和国的公民；

(2) 持有中华人民共和国注册会计师有效证书，有五年以上在会计师事务所从事独立审计业务的经验和良好的道德纪录；

(3) 不在其他单位从事谋取工资收入的工作；

(4) 至申请日止在申请注册地连续居住一年以上。

3. 特殊普通合伙会计师事务所的设立与审批

为了贯彻落实《国务院办公厅转发财政部关于加快发展我国注册会计师行业若干意见的通知》(国办发〔2009〕56号)，推动大中型会计师事务所采用特殊普通合伙组织形式，促进我国会计师事务所做大做强，根据《中华人民共和国合伙企业法》《会计师事务所审批和监督暂行办法》(财政部令第24号)，财政部、国家工商行政管理总局制定了《关于推动大中型会计师事务所采用特殊普通合伙组织形式的暂行规定》。

大中型会计师事务所转制为特殊普通合伙组织形式的，转制前的经营期限、经营业绩可连续计算，执业资格相应延续，转制前因执业质量可能引发的行政责任由转制后的事务所承担。

会计师事务所转制为特殊普通合伙组织形式，应当有25名以上符合规定的合伙人，50名以上的注册会计师，以及人民币1000万元以上的注册资本。

大型会计师事务所应当于2010年12月31日前转制为特殊普通合伙组织形式，鼓励中型会计师事务所于2011年12月31日前转制为特殊普通合伙组织形式。

大型会计师事务所是指在人才、品牌、规模、技术标准、执业质量和管理水平等方面居于行业领先地位，能够为我国企业"走出去"提供国际化综合服务，行业排名前10的会计师事务所。

中型会计师事务所是指在人才、品牌、规模、技术标准、执业质量和管理水平等方面具有较高水准，能够为大中型企事业单位、上市公司提供专业或综合服务，行业排名前200的会计师事务所(不含大型会计师事务所)。

会计师事务所转制为特殊普通合伙组织形式后，持有合伙财产份额前5位的合伙人应当具备注册会计师执业资格。

1) 转制为特殊普通会计师事务所具备注册会计师执业资格的合伙人应当符合的条件

(1) 在会计师事务所专职执业；

(2) 成为合伙人前3年内没有因为执业行为受到行政处罚；

(3) 有取得注册会计师证书后最近连续5年在会计师事务所从事下列审计业务的经历，其中，在境内会计师事务所的经历不少于3年。

① 审查企业会计报表，出具审计报告；

② 验证企业资本，出具验资报告；

③ 办理企业合并、分立、清算事宜中的审计业务，出具有关的报告；

④ 法律、行政法规规定的其他审计业务。

(4) 成为合伙人前1年内没有因采取隐瞒或提供虚假材料、欺骗、贿赂等不正当手段申请设立会计师事务所而被省级财政部门作出不予受理、不予批准或者撤销会计师事务所的决定；

(5) 年龄不超过65周岁。

2) 其他可以担任特殊普通合伙会计师事务所的合伙人应当符合的条件

注册资产评估师、注册税务师、注册造价工程师可以担任特殊普通合伙会计师事务所的合伙人，但应当符合下列条件。

(1) 在会计师事务所专职执业；

(2) 成为合伙人前3年内没有因为执业行为受到行政处罚；

(3) 有取得相应执业资格后最近连续5年从事相关工作的经验；

(4) 该类合伙人人数不得超过会计师事务所合伙人总数的20%；

(5) 该类合伙人所持有的合伙财产份额不得超过会计师事务所合伙财产的20%；

(6) 该类合伙人不得担任执行合伙事务的合伙人；

(7) 年龄不超过65周岁。

3) 大中型会计师事务所申请转制为特殊普通合伙会计师事务所应当提交的材料

大中型会计师事务所申请转制为特殊普通合伙会计师事务所应当向所在地省级财政部门提交以下材料。

(1) 转制申请书；

(2) 股东会、合伙人会议决议；

(3) 合伙人身份证明复印件，合伙人情况汇总表；

(4) 合伙人的注册会计师证书或者其他执业资格证书复印件；

(5) 合伙协议；

(6) 经审计的上年度财务报告；

(7) 验资报告；

(8) 能证明本暂行规定第七条各项条件的社会保险、工资关系等相关资料。

4) 转制为特殊普通合伙会计师事务所的合伙协议应明确的事项

转制为特殊普通合伙组织形式的会计师事务所，应当在合伙协议中至少明确下列事项。

(1) 合伙人入伙、退伙机制；

(2) 合伙事务的执行；

(3) 利益分配和风险分担方式；

(4) 争议解决办法；

(5) 解散与清算。

会计师事务所转制应当向省级财政部门提出申请，省级财政部门自受理申请之日起30日内作出批准或者不予批准的决定。

作出批准转制决定的，应当自作出批准决定之日起10日内向申请人下达批准文件、换发会计师事务所执业证书，并予以公告。省级财政部门作出不予批准转制决定的，应当自作出不予批准决定之日起10日内书面通知申请人。书面通知中应当说明不予批准的理由，并告知申请人享有依法申请行政复议或者提起行政诉讼的权利。

转制为特殊普通合伙组织形式的会计师事务所应当持财政部门的转制批复文件办理有关工商登记手续。有限责任公司制的会计师事务所转制为特殊普通合伙组织形式，应当办理合伙企业的设立登记，同时，原有限责任公司应当办理注销登记；原组织形式为普通合伙制的大中型会计师事务所，按变更登记办理。

4.5 会计师事务所的业务范围

会计师事务所的业务范围，即是注册会计师的业务范围。根据《注册会计师法》第14条、第15条的规定及其他法律、行政法规的规定，我国注册会计师可以办理以下三方面的业务。

1. 审计业务

(1) 审查企业会计报表，出具审计报告；

(2) 验证企业资本，出具验资报告；

(3) 办理企业合并、分立、清算事宜中的审计业务，出具相关报告；

(4) 办理法律、行政法规规定的其他审计业务。

2. 会计咨询、会计服务业务

(1) 设计财务会计制度；

(2) 担任会计顾问，提供会计、财务、税务和其他经济管理咨询；

(3) 代理记账；

(4) 代理纳税申报；

(5) 代办申请注册登记，协助拟定合同、协议、章程及其他经济文件；

(6) 培训会计人员；

(7) 审核企业前景财务资料；

(8) 资产评估；

(9) 参与可行性研究；

(10) 其他会计咨询和会计服务业务。

3. 其他法定审计业务

(1) 审计业务包括年度会计报表审计、中期会计报表审计和合并、分立及清算会计报表审计。验资业务包括设立时验资和资本变更时验资。

(2) 根据《公司法》中关于从事证券业务的会计师事务所、注册会计师资格确认的规定及证券管理方面的法律、行政法规的规定，股份制企业的改组审计业务，年度会计报表审计业务，中期会计报表审计业务，合并、分立及清算会计报表审计业务，以及这些企业的验资业务，必须由会计师事务所和注册会计师办理。

(3) 根据《企业会计准则》《企业财务通则》等有关会计法规、制度的规定，企业对外报送的会计报表，也应由企业委托注册会计师进行审计。

从目前的发展趋势来看，会计师事务所的审计业务比重日益下降，业务范围朝着多样化方向发展，非审计鉴证业务和相关服务的种类越来越多，例如预测性财务信息审核、内部控制鉴证、风险管理鉴证、养老鉴证、系统鉴证、网络认证等其他鉴证业务，以及代编信息、商定程序和税务咨询、管理咨询等相关服务。

目前最显著的特征是，在全球范围内，会计师事务所的管理咨询服务得到了蓬勃发展，例如，"四大"会计师事务所的管理咨询收入比重已经超过了审计服务的收入比重。随着经营环境的变化，市场对拥有丰富经验和专业知识的注册会计师提出了更多的要求，而且由于审计业务已经趋于成熟、成长的空间有限，会计师事务所要想发展必须拓展更广泛的业务领域。

目前，"委外服务"(Outsourcing)在国外非常流行，企业倾向于专业发展核心服务，而将其他部分委托外部专业公司，这也给注册会计师拓展服务范围带来了许多商机。

我国的注册会计师事业还远未成熟，但其会随着世界潮流发展却是毋庸置疑的。未来多样化的发展战略将是中国注册会计师的发展方向。

本章小结

本章主要介绍注册会计师行业管理，包括财政部门对注册会计师行业的主要行政管理内容，注册会计师协会对注册会计师行业的主要业务管理内容及财政部门与注册会计师协会在行业管理方面的关系。本章重点介绍了注册会计师资格取得与注册制度和会计师事务所的设立与审批管理规定。

复习思考题

1. 我国注册会计师资格如何取得？
2. 注册会计师的业务有哪些？
3. 合伙制与有限责任制会计师事务所相比有哪些特点？
4. 我国注册会计师行业管理机构有哪些？
5. 从世界范围看，会计师事务所有哪几种组织形式，各有什么特点？
6. 我国会计师事务所有几种形式？
7. 注册会计师执业准则的定义和作用是什么？
8. 会计师事务所质量控制的定义和作用是什么？

第5章　注册会计师职业道德和法律责任

任何职业都有自身的职业道德和执业规范，注册会计师行业也不例外。我国注册会计师执行业务时，必须严格遵守职业道德和执业规范，以保证审计质量，增强社会公众对其工作成果的认可度。而一旦不能够紧守职业道德和执业规范，很可能形成职业风险，甚至需要承担法律责任。

5.1 注册会计师职业道德

为了促使注册会计师更好地履行职责，保持应有的职业行为规范，保证执业质量，在公众心目中树立起良好的职业形象和职业信誉，赢得社会公众的尊重和信任，强调注册会计师的职业道德就显得尤为重要。

所谓注册会计师的职业道德，是指对注册会计师的职业品德、执业纪律、业务能力、工作规则及所负的责任等思想方式和行为方式所作的基本规定和要求。

5.1.1 注册会计师职业道德基本原则

自2010年7月1日起施行的《中国注册会计师职业道德守则》要求中国注册会计师在执业时，应遵守下列职业道德基本原则。

1. 诚信

诚信，是指诚实、守信。该原则要求注册会计师执业时，应当保持正直和诚实，秉公处事、实事求是。例如，在财务报表审计中，当注册会计师认为被审计单位财务报表存在重大虚假或误导性陈述或遗漏重要信息时，就不应该为其出具无保留意见审计报告，即不能发表意见声称被审计单位的财务报表合法，否则就违反了诚信原则。

2. 独立性

独立，是指不受外来力量控制、支配，按照一定规则行事。独立原则通常是对注册会计师而不是对非执业会员提出的要求。在执行鉴证业务时，注册会计师必须保持独立性。鉴于独立原则的重要性，本节将对独立性进行重点介绍。

3. 客观和公正

客观，是指按照事物的本来面目去考察，不添加个人的偏见。公正，是指公平、正直、不偏袒。该原则要求注册会计师不应因偏见、利益冲突以及他人的不当影响而损害职业判断的客观性。

客观性是一种公正的、不偏不倚的态度，它要求注册会计师在执行审计工作时，对其工作成果抱有诚实的信条，不与任何方面达成重大的质量妥协。

例如，注册会计师面临客户解除业务约定的威胁，被迫同意客户不恰当的会计处理，从而违反了客观原则。独立于鉴证客户是遵循客观性基本原则的内在要求，注册会计师应当从实质上和形式上独立于鉴证客户。

4. 专业胜任能力和应有的关注

1) 专业胜任能力

专业胜任能力是指注册会计师具有专业知识、技能和经验，能够经济、有效地完成客户委托的业务。

(1) 注册会计师应当持续了解和掌握相关的专业知识、技能和业务的发展，以保持专业胜任能力，提供合格的专业服务。

(2) 如果注册会计师缺乏专业胜任能力而提供专业服务，则构成欺诈。

2) 应有的关注

应有的关注是指注册会计师执业时，应遵守执业准则和技术规范，对其所提供的服务承担勤勉尽责的义务。

(1) 勤勉尽责要求注册会计师按照有关工作要求，认真、全面、及时地完成工作任务。

(2) 注册会计师在执业过程中应保持职业怀疑态度。所谓职业怀疑态度，是指注册会计师以质疑的思维方式评价所获取证据的有效性，并对相互矛盾的证据，以及对文件记录或被审计单位提供的信息的可靠性产生怀疑的证据保持警觉。例如，某人欲注册一家装潢公司，他找到一家会计师事务所验资，并提供了一张银行进账单的复印件，注册会计师并未索要进账单原件，就出具了验资报告。注册会计师不索要进账单原件，也未向银行函证，就没有保持应有的职业怀疑态度。

5. 保密

注册会计师应当对执业中获知的客户信息予以保密。

(1) 未经客户授权或法律法规允许，注册会计师不得向第三方披露涉密信息。

(2) 注册会计师不得利用这些信息为自己或第三方谋取利益。

(3) 注册会计师应当警惕无意泄密的可能性，特别是警惕向直系亲属、近亲属以及关系密切的商业伙伴无意泄密的可能性。

(4) 这一保密责任是终身的，不因业务约定的终止而终止。

(5) 注册会计师在以下情况中可以披露客户的有关信息(保密例外情形)。

① 法律法规允许披露，并且取得客户的授权；

② 法律法规要求披露，包括为法律诉讼出示文件或提供证据，以及向有关监管机构报告发现的违法行为；

③ 接受或答复注册会计师协会、监管机构的质量检查或询问、调查；

④ 在法律诉讼程序中维护自身的职业利益；

⑤ 法律、法规、执业准则和职业道德规范规定的其他情况。

6. 良好的职业行为

注册会计师应当遵守相关法律法规，避免发生任何注册会计师已知悉的有损职业声誉的行为。例如，在推介自身或工作时，注册会计师不应损害职业形象，应当诚实、实事求是，不应对其能够提供的服务、拥有的资质以及积累的经验进行夸大宣传，也不应对其他注册会计师的工作进行贬低或比较。

5.1.2　对职业道德基本原则产生不利影响的因素

可能对职业道德基本原则产生不利影响的因素包括自身利益、自我评价、过度推介、密切关系和外在压力。

1. 自身利益

自身利益导致不利影响的情形主要包括以下几种。

(1) 鉴证业务项目组成员在鉴证客户中拥有直接经济利益；

(2) 会计师事务所的收入过分依赖某一客户；

(3) 鉴证业务项目组成员与鉴证客户存在重要且密切的商业关系；

(4) 会计师事务所担心可能失去某一重要客户；

(5) 鉴证业务项目组成员正在与鉴证客户协商受雇于该客户；

(6) 会计师事务所与客户就鉴证业务达成或有收费的协议；

(7) 注册会计师在评价所在会计师事务所以往提供的专业服务时，发现了重大错误。

2. 自我评价

自我评价导致不利影响的情形主要包括以下几种。

(1) 会计师事务所在对客户提供财务系统的设计或操作服务后，又对系统的运行有效性出具鉴证报告；

(2) 会计师事务所为客户编制原始数据，这些数据构成鉴证业务的对象；

(3) 鉴证业务项目组成员担任或最近曾经担任客户的董事或高级管理人员；

(4) 鉴证业务项目组成员目前或最近曾受雇于客户，并且所处职位能够对鉴证对象施加重大影响；

(5) 会计师事务所为鉴证客户提供直接影响鉴证对象信息的其他服务。

3. 过度推介

过度推介导致的不利影响的情形主要包括以下几种。

(1) 会计师事务所推介审计客户的股份；

(2) 在鉴证客户与第三方发生诉讼或纠纷时，注册会计师担任该客户的辩护人。

4. 密切关系

密切关系导致不利影响的情形主要包括以下几种。

(1) 项目组成员的近亲属担任客户的董事或高级管理人员；

(2) 项目组成员的近亲属是客户的员工，其所处职位能够对业务对象施加重大影响；

(3) 客户的董事、高级管理人员或所处职位能够对业务对象施加重大影响的员工，最近曾担任会计师事务所的项目合伙人；

(4) 注册会计师接受客户的礼品或款待；

(5) 会计师事务所的合伙人或高级员工与鉴证客户存在长期业务关系。

这里的项目合伙人是指会计师事务所中负责某项业务及其执行，并代表会计师事务所在报告上签字的合伙人。如果项目合伙人以外的其他注册会计师在业务报告上签字，中国注册会计师职业道德守则对项目合伙人作出的规定也适用于该签字注册会计师。

5. 外在压力

外在压力导致不利影响的情形主要包括以下几种。

(1) 会计师事务所受到客户解除业务关系的不利影响；

(2) 审计客户表示，如果会计师事务所不同意对某项交易的会计处理，则不再委托其承办拟议中的非鉴证业务；

(3) 客户威胁将起诉会计师事务所；

(4) 会计师事务所受到降低收费的影响而不恰当地缩小工作范围；

(5) 由于客户员工对所讨论的事项更具有专长，注册会计师面临服从其判断的压力；

(6) 会计师事务所合伙人告知注册会计师，除非同意审计客户不恰当的会计处理，否则将影响晋升。

5.1.3　对职业道德基本原则产生不利影响的防范措施

在具体工作中，对职业道德基本原则产生不利影响的防范措施包括会计师事务所层面的防范措施和审计具体业务层面的防范措施。

1. 会计师事务所层面的防范措施

(1) 领导层强调遵循职业道德基本原则的重要性；

(2) 领导层强调鉴证业务项目组成员应当维护公众利益；

(3) 制定有关政策和程序，实施项目质量控制，监督业务质量；

(4) 制定有关政策和程序，识别对职业道德基本原则的不利影响，评价不利影响的严重程度，采取防范措施消除不利影响或将其降低至可接受的水平；

(5) 制定有关政策和程序，保证遵循职业道德基本原则；

(6) 制定有关政策和程序，识别会计师事务所或项目组成员与客户之间的利益或关系；

(7) 制定有关政策和程序，监控对某一客户收费的依赖程度；

(8) 向鉴证客户提供非鉴证服务时，指派鉴证业务项目组以外的其他合伙人和项目组，并确保鉴证业务项目组和非鉴证业务项目组分别向各自的业务主管报告工作；

(9) 制定有关政策和程序，防止项目组以外的人员对业务结果施加不当影响；

(10) 及时向所有合伙人和专业人员传达会计师事务所的政策和程序及其变化情况，并就这些政策和程序进行适当的培训；

(11) 指定高级管理人员负责监督质量控制系统是否有效运行；

(12) 向合伙人和专业人员提供鉴证客户及其关联实体的名单，并要求合伙人和专业人员与之保持独立；

(13) 制定有关政策和程序，鼓励员工就遵循职业道德基本原则方面的问题与领导层沟通；

(14) 建立惩戒机制，保障相关政策和程序得到遵守。

2. 审计具体业务层面的防范措施

(1) 对已执行的非鉴证业务，由未参与该业务的注册会计师进行复核，或在必要时提供建议；

(2) 对已执行的鉴证业务，由鉴证业务项目组以外的注册会计师进行复核，或在必要时提供建议；

(3) 向客户审计委员会、监管机构或注册会计师协会咨询；

(4) 与客户治理层讨论有关的职业道德问题；

(5) 向客户治理层说明提供服务的性质和收费的范围；

(6) 由其他会计师事务所执行或重新执行部分业务；

(7) 轮换鉴证业务各项目组合伙人和高级员工。

5.1.4　审计、审阅和其他签证业务对独立性的要求

1. 独立性的含义

独立性对审计、审阅和其他鉴证业务而言非常重要。对客观原则的遵循要求注册会计师、会计师事务所与审计客户保持独立，包括实质上的独立和形式上的独立。

1) 实质上的独立性

实质上的独立性是一种内心状态，要求注册会计师在提出结论时不受有损于职业判断因素的影响，能够诚实公正行事，并保持客观和职业怀疑态度。

【例5-1】注册会计师王某拥有被审计单位某上市公司5%的股权，即注册会计师与审计客户有直接经济利益关系，这属于自身经济利益威胁的情形。如果注册会计师受此影响，在发表审计意见时没有揭示被审计单位利润的重大错报，则构成了实质上的不独立。

【例5-2】注册会计师李某的妻子是被审计单位的总经理，即注册会计师与审计客户的董事或高级管理人员存在直系亲属关系，这属于密切关系威胁的情形。如果注册会计师受此影响，同意被审计单位高估资产的重大错报，则构成了实质上的不独立。

2) 形式上的独立性

形式上的独立性是一种外在表现，使得一个理性且掌握充分信息的第三方在权衡这些事实和情况后，很可能推定会计师事务所或项目组成员的诚信、客观或职业怀疑态度已经受到损害。

【例5-3】前【例5-1】中，注册会计师王某拥有被审计单位某上市公司5%的股权，即使注册会计师不受此影响，能够揭示被审计单位虚增利润的重大错报，客观公正地发表审计意见，但在第三方看来，注册会计师的职业判断已受到损害，则依然构成了形式上的不独立。即在第三者看来，注册会计师是不独立的。

前【例5-2】中，注册会计师李某的妻子是被审计单位的总经理，即使注册会计师不会受此影响，不同意被审计单位高估资产的重大错报，能够客观公正地发表审计意见，但在第三方看来，注册会计师的职业判断已受到损害，则依然构成了形式上的不独立。

2. 威胁与防范措施

1) 经济利益

经济利益是指从某一实体的股票、债券及其他证券或贷款及其他债务工具中获取的利益，包括取得这种利益及与其直接相关的衍生工具的权利和义务。经济利益包括直接利益和间接利益。如果存在对投资工具的控制能力或影响投资决策的能力，则为直接经济利益，否则为间接经济利益。经济利益方面威胁独立性的主要情形及可能的防范措施如下。

(1) 会计师事务所、审计项目组成员或其直系亲属在审计客户中拥有直接经济利益或重大间接经济利益。此种情形将产生重大的自身利益威胁，没有任何防范措施可以将这种威胁降至可接受水平。会计师事务所、审计项目组成员或其直系亲属均不应拥有此类经济利益。

(2) 为审计客户提供非审计服务的其他合伙人、管理人员或其直系亲属在审计客户中拥有直接经济利益或重大间接经济利益。此种情况下，除非该合伙人或管理人员的参与程度极低，

否则将产生重大的自身利益威胁，没有任何防范措施可以消除这种威胁或将其降至可接受水平。其他合伙人、管理人员或其直系亲属均不应拥有此类经济利益。

(3) 审计项目组某一成员的近亲属在审计客户中拥有直接经济利益或重大间接经济利益。此种情形将产生自身利益威胁。必要时，注册会计师应当采取防范措施以消除威胁或将其降至可接受水平。防范措施主要包括：①由近亲属尽快处置全部经济利益，或处置足够数量的经济利益，以使剩余经济利益不再重大；②由项目组之外其他的注册会计师复核审计项目组成人员所执行的工作；③将该人员调离审计项目组。

(4) 会计师事务所、审计项目组成员或其直系亲属与审计客户同时在某一实体拥有经济利益。此种情形可能产生自身利益威胁。但如果该利益并不重大，并且审计客户不能对该实体产生重大影响，则可认为独立性未受到损害。如果该利益对任何一方都是重大的，并且审计客户可以对该实体产生重大影响，则没有任何防范措施可以将威胁降至可接受水平。

2) 贷款和担保

(1) 银行或类似机构等审计客户取得贷款，或由这些客户作为贷款担保人。如果会计师事务所、审计项目组成员或其直系亲属从银行或类似机构等审计客户取得贷款，或由这些客户作为贷款担保人，可能产生独立性威胁。具体体现在以下几个方面。

① 如果不按照正常的程序、条款和条件提供贷款或担保，将产生重大的自身利益威胁，没有任何防范措施可以消除这种威胁或将其降至可接受水平。

② 如果会计师事务所贷款程序、条款和条件正常，并且该贷款对审计客户或接受贷款的会计师事务所是重大的，采取防范措施有可能将所产生的自身利益威胁降至可接受水平，如由未参与审计业务且未接受该贷款的注册会计师复核所执行的工作等。

③ 审计项目组成员或其直系亲属如果按照正常的程序、条款和条件取得这种贷款或担保，就不会对独立性产生威胁。比如房屋抵押贷款、银行透支、汽车贷款和信用卡透支等。

(2) 从非银行或类似机构等审计客户取得贷款或为其提供担保。如果会计师事务所、审计项目组成员或其直系亲属从非银行或类似机构等审计客户取得贷款(或为其提供担保)，除非该项贷款或担保对会计师事务所、审计项目组成员及其直系亲属以及客户均不重大，否则将产生重大的自身利益威胁。

(3) 向审计客户提供贷款或为其提供担保。如果会计师事务所、审计项目组成员或其直系亲属向审计客户提供贷款或为其提供担保，除非该贷款或担保对会计师事务所、审计项目组成员或其直系亲属以及客户均不重大，否则将产生重大的自身利益威胁，没有任何防范措施可以消除这种威胁或将其降至可接受水平。

(4) 在审计客户开立存款或交易账户。会计师事务所、审计项目组成员或其直系亲属在银行、经纪人或类似金融机构等审计客户开立存款或交易账户，只要账户是按照正常的商业条件开立的，就不会对独立性产生威胁。

3) 商业关系

会计师事务所、审计项目组成员或其直系亲属与审计客户或其管理层之间存在密切的商业关系，可能产生利益威胁和外在压力威胁。这些关系包括以下几种。

(1) 在与审计客户或其控股股东、董事、管理层或其他为该客户执行高级管理活动的其他人员合营的企业中拥有经济利益。

(2) 按照协议，将会计师事务所的一种或多种产品或服务与客户的一种或多种产品或服务捆绑销售，并以双方名义进行。

(3) 按照协议，会计师事务所销售或配送客户的产品或服务，或客户销售或配送会计师事务所的产品或服务。

防范措施通常有以下几方面。

① 对于会计师事务所而言，应当将商业关系降至不重要的程度或终止该商业关系，或者拒绝接受或终止审计业务。

② 对于审计项目组成员而言，应将该成员调离审计项目组。

4) 家庭和个人关系

如果审计项目组成员的直系亲属、近亲属、与之有亲密个人关系的其他人员，或是审计客户的董事或高级管理人员，或是所处职位可以对客户会计记录或财务报表的编制施加重大影响的员工，或其曾在业务期间或财务报表所涵盖期间内处于上述职位，则有可能产生自身利益威胁、密切关系威胁或外在压力威胁。会计师事务所应当评价威胁的重要程度，并在必要时采取防范措施消除威胁或将其降至可接受水平。防范措施主要包括以下几方面。

(1) 将该人员调离审计项目组。

(2) 合理安排审计项目组成员的职责，使成员不处理其直系亲属、近亲属、与其有密切关系的人员职责范围内的事项。

(3) 如果不采取上述防范措施，会计师事务所应当解除审计业务约定。

5) 与审计客户发生雇佣关系

(1) 审计项目组前任成员或前任合伙人担任审计客户重要职位且与会计师事务所保持着重要联系。如果审计项目组的前任成员或会计师事务所的前任合伙人加入了审计客户，担任董事或高级管理人员，或是所处职位可以对客户会计记录或财务报表的编制施加重大影响的员工，且与会计师事务所仍然保持着重要联系(如获取报酬、辞退福利等)，一般视为独立性受到重大威胁，没有任何防范措施可以消除这种威胁或将其降至可接受水平。

(2) 审计项目组前任成员或前任合伙人担任审计客户重要职位但未与会计师事务所保持着重要联系。如果审计项目组的前任成员或会计师事务所的前任合伙人加入了审计客户(或后来成为审计客户)，担任董事或高级管理人员，或是所处职位可以对客户会计记录或财务报表的编制施加重大影响的员工，但该人员与其以前的会计师事务所已经没有重要联系，所产生的密切关系威胁或外在压力威胁存在与否及其重要程度主要取决于下列因素：该人员在客户中所处的职位；该人员与审计项目组的关联程度；该人员离开会计师事务所的时间长短；该人员以前在审计项目组或会计师事务所中的职位。会计师事务所应当评价威胁的重要程度，并在必要时采取防范措施消除威胁或将其降至可接受水平。防范措施主要包括：①修改审计计划；②向审计项目组委派经验更丰富的人员；③由项目组之外其他的注册会计师复核前任审计项目组成员已执行的工作。

(3) 审计项目组某成员拟加入审计客户。如果审计项目组某成员拟加入审计客户，而仍在参与审计业务，则将产生自身利益威胁。会计师事务所应当评价威胁的重要程度，并采取以下防范措施消除威胁或将其降至可接受水平：①将该成员调离审计项目组；②复核该成员在审计项目组时所作的重大判断。

6) 高级职员与审计客户的长期关联

会计师事务所多年委派同一名高级职员(项目合伙人或高级经理)执行某一客户的审计业务可能产生密切关系威胁和自身利益威胁。威胁的重要程度主要取决于下列因素。

(1) 该职员成为审计项目组成员的时间长短；

(2) 该职员在审计项目组中的角色；

(3) 会计师事务所的结构；

(4) 审计业务的性质；

(5) 客户的管理团队是否发生变动；

(6) 客户的会计和报告事项的性质或复杂程度是否发生变化。

会计师事务所应当评价威胁的重要程度，并在必要时采取防范措施消除威胁或将其降至可接受水平。防范措施主要包括以下几项。

(1) 将该高级职员轮换出审计项目组；

(2) 由项目组之外其他的注册会计师复核该高级职员所执行的工作；

(3) 定期对该业务进行内部或外部独立的质量复核。

7) 为审计客户提供非鉴证服务

会计师事务所如果接受委托向审计客户提供非鉴证服务，可能会产生自我评价威胁、自身利益威胁和过度推介威胁。

(1) 编制会计记录与财务报表。会计师事务所向审计客户提供编制会计记录或财务报表等会计服务，随后对财务报表进行审计，将产生自我评价威胁。

(2) 评估服务。向审计客户提供评估服务可能产生自我评价威胁。

(3) 税务服务。税务服务通常包括：编制纳税申报表；以财务报表中会计分录作为基础计算税额；税务筹划和其他税务咨询服务；帮助解决税务纠纷。提供某些税务服务将产生自我评价威胁和过度推介威胁。

(4) 内部审计服务。内部审计服务包括协助审计客户开展内部审计活动。如果会计师事务所在随后的外部审计中利用内部审计的工作，则向审计客户提供内部审计服务将对独立性产生自我评价威胁。参与审计客户的重要内部审计活动可能增加会计师事务所人员承担管理层职责的可能性。没有防范措施可将承担管理层职责产生的威胁降至可接受水平。会计师事务所应当确保其人员在向审计客户提供内部审计服务时并不承担管理层职责。

(5) 公司理财服务。公司理财服务可能包括下列活动：协助审计客户制定公司战略；为审计客户确定可能的并购目标；对资产处置等提供建议；协助融资；提供财务筹划的建议。提供公司理财服务可能产生自我评价威胁或过度推介威胁。

8) 收费

(1) 收费结构。如果会计师事务所从某一审计客户处收取的全部费用占其收费总额比重很大，或者占某一合伙人从所有客户处收取的费用的总额比重很大，将产生自身利益威胁。

(2) 逾期收费。如果审计客户长期未支付应付的审计费用，尤其是相当部分的审计费用在下一年度出具审计报告之前仍未支付，可能产生自身利益威胁。

(3) 或有收费。或有收费是一种按照预先确定的计费基础收取费用的方式。如审计客户要求注册会计师出具标准审计报告，否则就不付费；审计客户按照审计后的净利润水平高低付费。在这种方式下，收费与否或多少取决于交易的结果或所执行工作的结果。如果会计师事务所对审计业务以直接或间接形式的或有收费方式收取费用，将产生重大的自身利益威胁和过度推介威胁。

9) 影响独立性的其他事项

(1) 礼品和招待。接受审计客户礼品或招待可能产生自身利益威胁和密切关系威胁。如果会计师事务所或审计项目组成员接受礼品或招待，除非价值微小，否则产生的威胁将是重大的，没有防范措施可以将其降至可接受水平。在此种情况下，会计师事务所或审计项目组成员不应接受礼品或招待。

(2) 诉讼或诉讼威胁。如果会计师事务所或审计项目组成员与审计客户间发生诉讼或可能发生诉讼，从而使双方处于对立地位，可能影响管理层提供所有信息的意愿，将产生自身利益威胁和外在压力威胁。会计师事务所应当评价威胁的重要程度，并在必要时采取防范措施消除威胁或将其降至可接受水平。

【例5-4】 V公司系ABC会计师事务所的常年审计客户。2010年11月，ABC会计师事务所与V公司续签了审计业务约定书，审计V公司2010年度会计报表。假定存在以下情形。

(1) V公司由于财务困难，应付ABC会计师事务所2009年度审计费用100万元一直没有支付。经双方协商，ABC会计师事务所同意V公司延期至2011年底支付。在此期间，V公司按银行同期贷款利率支付资金占用费。

(2) V公司由于财务人员短缺，2010年向ABC会计师事务所借用一名注册会计师，由该注册会计师将经会计主管审核的记账凭证录入计算机信息系统。ABC会计师事务所未将该注册会计师包括在V公司2010年度会计报表审计项目组。

(3) 甲注册会计师已连续5年担任V公司年度会计报表审计的签字注册会计师。根据有关规定，在审计V公司2010年度会计报表时，ABC会计师事务所决定不再由甲注册会计师担任签字注册会计师。但在成立V公司2010年度会计报表审计项目组时，ABC会计师事务所要求其继续担任外勤审计负责人。

(4) 由于V公司将2010年度会计报表审计费用降低了近1/3，导致ABC会计师事务所审计收入不能弥补审计成本，ABC会计师事务所决定不再对V公司下属的两个重要的销售分公司进行审计，并以审计范围受限为由出具了保留意见的审计报告。

(5) V公司要求ABC会计师事务所在出具审计报告的同时，提供内部控制审核报告。为此，双方又签订了业务约定书。

要求：请根据中国注册会计师职业道德规范有关独立性的规定，分别判断上述五种情形是否对ABC会计师事务所的独立性造成损害，并简要说明理由。

【解答】(1) 损害ABC会计师事务所的独立性。根据《中国注册会计师职业道德守则》，会计师事务所向被审计单位收取相应的资金利息系专业服务收费外存有其他直接经济利益，所以损害独立性。

(2) 不损害会计师事务所的独立性。根据《中国注册会计师职业道德守则》，如果损害鉴证小组成员个人独立性，应当将该鉴证小组成员调离鉴证小组。ABC会计师事务所已经把受到损害的人员调离了审计小组，故不损害独立性。

(3) 损害独立性。根据《中国注册会计师职业道德守则》，会计师事务所应当定期轮换项目负责人及签字注册会计师。而ABC会计师事务所虽轮换已经连续5年任签字注册会计师的甲，但继续任命甲为V公司审计业务的项目负责人，损害会计师事务所的独立性。

(4) 损害独立性。根据《中国注册会计师职业道德守则》，ABC会计师事务所因受到V公司降低审计收费的压力，决定不再对V公司下属的两个重要的销售分公司进行审计，属不恰当地缩小审计范围，不能确认为审计范围受限，故损害独立性。

(5) 损害独立性。根据《中国注册会计师职业道德守则》，注册会计师不得兼任或兼营与其他鉴证业务不相容的其他业务或职务，执行内部控制审核和审计业务属相容业务。

【例5-5】ABC会计师事务所负责审计甲公司2010年度财务报表，并委派A注册会计师担任审计项目组负责人。在审计过程中，审计项目组遇到下列与职业道德有关的事项。

(1) A注册会计师与甲公司副总经理H同为京剧社票友，经H介绍，A注册会计师从其他企业筹得款项，成功举办个人专场演出。

(2) 审计项目组成员B与甲公司基建处处长I是战友，I将甲公司职工集资建房的指标转让给B，B按照甲公司职工的付款标准交付了集资款。

(3) 审计项目组成员C与甲公司财务经理J毕业于同一所财经院校。

(4) 审计项目组成员D的朋友于2009年2月购买了甲公司发行的公司债券20万元。

(5) ABC会计师事务所原行政部经理E于2007年10月离开事务所，担任甲公司办公室主任。

(6) 甲公司系乙上市公司的子公司。2010年末，审计项目组成员F的父亲拥有上市公司300股流通股股票，该股票每股市值为12元。

要求：针对上述事项(1)~(6)，分别指出其是否对审计项目组的独立性构成威胁，并简要说明理由。

【解答】(1) 威胁独立性。因为审计项目组成员A注册会计师与被审计单位管理人员H具有亲密关系，而且发生了直接经济利益关系。

(2) 威胁独立性。因为审计项目组成员B注册会计师与被审计单位管理层人员具有密切关系，并购买了被审计单位的商品且交易金额较大，发生了重大的商业关系。

(3) 不威胁独立性。虽然审计项目组成员注册会计师C与甲公司财务经理J毕业于同一所财经院校，但是两者不具有亲密关系，也没有发生经济利益。

(4) 威胁独立性。审计项目组成员D的朋友在审计客户中购买了债券，属于与审计项目组成员有密切关系的人员在审计客户中拥有直接经济利益，将产生自身利益威胁。

(5) 不威胁独立性。虽然事务所的行政部经理E已于2007年10月加入审计客户担任办公室主任，但是他与事务所没有重要联系，而且其现在所处的职务对财务报表不产生重大影响。

(6) 威胁独立性。审计项目组成员F的直系亲属在可以对审计客户甲公司施加控制的实体中拥有直接经济利益，并且审计客户对于该实体十分重要，因此产生了重大的自身利益威胁，没有任何防范措施可以消除这种威胁或将其降至可接受的水平。

5.1.5　执业准则与职业道德准则的关系

执业准则与职业道德准则对注册会计师形成相应的规范与约束，两者既有联系也有区别。

1. 执业准则与职业道德准则的联系

两者主要是内容上相互包含。

(1) 执业准则中包含了对职业道德的一般要求，目的是为了保证执业准则的完整性。

(2) 执业准则着眼于从技术的角度对注册会计师的行为提出要求，主要是为了强调注册会计师在执行业务时，必须遵守执业准则，确保执业准则得以实施。

2. 执业准则与职业道德准则的区别

(1) 执业准则只是约束注册会计师执行业务的行为规范，是衡量和判断审计工作质量的权威性标准；职业道德准则是统领注册会计师执业准则的，要求注册会计师提供各种服务都应达到应有的质量要求。

(2) 执业准则着眼于从技术的角度对注册会计师的行为提出要求；职业道德准则着眼于从职业道德的角度对职业人员的行为提出要求。

5.2 注册会计师法律责任

注册会计师的法律责任是指注册会计师或会计师事务所在执业过程中因违约、过失或欺诈对审计委托人、被审计单位或其他有利益关系的第三人造成损害，按照相关法律规定而应承担的法律后果。

法律责任的出现，通常是因为注册会计师在执业时没有保持应有的职业谨慎，并因此导致了对他人权利的损害。应有的职业谨慎，指的是注册会计师应当具备足够的专业知识和业务能力，按照执业准则的要求执业。

《中华人民共和国注册会计师法》第21条明确规定了我国注册会计师执行审计业务时的法律义务和禁止行为，禁止注册会计师进行欺诈，同时禁止注册会计师产生过失行为。即注册会计师执行审计业务时，必须按照执业准则、规则确定的工作程序出具报告。

注册会计师在执行审计业务、出具报告时不得有下列行为。

(1) 明知委托人对重要事项的财务会计处理与国家有关规定相抵触而不予指明；

(2) 明知委托人的财务会计处理会直接损害报告使用人或者其他利害关系人的利益而予以隐瞒或者做不实的报告；

(3) 明知委托人的财务会计处理会导致报告使用人或者其他利害关系人产生重大误解而不予指明；

(4) 明知委托的会计报表的重要事项有其他不实的内容而不予指明。

从上述内容可见，只要注册会计师严格遵循专业标准的要求执业，没有欺诈和过失行为，即使审定后的会计报表中具有错报事项，注册会计师也不会承担法律责任。

5.2.1 被审计单位的责任与注册会计师的责任

1. 被审计单位的责任

被审计单位管理层的责任是在被审计单位治理层的监督下，按照适用的会计原则和相关会计制度的规定编制财务报表。

管理层通常设计、实施和维护与财务报表编制相关的内部控制，以保证财务报表不存在由于舞弊或错误而导致的重大错报，并通过签署财务报表确认这一责任。

2. 注册会计师的责任

注册会计师的责任是按照中国注册会计师执业准则的规定对财务报表发表审计意见。

注册会计师应当遵守职业道德规范，按照执业准则的规定计划和实施审计工作，获取充分、适当的审计证据，并根据获取的审计证据得出合理的审计结论，发表恰当的审计意见。注册会计师通过签署审计报告确认其责任。

注册会计师的审计责任不能替代、减轻和免除被审计单位管理层的责任。

5.2.2 注册会计师法律责任的主要成因

由于审计固有的局限性，不能期望注册会计师发现所有的错误与舞弊情况。从理论层面上讲，注册会计师是否承担法律责任最终取决于注册会计师自身是否有过错。如果注册会计师执业时完全遵循职业道德规范和执业准则，而没有发现被审计单位财务报表中的错报，注册会计师不应当承担责任。

1. 审计失败形成注册会计师法律责任

审计失败是指注册会计师由于没有遵守审计准则的要求而发表了错误的审计意见。

注册会计师在执行审计业务时，应当按照执业准则的要求审慎执业，保证执业质量，控制审计风险。否则，一旦出现审计失败，就有可能承担相应的责任。

由于审计中的固有限制影响注册会计师发现重大错报的能力，注册会计师不能对财务报表整体不存在重大错报获取绝对保证。特别是，如果被审计单位管理层精心策划和掩盖舞弊行为，注册会计师尽管完全按照执业准则执业，有时还是不能发现某项重大舞弊行为。如果注册会计师在审计过程中没有尽到应有的职业谨慎，就属于审计失败。例如，注册会计师可能指派了不合格的助理人员去执行审计任务，未能发现应当发现的财务报表中存在的重大错报，而注册会计师却发表了不恰当的审计意见。在这种情况下，法律通常允许因注册会计师未尽到应有的职业谨慎而遭受损失的各方，获得由审计失败导致的部分或全部损失的补偿。

2. 违约形成注册会计师法律责任

所谓违约，是指注册会计师未能按照合同的要求履行义务。当违约给他人造成损失时，注册会计师应承担违约责任。例如，注册会计师未能在约定的时间内出具审计报告，或违反了为客户保密的约定。

3. 过失形成注册会计师法律责任

所谓过失，是指在一定条件下，缺少应具有的合理的谨慎。评价注册会计师的过失，是以其他合格注册会计师在相同条件下可做到的谨慎为标准的。当过失给他人造成损害时，注册会计师应负过失责任。通常将过失按其程度不同分为普通过失和重大过失两种。

(1) 普通过失，又称一般过失，通常是指没有保持职业上应有的合理的谨慎。对注册会计师而言，则是指没有完全遵循执业准则的要求执业。比如，未对特定审计项目取得充分、适当的审计证据。

(2) 重大过失，是指连起码的职业谨慎都不保持，对业务或事务不加考虑，满不在乎。对注册会计师而言，则是指完全没有遵循执业准则的要求执业。

4. 欺诈形成注册会计师法律责任

欺诈又称舞弊，是指以欺骗或坑害他人为目的的一种故意的错误行为。注册会计师为了达到欺骗他人的目的，明知已审计的财务报表有重大错报，却加以虚假地陈述，发表不恰当的审计意见。如明知被审计单位有严重损害国家或其他经济单位利益的不法行为，而违反注册会计师的职业道德，接受被审计单位的示意或牟取私利，对事实加以掩饰、缩小或完全予以篡改，致使国家或其他单位、个人遭受严重损失的错误行为。又如，明知被审计单位的财务报表无重大错报，但出于注册会计师的个人目的，有意制造不符合事实的审计事项，伪造审计证据，或夸大事实，致使被审计单位的正当权益受到损害的错误行为。

注册会计师过失或欺诈责任界定，如图5-1所示，对该图加以仔细研读，有助于加深对注册会计师没有过失、普通过失、重大过失或存在欺诈行为的认识。

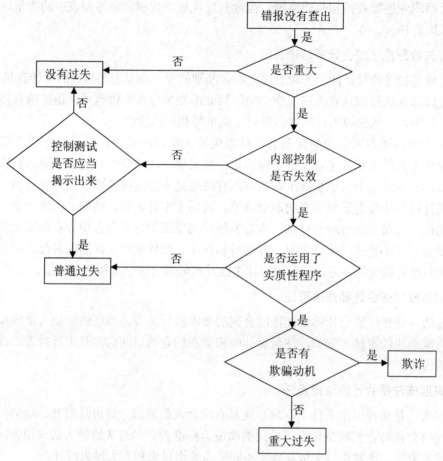

图5-1 注册会计师过失或欺诈责任界定图

5. 导致注册会计师法律责任的其他因素

(1) 报表使用者对报表信息的错误理解。报表使用者对报表信息的错误理解是导致注册会计师法律责任的原因之一。报表使用者对报表信息的错误理解是指委托人或第三人错误理解会计信息，进而错误决策，从而导致损失，这是委托人或第三人自身知识、理解能力存在不足的结果。报表使用者对报表信息的错误理解还包括报表使用者不能正确地区分会计责任和审计责任。这样的损失不应该由注册会计师来承担。

(2) 审计期望差距影响因素。审计期望差距也是导致注册会计师法律责任的原因之一。所谓审计期望差距，是指社会公众对审计作用的理解与注册会计师行业自身对审计业绩的看法之间存在差异。由于受审计技术和成本的限制，注册会计师不可能查出企业所有的错误和舞弊，但是社会公众认为，审计是对财务报表的担保或保证，一旦社会公众发现审计所依据的财务报表存在错报和漏报情况，当致使其发生损失时就会向注册会计师提起诉讼，要求赔偿。

5.2.3 注册会计师法律责任的种类及法律规定

我国注册会计师的法律责任主要包括行政责任、民事责任和刑事责任。这三种责任可单处也可并处。行政处罚对注册会计师个人来说，包括警告、暂停执业、吊销注册会计师证书；对会计师事务所而言，包括警告、没收违法所得、罚款、暂停执业、吊销执业许可证等。民事责任主要是指赔偿受害人损失。刑事责任主要是指按有关法律程序判处一定的刑罚。

行政责任和刑事责任可由国家行政机关与司法部门主动追究，而民事责任则要由受害方提起民事诉讼，国家机关不能以职权主动介入。

一般来说，因违约和过失可能使注册会计师负行政责任和民事责任。因欺诈可能会使注册会计师负民事责任和刑事责任。

1. 注册会计师法律责任的种类

(1) 行政责任。行政责任是指注册会计师违反有关行政管理的法律、法规的规定，但尚未构成犯罪的行为依法应当承担的法律后果。行政责任分为行政处分和行政处罚。行政处分是对国家工作人员的行政违法行为给予一定的处罚，包括警告、记过、降级、撤职、开除等。行政处罚是指国家行政机关及其他依法可以实施行政处罚权的组织，对违反行政法律、法规、规章，但尚不构成犯罪的公民、法人及其他组织实施的制裁行为，包括警告、罚款、没收违法所得、责令停产停业、暂扣或者吊销营业执照、行政拘留等。对于注册会计师个人来说，行政处罚包括警告、暂停执业、吊销注册会计师证书；对会计师事务所而言，行政处罚包括警告、没收违法所得、罚款、暂停执业、撤销等。

(2) 民事责任。民事责任是指注册会计师因违反合同义务或者不履行其他法律义务，使他人蒙受损失而依法应承担的民事法律后果。注册会计师违反民事义务使他人蒙受损失的，应该承担民事责任，即赔偿受害人损失。

(3) 刑事责任。刑事责任是指注册会计师对社会经济造成严重危害而应受到刑法制裁的义务。如果注册会计师违反法规并对社会经济造成影响，根据《中华人民共和国刑法》(以下简称《刑法》)规定，必须承担刑事责任。刑事责任主要是指按有关法律程序判处一定的徒刑。

一般来说，违约和过失可能使注册会计师负行政责任和民事责任。欺诈可能会使注册会计师负民事责任和刑事责任。

2. 注册会计师法律责任的法律规定

1) 行政责任的法律规定

(1)《注册会计师法》第39条第1款规定，会计师事务所违反本法第20条、第21条关于会计师事务所从事审计业务的禁止性规定时，由省级以上人民政府的财政部门给予警告，没收违法所得，可以并处违法所得1倍以上5倍以下的罚款；情节严重的，可以由省级以上人民政府财政部门暂停其经营业务或者予以撤销。

《注册会计师法》第39条第2款规定，注册会计师违反本法第20条、第21条关于注册会计师从事审计业务的禁止性规定时，由省级以上人民政府财政部门给予警告；情节严重的，可以由省级以上人民政府财政部门暂停其执行业务或者吊销注册会计师证书。

(2)《注册会计师法》第40条规定，对未经批准承办本法第14条规定的注册会计师业务的单位，由省级以上财政部门责令其停止违法活动，没收违法所得，可以并处违法所得1倍以上5倍以下的罚款。

(3)《证券法》第182条规定，为股票的发行或者上市出具审计报告、资产评估报告或者法律意见书等文件的专业机构和人员，违反本法第39条的规定买卖股票的，责令依法处理非法获得的股票，没收违法所得，并处以所买卖的股票等值以下的罚款。

(4)《证券法》第183条规定，证券交易内幕信息的知情人员，在涉及证券的发行、交易或者其他对证券的价格有重大影响的信息尚未公开前，买入或者卖出该证券，或者泄露该信息或者建议他人买卖该证券的，责令依法处理非法获得的证券，没收违法所得，并处以违法所得1倍以上5倍以下或者非法买卖的证券等值以下的罚款。

(5)《证券法》第202条规定，为证券的发行、上市或者证券交易活动出具审计报告、资产评估报告或者法律意见书等文件的专业机构，就其所应负责的内容弄虚作假的，没收违法所得，并处以违法所得1倍以上5倍以下的罚款，并由有关主管部门责令该机构停业，吊销直接责任人员的资格证书。

(6)《公司法》第219条第1款规定，承担资产评估、验资或者验证的机构提供虚假证明文件的，没收违法所得，处以违法所得1倍以上5倍以下的罚款，并可由有关主管部门依法责令该机构停业，吊销直接责任人员的资格证书。

该条第2款规定，承担资产评估、验资或者验证的机构因过失提供有重大遗漏的报告的，责令改正，情节较重的，处以所得收入1倍以上3倍以下的罚款，并可由有关主管部门依法责令该机构停业，吊销直接责任人员的资格证书。

2) 民事责任的法律规定

(1)《注册会计师法》第42条规定，会计师事务所违反本法规定，给委托人、其他利害关系人造成损失的，应当依法承担赔偿责任。

(2)《证券法》第202条规定，为证券的发行、上市或者证券交易活动出具审计报告、资产评估报告或者法律意见书等文件的专业机构，就其所应负责的内容弄虚作假，造成损失的，承担连带赔偿责任。

(3) 最高人民法院的规定。2002年1月15日《最高人民法院关于受理证券市场因虚假陈述引发的民事侵权纠纷案件有关问题的通知》中提出：虚假陈述民事赔偿案件，是指证券市场上证券信息披露义务人违反《中华人民共和国证券法》规定的信息披露义务，在提交或公布的信息披露文件中作出违背事实真相的陈述或记载，侵犯了投资者合法权益而发生的民事侵权索赔案件。

《最高人民法院关于受理证券市场因虚假陈述引发的民事侵权纠纷案件有关问题的通知》是对《证券法》中有关虚假陈述责任承担规定的落实，但规定了对虚假陈述民事赔偿案件被告人的虚假陈述行为，须经中国证监会及其委托机构调查并作出生效处罚决定后，法院依法受理。注册会计师的民事责任受到该司法解释的约束。

3) 刑事责任的法律规定

(1)《注册会计师法》第39条第3款规定，会计师事务所、注册会计师违反本法第20条、第21条的规定，故意出具虚假的审计报告、验资报告，构成犯罪的，依法追究刑事责任。

(2)《刑法》第229条第1款规定，承担资产评估、验资、验证、会计、审计、法律服务等职责的中介组织的人员故意提供虚假证明文件，情节严重的，处5年以下有期徒刑或者拘役，并处罚金。

该条第2款规定，前款规定的人员，索取他人财物或者非法收受他人财物，犯前款罪的，处5年以上10年以下有期徒刑，并处罚金。

该条第3款规定，第1款规定的人员，严重不负责任，出具的证明文件有重大失实，造成严重后果的，处3年以下有期徒刑或者拘役，并处或者单处罚金。

(3)《证券法》第183条规定，证券交易内幕信息的知情人员，在涉及证券的发行、交易或者其他对证券的价格有重大影响的信息尚未公开前，买入或者卖出该证券，或者泄露该信息或者建议他人买卖该证券构成犯罪的，依法追究刑事责任。

(4)《证券法》第202条规定，为证券的发行、上市或者证券交易活动出具审计报告、资产评估报告或者法律意见书等文件的专业机构，就其所应负责的内容弄虚作假，构成犯罪的，依法追究刑事责任。

(5)《公司法》第219条规定，承担资产评估、验资或者验证的机构提供虚假证明文件，构成犯罪的，依法追究刑事责任。

5.2.4　避免注册会计师承担法律责任的措施

与注册会计师法律责任相适应，注册会计师必须在执业中遵循执业准则和有关要求，尽量减轻自己的责任，尽力避免或减少法律诉讼。具体措施有如下几个。

1. 严格遵循执业准则和职业道德要求

只要注册会计师严格遵守执业准则和职业道德的要求，执业时保持职业谨慎，一般不会发生过失，至少不会发生重大过失。因此，注册会计师一定要理解和掌握执业准则和职业道德的要求，并在执业时严格遵守。

2. 建立完善的会计师事务所质量控制体系

质量控制是会计师事务所各项管理工作的核心和关键。如果具有较高的审计质量，审计风险自然减小，也就可以有效避免法律诉讼。而高质量的审计除了需要高素质的注册会计师外，还必须具备完善的质量控制体系。因此，会计师事务所必须建立健全一套严密、科学的内部质量控制制度，并把这套制度推行到每一个人、每一个部门和每一项业务，迫使注册会计师按照专业标准的要求执业，保证整个会计师事务所执业的质量。目前，我国会计师事务所大都建立了三级复核制度，但工作中二、三级复核没有发挥实际效用，因此需要建立全面的质量控制体系，使质量控制贯穿于审计业务活动的全过程。

3. 谨慎选择客户

客户如果不具备正直的品格，其在各方面出现法律纠纷的可能性就比较大。因此，会计师事务所在接受委托之前，应当采取必要的措施对客户进行基本了解，评价其品格，一旦发现委托单位缺乏正直的品格，就应尽量拒绝接受委托。

4. 严格签订审计业务约定书

签订业务约定书是审计服务的一个重要环节。业务书中应明确规定双方的权利和义务关系，这样才能在日后发生法律诉讼时提供有效证据。会计师事务所不论承办何种业务，都要按照业务约定书准则的要求与委托人签订约定书，这样才能在发生法律诉讼时将一切口舌争辩减少到最低限度。注册会计师还可以在业务约定书中规定免责条款，以减少法律诉讼。

5. 深入了解委托单位的业务

在审计过程中，注册会计师之所以未能发现差错，一个重要原因就是他们不了解委托单位所在行业的情况及委托单位的业务。所以，注册会计师必须熟悉委托单位的经济情况和生产经营业务，对于陷入财务困境的委托单位要特别注意。周转不灵或面临破产的公司的股东或债权人总想为他们的损失寻找替罪羊，历史上绝大多数涉及注册会计师的诉讼案，都集中在濒临破产的委托单位。

6. 招收合格的注册会计师助理人员

对于大多数审计项目来说，其中相当多的工作是由经验不足的助理人员完成的，因而注册会计师就要承担较大的风险。因此，对于助理人员的条件要严格把关，还要对他们进行适当的、有效的培训，注册会计师在工作过程中要对他们进行必要的监督和指导。

7. 提取风险基金或购买责任保险

我国《注册会计师法》规定，会计师事务所应建立职业风险基金，办理职业保险。尽管保险不能免除其可能受到的法律诉讼，但能防止或减少诉讼失败时发生的财务损失。

8. 聘请熟悉注册会计师法律责任的律师

在审计过程中，注册会计师应聘请熟悉注册会计师法律责任的律师，详细讨论所有潜在的风险情况并仔细考虑律师的建议。一旦发生法律诉讼，应聘请有经验的律师参与其中。

9. 适当地开展宣传工作，使期望差距缩小

审计期望差距的存在是近年来注册会计师不断遭到法律诉讼的一个重要原因。注册会计师行业应注重对法律界和社会公众的宣传，使他们真正了解审计业务的任务和目的，缩小期望差距。

10. 提高从业人员的质量

高质量的从业人员是高质量地完成审计工作的重要保证，注册会计师行业应该认真设计有效的资格考试制度，加强职业后续教育，重视选拔和培养高质量的从业人员。

【例5-6】注册会计师D负责对上市公司丁公司2010年度财务报表进行审计。被审计单位会计信息存在重大错报，但注册会计师D出具了无保留意见审计报告。

在丁公司2010年度已审计财务报表公布后，股民甲购入了丁公司股票。随后，丁公司财务舞弊案件曝光，并受到证券监管部门的处罚，其股票价格大幅下跌。为此，股民甲向法院起诉D注册会计师，要求其赔偿损失。注册会计师D以其与股民甲未构成合约关系为由，要求免于承担民事责任。

要求：

(1) 为了支持诉讼请求，股民甲应当向法院提出哪些理由？

(2) 指出注册会计师D提出的免责理由是否正确？并简要说明理由。

(3) 在哪些情形下，注册会计师D可以免于承担民事责任？

【解答】(1) 股民甲应当向法院提出的诉讼理由包括：丁公司报表存在重大错报，但是注册会计师D出具的审计报告是无保留意见；注册会计师D在丁公司财务报表的审计中仅执行了银行函证等必要的审计程序，没有保持合理的谨慎，存在过失；股民甲由于丁公司股价下跌，存在损失；股民甲是由于信任了丁公司报出的2010年度的财务报表和注册会计师D出具的审计报告而购买了丁公司的股票。

(2) 注册会计师D提出的免责理由是不正确的，会计师事务所因在审计业务活动中对外出具不实报告给利害关系人造成损失的，应当承担侵权赔偿责任，能够证明自己没有过错的除外。不能够以没有与利害关系人建立合约关系为由要求免于承担民事责任。

(3) 注册会计师D在下列情形下可以免于承担民事责任：①已经遵守执业准则、规则确定的工作程序并保持必要的职业谨慎，但仍未能发现被审计的会计资料错误；②审计业务所必须依据的，由金融机构等单位提供虚假或者不实的证明文件，会计师事务所在保持必要的职业谨慎下仍未能发现其虚假或者不实；③已对被审计单位的舞弊迹象提出警告并在审计业务报告中予以指明。

本章小结

本章主要介绍注册会计师职业道德准则，以及与执业有关的法律责任问题。

注册会计师的职业道德，是指对注册会计师的职业品德、执业纪律、业务能力、工作规则及所负的责任等思想方式和行为方式所做的基本规定和要求。

注册会计师法律责任是指注册会计师在履行职责过程中，因违约、过失或欺诈而导致客户或其他利益相关方的经济损失，而由此承担的法律后果。

中国注册会计师职业道德基本原则：诚信、独立性、客观和公正、专业胜任能力和应有的关注、保密、良好的职业行为。注册会计师应当遵守相关法律法规，并在会计师事务所层面和具体业务层面采取相关的防范措施，应对违反职业道德基本原则产生的不利影响。

注册会计师在执业时应保持应有的职业谨慎，即注册会计师应当具备足够的专业知识和业务能力，按照执业准则的要求执业。

复习思考题

1. 简述注册会计师职业道德的基本原则。
2. 简述对注册会计师职业道德产生不利影响的因素。
3. 简述注册会计师执业准则与职业道德准则的关系。
4. 注册会计师法律责任的主要成因是什么？
5. 避免注册会计师承担法律责任的措施有哪些？

案例分析题

【案例1】职业道德审计

W会计师事务所接受委托，承办D商业银行2010年度财务报表审计业务。W会计师事务所指派王豪和张华两位注册会计师为该项目负责人。假定存在以下情况：

(1) D商业银行以2009年度经营亏损为由，要求W会计师事务所降低一定数额的审计费用，但允诺给予其正在申请的购买办公楼的按揭贷款利率以相应优惠。W会计师事务所同意了D商业银行的要求，并与之签订了补充协议。

(2) 注册会计师王豪持有D商业银行的股票100股，市值约600元。由于数额较小，王豪未将该股票出售，也未予以回避。

【问题】针对以上各种情况，判断W会计师事务所及注册会计师王豪和张华是否违反了中国注册会计师职业道德规范的相关规定，并简要说明理由。

【案例2】银广夏事件

1. 银广夏集团的造假手段

1994年，广夏(银川)实业股份有限公司以"银广夏A"的名字在深圳交易所上市。银广夏事件于2001年8月被媒体披露。当月，中国证监会对广夏(银川)实业股份有限公司正式立案调查。经过调查发现，广夏(银川)实业股份有限公司通过伪造购销合同、伪造出口报关单、虚开增值税专用发票、伪造免税文件和伪造金融票据等手段，虚构主营业务收入10亿元，虚构巨额利润7.7亿元，欺骗了广大投资者。

2. 银广夏事件中审计方法的缺陷

银广夏的审计公司是深圳中天勤会计师事务所,在年度利润和每股收益高的不合常理的情况下,该会计师事务所却为银广夏集团1999年与2000年的年报签署了无保留意见的审计报告。

首先,对银广夏进行年报审计的注册会计师未能对关键证据亲自取证,这些重要的证据如海关报关单、银行对账单、重要出口商品单价等均是由被审计单位提供的,进行审计的注册会计师未能依照必要的审计程序对这些证据的真假作进一步确认。很显然在银广夏事件中,被审计单位向事务所提供了假报关单及其他虚假的外部证据。但如果进行年报审计的注册会计师能在执业过程中恪尽职守,到银行、海关等地亲自取证,所有这些作假行为是不难发现的。

其次,注册会计师在审计过程中过分依赖被审计单位提供的会计资料也可能是银广夏审计失败的原因之一。重实质性审计,轻符合性审计,这样做的一个重要弊端就是忽略了管理当局的品性以及对内部控制的充分了解。

另外,注册会计师在执业过程中连最起码的职业谨慎都没有,在面对银广夏近乎奇迹般的增长时(股价上涨440%),主审会计师仍不可思议地、一如既往地相信管理当局为其提供的所有证据。一般股民、《财经》杂志的记者会对一个股价上涨440%的上市公司的业绩深表怀疑,并提出了有力的佐证;而作为专业人员的注册会计师却会连续几年对该公司的年报发表无保留意见的审计报告。

3. 对会计师事务所及注册会计师的处罚

注册会计师对银广夏审计的失败完全是重大过失所致。中天勤会计师事务所受此案件的影响,信誉全失,签字注册会计师刘加荣、徐林文被吊销注册会计师资格;事务所的执业资格被吊销,其证券、期货相关业务许可证也被吊销。同时,中天勤会计师事务所的负责人也被追究责任。经过此事件之后,中天勤会计师事务所这个全国最大的会计师事务所已然解体。

【问题】作为审计人员通过银广夏事件可以得到哪些启示?

【提示】注册会计师在对银广夏审计过程中的失误包括:未能对关键证据亲自取证,这些重要的证据如海关报关单、银行对账单、重要出口商品单价等均是由被审计单位提供的,进行审计的会计师未能依照必要的审计程序对这些证据的真假作进一步确认。注册会计师在其审计过程中过分依赖被审计单位提供的会计资料,未能保持应有的职业谨慎。

【案例3】周林是某会计师事务所的注册会计师,宏达公司是该会计师事务所的客户之一,假定周林为:

(1) 宏达公司2000年度的财务经理。

(2) 宏达公司总经理的女儿。

(3) 宏达公司总经理的好朋友。

【问题】该会计师事务所2006年1月对宏达公司2001年度会计报表进行审查,针对上述三种情况,分别说明周林是否应回避?为什么?

【提示】(1) 周林离开宏达公司未满两年,应该回避。因为周林离职未满两年,可视为与宏达公司有利害关系,在形式上不独立。

(2) 周林与宏达公司总经理是直系亲属关系,应该回避。因为与宏达公司负责人存在直系亲属关系,周林在实质上和形式上都不独立。

(3) 周林不应该回避。私人间友谊不损害注册会计师执行审计业务的独立性。

第6章 审计准则与审计依据

6.1 审计准则

审计准则是对审计业务中一般公认的惯例加以归纳而形成的,是审计人员在实施审计过程中必须遵守的行为规范,是评价审计质量的依据。这是对审计主体的要求,也是对审计机构和审计人员自身素质及其工作质量的要求。审计准则是由国家职业界遵循公认惯例分别确立的职业行为规范,并可作为衡量审计工作质量的重要依据。

不同的审计主体应有不同的审计准则,不同性质的审计业务应有不同的审计准则,不同层次的审计行为应有不同形式的审计准则。

中国审计准则体系,如图6-1所示。

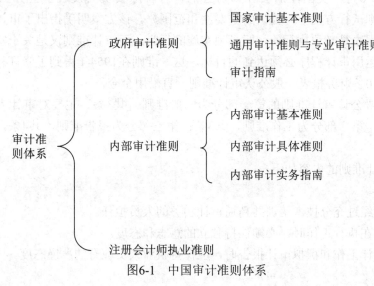

图6-1 中国审计准则体系

6.1.1 审计准则的产生与发展

在西方国家,审计准则是20世纪40年代才开始出现的。那时,由于各个企业的会计处理方法不统一,所以在公司组织兴起之后,注册会计师进行审计工作,需要对企业会计处理方法有一个统一的标准,才能证明财务报表是否公正合法,这就是会计准则兴起的原因。会计准则为注册会计师的审计工作提供了不少方便。但是各个注册会计师的审计工作,往往在审计程序、审计方法、审计内容和审计报告的编写等方面存在不统一的情况,导致审计工作的质量难以衡量,于是在注册会计师之间就产生了对一个包含统一的审计工作程序、方法、要求等内容的审计准则的需要。

美国早在1947年就开始研究和制定审计准则;日本在1964年也制定了审计准则;国际会计

师联合会的国际审计实务委员会于1980年颁布了《国际审计准则》；澳大利亚、加拿大、德国等已经颁布和实施了审计准则；我国于1996年1月1日起实施《中国注册会计师独立审计准则》。

总之，审计准则的实质就是社会对审计工作所寄予的期望。一个国家的审计准则无疑能够反映出这个职业在该国的地位，该准则在根本上制约着审计职能的发挥和这一职业的发展。

从现行的世界各国的审计准则来看，其内容大体上包括一般准则、工作准则和报告准则三个部分。有些国家和国际组织所制定的审计准则虽然章节和标题不一，但主要内容都不外乎上述三大部分。西方国家的审计准则大都是以美国的审计准则为蓝本加以补充、修正而成的。国际组织和地区组织制定的审计准则，以国际会计师联合会的国际审计实务委员会制定的《国际审计准则》最具代表性。所以，下面主要介绍美国的民间审计准则和国际审计准则。

1. 美国的民间执业准则体系的建立和发展

美国的民间审计准则称为《一般公认审计准则》，从1947年就开始研究和制定，最终由美国注册会计师协会于1972年正式颁布，它主要适用于民间审计所从事的财务报表审计。这个准则除为美国民间审计所遵循外，对民间审计领域以外的各种审计，以及对其他国家乃至国际审计准则的建立，都产生了巨大的影响。

早在1947年10月，美国注册会计师协会的审计程序委员会发表了世界上第一部审计准则——《审计准则试行方案——公认的重要性和范围》。该方案明确指出了审计准则与审计程序的区别：审计程序是必须执行的，即必须实施的行为，而审计准则仅是关于实施行为质量的衡量尺度，以及运用审计程序必须达到的目标。这一准则在1954年得到了修订补充，分为三部分，共10条。这10条财务报表一般公认审计准则一直沿用至今。

财务报表一般公认审计准则的第一部分为一般准则，共3条，主要对审计人员提出要求，是审计行为准则；第二部分为工作准则，共3条；第三部分为报告准则，共4条，主要是对审计报告提出要求。

一般公认审计准则的内容如下。

1) 一般准则

(1) 审计应由经过充分技术培训并精通审计实务的人员担任。

(2) 审计人员在执行工作时，必须保持独立的意志和态度。

(3) 在执行审计工作和撰拟审计报告时，应保持执业人员应有的严谨态度。

2) 工作准则

(1) 审计工作必须妥善地计划安排，如有助理人员，必须加以监督和指导。

(2) 应适当地研究和评价现行的内部控制系统，以确定可资信赖的程度，并以此作为确定审计程序和测试范围的依据。

(3) 运用检视、观察、查询、函证等方法，以获取充分而确切的证据，作为对所审核的财务报表发表意见的合理根据。

3) 报告准则

(1) 审计报告应说明财务报表是否按照一般公认的会计准则编制。

(2) 审计报告应说明本期所使用的会计准则是否与上期一致。

(3) 除非报告中另有说明，财务报表中所提供的资料应被视为合理和充分。

(4) 审计报告应就整个财务报表发表意见，或断然表明不能发表意见。如属后者，应说明理由。在任何情况下，财务报表一经审计人员签署，即应在报告中明确表示审核的性质与其所负责任的程度。

美国注册会计师协会根据《一般公认审计准则》的框架，至今已发布了一百多个具体审计准则。

2. 国际执业准则体系的建立和发展

第二次世界大战以后，国际经济进入了一个新的发展阶段。国际商品、资金、技术、知识、劳动力、信息的交流，达到了前所未有的规模。各国在经济上相互依存、相互促进的关系日益明显。经济关系的国际化使得民间审计走出国界，参与国际市场竞争。为了使审计报告和被审计的财务报表能够取得各有关国家社会公众的信任，需要协调审计准则和实务，消除各国审计准则和实务中的分歧，所以需要一套适用于各国的审计准则。为了适应这种新形势的需要，协调各国审计组织并处理国际审计问题，一些国际性组织开始着手研究制定国际审计准则，目前已取得的主要成果是《国际审计准则》(ISA)。

《国际审计准则》为国际会计师联合会(IFAC)所颁布。国际会计师联合会是世界上的主要民间审计组织，成立于1977年10月7日，代表澳大利亚、加拿大、法国、日本、墨西哥、荷兰、菲律宾、爱尔兰等49个国家的63个职业审计团体。

国际会计师联合会下设国际审计实务委员会，代表联合会的理事会负责拟订并颁布《国际审计准则》。自1980年6月开始，已先后颁布了数十项《国际审计准则》文件。这些文件可分为一般准则、工作准则和报告准则三个部分。

1) 一般准则

一般准则是关于审计人员资格条件和执业行为的准则，主要包括以下几方面的内容。

(1) 对审计人员应具备的技术条件所做的规定。包括：专业知识——审计人员从事审计工作必须具备的学历和职业培训；实践经验——要求具有一定年限的工作经验并通过专门考试；工作能力——审计人员应具备的分析、判断和表述能力。

(2) 对审计人员应具备的身份条件所做的规定。主要是要求审计人员必须具备超然、独立的立场，在陈述与表达意见时持公正态度，等等。

(3) 对审计人员应具备的职业道德条件所做的规定。

2) 工作准则

工作准则是审计人员在执行财务报表审计过程中应遵守的准则，主要包括以下几方面的内容。

(1) 对规划审计计划所做的规定。包括：审计计划的可行性研究；审计的工作程序；审计的人员与工作分工，等等。

(2) 对确立审计范围所做的规定。包括：审计财务报表；了解、研究内部控制系统，确定扩大、深入检查或采用其他审计方法的时间和范围，等等。

(3) 对获取审计证据所做的规定。包括：采用各种有效的方法以获取充分适当的证据；充分考虑审计对象的重要性、风险程度及其他影响因素，为审计财务报表和提出公正的审计意见提供合理的依据，等等。

(4) 对实施审计行为所做的规定。包括执行审计的必要条件和手续；实际执行的审计业务，等等。

在《国际审计准则》中，有关工作准则的说明和解释占了相当大的比例，工作准则涉及面广，执行起来弹性较大，因而往往需要根据不同的情况加以判断。

3) 报告准则

报告准则是审计人员编制审计报告、选择表达方式和记载必要事项的准则，主要包括以下几方面的内容。

(1) 对审计报告应记载事项的规定。

(2) 对发表审计意见的规定。

(3) 对补充记载事项的规定。

(4) 对审计报告报送对象及报送时间的规定。

国际审计准则任何时候都可以应用于民间审计的审计进程中。也就是说，在对任何单位的财务会计资料进行独立的检查时，不论这个单位是否以营利为目的，不论其规模大小，也不论其法定组织形式如何，凡进行的独立检查是以发表审计意见为目的的，均适合使用国际审计准则。在适当的情况下，国际审计准则也可应用于审计人员的其他有关活动。

近年来，国外出现了一系列上市公司财务欺诈案，致使投资者遭受重大损失，严重动摇了社会公众对民间审计组织和人员的信任。因此，世界银行及其他国际组织极力促使国际会计师联合会更加积极地关注公共利益问题，扮演监管角色，国际会计师联合会对此给予了积极的回应。国际会计师联合会将国际审计实务委员会改组为国际审计与鉴证准则理事会(International Auditing and Assurance Standards Board)。国际审计与鉴证准则理事会的目标主要包括：针对财务报表制定审计准则和指南，使其能够在世界范围内被注册会计师、政府、证券监管者等接受，从而加强公众对全球审计职业的信心；针对财务信息和非财务信息制定鉴证准则；发布关于审计和鉴证业务的其他文告，促使公众了解注册会计师的作用和责任。

国际审计与鉴证准则理事会已将审计纳入鉴证业务，将注册会计师的业务分为鉴证业务和相关服务。鉴证业务的对象主要包括财务报表和财务信息、非财务信息、系统与过程、行为等。针对财务报表的鉴证业务有财务报表审计和审阅业务；针对财务信息的鉴证业务有财务信息审核业务。上述业务提供的保证程度有所不同，审计提供的保证程度最高。相关服务针对的对象是财务信息，包括商定程序以及信息编制业务，两者不提供鉴证意见。为了重树社会公众对注册会计师行业的信心，降低审计风险，提高审计质量，国际审计与鉴证准则理事会正在修订和起草一系列审计准则。

3. 中国注册会计师执业准则体系的建立和发展

中国注册会计师执业准则体系，包括鉴证业务准则、相关服务准则和会计师事务所质量控制准则。

我国的审计准则作为规范注册会计师执行审计业务的权威性标准，对提高注册会计师的执业质量，降低审计风险，维护社会公众利益具有重要的作用，其建设经历了三个阶段。

1) 制定执业规则阶段(1991—1993年)

中国注册会计师协会成立后，非常重视执业规则的建设，1991—1993年先后发布了《注册会计师检查验证会计报表规则(试行)》等7个执业规则。这些执业规则对我国注册会计师行业走向正规化、法制化和专业化起到了积极作用。

2) 建立执业准则体系阶段(1994—2005年)

1993年10月31日，第八届全国人民代表大会常务委员会第四次会议通过《中华人民共和国注册会计师法》，规定中国注册会计师协会依法拟订执业准则、规则，报国务院财政部门批准后施行。经财政部批准同意，中国注册会计师协会自1994年5月开始起草独立审计准则。1995年12月25日，财政部《关于印发第一批〈中国注册会计师独立审计准则〉的通知》以〔财会协字(1995)48号〕文件下发。

到2005年，中国注册会计师协会先后制定了6批独立审计准则，包括1个准则序言、1个独立审计基本准则、28个独立审计具体准则和10个独立审计实务公告、5个执业规范指南，此外，还包括3个相关基本准则(职业道德基本准则、质量控制基本准则和后续教育基本准则)，共计48个项目。

3) 与国际审计准则趋同阶段(2006—2010年)

为完善中国注册会计师执业准则体系，加速实现与国际准则趋同，中国注册会计师协会遵循科学、民主、公开的准则制定程序，经过艰苦而卓有成效的工作，拟订了22项新准则，并对26项已颁布的准则进行了必要的修订和完善。2006年2月15日，财政部发布了由中国注册会计师协会拟定与修订的48项《中国注册会计师审计准则》，并于2007年1月1日起在会计师事务所施行。

至此，我国已建立起一套适应我国国情、与国际审计准则趋同的中国注册会计师执业准则体系。

4) 与国际审计准则全面趋同阶段(2012年至今)

中国注册会计师执业准则体系自2007年正式实施以来，总体运行情况良好。但由于当时审计环境发生了重大变化，注册会计师审计实务面临一些新问题和新困难。同时，我国审计准则也需要和国际准则实行持续全面趋同。

中国注册会计师协会2009年启动了审计准则修订项目，2010年11月1日出台了修订后的审计准则，审计准则改写22项，修订并改写15项，新制定1项，一共修订38项。经财政部批准，由中国注册会计师协会修订的38项《中国注册会计师审计准则》于2012年1月1日起施行。财政部于2006年2月15日发布的《关于印发中国注册会计师执业准则的通知》(财会〔2006〕4号)中13项未作修订的准则仍然有效。

为了指导注册会计师更好地运用审计准则，解决审计实务问题，防范审计风险，2013年10月31日，中注协发布6项审计准则问题解答，自2014年1月1日起施行。本次发布的6项问题解答主要解决职业怀疑、函证、存货监盘、收入确认、重大非常规交易、关联方等领域在实务中亟需答复的相关问题。

6.1.2　审计准则的含义、特征及作用

1. 审计准则的含义

审计准则，又称审计标准，是专业审计人员在实施审计工作时，必须恪守的行为准则，它是审计工作质量的权威性判断标准。

审计准则，是把审计实务中一般认为公正妥善的惯例加以概括归纳而形成的原则，是审计人员开展审计工作所应遵循的规定，是审计人员开展审计业务的行为指南和规范。它是审计人员执行审计业务，获取审计证据，形成审计结论，出具审计报告的专业标准。

审计准则是出于审计自身的需要和社会公众的要求而产生和发展的；它是审计实践经验的总结，它的完善程度同样反映出审计的发展水平；它对审计组织、审计人员(即审计主体)提出要求，而不是对审计客体提出要求，更不是衡量审计客体的尺度；审计准则规定了审计工作质量的要求，既是控制和评价审计工作质量的依据，也是控制审计风险的必要；审计准则一般应由审计组织及审计职业团体制定和颁布，才具有权威性。

根据审计主体的不同及其作用范围的不同，审计准则可分为政府审计准则、民间审计准则和内部审计准则。

2. 审计准则的特征

(1) 权威性。主要是指审计准则对审计人员的行为具有普遍的约束力。权威性来源于审计准则的科学性。它不仅来源于审计实践，而且是整个审计职业界公认的惯例。权威性来源于审计职业界权威机构或政府机构对它的审定、完善、颁布和监督实施。

(2) 规范性。首先，审计准则本身就属于审计规范的范畴，它是规范体系中的具体规范；其次，审计准则本身必须具有统一性、条理性及准确性。统一性要求前后内容一致，相互协调；条理性要求审计准则结构严谨，条目清晰，层次分明；准确性要求审计准则用词恰当，表达准确，易于理解，方便使用。

(3) 可接受性。主要指审计准则应当为审计人员、审计对象和广大社会公众所乐于接受。

(4) 可操作性。主要指在审计工作中，审计准则可以直接用来指导审计实践。

(5) 相对稳定性。主要是指审计准则一旦确定和发布，就不能轻易改动，要保持一个相对稳定的时期。

3. 审计准则的作用

审计准则的实施使审计人员在从事审计工作时有了规范和指南，便于考核审计工作质量，推动了审计事业的发展。

审计准则的主要作用有如下几个。

(1) 实施审计准则可以赢得公众信任。注册会计师在财务报表审计报告中，一般要写明"我们的审计工作是根据审计准则的要求进行的"，这也是向委托单位的股东、债权人、未来投资者以及银行等有关方面表明，审计工作已达到了规定的质量标准，审计结论是可以充分信赖的，以取信于社会。

(2) 实施审计准则可以提高审计工作质量。审计准则中一般都规定了审计人员的任职条件及其在工作中应保持的态度、审计工作的基本程序和方法以及审计报告的撰写方式和要求等，这就可以促使审计人员谨慎工作，依准则办事，有助于提高审计工作质量。

(3) 实施审计准则可以维护审计组织和人员的合法权益。审计准则中规定了审计人员的工作范围，审计人员只要能按照审计准则的要求办理，就算是尽到了职责。当审计委托人与审计人员对审计意见发生纠纷，审计人员受到不公正的指责和控告时，即可运用审计准则维护自己的合法权益。

(4) 实施审计准则可以促进国际审计经验交流。审计准则是审计实践经验的总结和升华，已成为审计理论的一个重要部分。审计准则的实施和发展，促进了审计理论水平的提高。各国对审计准则的协调，便于开展国际审计经验交流。特别是国际审计准则的制定和协调工作的开展，对世界审计经验和学术交流都起到了重要的推动作用。

6.1.3 中国国家审计准则

中国国家审计准则的研究和制订始于20世纪90年代。1996年，审计署发布了38个审计规范，2000年审计署修订、发布了《中华人民共和国国家审计基本准则》和一系列通用审计准则、专业审计准则，2004年，审计署颁布了《审计机关审计项目质量控制办法(试行)》。

这一时期，国家审计准则体系由一个国家审计基本准则、若干个通用审计准则和专业审计准则构成。这种体系结构比较零散，相关准则间的内容存在交叉，不利于审计人员系统学习和掌握。

2010年9月，审计署审计长刘家义签署第8号中华人民共和国审计署令，公布新修订的《中华人民共和国国家审计准则》。修订后的《中华人民共和国国家审计准则》于2011年1月1日起施行。其主要结构如下。

1. 我国审计基本准则

审计基本准则是审计准则的总纲，是审计机关和审计人员进行审计时应当遵循的基本规范，是制定审计具体准则和审计指南的基本依据。

我国审计基本准则内容包括：总则、审计机关和审计人员、审计计划、审计实施、审计报告、审计质量控制和责任、附则，共7章。

2. 通用审计准则与专业审计准则

通用审计准则是依据国家基本审计准则制定的，是审计机关和审计人员依法办理审计事项、出具审计报告、评价审计事项、作出审计决定时，应当遵循的一般具体规范。

专业审计准则是根据国家基本审计准则制定的，是审计机关和审计人员依法办理不同行业的审计事项时，在遵循通用审计准则的基础上，同时应遵循的特殊具体规范。如发布施行的国家建设项目审计准则等。

3. 审计指南

审计指南是对审计机关和审计人员办理审计事项提出的审计操作规程和方法，为审计机关和审计人员从事专门的审计工作提供可操作的指导性意见。

国家审计基本准则、通用审计准则和专业审计准则，是审计署依照《审计法》规定制定的部门规章，具有行政规章的法律效力。全国审计机关和审计人员依法开展审计工作时，必须遵照执行。

审计指南不具有行政规章的法律效力，全国审计机关和审计人员应参照执行。

6.1.4　中国内部审计准则

1. 内部审计

内部审计是与政府审计、注册会计师审计并列的三种审计类型之一。

1999年6月，内部审计师学会通过了内部审计的如下定义：“内部审计是一项独立、客观的咨询活动，用于改善机构的运作并增加其价值。通过引入一种系统的、有条理的方法去评价和改善风险管理、控制和公司治理流程的有效性，内部审计可以帮助一个机构实现其目标。”

2013年8月20日，中国内部审计协会发布了新修订的《中国内部审计准则》，新准则结合国际、国内内部审计理念和实务的最新发展变化，完善了内部审计定义，基本上实现了与国际内部审计师协会(IIA)定义的接轨。新的内部审计定义为：“内部审计，是一种独立、客观的确认和咨询活动，它通过运用系统、规范的方法，审查和评价组织的业务活动、内部控制和风险管理的适当性和有效性，以促进组织完善治理、增加价值和实现目标。”

2. 中国内部审计准则

中国内部审计准则是依据《审计法》《审计署关于内部审计工作的规定》及相关法律法规制定的。

中国内部审计准则是中国内部审计工作规范体系的重要组成部分，由内部审计基本准则、内部审计具体准则、内部审计实务指南三个层次组成。

《中国内部审计准则序言》规定，中国内部审计准则适用于内部审计机构和人员进行内部审计的全过程；适用于各类组织，无论组织是否以盈利为目的，也无论组织规模大小和组织形式如何。

中国内部审计准则发展历程如下所述。

(1) 自2000年起，中国内部审计协会就开始致力于中国内部审计准则的制定工作；

(2) 2003年4月，正式发布了《内部审计基本准则》《内部审计人员职业道德规范》，从2003年到2011年间，又陆续发布了29个具体审计准则和5个内部审计实务指南；

(3) 从2012年开始，中国内部审计协会对原准则进行了全面、系统的修订，为新时期内部审计工作提供科学、规范的指引。2013年8月20日，中国内部审计协会以公告形式发布了新修订的《中国内部审计准则》(以下简称新准则)，于2014年1月1日起施行。

新的《内部审计基本准则》包括：总则、一般准则、作业准则、报告准则、内部管理准则、附则，共6章。

新准则的发布，标志着我国内部执业准则体系进一步完善和成熟，并逐步与国际惯例接轨。

3. 新修订的中国内部审计准则的特点

(1) 提升了准则体系结构的科学性和合理性。新准则将具体准则分为作业类、业务类和管理类，在分类的基础上，对准则体系采用四位数编码进行编号。内部审计基本准则和内部审计人员职业道德规范为第一层次，编码为1000；具体准则为第二层次，编码为2000；实务指南为第三层次，编码是3000。新的编号方式借鉴了国际内部审计准则的经验，体现了准则体系的系统性和准则之间的逻辑关系，也为准则未来发展预留了空间。同时针对部分准则存在的内容交叉、重复，个别准则不适应内部审计最新发展等问题，对准则体系结构和内容进行了调整。修订后的准则体系由内部审计基本准则、内部审计人员职业道德规范、20个具体准则和5个实务指南构成。

(2) 反映了内部审计的最新发展理念。新准则关于内部审计的定义，基本上实现了与国际内部审计师协会(IIA)定义的接轨。如将"监督和评价"职能改为"确认和咨询"职能，拓展了内部审计的职能范围，突出了内部审计的价值增值功能；明确了内部审计在提升组织治理水平、促进价值增值以及实现组织目标中的重要作用；将风险导向审计理念全面贯彻于整个准则体系中，强调内部审计机构和人员应当全面关注组织风险，以风险为基础组织实施内部审计业务等。

(3) 增强了准则的适用性和可操作性。新准则立足于内部审计实践的发展，对部分准则的内容进行了调整、充实和完善，进一步增强了适用性和可操作性。如将经济性、效率性和效果性三个具体准则合并修订为绩效审计准则；将遵循性审计、风险管理审计、内部审计的控制自我评估法三个准则进行调整和补充，形成修订后的内部控制审计准则，并与《企业内部控制基本规范》及其配套指引相衔接，进一步增强了准则的适用性。再如进一步细化了内部审计人员职业道德中有关诚信正直、客观性、专业胜任能力和保密等的具体要求，删除了关于舞弊的预防、协助董事会或最高管理层工作等不易操作的内容。

6.1.5 中国注册会计师执业准则

1. 注册会计师执业准则的定义和作用

注册会计师执业准则，又称注册会计师执业标准，它是注册会计师职业规范体系的重要组成部分，是注册会计师在执行审计业务过程中应当遵循的行为准则，是衡量注册会计师审计工作质量的权威性标准。

(1) 实施注册会计师执业准则，可以赢得社会公众的广泛信任。注册会计师在其出具的审计报告中，应当写明按照注册会计师执业准则计划实施工作，以合理确信财务报表是否不存在重大错报。这就向审计报告使用人表明，注册会计师的审计工作已经达到了规定的质量标准，审计意见是可以信赖的，从而为注册会计师审计取信于社会公众提供了保证。

(2) 实施注册会计师执业准则，可以提高注册会计师审计工作质量。注册会计师执业准则对注册会计师业务能力及其在工作中应保持的职业谨慎，审计工作的基本程序和方法，以及审计报告的基本内容、格式和类型都做了详细规定。这就要求注册会计师应依法执业，谨慎工作，充分考虑审计风险，以保证审计工作的质量。

(3) 实施注册会计师执业准则，可以维护会计师事务所和注册会计师的合法权益。注册会计师审计准则规定了注册会计师的工作范围和规则，只要注册会计师按照准则的要求执业，就可最大限度地降低审计风险。当注册会计师受到不公正的指责和控告时，可以充分利用注册会计师执业准则保护其正当权益。

(4) 实施注册会计师执业准则，可以促进审计经验的交流。注册会计师执业准则是注册会计师审计实践经验的总结和升华，已经成为审计理论的重要组成部分，它的实施有助于促进审计理论水平的提高。各国通过对注册会计师执业准则的协调，有力地推动了各国审计经验的交流，促进了全球经济的共同繁荣和发展。

2. 中国注册会计师执业准则体系构成

中国注册会计师执业准则体系受注册会计师职业道德守则统领，包括业务准则和质量控制准则。

中国注册会计师执业准则体系包括38项新准则和13项未作修订的准则，共51项准则。具体包括1项鉴证业务基本准则、44项审计准则、1项审阅准则、2项其他鉴证业务准则、2项相关服务准则和1项会计师事务所质量控制准则。

注册会计师执业准则体系，如图6-2所示。

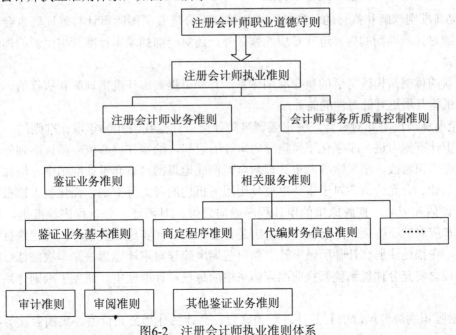

图6-2　注册会计师执业准则体系

3. 中国注册会计师执业准则体系内容

中国注册会计师执业准则体系内容包括：中国注册会计师鉴证业务准则、中国注册会计师相关服务准则、会计师事务所质量控制准则。

中国注册会计师鉴证业务准则包括：鉴证业务基本准则、审计准则、审阅准则、其他鉴证业务准则。

鉴证业务是指注册会计师对鉴证对象信息提出结论，以增强除责任方之外的预期使用者对鉴证对象信息信任程度的业务。

鉴证业务包括历史财务信息审计业务、历史财务信息审阅业务和其他鉴证业务。鉴证对象信息是按照标准对鉴证对象进行评价和计量的结果。

1) 中国注册会计师鉴证业务基本准则

注册会计师执行历史财务信息审计业务、历史财务信息审阅业务和其他鉴证业务时，应当遵守本准则以及依据本准则制定的审计准则、审阅准则和其他鉴证业务准则。

(1) 中国注册会计师审计准则包括：一般原则与责任；风险评估以及风险应对；审计证据；利用其他主体的工作；审计结论与报告；特殊领域。

(2) 中国注册会计师审阅准则包括：中国注册会计师审阅准则第2101号——财务报表审阅。

(3) 中国注册会计师其他鉴证业务准则包括：中国注册会计师其他鉴证业务准则第3101号——历史财务信息审计或审阅以外的鉴证业务；中国注册会计师其他鉴证业务准则第3111号——预测性财务信息审计的审核。

2) 中国注册会计师相关服务准则

中国注册会计师相关服务准则第4101号——对财务信息执行商定程序；

中国注册会计师相关服务准则第4111号——代编财务信息。

3) 会计师事务所质量控制准则

会计师事务所质量控制准则第5101号——业务质量控制。

4. 中国注册会计师执业准则体系特点

(1) 提高准则理解和执行的一致性。本次修订充分借鉴了国际审计与鉴证理事会明晰项目的成果，除对16项准则的内容进行实质性修订外，还对全部38项审计准则按照新的体例结构进行了改写。

按照新的体例结构改写后的执业准则体系，有利于提高审计准则理解和执行的一致性，有利于监管机构开展更有针对性的监管。

(2) 全面体现风险导向审计。突出强调风险导向审计是我国2006年审计准则的一大特点。本次修订审计准则，进一步强化了风险导向审计的思想，除修订核心风险审计准则外，对其他审计准则也作出修改，将风险导向审计理念全面彻底地贯彻到整套审计准则中。例如，对关联方、会计估计、公允价值、对于审计单位使用服务机构的考虑等准则，强化重大错报风险的风险识别、评估和应对，摆脱原来的审计程序导向思维；对函证、分析程序等准则，从风险识别、评估和应对的高度要求注册会计师考虑是否实施及如何实施这些程序；对特殊目的审计报告类准则，在描述注册会计师所做审计工作时强调风险导向审计思想等。本次修订后，风险导向审计的理念将充分体现到整套执业准则体系中的每项审计准则中，避免了准则体系的内在不一致。

(3) 增强识别舞弊风险的有效性。对关联方、会计估计和公允价值、集团会计等舞弊高发领域，本次修订审计准则既进一步明确了工作要求，又细化了对注册会计师的指导，要求注册会计师合理运用职业判断，按照风险导向审计的要求，识别、评估审计风险，增强了注册会计师发现舞弊的能力，提高了审计的有效性。

(4) 加强与治理层有效沟通。公司治理层和注册会计师在健全完善公司治理结构中都扮演着重要的角色，两者在对管理层编制的财务报表进行监督方面具有共同的关注点。本次修订审计准则，一方面，规范了治理层在监督财务报告方面的职责和作用，对管理层与治理层在财务报告方面的职责作出明确区分；另一方面，要求注册会计师就审计工作中遇到的重大困难、对被审计单位会计处理质量的看法、审计过程中发现错报、违反法律法规行为、舞弊等及时与治理层沟通。同时，要求注册会计师向治理层和管理层恰当通报注册会计师在审计过程中识别出的、根据职业判断认为足够重要从而值得治理层和管理层各自关注的内部控制缺陷。

(5) 增强对小型企业审计的相关性。本次修订的审计准则取消了原有的《中国注册会计师审计准则第1621号——对小型被审计单位审计的特殊考虑》，代之以在每项应用指南中增加"对小型被审计单位的特殊考虑"部分。这种做法将显著增强对审计小型被审计单位的指导力度，有效提高审计准则的适用性。

5. 中国注册会计师业务准则

注册会计师业务准则是注册会计师执行各类业务所应遵循的行业标准。该准则由鉴证业务准则和相关服务准则构成。

1) 注册会计师鉴证业务准则

鉴证业务是指注册会计师对鉴证对象信息提出结论，以增强除责任方之外的预期使用者对鉴证对象信息信任程度的业务。鉴证业务旨在增进某一鉴证对象信息的可信性，比如，公司管理层(责任方)按照适用的企业会计准则(标准)对其财务状况、经营成果和现金流量(鉴证对象)进行确认、计量和列报而形成财务报表(鉴证对象信息)，由具有独立性和专业性的注册会计师对该财务报表实施一定的方法进行查证(获取证据)后，得出结论，并出具一份书面报告(鉴证报告)，以增强除管理层之外的报告使用者(预期使用者)对财务报表的信任程度。

注册会计师鉴证业务准则是整个执业准则体系中最主要的部分，分为以下两个层次。

第一层次，是起统领作用的鉴证业务基本准则，是为了规范注册会计师执行鉴证业务，明确鉴证业务的目标和要素，确定审计准则、审阅准则和其他鉴证业务准则适用的鉴证业务类型的准则。

第二层次，按照提供的保证程度和鉴证对象的不同，可分为审计业务、审阅业务、其他鉴证业务准则。

(1) 审计业务。审计业务是指注册会计师综合使用审计方法，对所审计的历史财务信息是否存在重大错报提供合理保证，并以积极方式提出结论。其中，所谓"合理保证"，是指注册会计师将鉴证业务风险降至该业务环境下可接受的低水平，并对鉴证后的信息提供高水平保证，需要注意的是，合理保证是低于百分之百的保证，并不是绝对保证。这是由于审计中存在的固有限制(如内部控制的固有局限性、大量的职业判断)影响了注册会计师发现重大错报的能力，注册会计师不能对财务报表整体不存在重大错报提供绝对保证。所谓"以积极方式提出结论"，是指从正面发表意见。例如，"我们认为，ABC公司财务报表已经按照企业会计准则的规定编制，在所有重大方面公允反映了ABC公司2008年12月31日的财务状况以及2008年度的经营成果和现金流量"。审计业务范围包括审查企业财务报表，出具审计报告；验证企业资本，出具验资报告；办理企业合并、分立、清算事宜中的审计业务，出具相关报告；办理法律、行政法规规定的其他审计业务，出具相应的审计报告。

　　审计准则用来规范注册会计师执行历史财务信息(主要是财务报表)审计业务，是整个业务准则体系的核心，共41项，分为六大类。

　　第一类是一般原则与责任。

　　中国注册会计师审计准则第1101号——财务报表审计的目标和一般原则

　　中国注册会计师审计准则第1111号——审计业务约定书

　　中国注册会计师审计准则第1121号——历史财务信息审计质量控制

　　中国注册会计师审计准则第1131号——审计工作底稿

　　中国注册会计师审计准则第1141号——财务报表审计中对舞弊的考虑

　　中国注册会计师审计准则第1142号——财务报表审计中对法律法规的考虑

　　中国注册会计师审计准则第1151号——与治理层的沟通

　　中国注册会计师审计准则第1152号——向治理层和管理层通报内部控制缺陷

　　中国注册会计师审计准则第1153号——前任注册会计师和后任注册会计师的沟通

　　第二类是风险评估以及风险应对。

　　中国注册会计师审计准则第1201号——计划审计工作

　　中国注册会计师审计准则第1211号——通过了解被审计单位及其环境识别和评估重大错报风险

　　中国注册会计师审计准则第1221号——计划和执行审计工作时的重要性

　　中国注册会计师审计准则第1231号——针对评估的重大错报风险采取的应对措施

　　中国注册会计师审计准则第1241号——对被审计单位使用服务机构的考虑

　　中国注册会计师审计准则第1251号——评价审计过程中识别出的错报

　　第三类是审计证据。

　　中国注册会计师审计准则第1301号——审计证据

　　中国注册会计师审计准则第1311号——对存货、诉讼和索赔、分部信息等特定项目获取审计证据的具体考虑

　　中国注册会计师审计准则第1312号——函证

　　中国注册会计师审计准则第1313号——分析程序

　　中国注册会计师审计准则第1314号——审计抽样

　　中国注册会计师审计准则第1321号——审计会计估计(包括公允价值会计估计)和相关披露

　　中国注册会计师审计准则第1323号——关联方

　　中国注册会计师审计准则第1324号——持续经营

　　中国注册会计师审计准则第1331号——首次审计业务涉及的期初余额

　　中国注册会计师审计准则第1332号——期后事项

　　中国注册会计师审计准则第1341号——书面声明

　　第四类是利用其他主体的工作。

　　中国注册会计师审计准则第1401号——对集团财务报表审计的特殊考虑

　　中国注册会计师审计准则第1411号——利用内部审计人员的工作

　　中国注册会计师审计准则第1421号——利用专家的工作

　　第五类是审计结论与报告。

中国注册会计师审计准则第1501号——对财务报表形成审计意见和出具审计报告

中国注册会计师审计准则第1502号——在审计报告中发表非无保留意见

中国注册会计师审计准则第1503号——在审计报告中增加强调事项段和其他事项段

中国注册会计师审计准则第1511号——比较信息：对应数据和比较财务报表

中国注册会计师审计准则第1521号——注册会计师对含有已审计财务报表的文件中的其他信息的责任

第六类是特殊领域审计。

中国注册会计师审计准则第1601号——对按照特殊目的编制基础编制的财务报表审计的特殊考虑

中国注册会计师审计准则第1602号——验资

中国注册会计师审计准则第1603号——对单一财务报表和财务报表特定要素审计的特殊考虑

中国注册会计师审计准则第1604号——对简要财务报表出具报告的业务

中国注册会计师审计准则第1611号——商业银行财务报表审计

中国注册会计师审计准则第1612号——银行间函证程序

中国注册会计师审计准则第1613号——与银行监管机构的关系

中国注册会计师审计准则第1631号——财务报表审计中对环境事项的考虑

中国注册会计师审计准则第1632号——衍生金融工具的审计

中国注册会计师审计准则第1633号——电子商务对财务报表审计的影响

(2) 审阅业务。审阅业务是指注册会计师在实施审阅程序的基础上，说明是否注意到某些事项，使其相信财务报表没有按照适用的会计准则和相关会计制度的规定编制，未能在所有重大方面公允反映被审阅单位的财务状况、经营成果和现金流量。相对审计而言，审阅程序简单，保证程度有限，审阅成本也较低。

审阅准则用来规范注册会计师执行历史财务信息(主要是财务报表)审阅业务。目前，审阅准则只有一项，即中国注册会计师审阅准则第2101号——财务报表审阅。

(3) 其他鉴证业务。其他鉴证业务是指注册会计师执行的除了审计业务与审阅业务以外的鉴证业务，如内部控制鉴证、预测性财务信息的审核(预测性财务信息是指被审核单位依据对未来可能发生的事项或采取的行动的假设而编制的财务信息)等。这些鉴证业务可以增强使用者的信任程度。

其他鉴证业务准则目前包括两项，即中国注册会计师其他鉴证业务准则第3101号——历史财务信息审计或审阅以外的鉴证业务；中国注册会计师其他鉴证业务准则第3111号——预测性财务信息的审核。

2) 相关服务准则

相关服务业务是指非鉴证业务，包括对财务信息执行商定程序、代编财务信息、税务服务、会计服务和管理咨询等。相关服务业务通常不像鉴证业务那样对注册会计师提出独立性要求。在提供相关服务时，注册会计师不能提供任何程度的保证，因为注册会计师不能给自己的行为作保证。

相关服务准则目前包括两项。

中国注册会计师相关服务准则第4101号——对财务信息执行商定程序

中国注册会计师相关服务准则第4111号——代编财务信息

6. 会计师事务所质量控制准则

1) 会计师事务所质量控制准则的定义

会计师事务所质量控制准则是指规范会计师事务所执行历史财务信息审计和审阅业务、其他鉴证业务及相关服务业务时应当遵循的质量控制政策和程序，是明确会计师事务所及其人员的质量控制责任的准则。

会计师事务所根据质量控制准则来制定质量控制制度，以约束会计师事务所与注册会计师在执业时遵守法律法规、职业道德规范及相应的业务准则，合理保证业务质量。会计师事务所质量控制准则有一项，如下所述。

质量控制准则第5101号——会计师事务所对执行财务报表审计和审阅、其他鉴证和相关服务业务实施的质量控制

2) 会计师事务所质量控制的意义

(1) 质量控制是保证注册会计师审计准则得到遵守和落实的重要手段。没有质量控制，注册会计师审计准则的运用只能流于形式，无法达到预期的目的。

(2) 质量控制是会计师事务所内部控制体系的重要组成部分，且在该体系中居于核心地位。会计师事务所面临激烈的同业竞争、广泛的社会监督和法律诉讼案件的威胁，因此，建立健全质量控制是完善内部控制体系的根本措施。

(3) 质量控制是会计师事务所生存和发展的基本条件，是整个注册会计师职业赢得社会信任的重要措施。也就是说，质量控制的好坏不仅关系着会计师事务所的存亡，而且还直接关系到整个注册会计师职业的存亡。

3) 会计师事务所质量控制制度的要素

会计师事务所的质量控制制度包括下列要素。

(1) 对业务质量承担的领导责任；

(2) 职业道德规范；

(3) 客户关系和具体业务的接受与保持；

(4) 人力资源；

(5) 业务执行；

(6) 业务工作底稿；

(7) 监控。

4) 会计师事务所质量控制目标

会计师事务所的质量控制目标是建立并保持质量控制制度，以合理保证以下两点。

(1) 会计师事务所及其人员遵守职业准则和适用的法律法规的规定；

(2) 会计师事务所和项目合伙人出具适合具体情况的报告。

【例6-1】北京市长城机电产业公司(以下简称长城公司)利用科研成果(节能电机)，以签订"技术开发合同"的方式，以高息回报为诱饵非法集资。投资者络绎不绝，从1992年6月2日至1993年2月底，长城公司在全国范围内集资高达十多亿元。大量的集资款被长城公司挥霍和侵吞。1993年，广大投资者对公司的集资行为产生怀疑，这时长城公司找到中诚会计师事务所第二分所，要求出具资信证明。该二分所相关人员在接受吃请、收受红包后，按照长城公司的要求以中诚会计师事务所总所名义出具了验资报告。投资者因看到中诚会计事务所的验资报告而不再要求退款。真相披露后，审计署、财政部针对中诚会计师事务所出具虚假验资报告的行

为，责令解散中诚会计师事务所(包括所有13个分所)，吊销相关当事人的注册会计师证书。法院对承办长城公司审计业务的两名注册会计师依法判处了有期徒刑。

【提示】中诚会计师事务所各分所都独立承揽业务，且都有总所的印章，可以直接出具审计报告，各分所基本没有建立业务质量控制制度，而总所对分所又没有相应的监控。正因为中诚会计师事务所缺乏质量控制制度，其注册会计师缺乏职业道德，才导致其13个分所全军覆没。

【例6-2】ABC会计师事务所正在制定业务质量控制制度，经过领导层集体研究，确立了下列重大质量控制制度。

(1) 合伙人的晋升与考核以业务量为主要考核指标，同时考虑遵循质量控制制度和职业道德规范的情况；

(2) 对员工介绍的客户，由员工所在部门经理根据收费的高低自行决定是否承接；

(3) 所有审计工作底稿应当在业务完成后90日内整理归档；

(4) 由于尚未取得上市公司审计资格，不予执行项目质量控制复核制度；

(5) 无论审计项目组内部的分歧是否得到解决，审计项目组必须保证按时出具审计报告；

(6) 以每三年为一个周期，选取已完成业务进行检查，检查对象为当年考核等级位列后三名的项目负责人。

【问题】针对上述事项(1)～(6)，分别指出ABC会计师事务所可能违反质量控制准则的情形，并简要说明理由。

【解答】(1) 违反。表现在"合伙人的晋升与考核以业务量为主要考核指标"。

理由：会计师事务所在业绩评价过程中要以质量为导向，使员工充分了解提高业务质量和遵守职业道德规范是晋升的主要途径，而不是以业务量为主要考核指标。

(2) 违反。表现在"由员工所在部门经理根据收费的高低自行决定是否承接业务"。

理由：会计师事务所在决定承接业务时应当确保满足以下条件。①已考虑客户的诚信，没有信息表明客户缺乏诚信；②具有执行业务必要的素质、专业胜任能力、时间和资源；③能够遵守职业道德规范，而不应该由部门经理根据收费的高低自行决定。

(3) 违反。表现在"所有的审计工作底稿应当在业务完成后90日内整理归档"。

理由：审计工作底稿的归档期限为审计报告日后或审计业务中止日后60天内。

(4) 违反。表现在"尚未取得上市公司审计资格，就不予执行项目质量控制复核制度"。

理由：在实务中，会计师事务所除对上市实体财务报表审计业务必须实施项目质量控制复核外，还可以自行建立判断标准，确定对那些涉及公众利益范围较大或已识别出存在重大异常情况或较高风险的特定业务，实施项目质量控制复核。如法律法规明确规定要求对特定业务实施项目质量控制复核，会计师事务所应当实施。

(5) 违反。表现在"无论审计项目组内部的分歧是否得到解决，审件项目组必须保证按时出具审计报告"。

理由：只有意见分歧问题得到解决，项目负责人才能出具报告。

(6) 违反。表现在"检查对象为当年考核等级位列后三名的项目负责人"。

理由：会计师事务所应当周期性地选取已完成的业务进行检查，周期最长不得超过三年。在每个周期内，应对每个项目负责人的业务至少选取一项进行检查。而不是仅对当年考核等级位列后三名的项目负责人进行检查。

6.2 审计依据

审计是一项客观、公正的工作，审计人员提出审计意见、作出审计结论，必须有明确的依据。审计依据是提出审计意见、作出审计结论的重要衡量尺度。有依据的审计意见和结论才能令人信服，被人们接受。

6.2.1 审计依据的含义

所谓审计依据，就是对所查明的事实与现行的各种规定进行比较、分析、判断和评价，提出审计意见和建议，给出审计结论的客观标准。

审计依据与审计准则是两个既有联系又有区别的概念。审计准则解决如何进行审计的问题，是审计人员行动的指南和规范，审计依据则解决审计人员根据什么标准去判别被审计单位的财务状况、经营成果和现金流量的合法或非法、公允或非公允，并据以作出审计结论、提出审计意见和建议的根据。

在整个审计工作过程中，都存在一个评价判断问题，特别是在审计工作从实施阶段转入完成阶段，必须对被审计单位的经济活动及其结果进行评价、判断，作出正确的结论，提出有效的意见和建议。在审计实施阶段，按照审计准则的要求，把被审计单位的被审计项目的问题和情况查实、查清，对这些查实、查清的被审计事项进行评价，判断它们是否真实、合法、合理，是否有效及有效的程度，这就必须有一套合适的审计依据。审计人员根据审计依据提出审计意见，给出审计结论，才能令人信服，取信于社会公众，才能提高审计组织和审计人员的威望，有利于审计事业的发展。因此，审计人员在实施审计行为时，除了要根据审计准则开展审计工作之外，还需要一套科学、合理的审计依据。

目前，我国财政财务审计的依据比较明确，而经济效益审计的审计依据正在探索之中。开展财政财务审计，审计人员在审计工作结束时对被审计单位的财务报表及其反映的财务收支和经济活动的合法性、公允性作出评价判断，必须有一套判断是非、高低、优劣、合法与非法的标准。由于经济活动是错综复杂的，所以审计依据也应是多方面的，如会计准则是判断财务报表和会计记录公允性、合法性的依据；各项财经法规是评价经济活动合法性的依据；各种经济指标如资产负债率、流动比率、速动比率、资本金利润率等，是评价企业偿债能力和盈利能力等财务状况优劣的依据。由此可见，审计依据对于被审计单位进行客观的判断和评价，具有重要的意义。

6.2.2 审计依据的种类

由于审计的目的不同，所以，各种类型的审计应遵循的审计依据也不相同。不同种类的审计依据有不同的用途，进行适当的分类，有利于审计人员选用。

审计依据可以按不同标准进行分类。

(1) 如按其来源进行分类，可分为：外部制定的审计依据和被审计单位自己制定的审计依据。

(2) 按其性质、内容进行分类，可分为：①宪法、法律、法规、政策；②规章制度；③预算、计划、经济合同；④业务规范、技术经济标准、会计准则等。

(3) 按审计目的进行分类，可以分为：评价经济活动合法性的审计依据、评价经营管理活动效益性的审计依据和评价内部控制系统有效性的审计依据。

但是，从审计实施来看，审计依据主要是按审计目的进行的分类。

1. 评价经济活动合法性的审计依据

这类审计依据主要包括如下几个。

(1) 国家颁布的宪法、法律和各种财经法规。法律是指由国家立法机关颁布的，由国家强制性执行的行为准则。在我国，用做审计依据的除宪法外，主要有民法、经济合同法、涉外经济合同法、外商投资企业法、各种所得税法、会计法、公司法、企业破产法、民事诉讼法等。此外，还有财务会计报告条例、企业会计准则等国务院及其所属部门颁发的规范性文件。国际机构制定的各种适用的经济法则是涉外经济审计的重要审计依据。

(2) 地方颁布的财经法规和主管部门颁布的各种财经法规。地方财经法规是由地方各级立法机构和人民政府依照国家颁布的经济法规，结合本地区的实际情况加以制定的；国务院各主管部门和地方各级主管部门，也可根据本部门的实际情况制定有关的经济政策、指示和规定。这些都是审计的依据。

(3) 规章制度。规章制度包括两种：一种是政府主管部门和上级单位制定的规章制度，如行业性的财务管理制度及各种管理办法等；另一种是被审计单位根据国家财经法规、地方财经法规并结合本企业生产经营管理的特点自行制定的规章制度。这些也是审计依据的重要组成内容。

2. 评价经营管理活动效益性的审计依据

除合法性审计外，现代审计的另一个重要活动领域是对委托单位的经营管理活动的效益性进行评价。这方面的审计依据主要有如下几个。

(1) 可比较的历史数据。可比较的历史数据包括两种：一种是反映被审计单位经营管理活动效益性的历史数据，如资本金利润率、存货周转率、应收账款回收率等，可以用做判断和评价被审计期间经营管理活动效益性好坏的依据；另一种是与被审计单位同行业中的经营性质、规模与其相近的单位的历史数据，可以将可比较单位的有关资料和数据作为判断和评价被审计单位经营管理活动效益性好坏的重要依据之一。

(2) 计划、预算和经济合同。被审计单位编制的计划和预算、被审计单位与其他单位签订的经济合同等的完成与否，都是判断被审计单位经济管理活动效益性好坏的重要依据。

(3) 业务规范、技术经济标准。被审计单位制定的原材料消耗定额、能源消耗定额、工时定额、生产设备利用定额、废品率、各种技术标准、产品质量标准等，都可以作为判断和评价被审计单位经营管理活动效益性的重要依据。

3. 评价内部控制系统有效性的审计依据

审计人员在进行审计时，首先要审查和评价被审计单位的内部控制系统，这是现代审计的一个重要特征。评价内部控制系统有效性方面的审计依据主要有如下几个。

(1) 内部管理控制制度。内部管理控制制度是指根据规定的经营方针，为合理而有效地进行经济活动而建立的各种控制制度，主要包括预算控制制度、信息管理制度、责权控制制度等。这些制度是否能够科学、有效地实施，是评价内部控制系统有效性的重要依据。

(2) 财务报告内部控制制度。建立财务报告内部控制制度，设置凭证的传递程序、实物的盘点制度等，这些都是为了保证财务报告资料的正确性和可靠性而建立的控制制度。这些制度是评价内部控制系统有效性的又一重要依据。

(3) 内部审计制度。内部审计具有控制的功能，它既要检查和评价其他各部分控制系统的质量与效果，同时，它本身又作为整个内部控制系统的一个组成部分与其他各项内部控制共同实现内部控制的各项目标。因此，内部审计制度也成为评价内部控制系统有效性的依据。

6.2.3 审计依据的特点

审计依据既不是捉摸不定的，也不是固定不变的。在一定的时间、地域和范围内，它是明确的和可行的，但审计依据会随着形势的发展、时间的推移而发展变化。因此，掌握审计依据的特点，有利于更好地开展审计工作。审计依据的特点主要有如下几个。

1. 层次性

根据适用范围、效力大小和制定单位管辖区域的大小，审计依据具有不同的层次，顺序如下。

(1) 国家和中央政府颁布的法律、法规，如宪法、会计法、财务会计报告条例等。

(2) 国务院各部门颁布的各种规章和制度。

(3) 地方各级人民政府制定和颁布的地方性法规等。

(4) 被审计单位上级主管部门制定的规章制度、下达的计划和提出的技术经济指标等。

(5) 被审计单位的股东代表大会、董事会等所做的决议，以及本单位各职能部门所制定的规章制度、作出的计划和决议。

从法规和规章制度的制定过程来看，低层次的法规、制度不能违反高层次的法规，只能在高层次法规原则规定的基础上，结合本地区和本部门的具体情况加以补充和具体化。这就是说，法规的层次越高，其覆盖面就越大，而层次越低的法规和制度等，其具体适应性就越强。因此，审计人员应注意尽量完整地收集有关被审计单位的具体法规和规章制度，这样有利于正确地判断所查明事实的是非曲直。但如遇低层次的规定与高层次的规定相抵触，则应以高层次的规定为准，作出评价和判断。

2. 相关性

审计依据的相关性，是指审计依据要与审计结论相关联，审计人员可以利用审计依据提出审计意见和建议，并作出审计结论。审计依据的相关性是由审计工作的本质特性所决定的。因为审计工作的目的是对被审计单位所承担的受托经济责任作出评价，如果审计依据不利于审计人员评价受托经济责任，与审计结论无关，审计依据就失去了意义。因此，审计人员选用审计依据，一定要与作出的审计结论以及提出的审计意见和建议密切相关。如果有多种审计依据可供选择，必须认真分析，深入解剖矛盾，抓住主要矛盾和矛盾的主要方面，选用最能揭示被审计单位有关事项本质的作为审计依据。

3. 时效性

各种审计依据都有一定的时效性，不是任何时期和任何条件下都适用的。作为经济业务行为规范的各种审计依据，属于上层建筑的范畴。上层建筑要适应经济基础的不断发展变化而相应发展变化，各种审计依据就不可能是一成不变的，必须随着时间的推移而加以修订和变更。作为经济业务技术规范的各种审计依据，也会随着科学技术水平的发展而发生变化。这就要求审计人员在从事业务活动中，要密切关注各种审计依据的变化，注意其时效性，切忌用旧的审计依据来否定现行的经济活动，也不能用新的审计依据来否定过去的经济活动。

4. 地域性

从空间上看，许多审计依据还要受到地域的限制。各个国家的社会经济制度和生产力发展水平不同，其审计依据的内容当然各不相同。因此，我们不能不加分析地照搬别国的审计依据。即使在国内，不同地区、不同行业部门的发展水平也不尽相同，各地区、各行业部门都根据自己的实际情况和特点，制定了只适用于本地区、本行业部门的政策和规章。因此，不同地区、不同行业部门的审计依据也不会完全相同。所以，审计人员在进行判断时，应当注意到地区和行业的差别，要以该地区、该行业的有效法令、规定、技术标准等为根据，给出审计结论、提出审计意见和建议。

6.2.4 审计依据的运用原则

审计人员选用审计依据时，除应注意审计依据的层次性、相关性、时效性和地域性等特点外，还应注意掌握下列各项原则。

1. 具体问题具体分析的原则

在社会主义市场经济条件下，企业经济活动日益多样化和复杂化，合法的经济活动不一定是合理的；反之，有些突破了现有规章制度的合理的改革措施可能是不合法的。所以，审计人员选用审计依据时，必须从实际出发，具体问题具体分析，作出客观公正的评价。在遇到问题时，应坚持三个原则。

(1) 有法依法。有法律、法规作为审计依据的，应该严格依法，这是不容置疑的。

(2) 无法可依则从理。没有法律、法规作为审计依据的，要重视一些经济行为的合理性、正确性和创造性的依据。判断一个单位的经济行为是否合理，应看其是否符合科学发展的大方向，是否促进了生产的发展和经济效益的提高。

(3) 地方法规与国家法规发生矛盾时要慎重处理。正常情况下，应将国家法规作为最主要的审计依据。如当地法规与国家法规不一致时，应贯彻凡是符合改革精神，对宏观经济、全局有益又有利于促进地区经济繁荣，有利于调动各方面积极性的地方法规应作为审计依据的原则；凡是违背国家利益或侵犯企业合法权益的，要坚决抵制。

2. 辩证分析问题的原则

企业经济活动是错综复杂的，经济情况也是瞬息万变的，影响经济活动的因素是多方面的、可变的。对某项被审计的经济活动，如果几种审计依据均适用，就要认真仔细地进行研究，辩证地分析问题，分析该项经济活动的主要影响因素和主要影响因素的主要方面，并分析该经济活动的结果和影响，要善于抓住主要矛盾，把握问题的实质，然后决定选用哪一项审计依据，并据以提出审计意见和建议，作出审计结论。

3. 利益兼顾原则

运用审计依据时，要贯彻利益兼顾的原则，全面地分析问题。利益兼顾原则主要包括如下几点。

(1) 国家、企业和个人利益兼顾。在审查评价被审计单位受托经济责任时，选择审计依据必须坚持国家、企业和个人利益兼顾的原则，维护各方的合法权益，处理好各方面的经济利益关系。为此，对企业单位自己制定的审计依据，就应进行适当选择。即使审计依据有弹性，也要注意掌握分寸。

(2) 眼前利益与长远利益兼顾。选用审计依据，不能只考虑眼前利益，还要考虑长远利益。如在选用成本、费用开支标准和利润分配时，不能只考虑目前的经济利益，还要考虑企业今后的发展和如何增强企业实力。只有处理好眼前利益和长远利益之间的关系，才能保证企业的发展和职工的长远利益，才能使企业更好地发展。

(3) 企业经济效益与社会效益兼顾。在评价企业利润完成情况时，不能只考虑企业销售利润率、资本金利润率和成本费用利润率，还应考虑使企业利润增加的营业项目和生产的产品是否有社会效益。因此，在选用审计依据时，不能机械地照搬，而应考虑企业经济效益与社会效益相结合的原则。

4. 真实可靠原则

审计依据必须真实可靠，数字要准确，凡是引用的数字，一定要经过亲自核对，切忌照抄、照搬；凡列举的技术标准，必须查证核实，均有文件资料，切勿主观推测；对于内部管理控制的各项制度，要深入查对，如无真凭实据，均不能作为审计依据；凡是法律、法规，一定要找到原文，认真领会其精神，并抄录文字，切不可断章取义、盲目推论；一般的决议、指示等，如有必要还要复印作为审计工作底稿。

总之，合理地运用审计依据，对于作出客观公正的评价和正确的结论，对于促进审计质量的提高，都有重要的意义。否则，审计依据运用不当，将会造成判断失误、结论错误，影响审计工作质量，造成不良后果。

本章小结

本章重点介绍了审计准则和审计依据的相关内容。审计准则，又称审计标准，或称执业准则，是专业审计人员在实施审计工作时，必须恪守的最高行为准则，它是审计工作质量的权威性判断标准。在了解美国的民间审计准则和国际审计准则的同时，重点了解中国注册会计师执业准则体系。

中国注册会计师执业准则体系受注册会计师职业道德准则统领，包括注册会计师业务准则和会计师事务所质量控制准则。注册会计师业务准则由鉴证业务准则和相关服务准则构成。

审计依据与审计准则是两个既有联系又有区别的概念。审计准则解决如何进行审计的问题，是审计人员行动的指南和规范，审计依据则解决审计人员根据什么标准去判别被审计单位的财务状况、经营成果和现金流量的合法或非法、公允或非公允，并据以作出审计结论、提出审计意见和建议的根据。所谓审计依据，就是对所查明的事实与现行的各种规定进行比较、分析、判断和评价，提出审计意见和建议、给出审计结论的客观标准。

复习思考题

1. 审计准则的含义、特征和作用是什么？
2. 我国的审计准则建设经历了哪几个阶段？
3. 中国注册会计师执业准则体系具体包括哪些内容？
4. 何谓审计依据？
5. 审计依据的种类及特点有哪些？
6. 审计人员选用审计依据时应注意掌握哪些运用原则？

第7章 审计计划、重要性和审计风险

7.1 审计计划

审计人员执行审计业务，应当编制审计计划，对审计工作作出合理安排。

7.1.1 审计计划的概念及作用

1. 审计计划的概念

审计计划是指审计人员为了完成各项审计业务，达到预期的审计目标，在执行审计程序之前编制的工作计划。审计计划应该贯穿于审计全过程。审计人员在整个审计过程中，应当按照审计计划执行审计业务，并视审计情况的变化及时对审计计划进行修改、补充。审计计划要按既定的审计目标，制定适用的审计方案，选择必要的审计程序和审计步骤，并对审计程序的应用范围、审计重点、人员安排、时间预算、督导和复核要求等作出周密的安排。

2. 审计计划的作用

审计计划通常由审计项目负责人在审计工作开始时起草，它仅是对审计工作的一种预先规划。在执行审计计划的过程中，情况会不断发生变化，常常会产生预期计划与实际不一致的情况。例如，在审计过程中通过检查发现，被审计单位某些内部控制系统执行效果不佳，导致原来制定的审计程序和时间预算需要改变，就应及时对审计计划进行修订和补充。对审计计划的补充、修订贯穿于整个审计工作过程。审计人员在整个审计过程中，应当按照审计计划执行审计业务。

审计计划具有以下几方面的作用。

(1) 通过制订和实施审计计划，可使审计人员能够根据具体情况收集充分、适当的证据。一般情况下，审计人员在审计计划的指导下，实施审计程序，搜集审计证据，编制审计工作底稿，并据以发表审计意见。审计计划越周详，审计人员越能收集充分、适当的审计证据。

(2) 通过制订审计计划，可以保持合理的审计成本，提高审计工作的效率和质量。例如，通过审计计划，审计项目负责人可以全面了解审计工作的整体安排和各审计步骤的具体时间安排，掌握好审计工作的进程。助理审计人员也可以通过审计计划，明确自己在审计过程的各个阶段中应做的工作、应达到哪些要求以及时间安排等，做到心中有数，从而有利于做好审计工作。又比如，审计项目负责人可以通过预先的计划安排，使所有参加审计工作的人员有一个合理的分工搭配，协调一致地完成审计工作。

(3) 通过制订审计计划，可以避免与被审计单位之间发生误解。审计人员和审计组织在执行审计业务过程中，要想保持良好的信誉，最大限度地减轻自己的法律责任，最基本的一点就是要收集充分、适当的审计证据。在审计组织已具备工作质量和信誉良好的条件下，保持成本的合理性，有助于审计组织增强竞争力、稳定客户、避免与被审计单位之间发生误解，这对于与被审计单位保持良好的关系，以合理的成本完成优质的工作，都很重要。比如，如果审计组织通知被审计单位，审计将于3月31日之前结束，但实际却由于工作人员计划不周而未能按期完成审计工作，被审计单位可能就会对审计组织不满意，甚至可能控告其违约。

因此，对任何一个审计项目，对任何一家审计组织而言，不论其业务繁简，也不论其规模大小，审计计划都是至关重要的，只不过审计计划在不同情况下其繁简、粗细程度有所不同罢了。

7.1.2 编制审计计划的前期准备

编制审计计划要做好以下几个方面的前期准备工作。

1. 了解被审计单位情况

在编制审计计划之前，审计人员应当了解被审计单位的基本情况，据以确定可能影响会计报表的重要事项。

2. 执行分析性程序

分析性程序是指审计人员分析被审计单位重要的比率或趋势，包括调查这些比率或趋势的异常变动及其预计数额和相关信息的差异。审计人员在计划阶段执行分析性程序主要是为了进一步了解被审计单位的业务情况，识别潜在的风险领域，确定重点审计领域。

3. 初步确定重要性水平

审计人员在编制审计计划时，应当对重要性水平作出初步判断，以便确定所需审计的数量。重要性水平越低，应当获取的审计越多。

4. 评估审计风险

审计人员应当保持应有的职业谨慎，合理运用专业判断，对审计风险进行评估，制定并实施相应的审计程序，将审计风险降低到可接受的水平。

5. 制定初步审计策略

审计策略是审计人员确定的审计范围，选择能够达到审计目的而应实施的最有效审计程序的基本思路和组织方式。如，被审计单位的内控可信度、是否进行控制测试，实质性测试的性质、范围和时间、审计的综合成本等，必须形成一个初步审计策略。

7.1.3 审计计划的内容和编制

1. 审计计划的内容

审计计划工作通常包括对审计业务制定总体审计策略和具体审计计划。

(1) 总体审计策略是对审计的预期范围和实施方式所做的规划，用以确定审计的范围、时间和方向，并指导具体审计计划。总体审计策略的基本内容应当包括以下内容。

① 确定审计业务的特征。主要是被审计单位的业务性质、经营背景、组织结构、主要管理人员简介及经营政策、人事和会计、财务管理等情况。

② 明确审计业务的报告目标。主要说明所接受的是由董事会委托的例行年度财务报表审

计，还是为拟上市公司首次发行股票审计，或者是其他的专项审计。

③重要会计问题及重点审计领域。这主要是根据被审计单位业务的复杂程度和账户的重要性、对重大错报风险的评价和审计人员以往的审计经验来决定。

④审计工作进度及时间、费用预算。这主要是指对审计工作中何时开始实施审计、有时间限制的审计程序(如存货盘点)什么时候执行、检查各个账户所需要的时间、财务报表截止日期前后所要完成的工作、现场工作结束日及报告签发日等方面的规划和说明。

⑤审计小组组成及人员分工。这主要指在审计小组人员的选派上要充分考虑数量、经历、经验，合理分工搭配。

⑥审计重要性的确定及审计风险的评估。

⑦对专家、内部审计人员及其他审计人员工作的利用。

⑧其他有关内容。

总体审计策略一经制定，审计人员应当针对总体审计策略中所识别的不同事项，制订具体审计计划，并考虑通过有效利用审计资源以实现审计目标。总体审计策略的详略程度应当随被审计单位的规模及该项审计业务的复杂程度的不同而变化。在小型被审计单位审计中，全部审计工作可能由一个很小的审计项目组执行，项目组成员容易沟通和协调，总体审计策略可以相对简单。

(2) 具体审计计划是依据总体审计策略制定的，对实施总体审计策略所需要的审计程序的性质、时间和范围所做的详细规划与说明。审计人员应当为审计工作制订具体审计计划。具体审计计划比总体审计策略更加详细，其内容包括为获取充分、适当的审计证据将审计风险降至可接受的水平，项目组成员拟实施的审计程序的性质、时间和范围。具体审计计划应当包括各具体项目的以下内容。

①审计目标。

②审计步骤。

③执行人及执行时间。

④审计工作底稿的索引号。

⑤其他有关内容。

审计计划的繁简程度取决于被审计单位的经营规模和预定审计工作的复杂程度。

2. 审计计划的编制

审计计划应由审计项目负责人编制。审计计划应形成书面文件，并在工作底稿中加以记录。审计计划的文件形式多种多样，表格式、问卷式和文字叙述这三种主要形式被许多审计机构普遍采用。无论采用哪一种形式，均不能生搬硬套，因为各个被审计单位的情况和审计目标千差万别，所以，计划文件的格式和内容也都需要酌情调整。

在编制总体审计策略中，时间预算是一个十分重要的内容。时间预算是就执行审计程序的每一步骤需要的人员和工作时间所做的计划。时间预算既是合理确定审计收费的依据，又是衡量审计工作进度、判断审计人员工作效率的依据。在执行审计业务的过程中，时间预算并不是一成不变的，当出现新问题或审计环境发生变化时，会影响原定的时间预算，就应重新规划必需的时间，进而修改时间和收费预算。因工作时间增减导致审计机构应收取的审计费用发生变化时，应立即通知被审计单位，取得被审计单位的理解。如因被审计单位会计记录不完整，或因发生特殊情况而无法在时间预算内完成审计工作的，为保证审计工作的质量，不得随意缩短或省略审计程序来适应时间预算。典型的《时间预算表》格式详见表7-1。

表7-1　时间预算表

小时

审计项目 ＼ 审计时间	上年实际耗用时间	本年预算时间	本年实际时间				本年实际与预算差异	差异说明
			总时数	其中：				
				张×	李×	赵×		
现金	5	4	4	4			−1	
应收账款	30	25	28	8	20		+3	
存货	40	35	32	10	22	20	−3	
固定资产	10	9	9			9	0	
应付账款	15	12	14	4	10		+2	
⋮	⋮	⋮	⋮	⋮	⋮	⋮	⋮	
总计								

　　如时间预算与实际耗用时间存在较大差异，审计人员应在"差异说明"栏内说明产生差异的原因。

　　对于具体审计计划，在实际工作中，一般是通过编制《审计程序表》的方式体现的。典型的《审计程序表》格式见表7-2。

表7-2　审计程序表

××公司　　　　　　　　　　　　　　　　　　总页次＿＿＿＿索引号＿＿＿＿
20××年12月31日　　　　　　　　　　　　编制人＿＿＿＿日　期＿＿＿＿
××账户　　　　　　　　　　　　　　　　　　复核人＿＿＿＿日　期＿＿＿＿

步骤	审计程序	执行人	日期	工作底稿索引
1				
2				
3				
4				
5				
6				
⋮				

　　按审计准则的规定，审计人员可以与被审计单位的有关人员就总体审计策略的要点和某些审计程序进行讨论，并使审计程序与被审计单位有关人员的工作相协调，但独立编制审计计划仍是审计人员的责任。审计准则还规定，审计计划应当在具体实施前下达至审计小组的全体成员；审计人员应当根据审计情况的变化及时对审计计划进行修改、补充。计划修改、补充意见应经审计机构有关业务负责人同意，并记录于审计工作底稿。

7.1.4　审计计划的审核及备案

1. 审计计划的审核

　　按照审计准则规定，编制完成的审计计划，应当经审计组织的有关业务负责人审核和批准。

　　在审核总体审计策略时，应特别注意审核以下事项。

(1) 审计目的、审计范围及重点审计领域的确定是否恰当。

(2) 时间预算是否合理。

(3) 审计小组成员的选派和分工是否恰当。

(4) 对被审计单位的内部控制系统的信赖程度是否恰当。

(5) 对审计重要性的确定和审计风险的评估是否恰当。

(6) 对专家、内部审计人员及其他审计人员工作的利用是否恰当。

在审核具体审计计划时，应特别注意审核以下主要事项。

(1) 审计程序能否达到审计目标。

(2) 审计程序是否适合各审计项目的具体情况。

(3) 重点审计领域中各审计项目的审计程序是否恰当。

(4) 重点审计程序的制定是否恰当。

对在审核中发现的问题，应及时进行相应的修改、补充、完善，并在工作中加以记载和说明。审计工作结束后，审计项目负责人还应就审计计划的执行，特别是对重点审计领域所做的审计程序的执行情况进行复核，找出并分析差异，以便将来制订更行之有效的审计计划。

2. 审计计划的备案

审计人员应当记载总体审计策略和具体审计计划，包括在审计工作过程中作出的任何重大更改。审计人员对总体审计策略的记录，应当包括为恰当计划审计工作和向项目组传达重大事项而作出的关键决策。审计人员对具体审计计划的记录，应当能够反映计划实施的风险评估程序的性质、时间和范围，以及针对评估的重大错报风险计划实施的进一步审计程序的性质、时间和范围。审计人员可以就计划审计工作的基本情况与被审计单位治理层和管理层进行沟通。当就总体审计策略和具体审计计划中的内容与治理层、管理层进行沟通时，审计人员应当保持职业谨慎，防止由于具体审计程序易于被管理层或治理层所预见而损害审计工作的有效性。

7.2 重要性

在我国，会计准则亦要求企业会计核算必须遵循重要性原则，但并未对重要性作出明确的定义，仅规定对于重要的经济业务应单独反映，对不重要的经济业务可以合并反映。在会计实务中，重要性原则的运用随处可见。例如，在确定合并财务报表的合并范围时，如果子公司的资产总额、销售收入及当期净利润按照有关标准得出的比例均在10%以下，根据重要性原则，该子公司可以不纳入合并范围。可以预见，随着市场经济的发展和会计准则的完善，我国会计准则将会对重要性原则作出全面的规定。

7.2.1 重要性的含义

所谓"重要性"，是指被审计单位会计报表中错报和漏报的严重程度，这一程度在特定环境下可能影响会计报表使用者的判断或决策。重要性水平可视为会计报表中的错报、漏报能否影响会计报表使用者的决策的"临界点"，超过"临界点"，就会影响使用者的判断和决策，这种错报和漏报就应看做是"重要"的。

7.2.2 影响重要性水平的相关因素

1. 以往的审计经验

以往审计中所运用的重要性水平，如果较为适当，可以作为本次重要性水平的重要依据。审计人员可以根据这一重要性水平，考虑被审计单位经营环境和经营业务的变化，对其加以修正。

2. 相关法规的要求

如果被审计单位有权自由处理会计事项，审计人员必须从严确定重要性水平。

3. 被审计单位的经营规模

规模不同的企业，其重要性水平会有所不同，不同行业企业的重要性水平也可以不同。

4. 内部控制的可靠程度

如果内部控制较为健全，可靠程度高，可以将重要性水平定得高一点，以节省审计成本。

5. 会计报表内容及勾稽关系

会计报表项目的重要性水平是存在差别的，会计报表使用者对某些报表项目要比另外一些报表项目更为关心。如会计报表使用者更关心流动性高的项目，因而审计人员对那些流动性高的会计报表应当从严确定重要性水平。

6. 会计报表金额的波动

会计报表的金额及其波动幅度可能成为财务报表使用者作出反映的信号。因此，审计人员在确定重要性水平时，应当深入研究这些金额及其波动幅度。

7.2.3 重要性水平的运用

1. 运用重要性原则的一般要求

对重要性的评估是审计人员的一种专业判断。在确定审计程序的性质、时间和范围及评价审计结果时，审计人员运用重要性原则的一般要求，可以从以下几方面来理解。

(1) 对重要性的评估需要运用专业判断。前已述及，重要性的判断离不开环境。实际上，影响重要性的因素很多，不同企业的重要性不同，同一企业在不同时期的重要性也不同。审计人员在对某一企业进行审计时，必须根据该企业面临的实际情况并考虑其他因素，才能合理确定重要性水平。但不同的审计人员在确定同一企业报表的重要性水平时，得出的结果可能不同，甚至相去甚远，其原因是不同审计人员对影响重要性的各种因素的判断存在差异。所以说，审计人员需要运用专业判断评估重要性。

(2) 审计人员在审计过程中应当运用重要性原则。在审计过程中运用重要性原则是基于以下一些考虑：一是为了提高审计效率。由于社会经济环境的发展变化，企业组织结构日趋复杂，详细审计已经不可能，在抽样审计下，审计人员为作出抽样决策，不得不涉及重要性问题。二是为了保证审计质量。抽样审计时对未查部分是否正确要承担一定的风险，而风险的大小与重要性的判断关系密切。因此，审计人员为保证审计质量，必须对重要性作出恰当的判断。

(3) 审计人员应当合理运用重要性原则。如果重要性原则运用不当，往往导致审计成本过高，从而浪费了人力和时间；或审计风险过大，得出错误的审计结论。应该说，后一种情况更为可怕，错误的审计结论往往使审计人员陷入法律诉讼的困境。

(4) 在审计过程中，需要运用重要性原则的情形有两种：一是在确定审计程序的性质、时间和范围时。此时，重要性被看作审计所允许的可能或潜在的未发现错报的限度，即审计人员在运用审计程序以检查财务报表的错报时所允许的误差范围。二是评价审计结果时。此时，重要性被看作某一错报或汇总的错报是否影响到财务报表使用者判断和决策的标志。

2. 金额和性质的考虑

审计人员在运用重要性原则时，应当考虑错报的金额和性质。也就是说，重要性具有数量和质量两个方面的特征。一般来说，金额大的错报比金额小的错报更重要；但在许多情况下，某项错报从量的方面看并不重要，从其性质方面考虑，却可能是重要的。例如以下几种情形。

(1) 涉及舞弊与违法行为的错报。因为舞弊与违法行为反映了管理当局或其他人员的诚实和可信性存在问题。对于财务报表使用者而言，蓄意错报比相同金额的笔误更重要。

(2) 可能引起履行合同义务的错报。如某项错报使得企业的营运资金增加了几万元，从数量上看并不重要，但这项错报使营运资金从低于贷款合同规定的营运资金数变为稍稍高于贷款合同规定的营运资金数，影响了贷款合同所规定的义务，所以是重要的。

(3) 影响收益趋势的错报或漏报。在其他情况下认为是不重要的错报，如果影响到收益变动的趋势，则应引起注意。例如，某项错报使收益每年递增1%的趋势变为本年收益下降1%，使盈利变为亏损等，就具有重要性。

(4) 不期望出现的错报。一般情况下，如果发现现金和股本账户存在错报，就应当引起高度重视。

小金额错报的累计，可能会对财务报表产生重大影响，审计人员对此应当予以关注。单独地看，一笔小金额的错报无论是在性质上，还是在数量上都是不重要的。但财务报表是一个整体，如果企业每个星期均出现同样的小金额错报，原本几百元的错报全年累计起来，就有可能成为上万元的错报；企业许多账户或交易均存在小金额的错报，所有账户或交易累计起来，就有可能变成大金额的错报，在这种情况下，必然会对财务报表产生重大影响。所以，审计人员应当对此予以充分的关注。

3. 两个层次重要性的考虑

审计人员应当考虑财务报表层次和相关账户、交易层次的重要性。这就意味着，审计人员在审计过程中必须从两个层次来考虑重要性。

(1) 财务报表层次。由于审计的目的是对财务报表的合法性、公允性发表审计意见，因此，审计人员必须考虑财务报表层次的重要性，只有这样，才能得出财务报表是否合法、公允的整体性结论。

(2) 账户和交易层次。由于财务报表所提供的信息来源于各账户或各交易，审计人员只有通过验证各账户和各交易才能得出财务报表是否合法、公允的整体性结论，因此，还必须考虑账户和交易层次的重要性。

4. 重要性与审计风险之间的关系

在计划审计工作时，审计人员应当考虑导致财务报表发生重大错报的原因。审计人员应当在了解被审计单位及其环境的基础上确定重要性，并随着审计过程的推进，评价对重要性的判断是否仍然合理。审计人员应当对各类交易、账户余额、列报认定层次的重要性进行评估，以有助于进一步确定审计程序的性质、时间和范围，将审计风险降至可接受的水平。重要性与审计风险之间存在反向关系。审计人员应当考虑重要性水平与审计风险之间存在的反向关系：重要性水平越高，审计风险越低；重要性水平越低，审计风险越高。审计人员应当保持应有的职业谨慎，合理确定重要性水平。这可以从三个方面来理解。

(1) 审计人员应当考虑重要性与审计风险之间的关系。因为审计风险的高低往往取决于对重要性的判断，如果审计人员确定的重要性水平较低，审计风险就会增加，所以，审计人员必须通过执行有关审计程序来降低审计风险。

(2) 重要性水平与审计风险之间呈反向关系。也就是说，重要性水平越高，审计风险越低；反之，重要性水平越低，审计风险越高。这里，重要性水平的高低指的是金额的高低，如：10 000元的重要性水平比5000元的重要性水平高。在理解两者之间的关系时必须注意，重要性水平是审计人员从财务报表使用者的角度进行判断的结果。如果重要性水平是10 000元，则意味着低于10 000元的错报不会影响到财务报表使用者的判断与决策，审计人员仅需要通过执行有关审计程序查出高于10 000元的错报；如果重要性水平是5000元，则金额在5000~10 000元之间的错报仍然会影响到财务报表使用者的判断与决策，审计人员需要通过执行有关审计程序查出金额在5000~10 000元之间的错报。显然，重要性水平为10 000元时的审计风险要比重要性水平为5000元时的审计风险低。

(3) 审计人员应当保持应有的职业谨慎，合理确定重要性水平。由于重要性与审计风险之间存在反向关系，如果原本10 000元的错报才会影响到财务报表使用者的判断和决策，但审计人员将重要性水平确定为5000元，这时，审计人员就会扩大审计程序的范围或追加审计程序，而实际上没有必要，只能是浪费时间和人力。如果原本5000元的错报就会影响财务报表使用者的判断或决策，但审计人员将重要性水平确定为10 000元，这时，审计人员所执行的审计程序要比原本应当执行的审计程序少、审计范围要小。这会导致审计人员得出错误的审计结论。所以，重要性水平偏高或偏低均对审计人员不利，审计人员应当保持应有的职业谨慎，合理确定重要性水平。

7.2.4　重要性水平的确定

1. 财务报表层次重要性水平的确定

确定财务报表层次重要性水平的内容包括如下几点。

1) 判断基础和计算方法

审计人员应当合理选用重要性水平的判断基础，可采用固定比率、变动比率等确定财务报表层次的重要性水平。判断基础通常包括资产总额、净资产、营业收入、净利润等，审计人员应当合理选用。例如，被审计单位净利润接近零时，不应将净利润作为重要性水平的判断基础；被审计单位净利润波动幅度较大时，不应将当年的净利润作为重要性水平的判断基础，而应选择近年的平均净利润；被审计单位属于劳动密集型企业时，不应将资产总额、净资产作为重要性水平的判断基础。

重要性水平的计算方法有固定比率、变动比率两种。

固定比率法，即在选定判断基础后，乘以一个固定百分比，求出财务报表层次的重要性水平。但对于这个百分比是多少，世界各国的审计准则没有作出规定，也无法作出规定。以下是实务中用来判断重要性水平的一些指南。

(1) 税前净利润的5%～10%(净利润较小时用10%，较大时用5%)。

(2) 资产总额的0.5%～1%。

(3) 净资产的1%。

(4) 营业收入的0.5%～1%。

变动比率法的基本原理是，规模越大的企业，允许的错报金额比率就越小。一般是根据资产总额或营业收入两者中较大的一项确定一个变动百分比。

2) 财务报表层次重要性水平的选取

如果同一期间各财务报表的重要性水平不同，审计人员应当取其最低者作为财务报表层次的重要性水平。审计人员应当首先对每张财务报表确定一个重要性水平。例如，将利润表的重要性水平确定为100万元，将资产负债表的重要性水平确定为200万元。但由于财务报表彼此相互关联，并且许多审计程序经常涉及两个以上的报表(比如，用以确定年底赊销是否正确地记录在适当期间的审计程序，不仅为资产负债表上的应收账款提供审计证据，而且为利润表上的销售提供审计证据)，因此，在编制审计计划时，应使用被认为对任何一张财务报表都重要的最小错报总体水平，也就是说，审计人员应当选择最低的重要性水平作为财务报表层次的重要性水平。

3) 财务报表尚未编制完成时重要性水平的确定

在编制审计计划时，如果被审计单位尚未完成财务报表的编制，审计人员应当根据期中财务报表推算年度财务报表，或者根据被审计单位经营环境和经营情况变动对上年度财务报表作出必要修正，以确定财务报表层次的重要性水平。审计人员通常在资产负债表日之前对重要性水平作出初步判断，此时，尚无法取得年末财务报表的数据，因此，应当根据期中财务报表或上年度财务报表，进行推算或作必要修正，得出年末财务报表数据，并据此确定财务报表层次的重要性水平。

2. 账户层次重要性水平的确定

审计人员在制定账户或交易的审计程序前，可将财务报表层次的重要性水平分配至各账户或各类交易，也可单独确定各账户或各类交易的重要性水平。对于账户或交易层次的重要性水平的确定，既可以采用分配的方法，也可以不采用分配的方法。

审计人员在确定各账户或各类交易的重要性水平时，应当考虑以下主要因素。

(1) 各账户或各类交易的性质及错报的可能性。

(2) 各账户或各类交易重要性水平与财务报表层次重要性水平的关系。

无论是否采用分配的方法，审计人员均应考虑上述因素。对于重要的账户或交易，审计人员应当从严确定重要性水平；对于出现错报可能性较大的账户或交易，可以将重要性水平确定得高一些。在采用分配方法时，各账户或交易层次的重要性水平之和应当等于财务报表层次的重要性水平。

以下举例说明账户或交易层次重要性水平的确定方法。

【例7-1】(1) 分配的方法。采用分配方法时，分配的对象一般是资产负债表账户。假设某公司总资产为10 000万元，其构成详见表7-3，审计人员初步判断的财务报表层次的重要性水平为资产总额的1%，即100万元，即资产账户可容忍的错报为100万元。现审计人员按这一重要性水平分配给各资产账户，详见表7-3。

表7-3　重要性水平的分配

万元

项目	金额	甲方案	乙方案
现金	500	5	1
应收账款	1500	15	25
存货	3000	30	50
固定资产	5000	50	24
总计	10 000	100	100

在表7-3中，甲方案是按1%进行同比例分配的，一般来说，这样并不可行，审计人员必须对其进行修正。由于应收账款和存货错报的可能性较大，故分配较高的重要性水平，以节省审计成本，如乙方案。假定审计存货后，仅发现错报30万元，且审计人员认为所执行的审计程序已经足够，则可将剩下的20万元再分配给应收账款。

(2) 不分配的方法。这里介绍两种不分配的方法。一种方法是某著名国际会计师事务所采用的方法。可根据各账户或各类交易的性质及错报的可能性，将各账户或交易的重要性水平确定为财务报表层次重要性水平的20%～50%。审计时，只要发现该账户或交易的错报超过这一水平的，就建议被审计单位调整。最后，编制未调整事项汇总表，若未调整的错报超过100万元，就应建议被审计单位调整。

在实际工作中，往往很难预测哪些账户可能发生错报，也无法事先确定审计成本的大小，所以，重要性水平的确定是一个非常困难的专业判断过程。

7.2.5　审计终结前对重要性水平的运用

1. 错报的汇总

审计人员在评价审计结果时，应当汇总已发现但未调整的错报，以考虑其性质是否对财务报表的反映产生重大影响。审计人员在汇总尚未调整的错报时包括已发现的和推断的错报，并考虑期后事项和或有事项是否已进行适当处理。在完成审计工作时，为确定被审计单位的财务报表是否合法、公允，审计人员应当汇总尚未调整的错报，并将其与财务报表层次的重要性水平相比较。汇总时，应当包括以下两项。

(1) 已发现的错报。即通过对账户或交易实施详细的实质性测试所确认的错报。

(2) 推断的错报。即通过审计抽样或分析程序所估计的未调整的错报。必须指出，审计人员在汇总时，也可能包括前期尚未调整的错报。一般来说，如果前期未调整的错报尚未消除，且导致本期财务报表严重失实，审计人员在汇总时，就应将其包括进来。此外，在汇总时，审计人员还应考虑期后事项和或有事项是否已进行适当处理。

2. 汇总数超过重要性水平的处理

如果尚未调整的错报的汇总数超过重要性水平，审计人员应当考虑扩大实质性测试范围或提请被审计单位调整财务报表，以降低审计风险。即当汇总数超过重要性水平时，为降低审计风险，审计人员应当考虑采用两种措施：一是扩大实质测试范围，以进一步确认汇总数是否重要；二是提请被审计单位调整财务报表，以使汇总数低于重要性水平。

如果被审计单位拒绝调整财务报表，或扩大实质性测试范围后，尚未调整的错报的汇总数仍超过重要性水平，审计人员应当发表保留意见或否定意见。这意味着当被审计单位拒绝调整财务报表、或仅部分调整财务报表、尚未调整的错报的汇总数并未得到实质性的减少时，或者当审计人员扩大实质性测试范围后，尚未调整的错报的汇总数仍然超过财务报表层次的重要性水平时，审计人员就应当考虑其发表的审计意见的类型。一般来说，如果尚未调整的错报的汇总数可能影响到某个财务报表使用者的决策，但财务报表的反映就其整体而言是公允的，审计人员应当发表保留意见。如果尚未调整的错报非常重要，可能影响到大多数甚至全部财务报表使用者的决策，审计人员应当发表否定意见。

3. 汇总数接近重要性水平的处理

如果尚未调整的错报的汇总数接近重要性水平，由于该汇总数连同尚未发现的错报可能超过重要性水平，审计人员应当实施追加审计程序，或提请被审计单位进一步调整已发现的错报，以降低审计风险。被审计单位财务报表的错报，除已发现的错报及推断的错报之外，还可能存在其他错报。当汇总数接近重要性水平时，如考虑错报、汇总数可能会超过重要性水平，审计风险就会增加。为降低审计风险，审计人员应当实施追加审计程序，或提请被审计单位进一步调整财务报表。

7.3 审计风险

审计人员应当通过计划和实施审计工作，获取充分、适当的审计证据，将审计风险降至可接受的水平。

1. 审计风险的构成要素

风险是指发生伤害、毁损、损失的可能性。审计风险是指财务报表存在重大错报而审计人员发表不恰当审计意见的可能性。在传统风险导向审计时期，审计风险包括固有风险、控制风险和检查风险。它们之间的关系为

$$审计风险=固有风险×控制风险×检查风险$$

(1) 固有风险。固有风险是指假定不存在相关内部控制时，某一账户或交易类别单独或连同其他账户、交易类别产生重大错报的可能性。

(2) 控制风险。控制风险是指某一账户或交易类别单独或连同其他账户、交易类别产生错报，而未能被内部控制防止、发现或纠正的可能性。

(3) 检查风险。检查风险是指某一账户或交易类别单独或连同其他账户、交易类别产生错报，而未能被实质性测试发现的可能性。

2. 各种风险之间的相互关系

在经营风险导向审计时代，审计风险取决于重大错报风险和检查风险。它们之间的关系可用下列公式表示。

$$审计风险=重大错报风险×检查风险$$

审计人员应当实施审计程序，评估重大错报风险，并根据评估结果设计和实施进一步审计程序，以控制检查风险。所谓重大错报风险，是指财务报表在审计前存在重大错报的可能性。

审计人员应当考虑已识别但未更正的单独或累计的错报是否对财务报表整体产生重大影响。审计人员应当关注财务报表的重大错报，但没有责任发现对财务报表整体不产生重大影响的错报。在设计审计程序以确定财务报表整体是否存在重大错报时，审计人员应当从财务报表

层次以及各类交易、账户余额、列报、认定层次考虑重大错报风险。

财务报表层次的重大错报风险通常与控制环境有关，并与财务报表整体存在广泛联系，可能影响多项认定，但难以界定某类交易、账户余额、列报的具体认定。审计人员应当评估财务报表层次的重大错报风险，并根据评估结果确定总体应对措施，这些措施包括向项目组分派更有经验或具有特殊技能的审计人员、利用专家的工作或提供更多的督导等。

审计人员应当评估认定层次的重大错报风险，并根据既定的审计风险水平和评估的认定层次重大错报风险确定可接受的检查风险水平。在既定的审计风险水平下，可接受的检查风险水平与认定层次重大错报风险的评估结果呈反向关系。评估的重大错报风险越高，可接受的检查风险越低；评估的重大错报风险越低，可接受的检查风险越高。审计人员应当获取认定层次充分、适当的审计证据，以便在完成审计工作时，能够以可接受的低审计风险对财务报表整体发表审计意见。

检查风险取决于审计程序设计的合理性以及执行的有效性。审计人员应当合理设计审计程序的性质、时间和范围，并有效执行审计程序，以控制检查风险。

本章小结

本章介绍了审计项目开始前对业务承接需考虑的事项，以及准备接受后业务约定书的签订。为了有效地完成一项任务，审计人员需要制订审计计划，以此帮助审计人员节约时间、成本，以及保证质量地出具审计报告。编制审计计划过程中，审计人员应该了解被审计单位及其环境，考虑重要性和审计风险这两个概念在整个审计过程中的作用。

复习思考题

1. 审计计划分哪几类？分别包括哪些内容？
2. 评估可接受重要性水平时，需考虑哪些事项？如何评估？
3. 审计风险由哪些要素构成？它们之间有什么关系？
4. 如何制订一个审计项目的审计计划？
5. 以一个公司为例进行分析，怎样识别和评估重大错报风险。

第8章　审计证据和审计工作底稿

审计的整个过程，就是收集审计证据，并根据审计证据形成审计结论和审计意见的过程。因此，收集、鉴定和综合审计证据，是审计工作的核心。审计工作底稿则是审计过程和结果的书面证明，也是审计证据的汇集和编写审计报告的依据。

8.1　审计证据

8.1.1　审计证据的含义和特征

1. 审计证据的含义

审计证据，是指审计人员为了得出审计结论、支持审计意见而使用的所有信息，包括会计记录中的信息和其他信息。审计证据是审计人员在审计过程中采用各种方法获取的真实凭据，用于证实或否定被审计单位财务报表所反映的财务状况以及经营成果的合法性和公允性的一切资料。

审计证据是审计理论的一个重要组成部分，它是指审计人员在审计过程中，取得的可为自己对被审计单位进行评价和作出审计结论提供证明的一系列事实凭据和资料。审计人员对被审计的单位的财务报表及其反映的经济活动所做的分析、判断和评价，不仅要依靠各种审计依据，而且必须依靠一定的事实凭据，这种凭据来源于企业经济行为本身，反映着企业经济活动的客观事实。

审计人员实施审计工作的最终目的是根据充分、适当的证据对被审计单位所负的受托经济责任发表意见。而审计人员发表的意见要令人信服，必须有充分、适当的证据作为根据，从一定意义上讲，审计证据是审计成败的关键。因为没有证据就没有发言权，审计意见也就无从谈起，因此，审计实施的过程实质上就是收集和评论审计证据的过程。审计人员运用适当的审计程序、采用各种审计方法无非都是围绕着收集审计证据这一目的进行的。通过审计证据的收集和评论以证明被审计单位财务报表的合法性和公允性，证明经济活动的合法性和效益性，并证明审计人员所做结论和所提意见的正确性。总之，审计证据是做好审计工作，提出合理审计报告，达到审计目标的重要条件。

2. 审计证据的特征

审计人员对被审计单位作出的评价和提出的审计结论具有法律效力，而取得具有说服力的审计证据，是作出正确的审计结论的前提。可见，为了正确评论被审计单位的受托经济责任，审计人员必须注重证据，这既是审计人员法律地位的要求，又是审计人员的重要职责。能够作为审计证据的，必须具有以下特征。

(1) 审计证据的客观性。审计证据的客观性是指审计证据是客观事实的真实反映，不能是臆断、猜测、估计、虚构的主观产物。作为审计人员发表审计意见根据的审计证据，应该保证其本身必须是客观存在的经济事实，它的来源是可靠的，不以人们的意志为转移，那种凭主观臆断、推理、猜测和想当然的资料都不是独立存在的客观事物，不能作为审计的证据。审计证据的客观性是审计证据能够胜任其佐证审计报告和审计意见的先决和必备条件。

(2) 审计证据的相关性。审计证据的相关性是指用做审计证据的事实证据和资料必须与审计目标和应证事项之间有一定的逻辑关系。能够胜任审计证据的先决条件是审计证据的客观性，但并不是所有的客观真实的资料都能作为审计证据。事实和资料的客观性仅仅为成为审计证据提供了可能性，而成为审计证据的必要条件则是事实和资料与应证明的审计事项有着必然的联系。审计工作中真实客观的事实和资料有些是与审计事项相关联的，有些与审计事项毫无联系。如果把那些与审计事项不相关，或者那些形式上有联系，实际上不具备相关性的事实和资料作为审计证据，就可能导致审计人员判断上的错误，作出缺乏公允性的审计结论，甚至产生更严重的后果。因此，只有把与审计事项存在内在联系的证据作为审计证据，才能反映审计事项的真实情况，有利于作出正确的审计结论。

(3) 审计证据的合法性。审计证据的合法性是指审计人员必须依照审计准则和有关法规规定的审计程序收集审计证据。有些经济事实和资料，虽然能证明其客观性并与审计事项具有相关性，但未依照规定的审计程序收集和验证的，均不能作为审计证据。在审计工作中规定必要的审计程序，是取得合法性审计证据的保证。

审计证据的上述三个特性必须同时具备，才能帮助审计人员对种类繁多的经济事实和资料作出正确的判断，防止主观性和片面性。

8.1.2 审计证据的分类

1. 按审计证据的外表形态分类

按审计证据的外表形态分类，可以分为实物证据、书面证据、口头证据和环境证据。

(1) 实物证据。实物证据是指以实物的外部特征和内含性能来证明事物真相的各种财产物资。实物证据主要用以查明实物存在的实在性、数量和计价的正确性，如现金、存货、固定资产、在途物资、在建工程等。实物证据的存在本身就是具有很大的可靠性，所以，实物证据具有较强的证明力。但应防止伪造和混淆实物证据，如核实物资的所有权是否转移，有无外单位寄存的材料、产品等物资，以及有无经营租入的固定资产等情况。

(2) 书面证据。书面证据是以文字记载的内容来证明被审计事项的各种书面资料。如有关被审计的会计凭证、会计账簿和财务报表以及各种会议记录和合同，等等。审计工作过程中，收集的最多的就是书面证据。书面证据的来源比较广泛，有由被审计单位以外的单位所提供，且直接送交审计人员的书面证据，如询证函；由被审计单位以外的单位提供，但为被审计单位所持有的书面证据，如银行对账单；被审计单位自行编制并持有的书面证据，如工资发放表、会计记录、被审计单位声明书、专家提供的书面证明等。对这些书面证据，需要进行整理归类，其效用也需要进一步证实。

(3) 口头证据。口头证据是指以视听资料、证人证词、有关人员的陈述、意见、说明和答复等形式存在的审计证据。它是以知情人陈述的事实来证明审计事项的真相。一般情况下，口头证据本身并不足以证明事物的真相，但审计人员往往通过口头证据发掘出一些重要线索，从而有利于对某些稽核的情况作进一步的调查，以收集到其他更为可靠的证据。

(4) 环境证据。环境证据是指对审计事项产生影响的各种环境事实。如当审计人员获知被审计单位有着良好的内部控制系统，并且日常经营管理又一贯严格遵守各项规定时，就可认为被审计单位现行的内部控制系统为财务报表项目的真实性提供了强有力的环境证据。环境证据一般不属于主要的审计证据，但它有助于审计人员了解被审计单位、被审计事项所处的环境，这些是进行判断必须掌握的资料。

2. 按审计证据的来源分类

按获取审计证据的来源分类，可以分为亲历证据、外部证据和内部证据。

(1) 亲历证据。亲历证据是指审计人员通过运用自己的各种感官取得反映被审事项真实的证据。其主要有：亲自参与监督盘点取得的实物证据；通过现场观察取得的环境证据；通过分析计算得到的证据；通过询问得到的言词证据。亲历证据是一种证据力较强、非常重要的证据。

(2) 外部证据。外部证据是由被审计单位以外的组织机构或人士编制的书面证据。外部证据包括由被审计单位以外的机构或人士编制并由其直接递交审计工作人员的外部证据和由被审计单位以外的机构或人士编制、但为被审计单位持有并提交审计人员的书面证据两类。前者如应收账款函证回函、被审计单位律师的证明函件等。当审计人员获取的审计证据有被涂改或伪造的痕迹时，审计人员应予以高度警觉。一般情况下，外部证据是较内部证据更具证明力的一种证据。

(3) 内部证据。内部证据是由被审计单位内部机构或人员编制的书面证据。包括：被审计单位的会计记录、被审计单位声明书和其他各种由被审计单位编制和提供的书面文件。一般而言，内部证据不如外部证据可靠。但如果内部证据在外部流转，并获得其他单位或个人的承认，则具有较强的可靠性。

3. 按审计证据的相关程度分类

按审计证据的相关程度分类，可以分为直接证据和间接证据。

(1) 直接证据。直接证据是指对审计事项具有直接证明力，能单独、直接地证明审计事项真相的资料和事实。如在审计人员亲自监督实物和现金盘点情况下的盘点实物和现金的记录，就是证明实物和现金实存数的直接证据。审计人员有了直接证据，无须再收集其他证据，就能根据直接证据得出审计事项的结论。

(2) 间接证据。间接证据又称旁证，是指对审计事项只起间接证明作用，需要与其他证据结合起来，经过分析、判断、核实才能证明审计事项真相的资料和事实。如应证事项是销售收入的公允性，而应收账款是与销售收入相关的资料，所以，应收账款是对销售收入公允性证明的间接证据。

在审计工作中，单凭直接证据就能直接影响审计人员的意见和结论的情况并不多见。一般情况下，在直接证据以外，往往需要一系列的间接证据才能对审计事项作出完整的结论。当然，直接和间接是相对的，仍以凭证为例，凭证对于财务报表是间接证据，而对于会计账簿则是直接证据。

4. 按审计证据的重要性分类

按审计证据的重要性进行分类，可以分为基本证据、辅助证据和矛盾证据。

(1) 基本证据是指对审计人员形成审计意见、作出审计结论具有直接影响的审计证据。如证明被审计单位财务状况好坏时，被审计单位的财务报表、会计账簿等就是基本证据。审计人员如果离开了基本证据，就无法提出审计意见和作出审计结论。

(2) 辅助证据是作为基本证据的一种必要补充，补充说明基本证据的证据。如要证明账簿记录的真实性，各种记账凭证是基本证据。而附在记账凭证后面的各种原始凭证，是编制记账凭证的依据，它们补充说明记账凭证来证明账簿的真实性，因而它们是辅助证据。

(3) 矛盾证据是指证明的方向与基本证据相反，或证明的内容与基本证据不一致的证据。如被审计单位财务报表上的"固定资产"是10 000万元，而会计账簿上的"固定资产"只有9000万元，那么"固定资产"会计账簿就是财务报表的矛盾证据。遇有矛盾证据，审计人员必须进一步收集审计证据，并加以深入分析和鉴定，以肯定或否定证据间的矛盾。

8.1.3 审计证据的取得

审计的主要工作是通过实地审查来收集和整理审计证据，以此作为审计人员对被审计单位财务报表发表审计意见的基础。因此，收集审计证据是审计工作的核心，也是考核审计工作质量的重要环节，关系到审计工作的成败。

收集审计证据的途径很多，常见的有以下几种。

1. 监盘

监盘是指审计人员通过实地监督盘点取得审计证据。如审计人员对库存现金、材料、固定资产等实物的监盘，确定其实有额，证明账实相符情况。这是取得实物证据最有效的途径。

监盘是收集审计证据的重要途径，但也有其局限性，它只能对实物资产是否确实存在提供有力的审计证据，并不能保证被审计单位对该资产拥有所有权，也不能对该资产的价值和完整性提供审计证据。

2. 观察

观察是指审计人员亲赴现场，对审计对象的环境状况和实施状况进行实地观察，从而取得审计证据。常用于对生产经营管理、财产物资保管、内部控制系统的遵守执行、资源的利用、劳动效率和纪律等情况的观察。审计人员通过亲自查证，可以获得较为可信的审计证据。

3. 询问

询问是指审计人员以书面或口头的方式，向被审计单位内部或外部的知情人员获取财务信息和非财务信息，并对答复进行评析的过程。口头询问时，审计人员应作书面记录，并要求被询问人员签字作证。

4. 函证

函证是指审计人员为获取审计证据而向被审计单位以外的第三者发函，要求对方回函确认被审计单位的某一账户金额或某一笔业务是否正确真实的一种取证途径。采用函证收集审计证据时，审计人员应事先制订一个详尽的查询提纲，做好充分准备。如果是函询，应要求对方将书面答复签章后直接寄给审计人员。

5. 检查

检查是指审计人员通过对被审计单位的书面资料和有形资产的审阅和复核，获得审计证据的途径。在实际工作中，检查包括检查记录或文件、检查有形资产。

检查记录或文件是指审计人员对被审计单位内部或外部生成的，以纸质、电子或其他介质形式存在的记录或文件进行检查。检查记录或文件可提供可靠程度不同的审计证据，审计证据的可靠性取决于记录或文件的来源和性质。

检查有形资产是指审计人员对资产实物进行检查。检查有形资产可为其存在性提供可靠的审计证据，但不一定能够为权利和义务或计价认定提供可靠的审计证据。

6. 重新计算

重新计算是指审计人员对被审计单位的原始凭证及会计记录中的数据进行的验算或另行计算。一般而言，计算不仅包括对被审计的会计凭证、会计账簿和财务报表中有关数字的验算，而且包括对会计资料中有关项目的加总或其他运算。

7. 重新执行

重新执行是指审计人员以人工方式或使用计算机辅助审计技术，重新独立执行作为被审计单位内部控制组成部分的程序或控制。

8. 分析程序

分析程序是指审计人员对财务报表和其他会计资料中的重要比率或金额及其变动趋势进行分析、研究，并对发现的异常项目及异常变动进行调查，以获取审计证据。分析的内容主要包括：将本期与上期或前期的会计数据进行比较；将实际数与计划数或同行业平均数进行比较；对财务报表各重要项目间的关系进行分析，等等。分析程序贯穿于审计人员收集审计证据的整个过程。

审计证据是用来对审计事项作出审计结论的事实和资料。这些事实和资料必须在作出审计结论之前收集齐全。此外，收集审计证据时必须注意审计证据的目的性。

8.1.4 审计证据的鉴定

审计人员采取一定方法取得审计证据以后，接下来的工作是如何根据审计目标选择适当的审计证据，也就是要对审计证据的强弱作出鉴定。衡量审计证据强弱的标准主要有以下几个。

1. 审计证据的真实性

审计证据的真实性，主要是指审计证据所反映的内容是对客观存在的经济活动及其变化的真实描写。具体包括以下几点。

(1) 审计证据必须是对经济活动完全真实的描写，不能在其中夹杂审计人员的主观意见。

(2) 审计证据中的时间、地点、事实、当事人等都要正确无误。

(3) 审计证据所描述的经济活动变化的环境、条件、因果关系也必须真实可靠。

(4) 审计证据中各种数字、计量单位必须正确。

(5) 审计证据的语言要求明晰、简洁。

2. 审计证据的重要性

审计证据的重要性是鉴定审计质量的一个重要标准。审计证据的重要性与该审计证据影响审计结论的程度有关，重要的审计证据能影响审计人员作出审计结论，不重要的审计证据则不会影响到审计人员的审计结论，它也是审计人员决定审计证据取舍的标准。区分审计证据的重要性程度往往以价值(金额的大小)作为评价的依据。假如审计人员在对价值10万元的材料进行审查时，发现短缺的价值为50元，则通常认为，这种情况是微不足道和不重要的，也不会影响审计人员关于存货管理的有关结论。事实上，价值的大小只是重要性的一个方面，并不是决定审计证据重要性的唯一因素。除价值因素之外，还应考虑审计证据本身的质量问题。审计证据的重要性是相对的，没有一个明确的划分标准可以告诉审计人员什么是重要的，什么是不重要的。鉴定审计证据是否重要的最高原则须视审计事项是否足以影响被审计单位财务报表使用者的判断而定。作为一个审计人员，应该了解哪些审计证据是重要的，哪些审计证据是不重要的。

3. 审计证据的可信性

审计证据因其来源不同，其可信性也不同，证据的可信性与提供证据的来源有关。审计证据的可信性包括两个方面的内容：一是审计证据的来源必须可靠；二是审计证据本身是确实可靠的。

通常确定审计证据的可信性有如下审计假定。

(1) 来自独立第三者的审计证据，其所提供的可信性保证程度要比从被审计单位内部所取得的证据大得多，因为这种审计证据不受被审计单位的影响，被修改、加工、伪造的可能性较小。

(2) 来自健全的内部控制系统的审计证据，其可信性程度要比来自薄弱的内部控制系统的审计证据更为可信。

(3) 来自经过审计人员实地检查、观察、复核、调查等的第一手审计证据，其可信性比间接取得的审计证据要大。

(4) 以文件记录形式存在的审计证据比口头形成的审计证据更可信。

(5) 作为审计证据的原始文件要比复印本、草本更为可信。

4. 审计证据的充分性、适当性

审计证据的充分性是对审计证据数量的衡量，是指审计结论具有说服力而使人们完全相信(不存在任何怀疑)所需审计证据的数量。究竟需要多少审计证据才足够作为作出审计结论的依据，这在很大程度上取决于审计人员的主观判断和准备承担的风险。

审计证据的适当性是对审计证据质量的衡量，即审计证据在支持各类交易、账户余额、列报与披露的相关认定，或发现其中存在错报方面具有相关性和可靠性。审计证据的充分性与适当性密切相关。审计人员所需获取的审计证据的数量不仅受到错报风险的影响，还受到审计证据质量的影响。错报风险越大，需要的审计证据可能越多；审计证据质量越高，需要的审计证据可能越少，但仅仅获取更多的审计证据可能仍然难以弥补其质量上的缺陷。

审计人员应该明白，有些错误和舞弊是内部控制系统不能防止或觉察的，有些甚至是一般的审计程序也不能揭露的。为了克服不必要的风险，审计人员就必须收集足够多的审计证据，但这并不意味着审计证据的数量越多越好。在许多情况下，量多质低的审计证据和量少质高的审计证据所起的作用基本相同。在决定需要多少证据才是充分、适当的这个问题上，审计人员应掌握的界限是：必须获得充分的审计证据去满足一位明智的人可能提出的一切合理的疑问，也就是说，审计证据的数量要达到能"胜过合理的怀疑"这样一种程度，这时可认为审计证据是充分、适当的。

8.2 审计工作底稿

8.2.1 审计工作底稿的含义

审计工作底稿，是指审计人员对制订的审计计划、实施的审计程序、获取的相关审计证据，以及得出的审计结论作出的记录。审计工作底稿是审计人员将在审计工作过程中所采用的方法、步骤和收集的用来证明审计事项真实情况的经济事实和资料，按照一定的格式编制的档案性原始文件。审计工作底稿是审计证据的汇集，可作为审计过程和结果的书面证明，也是形成审计结论的依据。审计人员从接受审计任务、确立审计对象，到提出审计报告，要经历一个较长的过程。这一过程实际上就是收集审计证据、编制审计工作底稿、进而作出审计结论的过程。审计人员在审计过程中，都需要依照审计准则和法规规定的程序收集审计证据，审计证据的收集过程同时又是审计工作底稿的编制和整理过程。通过审计工作底稿的编制，把业已收集到手的数量众多但不系统、没有重点的各种审计证据资料完整无缺地、系统地和有重点地加以归类整理，经过审计人员适当的判断和推理，逐项验证审计结果，从而使审计结论建立在充分和适当的审计证据的基础之上。因此，开展审计工作都应该正确地编制审计工作底稿，这是高效率、高质量地完成审计任务的重要条件，也是审计人员业务素质和知识水平的具体体现。

8.2.2　审计工作底稿的内容和结构

1. 审计工作底稿的内容

审计工作底稿可以以纸质、电子或其他介质形式存在。审计工作底稿通常包括总体审计策略、具体审计计划、分析表、问题备忘录、重大事项概要、询证函回函、管理层声明书、核对表、有关重大事项的往来信件(包括电子邮件)，以及对被审计单位文件记录的摘要或复印件等。审计工作底稿通常不包括已被取代的审计工作底稿的草稿或财务报表的草稿、对不全面或初步思考的记录、存在印刷错误或其他错误而作废的文本，以及重复的文件记录等。

审计工作底稿包括审计人员记录、编制和收集的与审计事项相关的资料和文件等。对于具体的审计事项，由于性质、目的、要求以及采取的方法不同，与之相应的审计工作底稿也不尽相同。具体每一审计工作底稿的内容与审计工作底稿的不同种类有着密切关系。审计工作底稿按其内容的稳定性和使用期限划分，可以分为当期档案和永久性档案。审计工作底稿的基本内容经常变动，只供当期审计使用和下期审计参考的资料，列入当期档案。审计工作底稿的当期档案包括：组织管理、试算编报、金额验证、内部管理制度考核和综合分析等。审计工作底稿的内容较少变动，具有长期使用价值，对以后审计具有重要参考价值的审计工作底稿应列入永久性档案。审计工作底稿的永久性档案应当包括：被审计单位基本情况、章程、重要合同与协议副本、有关的内部控制系统副本等。此外，审计工作底稿按其类型划分，可以分为工作事项表、内部控制测试表、试算工作底稿、调整底稿、分析、计算表；盘点表和备忘录等。这些审计工作底稿所包含的内容，都各有侧重，很难相同。

2. 审计工作底稿的格式

审计人员编制的审计工作底稿应包括下列基本内容。

(1) 被审计单位名称。

(2) 审计项目名称。

(3) 审计项目时点或期间。

(4) 审计过程记录。

(5) 审计标识及其说明。

(6) 审计结论。

(7) 索引号及页次。

(8) 编制者姓名及编制日期。

(9) 复核者姓名及复核日期。

(10) 其他应说明事项。

审计工作底稿的格式和繁简程度是审计工作详简程度的具体表现，合理确定其格式和繁简程度是保证审计工作质量不可忽视的方面。在确定审计工作底稿格式以及内容的繁简程度时，应根据实际工作需要，针对不同情况，采用多种格式。

下面就各主要审计工作底稿的常见格式介绍如下。

(1) 工作事项表。工作事项表是以笔记方式记载审计过程中所发现的问题及线索、尚未查证事项的评语等。这些都必须在审计工作完成前予以澄清，并将处理过或参考其他审计工作底稿的详情，在工作事项表中作充分说明。工作事项表的格式详见表8-1。

表8-1　审计工作事项表

被审计单位名称：　　　　　　　　编制人：

审计期间：　　　　　　　　　　　复核人：　　　　　　　　（　　）年审字第　　号

年		审查项目	账页或凭证号码	发现的问题或线索	查证核实的经过情况	处理意见
月	日					

(2) 内部控制测试表。内部控制测试表是主要将被审计单位内部控制的实施情况逐一列出，通过"是"或"否"的回答来评价被审计单位内部控制的完善程度和有效程度。测试题的设计往往是分门别类的，如以现金支出为标题设计一张测试表，这张表包括该项制度的控制目标、控制范围、由谁来控制、怎样控制以及这项控制制度在整个制度中的重要程度等。

(3) 试算表工作底稿。试算表工作底稿是一张列有各分类账科目的金额、应调整的科目、调整的金额等的表格。

(4) 调整工作底稿。审计人员在审计过程中发现的被审计单位的重大会计处理错误都必须加以调整。会计分录编错应调整，成本计算不正确应调整。这类调整有的可以在试算表工作底稿中得到反映，有的则不能。所以，审计人员除了编制试算表工作底稿外，还需编制调整工作底稿，这既是审计证据，又是被审计单位据以改正的依据。其格式常采用一般分类账登记方式，需调整的事项应逐笔记录并加以说明。

(5) 分析、计算表。分析表和计算表是重要的审计工作底稿，涉及的内容主要是对异常事项的分析及重要数据的复算。例如，对账户的分析使审计人员确定账户的性质及内容是否正常，诸如债权类账户出现贷差、债务类账户出现借差等，审计人员对此类情况应详细分析发生差错的原因，并作出判断和评价。

(6) 盘点表。盘点表主要用于对财产物资的清查盘点，检查其账存数和实存数是否一致，并说明原因和理由。常用的核对盘点表有现金盘点表、材料盘点表和固定资产盘点表等。其格式详见表8-2。

表8-2 审计工作底稿——材料盘点表

被审计单位名称：　　　　　　　　编制人：
日期：　　　　　　　　　　　　　复核人：　　　　　　　　　底稿号码：

编号	规格品种	计量单位	单价	账存		实存		盘盈		盘亏	
				数量	金额	数量	金额	数量	金额	数量	金额

原因分析：
　盘盈：　　　　　　　　　　　　盘亏：
　账外物资：　　　　　　　　　　其他：

审计负责人：　　　　审计员：　　　　　会计主管：　　　　　保管：

(7) 备忘录。审计过程中常遇到一些不能立即确定问题的性质或不能立即查明真相的情况，此时，须将问题先摘录下来，待进一步查证，以便在审计工作结束前加以处理。

8.2.3　审计工作底稿的编制

编制审计工作底稿的文字应当使用中文。少数民族自治地区可以同时使用少数民族文字。中国境内的中外合作会计师事务所、国际会计公司成员所和联系所可以同时使用某种外国文字。会计师事务所执行涉外业务时，可以同时使用某种外国文字。

1. 审计工作底稿的编制原则

根据审计业务编制符合需要的审计工作底稿，这是审计人员执行审计业务的一项重要内容。为了保证审计人员编制的工作底稿符合审计业务要求，在编制审计工作底稿时应遵循如下原则。

(1) 完整性原则。审计人员对已经收集的被审计单位概况资料、经济业务情况、内部控制系统及会计记录等，连同自己制订的审计计划、审计程序、审计日程表以及所采用的审计步骤、审计方法，都必须逐项编入审计工作底稿。每份审计工作底稿的内容也必须完整，如适当的标题、编制的日期、资料的来源及资料的性质等基本要素都不得遗漏。

(2) 重要性原则。完整性原则规定的目的在于保证审计资料的完整无缺。然而，并非所有资料对于审计报告都具有重要的意义。因此，必须根据审计资料的性质去粗存精，并在审计工作底稿中明确注明资料的性质及其与审计报告之间的关系，使一些重要事实在审计工作底稿中处于突出的地位，便于编制审计报告和提出审计意见时加以运用。审计人员在编制审计工作底稿时，应首先注重所有的重要资料，对于可以用来证实会计记录的正确性、真实性，支持审计报告所载事项的各项资料也都必须列入审计工作底稿，而对不重要的以及与审计事项没有必然联系的各种资料则可舍弃。

(3) 真实性与相关性原则。审计工作底稿是支持审计结论和审计意见的支柱。因此，审计工作底稿的真实性与相关性直接影响审计结论的可信性和审计工作的成败。为此，审计人员在编制审计工作底稿时，必须将已确认为真实、客观的审计工作底稿，根据与审计结论和意见相关联的原则，作为支持审计结论和发表审计意见的主要依据。

(4) 责任性原则。审计工作底稿必须由审计人员、制表人签名盖章，并由审计项目负责人审批核实，以明确各自的责任。审计工作底稿是审计组织的内部工作资料，审计人员负有不向被审计单位和外单位泄露的责任。

2. 编制审计工作底稿的要求

一份较完整的审计工作底稿应该内容清楚、标题完整、一切资料来源均有说明；所列事项都应经过复核，而且有条理、有顺序、注意细节；重要事项和非重要事项有明确的区分。为提高审计工作底稿的质量，审计人员在编制审计工作底稿时，应注意以下问题。

(1) 每一具体审计事项均应单独编制一份审计工作底稿，并在表头标明被审计单位的全称。

(2) 所有审计过程中取得的审计证据，面谈询问过的人员，观察过的场所等，均应一一明确列示。编制人和复核者均应在审计工作底稿上签字，并注明日期。

(3) 应编制一份工作备忘录，列明尚待解决的问题。因为在审计过程中，很可能会在追踪某一问题时发现其他问题，为使正在追踪的问题不被中断、新发现的问题又不被遗忘，审计人员有必要填制一份工作备忘录，将新发现的问题先记录下来，再统筹安排适时进行查处，使每个问题均无遗漏。

(4) 为了便于查阅，审计工作底稿应编制索引。编制索引的方法因人而异，并无定式。通常一列审计报告底稿，二列财务报表草稿，三列计划工作底稿，后列各种测算表等。一般格式如下。

① 审计报告底稿；

② 财务报表草稿(包括资产负债表草稿、利润表草稿、所有者权益变动表草稿、现金流量表草稿)；

③ 计划工作底稿(包括审计业务约定书、审计计划、审计工作小组、时间安排、工作事项)；

④ 内部控制系统测试底稿(包括现金管理测试、存货管理测试)；

⑤ 试算表工作底稿。

(5) 审计人员在编制审计工作底稿时，对其中的问题要中肯地表述自己的意见。

(6) 审计人员在提出审计报告后，审计工作底稿应归入审计档案，并妥善保管。

8.2.4　审计工作底稿的复核和保管

审计工作底稿由执行审计工作的人员填制，后由负责人员进行复核。虽然审计工作底稿是审计报告的依据，审计人员可据此为审计报告的结论和意见辩护。但是，审计工作底稿如有错误，会导致审计结论和意见不正确、不合理。所以，审计工作小组对于审计工作底稿务必十分重视，进行层层复核，通过对审计工作底稿的复核，考核具体审计工作的质量。

会计师事务所对审计工作底稿的复核，可以分为会计师事务所的主任会计师或主管合伙人、项目负责人、注册会计师三个层次的复核。注册会计师对审计工作底稿的复合属于技术性的复核，通常在每一份审计工作底稿完成后进行。复核的内容包括核实每一重要程序、步骤、数字，了解助理人员是否按规定的程序、步骤进行审计，审计的方法是否正确，作出的判断是否正确，结论表达是否清楚等。

项目负责人的复核，一般在审计业务接近尾声时实施。复核的内容不仅包括对各个审计人员编制的审计工作底稿进行综合分析，还要对审计人员在审计中是否遵守了国家有关规定进行检查。会计师事务所的主任会计师或主管合伙人应对审计工作底稿进行最终复核。复核的内容主要是检查审计人员是否遵循了会计师事务所的内部管理制度，审计过程中是否存在重大遗漏，审计证据与审计结论是否存在不一致等。

审计工作底稿收集有被审计单位一些尚不宜公之于众的信息和机密，这就要求审计组织和审计人员必须妥善保管审计工作底稿，防止泄密。注册会计师应当按照会计师事务所质量控制政策和程序的规定，及时将审计工作底稿归整为最终审计档案。审计工作底稿的归档期限为审计报告日后60天内。如果注册会计师未能完成审计业务，审计工作底稿的归档期限为审计业务中止后的60天内。在审计报告日后将审计工作底稿归整为最终审计档案是一项事务性的工作，不涉及实施新的审计程序或得出新的结论。会计师事务所应当自审计报告日起，对审计工作底稿至少保存10年。如果注册会计师未能完成审计业务，会计师事务所应当自审计业务中止日起，对审计工作底稿至少保存10年。

审计工作底稿的所有权属于接受委托或委派进行审计的审计组织。对于保管期限届满的审计档案，审计组织可以决定将其销毁。销毁时，应履行必要的手续。

本章小结

审计证据，是指审计人员为了得出审计结论、形成审计意见而使用的信息，包括实物证据、书面证据、口头证据、环境证据等。审计证据应具备充分性和适当性。审计人员通过检查记录或文件、检查有形资产、观察、询问及函证、重新计算、分析程序等方法取得审计证据。为了便于得出审计结论、形成审计意见，审计人员应当对审计证据作适当整理。

审计工作底稿是指审计人员对制订的审计计划、实施的审计程序、获取的相关审计证据以及得出的审计结论所做的记录。审计工作底稿是整个审计过程和审计结果的证明，也是形成审计结论的基本依据。审计人员在编制审计工作底稿时应考虑其影响因素，保持内容完整。为保证审计工作质量、尽可能避免出现资料处理及审计判断失误，应对审计工作底稿进行三级复核。为了给以后审计提供参考、保守被审计单位的秘密，审计组织应当妥善保管和使用审计工作底稿。

复习思考题

1. 什么是审计证据？它有哪些种类和特征？
2. 审计证据的充分性和适当性的含义是什么？如何确定？
3. 收集审计证据的方法有哪些？
4. 什么是审计工作底稿？其意义何在？
5. 审计工作底稿应该如何保管和使用？
6. 论述为什么现在审计人员获取的审计证据越来越多，编制的审计工作底稿越来越厚，而审计质量却被有些人认为越来越差？

第9章 内部控制系统评价和审计

内部控制系统是管理现代化的必然产物，内部控制系统的产生和发展，促使审计工作从全面详细审计发展成为以抽样测试为基础的系统导向审计。审查和评价被审计单位的内部控制系统是现代审计的重要特征。

9.1 内部控制系统概述

内部控制系统是由企业董事会、监事会、经理层和全体员工实施的旨在实现控制目标的过程。具体地说，内部控制系统是指一个单位的董事会、监事会、经理层为了实现其发展战略，提高经营活动的效率，确保信息的正确可靠，保护财产的安全完整，遵循相关的法律法规，利用单位内部因分工而产生的相互制约、相互联系的关系，形成一系列具有控制职能的方法、措施、程序，并予以规范化、系统化，使之组成一个严密的、较为完整的体系。

9.1.1 内部控制系统的发展

内部控制系统是从内部牵制发展而来，经历了较长的发展阶段，逐步形成了科学的体系。

1. 内部牵制阶段

20世纪40年代以前，人们习惯用内部牵制这一概念，其主要特点是：以任何个人或部门不能单独控制任何一项或一部分业务权利的方式进行组织的责任分工。一般来说，内部牵制的执行大致可分为以下4类：一是实物牵制。例如，把保险柜的钥匙交给两个以上工作人员持有。如果不同时使用这两把以上的钥匙，保险柜就打不开。二是机械牵制。例如，保险柜的门若非按正确程序操作就打不开。三是体制牵制。采用双重控制预防错误和舞弊的发生。四是簿记牵制。定期将明细账与总账进行核对。在现代内部控制系统理论中，内部牵制仍有重要地位，成为有关组织机构控制和职务分离控制的基础。

2. 内部控制系统阶段

20世纪40年代末，内部控制系统这一概念受到了重视。1949年，美国注册会计师协会的审计程序委员会在《内部控制系统：一种协调制度要素及其对管理当局和独立注册会计师的重要性》的报告中，对内部控制系统首次作出权威性定义："内部控制系统包括组织机构的设计和企业内部采取的所有相互协调的办法与措施，以保护企业财产、检查会计信息的准确性、提高经营效率和推动企业坚持执行既定的管理政策和规章制度。"这一范围广泛的定义及其相应的解释，在当时被普遍认为是对理解内部控制系统这一概念的重大贡献。

3. 会计控制和管理控制阶段

1958年，美国注册会计师协会下属的审计程序委员会发布的《审计程序公告第29号》对内部控制系统定义重新进行了表述，将内部控制系统划分为会计控制和管理控制。会计控制包括组织规划的所有方法和程序,这些方法和程序与财产安全以及财务记录可靠性有直接的联系。会计控制包括授权与批准制度、从事财务记录和审核与从事经营或财产保管职务分离的控制、财产的实物控制和内部审计。管理控制包括但不限于确保交易由管理当局授权的组织结构、程序及有关记录。内部管理控制包括组织规划的所有方法和程序,这些方法和程序主要与经营效率和贯彻管理方针有关,通常只与财务记录有间接关系。管理控制一般包括统计分析、时效研究即工作节奏研究、业绩报告、员工培训计划和质量控制。

4. 内部控制结构阶段

20世纪80年代以后,西方会计、审计界研究的重点逐步从一般含义向具体内容深化。1988年,美国注册会计师协会发布《审计准则公告第55号》,从1990年1月起取代1972年发布的《审计准则公告第1号》。该公告首次以"内部控制结构"代替"内部控制系统",指出"企业的内部控制结构包括为提供取得企业特定目标的合理保证而建立的各种政策和程序"。内部控制结构是指为了对实现特定公司目标提供合理保证而建立的一系列政策和程序构成的有机整体,包括控制环境、会计系统及控制程序三个部分。

(1) 控制环境,反映董事会、管理者、业主和其他人员对控制的态度和行为。具体包括管理哲学和经营作风、组织结构、董事会及审计委员会的职能、人事政策和程序、确定职权和责任的方法、管理者监督和检查工作时所用的控制方法。

(2) 会计系统,规定各项经济业务的确认、归集、分类、分析、登记和编报方法。一个有效的会计制度包括以下内容:鉴定和登记一切合法的经济业务;对各项经济业务进行适当分类,作为编制财务报表的依据;计量经济业务的价值以使其货币价值能够在财务报表中记录;确定经济业务发生的时间,以确保它记录在适当的会计期间;在财务报表中适当地表述经济业务及有关的揭示内容。

(3) 控制程序,指管理层制定的政策和程序,以保证达到一定的目的。它包括经济业务和活动的批准权;明确各员工的职责分工;充分的凭证记录、账单设置和记录;资产和记录的接触控制;业务的独立审核等。

5. 内部控制系统整体框架阶段

进入20世纪90年代,人们对内部控制系统的研究进入了一个全新的阶段。1996年美国注册会计师协会发布《审计准则公告第78号》,并从1997年1月起取代1988年发布的《审计准则公告第55号》,将内部控制系统定义为:由一个企业的董事会、管理层和其他人员实现的过程,旨在为下列目标提供合理保证。①财务报告的可靠性;②经营的效果和效率;③符合适用的法律和法规。

审计准则将内部控制系统划分为5种要素,分别是:控制环境、风险评估、控制活动、信息与沟通、监控。这5种要素使内部控制系统成为一个整体。

(1) 控制环境,构成一个单位的氛围,影响内部管理人员控制其他要素的基础。包括员工的诚实性和道德观、员工的胜任能力、董事会或审计委员会、管理哲学和经营方式、组织结构、授予权利和责任的方式以及人力资源政策和实施。

(2) 风险评估,指管理层识别并采取相应的行动来管理对经营、财务报告、符合性目标有影响的内部或外部风险,包括风险识别和风险分析。

(3) 控制活动,指管理层识别并采取必要的措施,以保证单位目标得以实现的政策和程序,包括业绩评估、信息处理、实物控制和职责分离。

(4) 信息与沟通，指为了使职员执行其职责，企业必须识别、捕捉、交流外部和内部信息。沟通是使员工了解其职责，保持对财务报告的控制，包括使员工了解在会计准则中他们的工作如何与他人相联系，如何对上级报告例外情况。沟通的方式有政策手册、财务报告手册、备查簿，以及口头交流或管理示例等。

(5) 监控，指评价内部控制系统质量的进程，即对内部控制系统的改革、运行及改进活动进行评价、监督和控制。包括内部审计以及与单位外部人员、团体进行交流。

上述5项要素实际上内容广泛，相互关联。控制环境是其他控制要素的基础，在规划控制活动时，必须对企业可能面临的风险进行细致的了解和评估；而风险评估和控制活动必须借助企业内部信息的有效沟通；最后，实施有效的监控，以保障内部控制系统的实施质量。

6. 内部控制系统整合框架——风险管理阶段

2004年4月，美国COSO委员会在广泛吸收各国理论界和实务界研究成果的基础上，颁布了《企业风险管理框架》，将企业管理的重心由内部控制系统转向风险管理。企业风险管理包括8个相互关联的要素，各要素贯穿在企业的管理过程中。

(1) 内部环境。企业的内部环境是其他所有风险管理要素的基础，为其他要素提供规则和结构。内部环境包含的内容很多，包括企业员工的价值观、人员的胜任能力和发展计划、管理者的经营模式、权限和职责的分配方式等。董事会是内部环境的重要组成部分，对其他内部环境要素具有重要的影响。企业的管理者也是内部环境的一部分，其职责是建立企业风险管理理念。

(2) 目标制定。管理者根据企业确定的任务或预期制定企业的战略目标，选择战略并确定其他与之相关的目标，进而在企业内层层分解和落实。而企业风险管理就是给企业管理者提供一个适合的过程，既能够帮助制定企业目标，又能够将目标与企业的任务或预期联系在一起，并且保证制定的目标与企业的风险偏好相一致。企业的目标包括战略目标、经营目标、报告目标以及合法性目标。

(3) 事项识别。不确定性的存在，即管理者不能确切地知道某一事项是否会发生、何时发生或者事项发生后的结果，这使得企业的管理者需要对这些事项进行识别。而潜在事项对企业可能有正面、负面的影响或者两者同时存在。

(4) 风险评估。管理者应从两个方面对风险进行评估——风险发生的可能性和影响。风险发生的可能性是指某一特定事项发生的可能性；影响则是指事项的发生将会带来的影响。对于风险的评估应从企业战略和目标的角度进行：首先，应对企业的固有风险进行评估；其次，管理者应在对固有风险采取有关管理措施的基础上，对企业的剩余风险进行评估。

(5) 风险反映。风险反映可以分为规避风险、减少风险、共担风险和接受风险4类。规避风险是指采取措施退出会给企业带来风险的活动。减少风险是指减少发生的可能性、减少风险的影响或者两者同时减少。共担风险是指通过转嫁风险或与其他人共担风险，降低风险发生的可能性或降低风险对企业的影响。接受风险则是不采取任何行动而接受可能发生的风险及其影响。

(6) 控制活动。控制活动是帮助保证风险反映方案得到正确执行的相关政策和程序。控制活动是企业为实现其商业目标而执行的过程的一部分，通常包括两个要素：确定应该做什么的政策以及影响该政策的一系列程序。

(7) 信息与沟通。来自企业内部和外部的相关信息必须以一定的格式和时间间隔进行确认、捕捉和传递，以保证企业的员工能够履行各自的职责。有效的沟通包括企业内自上而下、自下而上以及横向的沟通，还包括将相关信息与企业外部相关方的有效沟通和交换等。

(8) 监控。对企业风险管理的监控是指评估风险管理要素的内容和运行以及一段时期的执行质量的一个过程。企业可以通过两种方式对风险管理进行监控——持续监控和个别评估。持续监控和个别评估都是用来保证企业的风险管理在企业内各管理层面和各部门持续得到执行。

9.1.2 内部控制系统的建立

内部控制系统作为一种有效的现代化管理技术在企业得到了迅速发展和广泛应用，并且作为一门分支学科引起了一些专业学术团队和机构的高度重视。其原因在于，建立适当而有效的内部控制系统不仅是企业科学管理的要求，也是法律的要求，更是企业为应对所面临的风险而权衡成本与效益后的选择结果。

1. 科学管理的要求

随着企业规模的扩大和内部职能部门的增多，企业内部越来越需要协调一致，节约资源，防治工作错误和舞弊，提高经营效率，以便在愈加激烈的市场竞争中立于不败之地，这就在客观上要求企业建立完善的包括组织结构和业务程序在内的具有自我控制和自我调节功能的管理机制。于是，内部控制系统作为一种有效的管理工具应运而生，它能够帮助企业管理当局对其实现目标的各种活动进行有效的组织、制约、考核和调节，为各种信息的准确性和可靠性以及各类活动达到预期的目标提供合理的保证。

2. 法律、法规的要求

企业是否建立内部控制系统以及在哪些方面设置内部控制系统，在相当长的时期，均由企业管理当局根据需要自主决定。因此，企业建立有效的内部控制系统是应履行的责任，同时，检查和评价客户的内部会计控制也成为外部审计人员进行年度财务报表审计不可缺少的内容，这也会促使企业建立健全内部控制系统，以赢得良好的社会声誉。

3. 成本—效益原则的要求

二十一世纪以来，企业更加处于不断变动的内外部环境之中，有些因素要求企业加强内部控制系统，而另外一些因素则要求企业减少控制。因此，在建立内部控制系统的过程中，就要求企业针对自己所面临的风险，根据成本—效益原则的要求，选择能够实现"控制过度"与"控制不足"的总成本最小化的控制水平。

客观上要求企业加强内部控制系统的因素有如下几个。

(1) 避免违规。企业面临的潜在违规风险包括环境保护、职工安全等。如果企业事先设置了相关内部控制系统程序，可能就会避免这种损失。

(2) 降低惩罚。有些法律在对企业犯罪量刑时，依据犯罪的严重程度与企业内部控制系统的有效程度来决定对企业的惩罚。如果企业设有能够预防和发现违规行为的有效内部控制系统，则可以大大降低受处罚的力度。

(3) 减少欺诈。近年来，企业发生的内外部欺诈案件呈上升趋势。在这些发生内外部欺诈的公司中，内部控制系统薄弱是其共同特征。如果企业设有有效内部控制系统，则可以大大降低欺诈发生的可能性。

(4) 管理跨国公司风险。在海外经营的跨国企业会面临不同国家的政治、经济、文化风险，由于交易活动的复杂性还会产生国际税收、汇率波动等风险，这就要求企业专门设立管理这些风险的内部控制系统。

(5) 树立良好社会形象。由于信息透明度的增大，企业一旦发生欺诈行为、管理不善或违反法规、被处罚款，就会引起社会新闻媒介的广泛关注，造成公司股票价格的剧烈波动，甚至给公众留下公司管理失控的不良印象。内部控制系统有助于预防此类问题的发生，并且在问题发生时能够提供给新闻界已妥善处理的补救程序。

(6) 加强政府管制。2001年美国安然公司财务舞弊案件后，引致了2002年《萨班斯—奥克斯利法案》公布实施，其中第404条款要求在SEC(Securities and Exchange Commission，美国证券交易委员会)备案的上市公司必须提交年度内部控制系统自我评价报告，作为向SEC提交的财务报告的组成部分。在这份内部控制系统自我评价报告中，要求管理层报告公司当前财务报告内部控制系统的质量，并要求负责财务报表审计的会计师事务所对财务报告内部控制系统加以审计。

因此，控制不足可能导致财务信息不实、违反法律法规、资源使用无效率、财产损失、无法实现企业目标等，但控制过度有可能导致压抑雇员积极性、浪费有限资源、控制过程过分复杂、降低顾客满意度等。在一个动态的竞争环境中，这两方面都有可能影响企业的竞争能力。企业必须确认自己所面临的风险，运用成本—效益分析，来选择使控制总成本最小化的最优控制水平，建立适合企业具体情况的内部控制系统。

9.1.3　内部控制系统的目标

2008年，中国财政部、证监会、审计署、银监会、保监会联合发布了《企业内部控制系统基本规范》，提出内部控制系统的目标主要包括如下几个。

(1) 确保企业战略的实现。战略是一个组织长期发展的方向和范围，它通过在不断变化的环境中调整资源配置来取得竞争优势，从而实现利益相关者的期望。因此，不管是战略执行的内在要求还是内部控制系统的发展方向，战略与内部控制系统的有机结合是其发展的必然要求。

(2) 运营效果和效率。重视经营的效果和效率对组织未来的成功是非常重要的。在最近几年，不同国家的管理者开始认识到一些组织没有理解效果和效率的重要性，并开始要求组织建立企业治理的政策和程序。

(3) 财务报告的可靠性。组织的管理层有责任编制可靠的财务报告，包括中期和简明的财务报告，以及经财务报告挑选出来的财务数据，如已经公开发布的盈利报告等。

(4) 资产的安全、完整。资产的稀缺性客观上要求组织通过有效的内部控制系统确保其安全和完整。组织应保护各种有形与无形的资产，一是要确保这些资产不被损害和流失；二是要确保对资产的合理使用和对其进行必要的维护。

(5) 符合相关的法律和法规。组织管理层有责任确保遵守相关的法律和法规。不遵守相关的法律和法规可能导致行政处罚和罚款，这会损失组织运营的重要资源。

9.1.4　内部控制系统的种类

企业的内部控制系统涉及生产经营的各个环节和各个部门，各个环节和部门均可根据自身业务特点和工作范围建立内部控制系统。这些不同的内部控制系统可以按照不同的标志进行科学分类，以有利于加深对内部控制系统的认识。

1. 内部控制系统按要素分类

内部控制系统按要素分类，可以分为控制环境、风险评估、控制活动、信息与沟通、监控。

(1) 控制环境。控制环境是指对企业控制建立和实施有重大影响的多种因素的统称。控制环境的好坏直接决定着企业其他控制能否实施或实施的效果。

(2) 风险评估。每个企业都面临来自内部和外部的不同风险，这些风险都必须加以评估。评估风险的先决条件是制定目标。风险评估就是分析和辨别实现所定目标可能发生的风险。

(3) 控制活动。控制活动，是确保管理层的指令得以执行的政策及程序，如核准、授权、验证、调节、复核营业绩效、保障资产安全及职务分工等。

(4) 信息与沟通。企业在其经营过程中，需按某种形式辨识、取得确切的信息，并进行沟通，以使员工能够履行其责任。企业所有员工必须从管理层清楚地获取承担控制责任的信息，而且必须有向上级部门沟通重要信息的办法，并与外界顾客、供应商、政府主管机关和股东等进行有效的沟通。

(5) 监控。监控是由适当的人员，评估控制的设计和运作情况的过程。监控由持续监控和个别评估所组成，可确保企业内部控制系统能持续有效地运作。

2. 内部控制系统按工作范围分类

内部控制系统按工作范围分类，可以分为内部管理控制系统和内部会计控制系统。

(1) 内部管理控制系统。内部管理控制系统是以提高经营效率、工作效率为目的，用于行政和业务管理方面的方法、措施和程序。如劳动组织、劳动工资内部控制系统；质量检验内部控制系统；技术设计内部控制系统；情报资料内部控制系统；电子计算机操作内部控制系统；材料供应、产品生产、产品销售内部控制系统，等等。

(2) 内部会计控制系统。内部会计控制系统是以保护财产物资和确保会计资料可靠性为目的，用于会计业务和与之相关的其他业务管理方面的方法、措施和程序。如现金、银行存款内部控制系统；成本、费用管理内部控制系统；资产管理内部控制系统；利润及其分配管理内部控制系统；记账程序内部控制系统；会计凭证管理、整理、归档内部控制系统；会计电算化内部控制系统，等等。

3. 内部控制系统按建立的目的分类

内部控制系统按建立的目的分类，可以分为保护财产物资的内部控制系统、保证会计资料可靠性和正确性的内部控制系统，以及保证经济活动合法性和效益性的内部控制系统。

(1) 保护财产物资的内部控制系统。保护财产物资的内部控制系统是以流动资产、固定资产和其他资产为对象，规定购入、验收、入库、保管、使用、维修、计量等职责和权限、手续和程序。如材料验收控制系统；入库、出库控制系统；限额领用控制系统；产品盘点控制系统；现金管理控制系统；机器设备维修、保养控制系统等。

(2) 保证会计资料可靠性和正确性的内部控制系统。保证会计资料可靠性和正确性的内部控制系统以会计凭证、会计账簿和财务报表为对象，规定了会计核算的组织形式、方法和程序，保证了会计资料及其他信息资料的可靠性和正确性。如财产计价控制系统；成本计算规程控制系统；财产清查控制系统；记账程序控制系统；账证、账账、账表和账实核对控制系统；会计人员岗位责任系统；电算化会计操作控制系统，等等。

(3) 保证经济活动合法性和效益性的内部控制系统。保证经济活动合法性和效益性的内部控制系统是以经济活动为对象，规定了经济活动必须遵守的规范和程序以及控制经济活动的方法、措施。这类控制系统范围较广，包括行政和业务部门的内部控制系统和会计部门的内部控制系统，如材料采购控制系统和现金控制系统；成本、费用控制系统；产品销售控制系统；目标利润控制系统；财务成果分配控制系统；基建工程控制系统，等等。

4. 内部控制系统按控制方式分类

内部控制系统按控制方式分类，可分为预防性内部控制系统与察觉性内部控制系统。

(1) 预防性内部控制系统。预防性内部控制系统是指那些目的在于防止差错和舞弊行为的发生而设置的措施和程序。如出纳与会计必须由两个人担任，开具银行支票的必须与掌管印章的相分离，销售开发票的必须与收款的相分离等。这些都属于防患于未然的预防性内部控制系统。

(2) 察觉性内部控制系统。察觉性内部控制系统是指当错弊行为发生后，能够立即自动发出信号，并及时采取纠正或补救的方法、措施和程序。如定期进行结账、对账，定期进行财产清查、核对账实，定期轮换人员工作等。这些都属于察觉性内部控制系统。

9.2 内部控制系统的描述

为了评估被审计单位的内部控制系统，必须对其内部控制系统进行了解和描述。通过参阅被审计单位的规章制度、组织机构设置表和前一年度的审计工作底稿，或通过现场询问有关人员，以及通过审计人员的实地观察，可以了解和掌握被审计单位的内部控制系统详细情况。了解和掌握被审计单位的内部控制系统的详细情况，主要是了解和掌握被审计单位的销售与收款循环、购货与付款循环、生产与费用循环、筹资与投资循环等内部控制系统情况。在了解和掌握了上述内部控制系统的详情以后，应用适当的方法将内部控制系统描述出来，供制订和修改审计计划和程序之用，或供日后考察之用。内部控制系统描述的方法通常有三种：文字表述法、调查表法和流程图法。

9.2.1 文字表述法

文字表述法是指审计人员对被审计单位内部控制系统健全程度和执行情况的文字叙述。这种文字叙述一般是按不同的循环环节，分别写明各个职务所完成的各种工作、办理业务时所需要的各种手续等，还应阐明各项工作的负责人、经办人员以及由他们编写和记录的文件凭证等。

在采用文字表述法时，审计人员通常向被审计单位的工作人员提出一系列问题，如你经办哪些业务和凭证？这些业务是如何发生的？要据以编制什么凭证？它们要经过哪些审批手续？

处理这些业务和凭证应编制什么会计分录？是否经过复核？如何登记账簿？将这些问题的答案逐一记录下来，并经审计人员实地观察和核实，然后整理、串联起来，即可形成文字表述的书面说明，以描述被审计单位内部控制系统的实际情况。

表9-1是对某企业产成品收发环节的内部控制系统所做的文字表述。

表9-1　2013年12月××企业产成品收发的内部控制系统

产成品仓库由王某负责。产成品入库时，仓库会同质量检验处根据生产车间入库单的数量、等级验收产成品，并由仓库填写产成品验收入库单。验收入库单一式三联：第一联由仓库留存登记产品卡片，第二联交销售处登记产成品明细账，第三联连同生产车间和入库单交会计处登记总账。各产品销售部门均由专人负责签发出库单。产品发出时，由销售部门填制出库单，凭一式三联的出库单向仓库要求发出产成品。仓库发出产成品后，将第一联出库单留存登记产成品卡片，第二联交销售处登记产成品明细账，第三联交会计处登记产成品总账和明细账。

产成品的收发采用永续盘存制记录，按实际成本计价。

销售处每月编制产成品收发存月报，并报送会计处。经管产成品明细账的会计人员小李根据销售处送来的收发存月报，与产成品明细账核对，并编制产成品收发汇总表。小李同志根据产成品明细账登记产成品总账，并据以结转产品销售成本。

评价：产成品收发的内部控制系统不够健全。出库单的传递不够合理，据以登记产成品总账和明细账的都是出库单的第三联，总账无法起到对明细账的驾驭作用。产成品总账和明细账都要由小李登记，不相容职务未进行分离。

以上两点说明，产成品收发的内部控制系统存在明显的弱点

文字表述法的优点是比较灵活，可对被审计单位内部控制系统的各个环节作出比较深入和具体的描述，不受任何限制。但文字表述法也有缺点：对内部控制系统的描述，有时很难用简明易懂的语言来详细说明各个细节，因而有时使用文字表述显得比较冗赘，不利于为有效地进行内部控制系统评价和控制风险评价提供直接的依据。文字表述法几乎适用于任何类型、任何规模的单位，特别适用于内部控制系统不甚健全、内部控制系统程序比较简单和比较容易描述的小企业。

9.2.2　调查表法

调查表法是将那些与保证会计记录的正确性和可靠性以及与保证财产物资的完整性有密切关系的事项列为调查对象，由审计人员设计成标准化的调查表，并利用表格形式，通过征询来了解内部控制系统的强弱程度。

采用调查表法，审计人员应根据内部控制系统的基本原则及其应达到的目的和要求，把企业各经营环节的关键控制点及主要问题，预先编制一套标准格式的调查表。在调查表中，为每个问题分设"是""否""不适合"和"备注"4栏。其中，"是"表示肯定；"否"表示否定，还可在"否"这一栏中根据控制差的轻重程度，再细分"较轻"和"较重"两栏；"不适合"表示该问题不适用被审计单位；"备注"栏用于记录回答问题的资料来源以及对有关问题的说明。

内部控制系统调查表中的"问题"，是针对内部控制系统是否严密、有效，综合考虑各方面的因素提出的。问题的拟订应针对各项业务或业务循环的特点，既要抓住要害，又要便于回答。对表中提出的问题，要求被审计单位有关工作人员据实作出"是""否"或"不适合"的回答，借以查明被审计单位的实际情况。内部控制系统调查表的格式详见表9-2。

表9-2　内部控制系统情况调查表

被调查单位：宏达股份有限公司
调查内容：材料采购、入库的内部控制系统
调查时间：2013年12月××日
被调查人：×××、×××、×××等

调查问题	调查结果				备注
	是	否		不适合	
		较轻	较重		
1. 材料采购是否按材料采购计划进行？	√				
2. 每次采购材料的数量是否超过规定的储备定额？		√			
3. 采购材料有无舍近求远、质次价高的情况？	√				
4. 有无盲目采购、造成材料长期积压的情况？	√				
5. 有无代私人或单位套购材料？	√				
6. 有无整批购进、整批卖出的材料？	√				
7. 材料入库是否有严格的验收制度？	√				
8. 采购员与验收员有无明确的分工和相互监督制度？	√				
9. 材料验收是否严格把住了数量、质量关？	√				
10. 材料入库的凭证传递是否合理？		√			

　　调查表法的最大优点：一是简便易行，即使没有较高专业知识和专业技能的人员也能操作；二是能对所调查的对象提供一个概括说明，有利于审计人员分析评价；三是编制调查表省时省力，可在审计项目初期就较快地编制完成，可以减少审计人员的工作量；四是调查表"否"栏集中反映内部控制系统存在的问题，能引起审计人员的高度重视。但是，调查表法也存在一定的缺陷，表现在：对被审计单位某一环节的内部控制系统只能按所提问题分别考察，往往难以提供一个完整的、系统的、全面的分析评价；由于调查表格式固定，缺乏弹性，对于不同行业的被审计单位或是特殊情况，往往"不适合"栏填得太多，而使调查表法不太适用；此外，调查人员机械地照表问问，往往会使被调查人员在回答时漫不经心，流于形式，从而也就失去了调查表的意义。

9.2.3　流程图法

　　流程图法是指用特定的符号和图形，将内部控制系统中的各种业务处理手续，以及各种文件或凭证的传递流程，用图解的形式直观地表现内部控制系统的实际情况。

　　现代企业内部各个部门与人员分工明确，协作紧密，均按照职责分工，分别从事各自的业务活动，并根据经合法审批的文件或凭证执行。这些文件、凭证在各部门人员之间的传递，既反映了各项业务的处理过程，又协调了各项业务活动，形成了一种连续不断的流转过程。用特定的符号和图形，将这种过程以图解的方式描述出来，就是流程图。一般来说，每个主要经营环节应绘制一张流程图，将各个经营环节的流程图合并起来，就构成整个企业生产经营的流程图。

　　绘制流程图一般有两种方法：一种是纵向流程图；另一种是横向流程图。纵向流程图是将业务的处理过程按照先后次序，用一条主线垂直串联起来，并将经济业务发生的凭证编制、传递、记账程序等从上至下用图形符号描绘出来。横向流程图则横向表示业务处理程序，按业务部门设置若干竖栏，将业务处理程序由左到右，由上向下，用图形符号表示凭证的编制、传递、保管、记账、复核乃至编表的过程，并用流程线把各项业务活动串联起来。

无论采用何种方法绘制流程图都必须事先确定图形符号，同时，必须注意如下要求。

(1) 采用平面制图法，图中标明业务处理流程经过的部门及负责人。

(2) 流程图应绘制得简单明了，合乎逻辑，业务处理程序从发生的起点至进入永久性档案的终点应予以充分、完整地表达。

(3) 流程图中少用叙事性说明，多用符号，符号力求标准、统一、直观，尽量使用事先规定好的符号绘图。

(4) 当一个系统分布在几个方面时，应将最主要的路线画在主图上，其他路线画在分开的流程图上或用脚注说明。

(5) 注明各种凭证、账册和报表的名称和份数及归档、保存的情况。

(6) 标明各项业务的关键控制点和核对情况。

用流程图法描述内部控制系统颇受国内外审计人员的欢迎，我国已在审计实务中开始应用流程图方法和技术。

现以华胜股份有限公司材料收发业务处理为例，用横向流程图绘制方法说明如下。

【例9-1】 华胜股份有限公司材料收发业务处理手续和程序如下。

该公司设材料仓库一栋。有仓库保管员若干名，负责收料、发料和登记材料明细账。仓库收料时，根据供应科送来的发票和收料通知单验收材料，开出收料单两联，其中一联连同发票送财务科，财务科凭以付款和记账，一联留存据以登记材料明细账。材料明细账定期与财务科的材料总账核对。

车间领材料，领料员填制领料单，并经工段长审核批准。领料单一式三联，一联交仓库，一联送供应科，一联存查。每月终，仓库盘存材料一次，并编制盘存表两份，一份送供应科，一份留存。

供应科根据仓库送来的领料单，月终编制领料单汇总表，按计划成本计价，然后送财务科转账。

财务科根据收料单和领料单汇总表编制记账凭证并登记材料和其他总账。

根据上述资料，绘制材料收发业务流程图，如图9-1所示。

绘制流程图仅是手段，而不是目的，其目的在于评审被审计单位的内部控制系统。评价的方法有两种：一是用特别符号或特殊颜色将应有而未予设置的控制弱点在图上标明；二是用文字在图的下端，对控制弱点加以说明。

用流程图法描述内部控制系统，其主要优点有：流程图从整体的角度，以简明的形式描绘内部控制系统的实际情况，便于较快地检查出内部控制系统逻辑上的薄弱环节，也便于评审；流程图便于表达内部控制系统的特征，同时便于修改，在下次评审时，只要根据修改后的内部控制系统实际情况，稍微变动几根线条、几个符号，就能更新整个流程图。当然，与任何其他方法一样，流程图法也有不足之处：编制流程图需具备较娴熟的技术和较丰富的工作经验，颇费时间；流程图法不能将内部控制系统中的控制弱点明显地标出来，在评价时，往往需要与其他两种方法结合使用。

描述内部控制系统的三种方法并不相互排斥，而是相互依赖和相互补充的。在描述某一单位内部控制系统时，可对不同业务环节使用不同的方法，也可同时使用两种或三种方法，三者结合使用，往往比采用某一种方法效果更好。

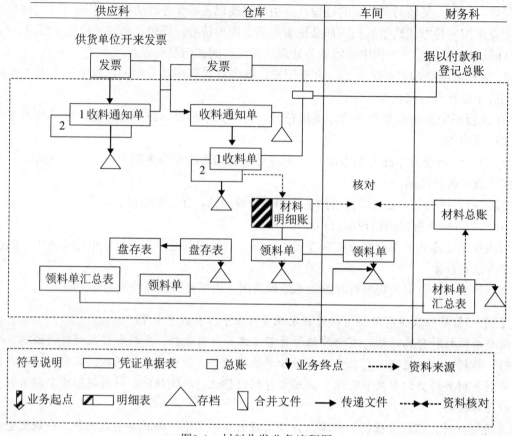

图9-1　材料收发业务流程图

9.3 内部控制系统评价

2010年，财政部、证监会、审计署、银监会、保监会联合发布了《企业内部控制系统配套指引》。该配套指引包括18项《企业内部控制系统应用指引》《企业内部控制系统评价指引》和《企业内部控制系统审计指引》，并规定自2011年1月1日起在境内外同时上市的公司执行，2012年1月1日起在上海证券交易所、深圳证券交易所主板上市公司执行。

内部控制系统评价，是指企业董事会或类似权力机构对内部控制系统的有效性进行全面评价、形成评价结论、出具评价报告的过程。

企业内部控制系统评价有助于促进企业全面评价内部控制系统的设计与运行情况，及时发现企业内部控制系统缺陷，提出和实施改进方案，确保内部控制系统有效运行，揭示和防范经营风险。

9.3.1　内部控制系统评价的原则

企业实施内部控制系统评价应当遵循下列原则。

(1) 全面性原则。评价工作应当包括内部控制系统的设计与运行，涵盖企业及其所属单位的各种业务和事项。

(2) 重要性原则。评价工作应当在全面评价的基础上，关注重要业务单位、重大业务事项和高风险领域。

(3) 客观性原则。评价工作应当准确地揭示经营管理的风险状况，如实反映内部控制设计与运行的有效性。

企业应当根据评价指引，结合内部控制系统设计与运行的实际情况，制定具体的内部控制系统评价办法，规定评价的原则、内容、程序、方法和报告形式等，明确相关机构或岗位的职责权限，落实责任制，按照规定的办法、程序和要求，有序开展内部控制系统评价工作。

企业董事会应当对内部控制系统评价报告的真实性负责。

9.3.2 内部控制系统评价的内容

企业应当根据《企业内部控制系统基本规范》、应用指引以及本企业的内部控制系统制度，围绕内部环境、风险评估机制、控制活动、信息与沟通、内部监督等要素，确定内部控制系统评价的具体内容，对内部控制系统设计与运行情况进行全面评价。

(1) 内部环境评价。企业应当以组织架构、发展战略、人力资源、企业文化、社会责任等应用指引为依据，结合本企业的内部控制系统制度，对内部环境的设计及实际运行情况进行认定和评价。

(2) 风险评估机制评价。企业应当以《企业内部控制系统基本规范》有关风险评估的要求，以及各项应用指引中所列主要风险为依据，结合本企业的内部控制系统制度，对日常经营管理过程中的风险识别、风险分析、应对策略等进行认定和评价。

(3) 控制活动评价。企业应当以《企业内部控制系统基本规范》和各项应用指引中的控制措施为依据，结合本企业的内部控制系统制度，对相关控制措施的设计和运行情况进行认定和评价。

(4) 信息与沟通评价。企业应当以内部信息传递、财务报告、信息系统等相关应用指引为依据，结合本企业的内部控制系统制度，对信息收集、处理和传递的及时性、反舞弊机制的健全性、财务报告的真实性、信息系统的安全性，以及利用信息系统实施内部控制系统的有效性等进行认定和评价。

(5) 内部监督评价。企业组织开展内部监督评价，应当以《企业内部控制系统基本规范》有关内部监督的要求，以及各项应用指引中有关日常管控的规定为依据，结合本企业的内部控制系统制度，对内部监督机制的有效性进行认定和评价，重点关注监事会、审计委员会、内部审计机构等是否在内部控制系统设计和运行中有效发挥监督作用。

内部控制系统评价工作应当形成工作底稿，详细记录企业执行评价工作的内容，包括评价要素、主要风险点、采取的控制措施、有关证据资料以及认定结果等。评价工作底稿应当设计合理、证据充分、简便易行、便于操作。

9.3.3 内部控制系统评价的程序

企业内部控制系统评价程序一般包括制定评价工作方案、组成评价工作组、实施现场测试、认定控制缺陷、汇总评价结果、编报评价报告等环节。

企业可以授权内部审计部门或专门机构(以下简称内部控制系统评价部门)负责内部控制系统评价的具体组织实施工作。

(1) 制定评价工作方案。企业内部控制系统评价部门应当拟订评价工作方案，明确评价范围、工作任务、人员组织、进度安排和费用预算等相关内容，报经董事会或其授权机构审批后实施。

(2) 组成评价工作组。企业内部控制系统评价部门应当根据经批准的评价方案，组成内部控制系统评价工作组，具体实施内部控制系统评价工作。评价工作组应当吸收企业内部相关机构熟悉情况的业务骨干作为成员。评价工作组成员对本部门的内部控制系统评价工作应当实行回避制度。

企业可以委托中介机构实施内部控制系统评价。为企业提供内部控制系统审计服务的会计师事务所，不得同时为同一企业提供内部控制系统评价服务。

(3) 实施现场测试。内部控制系统评价工作组应当对被评价单位进行现场测试，综合使用个别访谈、调查问卷、专题讨论、穿行测试、实地查验、抽样和比较分析等方法，充分收集被评价单位内部控制系统设计和运行是否有效的证据，按照评价的具体内容，如实填写评价工作底稿，研究分析内部控制系统缺陷。

(4) 认定控制缺陷。内部控制系统缺陷包括设计缺陷和运行缺陷。企业对内部控制系统缺陷的认定，应当以日常监督和专项监督为基础，结合年度内部控制系统评价，由内部控制系统评价部门进行综合分析后提出认定意见，按照规定的权限和程序进行审核后予以最终认定。

内部控制系统评价工作组应当根据现场测试获取的证据，对内部控制系统缺陷进行初步认定，并按其影响程度分为重大缺陷、重要缺陷和一般缺陷。

① 重大缺陷，是指一个或多个控制缺陷的组合，可能导致企业严重偏离控制目标。

② 重要缺陷，是指一个或多个控制缺陷的组合，其严重程度和经济后果低于重大缺陷，但仍有可能导致企业偏离控制目标。

③ 一般缺陷，是指除重大缺陷、重要缺陷之外的其他缺陷。

(5) 汇总评价结果。企业内部控制系统评价工作组应当建立评价质量交叉复核制度，评价工作组负责人应当对评价工作底稿进行严格审核，在对认定的评价结果签字确认后，提交企业内部控制系统评价部门。

企业内部控制系统评价部门应当编制内部控制系统缺陷认定汇总表，结合日常监督和专项监督发现的内部控制系统缺陷及其持续改进情况，对内部控制系统缺陷及其成因、表现形式和影响程度进行综合分析和全面复核，提出认定意见，并以适当的形式向董事会、监事会或者经理层报告。重大缺陷应当由董事会予以最终认定。

企业对于认定的重大缺陷，应当及时采取应对策略，切实将风险控制在可承受范围之内，并追究有关部门或相关人员的责任。

(6) 编报评价报告。企业应当设计内部控制系统评价报告的种类、格式和内容，明确内部控制系统评价报告编制程序和要求，按照规定的权限报经批准后对外报出。

内部控制系统评价报告应当分别对内部环境、风险评估、控制活动、信息与沟通、内部监督等要素进行设计，对内部控制系统评价过程、内部控制系统缺陷认定及整改情况、内部控制系统有效性的结论等相关内容作出披露。

内部控制系统评价报告至少应当披露下列内容。

① 董事会对内部控制系统报告真实性的声明。

② 内部控制系统评价工作的总体情况。

③ 内部控制系统评价的依据。

④ 内部控制系统评价的范围。

⑤ 内部控制系统评价的程序和方法。

⑥ 内部控制系统缺陷及其认定情况。

⑦ 内部控制系统缺陷的整改情况及重大缺陷拟采取的整改措施。

⑧ 内部控制系统有效性的结论。

内部控制系统评价报告应当报经董事会或类似权力机构批准后对外披露或报送相关部门。

企业内部控制系统评价部门应当关注自内部控制系统评价报告基准日至内部控制系统评价报告发出日之间是否发生影响内部控制系统有效性的因素，并根据其性质和影响程度对评价结论进行相应调整。

企业应当以12月31日作为年度内部控制系统评价报告的基准日。内部控制系统评价报告应于基准日后4个月内报出。

【例9-2】 内部控制系统评价报告范例

×××股份有限公司内部控制系统评价报告

×××股份有限公司全体股东：

依据《公司法》《证券法》等相关法律、法规的要求及《企业内部控制系统基本规范》及其指引，公司董事会对20×3年12月31日公司内部控制系统及运行情况进行了全面检查，出具内部控制系统自我评价报告。按照《企业内部控制系统评价指引》的规定，建立健全和有效实施内部控制系统并评价其有效性是公司董事会的责任，公司董事会对内部控制系统评价报告的真实性和完整性负责。

一、公司的基本情况

×××股份有限公司(以下简称本公司)于20×2年10月整体变更设立，20×3年6月8日，经中国证券监督管理委员会证监发行字[20×3]67号文核准，本公司获准向社会公开发行26 000千股人民币普通股股票，每股面值1元，每股发行价格为人民币18.20元，并于20×3年6月25日在深圳证券交易所上市交易。发行后，本公司股本变更为101 000千元。本公司股本历经变更，截至20×3年12月31日，总股本为323 200千股。

本公司经营范围包括开发、生产、销售家用电器、电机、电子、轻工产品、电动器具、自动按摩设备、厨房用具、现代办公用品、通信设备及其零配件。目前，本公司属于生产型出口企业，主要产品包括面包机、烤箱、电炸锅等。

二、公司建立内部控制系统的目的和遵循的原则

(一) 公司建立内部控制系统的目的

(1) 建立和完善符合现代管理要求的内部组织结构，形成科学的决策机制、执行机制和监督机制，保证公司经营管理目标的实现；

(2) 建立行之有效的风险控制系统，强化风险管理，保证公司各项业务活动的健康运行；

(3) 避免或降低风险、堵塞漏洞、消除隐患，防止并及时发现和纠正各种错误、舞弊行为，保护公司财产的安全完整；

(4) 规范公司会计行为，保证会计资料真实、完整，提高会计信息质量；

(5) 确保国家有关法律法规和规章制度及公司内部控制系统制度的贯彻执行。

(二) 公司建立内部控制系统制度遵循的原则

(1) 内部控制系统制度必须符合国家有关法律法规、财政部《企业内部控制系统基本规范》和深圳证券交易所《上市公司内部控制系统指引》，以及公司的实际情况；

(2) 内部控制系统制度约束公司内部所有人员，全体员工必须遵照执行，任何部门和个人都不得拥有超越内部控制系统的权力；

(3) 内部控制系统制度必须涵盖公司内部各项经济业务、各个部门和各个岗位，并针对业务处理过程中的关键控制点，落实到决策、执行、监督、反馈等各个环节；

(4) 内部控制系统制度要保证公司机构、岗位及其职责权限的合理设置和分工，坚持不相容职务相互分离，确保不同机构和岗位之间权责分明、相互制约、相互监督；

(5) 内部控制系统制度的制定应遵循效益原则，以合理地控制成本达到最佳的控制效果。

内部控制系统制度应随着外部环境的变化、公司业务职能的调整和管理要求的提高，不断修订和完善。

三、内部控制系统环境

(一) 公司内部控制系统结构

1. 公司的治理结构

根据《公司法》《公司章程》和其他有关法律法规的规定，公司建立了较为完善的法人治理结构，制定了以《股东大会议事规则》《董事会议事规则》《监事会议事规则》《总经理工作细则》等为主要架构的规章制度，明确决策、执行、监督等方面的职责权限，形成科学有效的职责分工和制衡机制。股东大会是公司最高权力机构，董事会是公司的常设决策机构，董事会向股东大会负责，对公司经营活动中的重大事项进行审议并作出决定，或提交股东大会审议。监事会是公司的监督机构，负责对公司董事、经理的行为及公司财务进行监督。公司经理层由董事会聘任，在董事会的领导下，全面负责公司的日常经营管理活动，组织实施董事会决议。董事会内部按照功能分别设立了审计和薪酬委员会，制定了《董事会薪酬与考核委员会工作细则》《董事会审计委员工作规程》，规范了董事会各专业委员会的工作流程，并在各专业委员会的工作中得以遵照执行，以进一步完善治理结构，促进董事会科学、高效决策。公司董事会秘书处作为董事会下设事务工作机构，负责协调相关事务并从事上市公司的信息披露、投资者关系管理工作。

2. 公司的组织结构

公司采用总部综合管理、运营单位两级架构，总部设立了营运管理部、财务部、审计监察部、供应链管理部、IT管理部、基建办等职能部门，并制定了相应的岗位职责。各职能部门分工明确、各负其责，相互协作、相互监督。

运营单位包括上海制造中心及各子公司，各运营单位在总部的直接指挥下运作，其内部设立了相应的生产、经营、管理、财务等管理部门和岗位，实施具体生产经营业务。

(二) 公司内部控制系统制度

公司根据《公司法》《证券法》《上市公司治理准则》等有关法律法规的规定制定了《股东大会议事规则》《董事会议事规则》《监事会议事规则》《总经理工作细则》《信息披露管理制度》《独立董事制度》《投资者关系管理制度》《募集资金管理办法》《担保业务管理制度》《关联交易管理制度》等重大规章制度，确保了公司股东大会、董事会、监事会的召开，以及重大决策等行为的合法、合规、真实、有效。公司制定的内部管理与控制制度以公司的基本控制制度为基础，涵盖了财务管理、生产管理、物资采购、产品销售、对外投资、行政管理等整个生产经营过程，确保了各项工作都有章可循，形成了规范的管理体系。

(三) 会计系统

公司设置了独立的会计机构。在财务管理方面和会计核算方面均设置了较为合理的岗位和职责权限，并配备了相应的人员，以保证财务工作的顺利进行。会计机构人员分工明确，实行岗位责任制，各岗位能够起到互相牵制的作用，批准、执行和记录职能分开。

公司的财务会计制度执行国家规定的企业会计准则及有关财务会计补充规定，建立了公司具体的财务管理制度，并明确制定了会计凭证、会计账簿和会计报告的处理程序，公司目前已制定并执行的财务会计制度包括：财务部门职责、财务收支预算管理办法、会计核算制度实施细则、固定资产管理办法、现金管理办法、资产减值准备计提核销制度等。这些财务会计制度为规范公司会计核算、加强会计监督、保障财务会计数据准确，防止错弊和堵塞漏洞提供了有力保证。

(四) 控制程序

公司在交易授权控制、责任分工控制、凭证记录控制、资产接触与记录使用管理内部稽核控制等方面实施了有效的控制程序。

1. 交易授权控制

公司按交易金额的大小及交易性质不同，根据《公司章程》及上述各项管理制度规定，采取不同的交易授权。对于经常发生的销售业务、采购业务、正常业务的费用报销、授权范围内融资等采用公司各单位、部门逐级授权审批制度；对非经常性业务交易，如对外投资、发行股票、资产重组、转让股权、担保、关联交易等重大交易，按不同的交易额由公司总经理、董事长、董事会、股东大会审批。

2. 责任分工控制

公司为了预防和及时发现在执行所分配的职责时产生的错误和舞弊行为，在从事经营活动的各个部门、各个环节制定了一系列较为详尽的岗位职责分工制度，如将现金出纳和会计核算分离，将各项交易业务的授权审批与具体经办人员分离等。

3. 凭证与记录控制

公司在外部凭证的取得及审核方面，根据各部门、各岗位的职责划分，建立了较为完善的相互审核制度，有效杜绝了不合格凭证流入企业内部。在内部凭证的编制方面，凭证都经过签名或盖章，一般的凭证都预先编号。重要单证、重要空白凭证均设专人保管，设登记簿由专人记录。经营人员在执行交易时即时编制凭证记录，交易经专人复核后记入相应账户，并送交会计和结算部门，登记后凭证依序归档。

4. 资产接触与记录使用控制

公司限制未经授权人员对财产的直接接触，采取定期盘点、财产记录、账实核对、财产保险等措施，以使各种财产安全完整。公司建立了一系列资产保管制度、会计档案保管制度，并配备了必要的设备和专职人员，从而使资产和记录的安全和完整得到了根本保证。

5. 内部稽核控制

公司设立审计监察部，配备了专职审计人员，负责公司的内部审计工作。审计监察部直接对董事会负责，在董事会审计委员会的指导下，独立行驶职权，不受其他部门或者个人的干涉。审计监察部现有审计人员5名，其中专职人员5名，根据法律法规和公司《内部审计制度》等有关规章制度，对公司经营班子、公司各控股公司、参股公司、公司各职能部门与财务收支有关的各项经济效益情况、内部控制系统、各项费用的支出以及资产保护等事项进行全面审计，并提出改善经营管理的建议，提出纠正、处理违规的意见。

四、内部控制系统制度的实施情况

(一) 基本控制制度

1. 公司治理方面

公司严格根据《公司法》《证券法》《上市公司章程指引》和证券监管部门的相关文件和

要求，不断完善法人治理结构，及时修改公司章程，制定并完善了《股东大会议事规则》《董事会议事规则》《监事会议事规则》，建立了《信息披露管理制度》《投资者关系管理制度》《独立董事工作制度》《担保业务管理制度》《关联交易管理制度》等，形成了比较系统的治理框架文件，完善了公司的内部控制系统制度。

2. 日常管理方面

公司控股股东严格遵循《公司法》和《公司章程》的规定，履行出资人的权利和义务。公司与控股股东在业务、人员、资产、机构、财务等方面完全做到"五分开"，具有独立完整的业务和自主经营能力。公司股东大会的召开严格按照《公司章程》规定的程序进行，及时披露相关信息，公司董事会、监事会能够独立运作，客观、公正地行使表决权，确保所有股东的利益。

3. 人力资源管理方面

公司坚持"以人为本"的理念，奉行"为员工创造机会"，为顾客创造财富，为社会创造效益，为股东创造价值"的公司价值观和"德才兼备，赛马不相马"的用人政策，最大限度地调动人的积极性。公司制定了系统的人力资源管理体系，在员工的招聘和选拔、培训和培养、绩效管理和评价、薪酬和福利方面制定了详细的制度，可持续发展的人力资源体系是公司不断发展的保障。

(二) 重要的管理控制方法

1. 生产经营及财务管理

生产经营及财务管理以公司经济效益最大化为目标，主要有目标利润的制定与指标的分解、年度生产经营计划的制订与考核、日常管理。实行统一资金缴拨、集中管理的管理制度。

2. 市场营销管理

销售部门通过日常的营销活动和各种大众传播媒体及市场调查，广泛收集国内、国际市场供求关系，了解掌握国内、国际市场销售价格，根据国际、国内市场不同品种市场供求关系，制定出切实可行的价格调整方案，引导公司及时调整生产经营计划。

3. 成本费用核算与管理控制方法

公司成本费用核算与管理的基本任务是按照国家规定的成本费用开支范围，严格审核和控制成本费用支出；及时完整地记录和反映成本费用支出；正确计算产品成本和期间费用；建立健全全员目标成本费用管理责任制；强化成本费用的事前预测、事中控制、事后分析和考核，综合反映经营成果；为经营决策提供可靠的数据和信息；不断挖掘内部潜力、节约开支、努力降低成本费用，提高经济效益。

(三) 资产管理制度

公司已制定了《固定资产管理办法》《现金管理办法》《设备管理制度》等，对货币资金、实物资产的验收入库、使用发出、保管及处置等关键环节进行控制，采取了职责分工、实物定期盘点、财产记录、账实核对等措施，定期对应收款项、对外投资、固定资产、在建工程、无形资产等项目中存在的问题和潜在损失进行调查，按照公司制定的《财务管理制度》《坏账准备、减值准备的管理制度》的规定合理地计提资产减值准备，并将评估损失、计提准备的依据及需要核销项目按规定的程序和审批权限报批。

(四) 投资管理、对外担保、关联交易

公司在《公司章程》《股东大会议事规则》《董事会议事规则》《担保业务管理制度》《关联交易管理制度》中规定了对外投资、收购出售资产、资产抵押、对外担保事项、委托理财、关联交易的权限，并建立了严格的审查和决策程序。

五、本年度公司内部控制系统执行有效性的自我评价

(一) 公司对内部控制系统执行有效性的评价程序和方法

1. 监事会评价

监事会作为公司的监督机关，能依据《公司法》和《公司章程》的规定，认真履行职责，定期召开监事会，对公司财务报告、公司高管人员的违法违规行为、损害股东利益的行为和公司的内部控制系统进行有效监督和评价。

2. 内审评价

公司内部审计人员独立行使审计监督权，对有关部门及有关人员遵守财经法规情况、财务会计制度的执行情况进行审计检查，对违反财务会计制度的行为进行处罚，确保财务会计制度的有效遵守和执行。公司对内控制度执行情况进行定期或不定期的检查与评价，对于发现的内控制度缺陷和未得到遵循的现象实行逐级负责并报告。各级人员严格执行公司制定的内控制度，对于未遵守内控制度的情况及发现的问题，分别向上级作出解释并采取相应的措施。

3. 具体评价方法

(1) 内部环境评价。以《内部控制系统基本规范》及其指引为依据，对公司进行评价，主要有：公司治理结构是否完善，董事会、监事会和股东大会等管理机构是否合法运作和科学决策；是否建立有效的激励约束机制和树立风险防范意识；公司管理层及业务环节是否开展内部培训，让内部风险防范成为高管的共识；是否培育良好的公司精神和内部控制系统文化，创造全体职工充分了解并履行职责的环境；公司高管人员和采购人员是否签订诚信承诺书，对所有的重要材料及设备供应商，在购销活动中首先签订阳光协议，要求其操作过程透明公开，禁止商业贿赂等行为。

(2) 风险评估评价。公司管理层对影响公司目标实现的内外部各种风险进行分析，考虑其可能性和影响程度，制定必要的政策。在对公司风险防范做评测时，重点关注公司是否建立完整的风险评估体系、是否建立审计委员会和风险管理部门，是否对经营风险、财务风险、市场风险、政策法规风险和道德风险等进行持续监控；是否对已发现公司各类风险采取控制措施，如内控制度执行情况的检查和监督，以及相关制度是否向子公司延伸，以确保子公司的经营安全。

(3) 控制活动评价。公司管理层为确保风险对策有效执行和落实所采取的措施和程序，主要包括批准、授权、验证、协调、复核、定期盘点、记录核对、财产的保护、职责的分离、绩效考核等内容。在对公司控制活动进行评价时，重点审核组织结构方面采取的控制活动和内控制度方面采取的控制活动。在组织结构方面重点审核：机构岗位及职责权限是否合理设置和分工；不相容职务是否相互分离，是否成立相关法律事务部门和职能；对采购与验收等环节是否设置相互监督制度，做到人员分离。公司是否把业务流程作为内部控制系统制度建设的重点，设置关键控制点和反馈系统。在内控制度建设方面重点审核：公司是否制定了董事会的议事规则、总经理事权规则、财务管理制度、采购管理制度、投资管理制度、合同管理制度、子公司管理制度、内控检查监督制度等。

(4) 信息与沟通评价。在对公司信息活动进行评价时，重点审核公司是否已制定公司内部信息和外部信息的管理政策，确保信息能够准确传递，确保董事会、监事会、高级管理人员及内部审计部门及时了解公司及其控股子公司的经营和风险状况，确保各类风险隐患和内部控制系统缺陷得到妥善处理；公司的日常业务包括资产、财务管理等是否实行流程表单化管理和建立ERP系统。

(5) 内部监督评价。在对公司该项活动进行评价时，重点审核公司是否已制定了内部控制

系统检查监督办法，该项工作是否在董事会和审计委员会直接领导下，由风险管理部门或审计部门具体负责实施。如：基建项目是否有竣工决算审计制度、主要领导的离任是否实施责任审计，重大投资、担保、抵押、关联交易是否建立审核会签制度；是否有对公司重要物资、设备、原材料的定期盘点和不定期的抽查制度，对公司现金、银行账户的抽查制度等。

(二) 内部控制系统执行的效果

通过制定和有效实施内控制度，公司经营规模逐年扩大，呈现较好的发展态势，管理水平进一步提高，实现了质量和效益的统一。通过加强内控，保证了产品质量和资产安全，有力地提升了公司的综合竞争力，为公司的长远发展奠定了坚实的基础。

本公司管理当局认为，公司按照有关法律法规和有关部门的要求，建立健全了完整的、合理的内部控制系统，总体上保证了公司生产经营活动的正常运作，在一定程度上降低了管理风险。

六、完善内部控制系统的有关措施

由于内部控制系统具有固有的限制，难免存在由于错误或舞弊而导致错报发生和未被发现的可能性。此外，由于情况的变化可能导致内部控制系统变得不恰当，或降低对控制政策、程序遵循的程度，目前的内部控制系统制度将随着情况的变化和执行中发现的问题，不断改进、充实和完善。

七、进一步完善内部控制系统有关工作计划

本公司将在以下方面进一步完善现有内部控制系统。

(1) 进一步加强内部控制系统的风险评估工作，持续进行风险识别和分析，综合运用应对策略，实现有效的风险控制。

(2) 进一步加强内部审计工作，推动内部审计从事后、事中审计向全过程审计转变；加快实现内部审计由财务审计向风险导向审计转变；由发现型、复核型审计向预防型、增值型审计转变。同时，积极探索和实践监督体系，建立监督工作分工责任制度，在重点项目配备专职审计监督员，把监督网络延伸到各个层面。

(3) 进一步加强全资及控股子公司的内部控制系统建设、统一财务政策和人力资源规划，建立严格的目标经营责任制，实行全面预算管理。

×××股份有限公司董事会

××××年×月××日

9.4 内部控制系统审计

企业内部控制系统审计，是指会计师事务所接受委托，对特定基准日内部控制设计与运行的有效性进行审计。

建立健全和有效实施内部控制，评价内部控制的有效性是企业董事会的责任。按照《企业内部控制审计指引》的要求，在实施审计工作的基础上对内部控制的有效性发表审计意见，是注册会计师的责任。

注册会计师应当对财务报告内部控制的有效性发表审计意见，并对内部控制审计过程中注意到的非财务报告内部控制的重大缺陷，在内部控制审计报告中增加"非财务报告内部控制重大缺陷描述段"予以披露。

企业内部控制系统审计报告应当与内部控制评价报告同时对外披露或报送。

9.4.1　内部控制系统审计程序

注册会计师可以单独进行内部控制审计，也可将内部控制审计与财务报表审计整合进行，即整合审计。在整合审计中，注册会计师应当对内部控制设计与运行的有效性进行测试，以同时实现下列目标：①获取充分、适当的证据，支持其在内部控制审计中对内部控制有效性发表的意见。②获取充分、适当的证据，支持其在财务报表审计中对控制风险的评估结果。

内部控制系统审计程序主要包括如下几个。

1. 计划审计工作

注册会计师应当恰当地计划内部控制审计工作，配备具有专业胜任能力的项目组，并对助理人员进行适当的督导。在计划审计工作时，注册会计师应当评价下列事项对内部控制、财务报表以及审计工作的影响。

(1) 与企业相关的风险。

(2) 相关法律法规和行业概况。

(3) 企业组织结构、经营特点和资本结构等相关重要事项。

(4) 企业内部控制最近发生变化的程度。

(5) 与企业沟通过的内部控制缺陷。

(6) 重要性、风险等与确定内部控制重大缺陷相关的因素。

(7) 对内部控制有效性的初步判断。

(8) 可获取的、与内部控制有效性相关的证据的类型和范围。

注册会计师应当以风险评估为基础，选择拟测试的控制，确定测试所需收集的证据。内部控制的特定领域存在重大缺陷的风险越高，给予该领域的审计关注越多。

注册会计师应当对企业内部控制系统自我评价工作进行评估，判断是否利用企业内审计人员、内部控制评价人员和其他相关人员的工作以及可利用的程度，相应减少本应由注册会计师执行的工作。

注册会计师利用企业内部审计人员、内部控制系统评价人员和其他相关人员的工作，应当对其专业胜任能力和客观性进行充分评价。与某项控制相关的风险越高，可利用程度就越低，注册会计师应当更多地对该项控制亲自进行测试。

注册会计师应当对发表的审计意见独立承担责任，其责任不因为利用企业内部审计人员、内部控制系统评价人员和其他相关人员的工作而减轻。

2. 实施审计工作

注册会计师应当按照自上而下的方法实施审计工作。自上而下的方法是注册会计师识别风险、选择拟测试控制的基本思路。注册会计师在实施审计工作时，可以将企业层面控制和业务层面控制的测试结合进行。

注册会计师测试企业层面控制，应当把握重要性原则，至少应当关注以下几方面。

(1) 与内部环境相关的控制。

(2) 针对董事会、经理层凌驾于控制之上的风险而设计的控制。

(3) 企业的风险评估过程。

(4) 对内部信息传递和财务报告流程的控制。

(5) 对控制有效性的内部监督和自我评价。

注册会计师测试业务层面控制，应当把握重要性原则，结合企业实际、企业内部控制各项应用指引的要求和企业层面控制的测试情况，重点对企业生产经营活动重要业务与事项的控制进行测试。注册会计师应当关注信息系统对内部控制及风险评估的影响。

注册会计师在测试企业层面控制和业务层面控制时，应当评价内部控制是否足以应对舞弊风险。

注册会计师应当测试内部控制设计与运行的有效性。如果某项控制由拥有必要授权和专业胜任能力的人员按照规定的程序与要求执行，能够实现控制目标，表明该项控制的设计是有效的。如果某项控制正在按照设计运行，执行人员拥有必要授权和专业胜任能力，能够实现控制目标，表明该项控制的运行是有效的。

注册会计师应当根据与内部控制相关的风险，确定拟实施审计程序的性质、时间安排和范围，获取充分、适当的证据。与内部控制相关的风险越高，注册会计师需要获取的证据应越多。注册会计师在测试控制设计与运行的有效性时，应当综合运用询问适当人员、观察经营活动、检查相关文件、穿行测试和重新执行等方法。

注册会计师在确定测试的时间安排时，应当在下列两个因素之间作出平衡，以获取充分、适当的证据。

(1) 尽量在接近企业内部控制自我评价基准日实施测试。

(2) 实施的测试需要涵盖足够长的期间。

注册会计师对于内部控制运行偏离设计的情况(即控制偏差)，应当确定该偏差对相关风险评估、需要获取的证据以及控制运行有效性结论的影响。

在连续审计中，注册会计师在确定测试的性质、时间安排和范围时，应当考虑以前年度执行内部控制系统审计时了解的情况。

3. 评价控制缺陷

内部控制系统缺陷按其成因分为设计缺陷和运行缺陷，按其影响程度分为重大缺陷、重要缺陷和一般缺陷。

注册会计师应当评价其识别的各项内部控制缺陷的严重程度，以确定这些缺陷单独或组合起来，是否构成重大缺陷。

在确定一项内部控制系统缺陷或多项内部控制缺陷的组合是否构成重大缺陷时，注册会计师应当评价补偿性控制(替代性控制)的影响。企业执行的补偿性控制应当具有同样的效果，表明内部控制可能存在重大缺陷的迹象，主要包括以下几项。

(1) 注册会计师发现董事、监事和高级管理人员舞弊。

(2) 企业更正已经公布的财务报表。

(3) 注册会计师发现当期财务报表存在重大错报，而内部控制在运行过程中未能发现该错报。

(4) 企业审计委员会和内部审计机构对内部控制的监督无效。

4. 完成审计工作

注册会计师完成审计工作后，应当取得经企业签署的对内部控制的书面声明。书面声明应当包括下列内容。

(1) 企业董事会认可其对建立健全和有效实施内部控制负责。

(2) 企业已对内部控制的有效性作出自我评价，并说明评价时采用的标准以及得出的结论。

(3) 企业没有利用注册会计师执行的审计程序及其结果作为自我评价的基础。

(4) 企业已向注册会计师披露识别出的所有内部控制缺陷，并单独披露其中的重大缺陷。

(5) 注册会计师在以前年度审计中识别的重大缺陷和重要缺陷，是否已经采取措施予以解决。

(6) 企业在内部控制自我评价基准日后，内部控制是否发生重大变化，或者存在对内部控制具有重要影响的其他因素。

企业如果拒绝提供或以其他不当理由回避书面声明，注册会计师应当将其视为审计范围受到限制，解除业务约定或出具无法表示意见的内部控制系统审计报告。

注册会计师认为，审计委员会和内部审计机构对内部控制系统的监督无效的，应当就此以书面形式直接与董事会和经理层沟通。书面沟通应当在注册会计师出具内部控制审计报告之前进行。

注册会计师应当与企业沟通审计过程中识别的所有控制缺陷。对于其中的重大缺陷和重要缺陷，应当以书面形式与董事会和经理层沟通。注册会计师应当对获取的证据进行评价，形成对内部控制系统有效性的意见。

5. 出具审计报告

注册会计师在完成内部控制审计工作后，应当出具内部控制审计报告。标准内部控制审计报告应当包括下列要素。

(1) 标题。内部控制审计报告的标题应当统一规范为"内部控制审计报告"。

(2) 收件人。内部控制审计报告的收件人是指业务约定书指定的内部控制审计报告的对象，一般是指内部控制系统审计业务的委托人。内部控制系统审计报告应当载明收件人的全称。

(3) 引言段。内部控制系统审计报告的引言段应当说明企业的名称和内部控制已经审计，并包括下列内容。

① 指出内部控制审计依据；

② 提及管理层对内部控制的评估报告；

③ 指明内部控制的评价截止日期。

(4) 企业对内部控制的责任段。应当说明，按照《企业内部控制基本规范》《企业内部控制应用指引》《企业内部控制评价指引》的规定，建立健全和有效实施内部控制，并评价其有效性是企业董事会的责任。

(5) 注册会计师的责任段。注册会计师的责任段应说明的责任是注册会计师在实施审计工作的基础上，对财务报告内部控制的有效性发表审计意见，并对注意到的非财务报告内部控制的重大缺陷进行披露。

(6) 内部控制固有局限性的说明段。内部控制的固有局限性的说明段应说明内部控制具有固有局限性，存在不能防止和发现错报的可能性。此外，情况的变化可能导致内部控制变得不恰当，或对控制政策和程序遵循的程度降低，根据内部控制审计结果推测未来内部控制的有效性具有一定风险。

(7) 财务报告内部控制审计意见段。审计意见段应说明按照《企业内部控制基本规范》和相关规定在所有重大方面保持了有效的财务报告内部控制。

(8) 非财务报告内部控制重大缺陷描述段。非财务报告内部控制重大缺陷描述段应说明在内部控制审计过程中，我们注意到公司的非财务报告内部控制存在重大缺陷。由于存在上述重大缺陷，我们提醒本报告使用者注意相关风险。需要指出的是，我们并不对公司的非财务报告内部控制发表意见或提供保证。

(9) 注册会计师的签名和盖章。内部控制审计报告应当由注册会计师签名并盖章。

(10) 会计师事务所的名称、地址及盖章。内部控制审计报告应当载明会计师事务所的名称和地址，并加盖会计师事务所公章。

(11) 报告日期。内部控制审计报告应当注明报告日期。报告的日期不应早于注册会计师获取充分、适当的证据(包括管理层认可对内部控制及评估报告的责任且已批准评估报告的证据)，并在此基础上对内部控制形成内部控制审计意见的日期。

6. 关注期后事项

对于企业内部控制自我评价基准日并不存在，但在该基准日之后至审计报告日之前内部控制可能发生变化，或出现其他可能对内部控制产生重要影响的因素，注册会计师应当询问是否存在这类变化或影响因素，并获取企业关于这些情况的书面声明。

注册会计师知悉对企业内部控制自我评价基准日内部控制有效性有重大负面影响的期后事项的，应当对财务报告内部控制发表否定意见。

注册会计师不能确定期后事项对内部控制有效性的影响程度的，应当出具无法表示意见的内部控制审计报告。

7. 记录审计工作

注册会计师应当编制内部控制审计工作底稿，完整记录内部控制审计工作情况。注册会计师应当在审计工作底稿中记录下列内容。

(1) 内部控制审计计划及重大修改情况。

(2) 相关风险评估和选择拟测试的内部控制的主要过程及结果。

(3) 测试内部控制设计与运行有效性的程序及结果。

(4) 对识别的控制缺陷的评价。

(5) 形成的审计结论和意见。

(6) 其他重要事项。

9.4.2 内部控制审计报告

注册会计师应当对获取的证据进行评价，形成对内部控制有效性的意见。注册会计师完成内部控制审计工作后，应当出具内部控制审计报告。

注册会计师应根据对内部控制有效性的审计结论，出具下列内部控制审计意见之一的审计报告。

(1) 无保留意见。

(2) 带强调事项段的无保留意见。

(3) 否定意见。

(4) 无法表示意见。

在内部控制审计意见中没有保留意见，主要是保留意见的信息含量较低，且与否定意见的区分度不清晰，所以在国际上都没有保留意见的内部控制审计报告。

1. 无保留意见的内部控制审计报告

符合下列所有条件的，注册会计师应当对财务报告内部控制出具无保留意见的内部控制审计报告。

(1) 企业按照《企业内部控制基本规范》《企业内部控制应用指引》《企业内部控制评价指引》以及企业自身内部控制制度的要求，在所有重大方面保持了有效的内部控制。

(2) 会计师已经按照《企业内部控制审计指引》的要求计划和实施审计工作，在审计过程中未受到限制。

【例9-3】无保留意见的内部控制审计报告

环宇股份有限公司全体股东：

按照《企业内部控制审计指引》及中国注册会计师执业准则的相关要求，我们审计了环宇股份有限公司(以下简称环宇公司)2010年12月31日的财务报告内部控制的有效性。

一、企业对内部控制的责任

按照《企业内部控制基本规范》《企业内部控制应用指引》《企业内部控制评价指引》的规定，建立健全和有效实施内部控制，并评价其有效性是企业董事会的责任。

二、注册会计师的责任

我们的责任是在实施审计工作的基础上，对财务报告内部控制的有效性发表审计意见，并对注意到的非财务报告内部控制的重大缺陷进行披露。

三、内部控制的固有局限性

内部控制具有固有局限性，存在不能防止和发现错报的可能性。此外，由于情况的变化可能导致内部控制变得不恰当，或对控制政策和程序遵循的程度降低，根据内部控制审计结果推测未来内部控制的有效性具有一定风险。

四、财务报告内部控制审计意见

我们认为，环宇公司按照《企业内部控制基本规范》和相关规定在所有重大方面保持了有效的财务报告内部控制。

五、非财务报告内部控制的重大缺陷

在内部控制审计过程中，我们注意到，环宇公司未来三年"再造一个环宇公司"的发展计划只是公司董事长张×个人提出来的设想，未经公司战略委员会和董事会讨论和审议，也不符合公司所在行业的发展趋势。由于存在上述非财务报告内部控制的重大缺陷，我们提醒本报告使用者注意相关风险。需要指出的是，我们并不对环宇公司的非财务报告内部控制发表意见或提供保证。本段内容不影响对财务报告内部控制有效性发表的审计意见。

××会计师事务所　　　中国注册会计师：×××(签名并盖章)
　　(盖章)　　　　　　中国注册会计师：×××(签名并盖章)
中国××市　　　　　　　2013年×月×日

2. 带强调事项段的无保留意见内部控制审计报告

注册会计师认为，财务报告内部控制虽不存在重大缺陷，但仍有一项或者多项重大事项需要提请内部控制审计报告使用者注意的，应当在内部控制审计报告中增加强调事项段予以说明。

注册会计师应当在强调事项段中指明，该段内容仅用于提醒内部控制审计报告使用者关注，并不影响对财务报告内部控制发表的审计意见。

【例9-4】带强调事项段的内部控制审计报告

华盛股份有限公司全体股东：

按照《企业内部控制审计指引》及中国注册会计师执业准则的相关要求，我们审计了华盛股份有限公司(以下简称华盛公司)2010年12月31日的财务报告内部控制的有效性。

("一、企业对内部控制的责任"至"五、非财务报告内部控制的重大缺陷"参见无保留意见的内部控制审计报告相关段落表述。)

六、强调事项

我们提醒内部控制审计报告使用者关注，公司有60%的会计人员未经过系统的会计知识学习与培训，未取得会计人员资格证书，这有可能会影响内部控制和会计信息的质量。本段内容不影响已对财务报告内部控制发表的审计意见。

××中超会计师事务所	中国注册会计师：×××(签名并盖章)
(盖章)	中国注册会计师：×××(签名并盖章)
中国××市	2013年×月×日

3. 否定意见内部控制审计报告

注册会计师认为财务报告内部控制存在一项或多项重大缺陷的，除非审计范围受到限制，应当对财务报告内部控制发表否定意见。

注册会计师出具否定意见的内部控制审计报告，还应当包括下列内容。

(1) 重大缺陷的定义。

(2) 重大缺陷的性质及其对财务报告内部控制的影响程度。

【例9-5】否定意见内部控制审计报告

春华股份有限公司全体股东：

按照《企业内部控制审计指引》及中国注册会计师执行准则的相关要求，我们审计了春华股份有限公司(下称春华公司)2010年12月31日的财务报告内部控制的有效性。

("一、企业对内部控制的责任"至"三、内部控制的固有局限性"参见无保留意见内部控制审计报告相关段落表述。)

四、导致否定意见的事项

重大缺陷，是指一个或多个控制缺陷的组合，可能导致企业严重偏离控制目标。

我们在内部控制审计中发现，公司对外投资业务较多，投资金额达到34 256万元，但缺乏相关的内部控制，从投资立项到资金投入都由总经理负责实施和审批，未按规定的程序实施。另外，公司产品对外销售的折扣审批缺乏相关的制度，公司总经理、副总经理可以随意审批。这些现象的存在，使公司的投资和销售业务缺乏监督，难以保证内部控制发挥作用。

有效的内部控制能够为财务报告及相关信息的真实完整提供合理保证，而上述重大缺陷使春华公司内部控制失去这一功能。

五、财务报告内部控制审计意见

我们认为，由于存在上述重大缺陷及其对实现控制目标的影响，春华公司未能按照《企业内部控制基本规范》和相关规定在所有重大方面保持有效的财务报告内部控制。

六、非财务报告内部控制的重大缺陷

(参见无保留意见内部控制审计报告相关段落表述。)

××会计师事务所	中国注册会计师：×××(签名并盖章)
(盖章)	中国注册会计师：×××(签名并盖章)
中国××市	2013年×月×日

4. 无法表示意见内部控制审计报告

注册会计师审计范围受到限制的，应当解除业务约定或出具无法表示意见的内部控制审计报告，并就审计范围受到限制的情况，以书面形式与董事会进行沟通。

注册会计师在出具无法表示意见的内部控制审计报告时，应当在内部控制审计报告中指明审计范围受到限制，无法对内部控制的有效性发表意见。

【例9-6】无法表示意见内部控制审计报告

彩虹股份有限公司全体股东：

我们接受委托，对彩虹股份有限公司(下称彩虹公司)2010年12月31日的财务报告内部控制进行审计。

(删除注册会计师的责任段，"一、企业对内部控制的责任"和"二、内部控制的固有局限性"参见无保留意见内部控制审计报告相关段落表述。)

三、导致无法表示意见的事项

在内部控制审计进程中，公司拒绝提供相关资料，致使我们无法取得公司原始材料采购、成本费用计算、采用会计政策、会计估计等方面的制度。也无法取得公司董事会、总经理办公会的会议记录。

四、财务报告内部控制审计意见

由于审计范围受到上述限制，我们未能实施必要的审计程序以获取发表意见所需的充分、适当的证据，因此，我们无法对彩虹公司财务报告内部控制的有效性发表意见。

×× 会计师事务所	中国注册会计师：×××(签名并盖章)
(盖章)	中国注册会计师：×××(签名并盖章)
中国××市	2013年×月×日

本章小结

内部控制是现代企业管理的重要手段，良好的内部控制系统有利于合理保证财务报告的可靠性、经营的效率和效果以及对法律法规的遵守，有利于对经济活动进行评价，保证企业经营目标的实现。

内部控制系统整体框架主要由控制环境、风险评估过程、控制活动、信息系统与沟通、监督5项要素构成。审计人员对内部控制所做的研究和评价一般可分为4个步骤：第一，了解内部控制；第二，记录对内部控制了解的情况；第三，内部控制测试；第四，控制风险评估。

内部控制审计报告有4种类型：无保留意见、带强调事项段的无保留意见、否定意见、无法表示意见。

复习思考题

1. 内部控制系统的含义是什么？
2. 内部控制系统整体框架的内容是什么？
3. 如何理解内部控制系统和现代审计的关系？
4. 简述控制风险评估的结果对实质性测试的影响。
5. 论述内部控制系统在现代审计中的作用。

第10章 审计的导向类型和技术发展

审计技术和方法是审计实践经验的总结。现代审计技术和方法体系是在原始查账基础上从低级到高级，从不完备到较完备逐渐发展起来的。审计技术和方法变革的根本动力是基于评价内容日益复杂的受托经济责任的客观要求。归纳起来，审计技术和方法的发展大致经历了三个阶段：一是账表导向审计(古代至20世纪40年代末期)；二是系统导向审计(20世纪50年代初期至20世纪80年代末期)；三是风险导向审计(20世纪80年代末期至今)。与风险导向审计阶段并存的是，计算机技术广泛应用于会计信息处理和审计过程，应考虑信息技术对审计技术和方法的影响。

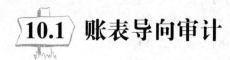

10.1 账表导向审计

10.1.1 账表导向审计的目标

作为经济责任的受托方，只要能证明其操守清廉，即可解除受托人的受托经济责任。与这种受托经济责任的内容相适应，这时的审计采取的也就是对会计账簿和凭证的详细检查。审计目标就在于揭露各种错误、舞弊和不忠于职守的行为。

如上所述，早期审计工作的主要目标是查错揭弊，这时，一般采用账表导向的审计方式。这种审计方法是围绕着会计账簿、财务报表的编制过程进行的。它通过对账表上的数字进行详细核实来判断是否存在舞弊行为或技术性错误。

当审计工作是以检查错误和舞弊为主要目标时，采取的账表导向审计的重点是以交易为基础的详细审查，以交易为基础的全部工作都是围绕着交易过程进行的。通过对财务报表、会计账簿和会计凭证的详细检查来判断是否存在舞弊行为或技术性错误。

早期的审计工作是围绕着记录会计交易的账簿、凭证进行的，通过大量的凭证检查以及对不同账簿中相关交易事项分录的比较，以及对账簿中相关交易的原始文件进行比较来发现会计工作中的问题，这种以交易为基础的审计必须进行大量检查、核对、加总和重新计算，审计人员需要具备良好的簿记和会计知识。审计人员对于会计记录以外的事项不感兴趣，审计人员取得的证据主要来自会计部门内部。

当财务报表审计开始流行，审计方式开始朝着以交易为基础的抽查方向发展。在这一阶段，审计工作主要是围绕着财务报表项目进行的，由于审计范围的扩展和企业规模的扩大、业务量增多等，审计人员开始采用抽查测试技术，只是抽查的数量仍然很大，而且在抽查样本的选择方面仍然是以判断抽样为主。由于当时审计人员并没有认识到内部控制系统的重要性，样本的选择仍带有很大的盲目性，而且审计工作仍然是以交易过程为中心进行的。

10.1.2　账表导向审计的发展过程

账表导向审计发展过程主要经历了数据稽核、账簿审计、详细审计、资产负债表审计和全面财务报表审计等阶段。

1. 数据稽核

数据稽核以检查账簿记录、核对有关凭证为依据，验算其会计数据是否一致及其计算是否正确。德国在18世纪以前盛行数据稽核，只审查有关账簿数据方面的正确性。19世纪中叶以后，随着股份有限公司的发展和社会关系的复杂化，审计人员才在稽核会计账簿记录数据的正确性外，进一步查明企业的实际经营情况，然而这仍是以检查账簿记录为基础的，检查企业经营的实际情况仍是以账簿所反映的会计事项为导向。

2. 账簿审计

账簿审计是检查账簿记录的内容和金额，以确定其是否按照规定的程序进行处理的审计。具体做法如下所述。

(1) 核对凭证单据与原始登记簿上的记录。

(2) 检查有关账户之间的过账情况。

(3) 验证各账簿中的数字计算。

19世纪末，英国审计以检查会计账簿所反映的会计事项为主线，进行账证、账簿、账表的核对，工作做得很细致。这种账簿审计也称为英国式审计。账簿审计是对企业会计账簿的组织及其反映业务的真实性、正确性和完整性所进行的审计。其审计的主要内容有以下几项。

(1) 审核账簿的设置。

(2) 审核账簿的记载技术。

(3) 审核账簿的保管。

这实际上只是就账簿审账簿，并未涉及账簿记录的来龙去脉，所起的作用十分有限。

3. 详细审计

详细审计又称全面审计，是详细审查企业全部会计事项的审计。它要针对一定时期内的所有会计事项，检验其有关会计凭证、会计账簿和财务报表，确认其是否存在错误和弊端。早期的详细审计的主要特点是检验和查证付款凭单。在许多场合下，无保留的审计意见书写道："账目业经审计正确。"事实上只是把付款的某些收据和现金账簿的付款记录进行了对比，此外没有做任何事情。那时，许多人认为只要出纳员或财务总管能提出每笔付款的凭单，整个账目就不会有什么问题了。但这样的审计不能满足需要，于是，在审查凭单之外加上全面检验合计金额和过账事项，再加上核算试算表，便构成了19世纪英国式详细审计的主要内容。就一般情况来说，详细审查要审查下列资料的正确性。

(1) 试算表。

(2) 总分类账中的控制账户预期的辅助账户。

(3) 应收票据、应付票据和证券表的明细表。

(4) 银行对账单以及来自债权人的对账单。

(5) 付讫银行支票和所有的凭单。

(6) 应收账款及坏账准备。

(7) 盘存明细表。

审计方法以检查合计和过账为主，辅之以审阅和测试。检查合计和过账的工作量一般可达到整个审计工作量的3/4。

4. 资产负债表审计

资产负债表审计是查证企业资产负债表中各个项目的内容和金额是否正确的审计。资产负债表审计的基本内容包括以下几项。

(1) 确认账簿在一定时期所列的全部资产确实存在。

(2) 确认有无应该列账而未列账的其他资产。

(3) 确认账簿在一定时期所记载的债务是否是真正的负债。

(4) 确认所有负债是否已经反映在账簿上。

(5) 确认账列负债的发生是否正当。

资产负债表审计的客观依据如下所述。

(1) 实行详细审计所费时间太多，所花成本太大，几乎等于把已做过的会计工作重做一遍，不适用于大型企业的审计。而且，详细审计主要是审核凭证，复核合计金额，查对过账，检查试算表。事实证明，贪污舞弊行为大多数不是靠这样的审计揭露出来的。

(2) 企业的会计和内部牵制制度日趋完善，不需要外部审计人员重复工作。

(3) 20世纪初随着美国信用事业的发展，银行界和其他债权人需要了解企业的财务状况和偿债能力的报表，所以，保证资产负债表的正确性自然成为审计的主要目标。资产负债表审计并不局限在资产负债表上，它必须遵循会计事项的轨迹，追溯到会计账簿和会计凭证，最后才能对资产负债表项目作出正确的认定。

5. 全面财务报表审计

大约在1925年，美国审计由资产负债表审计发展为包括资产负债表和损益表在内的全面财务报表审计，重点一度转向损益表的审计。20世纪20年代，工商界人士逐渐认识到损益表的重要性。企业财务报表不仅要面对股东，而且要面向证券市场。购买股票和债券不仅应关注企业的财务状况和偿债能力，而且应关心企业的盈利能力。1933年的《证券法》和1934年的《证券交易法》规定，登记的公司必须披露经审计的财务报表。

全面财务报表审计是资产负债表审计的扩展。财务报表范围扩展，适应范围也相应扩大，审计的目标由单纯为所有者查找弊端和错误转变为对财务状况和经营成果的鉴证，在审计方法上，由详查转变为以选定项目进行测试(抽查)。但在财务报表审计发展的早期，由于以抽查测试为主的审计方法还不成熟，仍然大量采用详细审计的方法。

上述演变过程可归纳为

详查收入和支出 → 全面详查 → 审查资产负债表项目 → 全面审查财务报表项目

不管如何演变，在这段历史中，审计都以审查账表上的会计事项为主线，所以称为账表导向审计。

10.1.3 账表导向审计的局限性

账表导向审计的技术和方法适用于评价简单的受托经济责任，是审计技术和方法发展的初始阶段，在审计技术和方法史上占据着十分重要的地位。它为几千年来审计工作的发展创造了条件，其丰厚的遗产恩泽至今。然而，这种技术和方法自身也包含着难以克服的局限性，进入20世纪，这种局限性越来越明显，审计技术和方法的变革日益迫切。

账表导向审计存在的缺点主要有：一是这种审计技术和方法耗费大量的人力和时间。每一步交易从原始凭证的记录到与交易有关的各类会计文件的形成，及其在会计系统内的周转过程，对此进行详细检查是一项繁重复杂的工作。在大型企业中即使进行10%的抽查也意味着要进行成千上万次核对、计算等。而这一艰巨的重复性劳动的目标则是为了寻找一个可能根本就不存在的舞弊和技术性记账错误。二是即使采用有限制的抽查技术，但由于对会计系统的不了解，也容易造成由于抽查原因而遗漏重大有问题项目的事件。三是由于以交易为基础的审计工作主要都是围绕着交易开展的，因此不容易发现会计工作中的程序性错误，对于会计系统中的缺陷也很难发现，这样即使查出了技术性错误或舞弊的情况，也不能追根溯源、堵塞漏洞、避免重犯。

经过长时间的探索，审计人员越来越清楚地认识到单纯围绕着交易事项进行审查，已经不能圆满地完成审计任务，必须寻找更为可靠、更为有效的审查方法。在审计实践中，审计人员逐渐发现会计系统的可靠性对于审计工作来说具有非常重要的意义。当会计系统中责任明确、控制健全时，审计工作很容易进行，审计风险也很小。而对一个控制不严、缺陷众多的会计系统进行审查，不仅费时、费力，而且存在很大的审计风险。于是审计人员开始将注意力转移到会计系统的可靠性方面。20世纪初的资产负债表审计，虽然是对企业期末财务状况的静态数字的分析与检查，审计的主要目标是证明企业会计记录的正确无误和揭发企业的舞弊行为，但是当时已经产生了评价会计系统可靠性的需要。这种最初的对于评价会计系统可靠性的需要，可以说是一种新型审计方式——系统导向审计的萌芽。

10.2 系统导向审计

10.2.1 系统导向审计的目标

进入21世纪，受托经济责任的内容有了变化，审计技术和方法也发生了相应的改变。这种情况首先出现在20世纪上半叶迅速崛起的美国审计中。美国的审计源自英国，最初的审计理论也是来自英国。但美国人很快便察觉到英美审计在背景上的差异，而这种差异来自受托经济责任内容上的不同。美国早期在联邦法律中并未确定类似英国《公司法》所确定的股东与经营者之间的受托经济责任，尽管这种责任是客观存在的。然而，20世纪20年代初，美国审计职业界面临着另一受托经济责任，这种受托经济责任最早来自企业寻求短期商业贷款，后来则是因向社会发行债券、筹集资金而产生的。与先前的受托经济责任相比，这种受托经济责任关系具有如下特点：一是经济责任委托人已不再限于股东，而扩大到贷款的银行和作为未来投资者的一般社会公众；二是这种受托经济责任要求承担经济责任的一方，在受托经济责任关系正式确定以前，先提交说明其财务状况的报告，以便决定是否托付资金；三是这种报告的目的不在于说明经营者是否存在账目的差错乃至舞弊行为，而在于如实说明经营状况和财务成果，使现有和未来的出资人决定是否出资和增资。

受托经济责任内容出现的上述变化，使审计目标发生了相应变化，从发现舞弊和不法行为，转向了说明财务报表的可信性，进而呼唤审计技术和方法的变革。审计目标的转变改变了对审计技术和方法的要求。对舞弊和各种差错的审查，只能借助于对会计账证的详细核查。在内部控制不健全的时代尤为如此。而验证财务报表的可信性则要借助于评审内部控制系统，这就导致了系统导向审计方法的产生。

以系统为导向的审计技术和方法，是以审查内部控制系统为基础的一种审计技术和方法。它的出现与审计目标的改变有很大的关系，因为审计工作的主要目标已经不再是发现记账差错和揭露舞弊行为，而是审计财务报表是否合法、公允地反映了被审计单位的财务状况和经营成果。财务报表的外部使用者也将注意力越来越多地转向企业的经营管理方面，这就要求审计人员对组织的内部控制系统有全面的了解。以系统为导向的审计技术和方法改变了对于经济活动结果进行详细检查的传统做法，强调对内部控制系统的评价。当评价的结果证明内部控制系统可以信赖时，在实质性测试阶段只抽取少量样本就可以得出审计结论，而当评价结果认为内部控制系统不可靠时，才会根据内部控制薄弱程度决定扩大审计范围或增加抽样的样本量。

经济发展的外部因素也使得审计工作越来越依赖于企业的内部控制系统，这种趋势可以归纳为以下两点。

(1) 随着经济的不断发展，出现了很多经营规模较大的企业，交易过程越来越复杂，对各项合理性的判断也因为交易环节的增加而越来越困难，在这种情况下，审计工作不得不依赖于企业内部控制系统的自我控制。

(2) 由于企业规模的不断扩大，交易数量也急剧增多，已经不能继续应用大量检查会计账簿、会计凭证的传统的审计方法，这使抽样技术得到了广泛的应用，而企业内部控制系统是否健全可靠，已经成为能否成功地应用抽样技术的先决条件。

在新的形势下，传统的审计技术和方法已经不能适应需要，经过长时间的实践探索和理论上的总结与提高，以系统为基础的审计方式在20世纪50年代初期开始在英美等西方主要资本主义国家得到应用。以系统为基础的审计方式采用了先评审内部控制有效性的方法，并且在评审内部控制有效性时广泛应用了统计抽样技术，强调对内部控制系统有方向、有重点的检查，改变了过去那种盲目的机械检查方法，大大提高了审计工作的效率。

如果将以系统为导向的审计技术和方法与以账表为基础的审计技术和方法进行比较，就会发现，后者强调直接检查系统所产生的结果，它并不进行深入系统内部的检查，而以围绕系统所产生的会计凭证、会计账簿、财务报表等进行直接的判断和审查，对交易的合理性和交易结果计算的准确性作出判断，而以系统为导向的审计技术和方法则注重剖析系统内部结构，分析产生最后结果的全部过程中各个步骤之间的关系，研究系统内部是否存在足够的控制环节，检查这些控制环节是否充分发挥了作用，可以防止错误与舞弊的发生，就说明系统是有效的。

以系统为导向的审计重点应放在对系统内各个控制环节的审查上，目的在于发现系统中控制的薄弱环节，发现了这些薄弱环节，实际上就是找出了问题发生的根源，然后在这些环节上扩大检查范围，看其是否造成重大错误与舞弊以及对财务状况的重大错报，这种审查方式不是漫无目的的大海捞针，而是方向明确的重点审查。由于着眼于对整个系统的总体情况进行了解和分析，这种审计方式可以发现一些程序上的错误或工作步骤上的不合理的现象，因此，还有助于进一步提高经营效率，向组织管理部门提出建设性意见。

10.2.2 系统导向审计的发展过程

1. 系统导向审计的产生

内部控制系统由来已久，它与审计并没有必然的联系。从实施主题上讲，内部控制系统是由企业管理部门完成的，而审计是由外部审计人员从事的；从对象范围讲，内部控制系统涉及企业的各个方面，而财务审计仅与财务资料有关，内部控制系统的范围比审计要广；从目的方面讲，内部控制系统包括从防护性到促进性，而财务审计主要是对企业对外编报的财务报表给予鉴证。

然而，它们之间又有一定的内在联系，正是这些联系才使它们结合在一起，最终形成系统导向统计。实施内部控制系统的目的，首先是出于对企业资产安全的保护，并以此为基础发展到对会计资料正确性的保证，后来又发展到对企业生产经营活动经济性、效率性和效果性的提高，国家法律、法规的贯彻以及经营目标实现的促进，而实现这些目标的核心和前提就是要保证会计资料的合法、公允，这与财务审计的目标不谋而合，正是这一内在联系构成了内部控制系统与财务审计相结合的基础。一旦条件成熟，必然产生系统导向审计。

自20世纪初至20世纪30年代，内部控制系统与审计开始挂钩，为审计所用。这一时期正是财务审计由详细审计向资产负债表审计转型的阶段，也是审计目标和方法技术的大变革时期。对于20世纪初开始的资产负债表审计，一般认为，对于内部控制系统健全的大中型企业，可以实行详细审计，对于小企业和内部控制系统不健全的大中型企业，还应采取详细审计。系统导向审计是以内部控制系统为导向的审计，首先必须对被审计单位的内部控制系统作出评价，只有认为内部控制系统比较健全，才可以进行详细审计，否则只能运用老办法进行详细审计。系统导向审计以被审计单位具有较健全的内部控制系统为前提条件，伴随着内部控制系统的完善，系统导向审计于20世纪50年代初逐步走向审计舞台。

以前的审计是对被审计单位的财务会计工作，包括对原始凭证和会计账簿记录等日常业务处理进行检查，采用的办法一般是核对法，将账证、账账、账表核对相符，以便证明财务报表所反映的情况是真实的和公允的。随着经济的发展，企业规模的扩大，经济业务的复杂化，那种详细的全面核对逐渐变得行不通，于是产生了对重要项目进行重点测试的方法(不是现在的详细审计)。但这种方法的漏洞很多，不能保证财务报表的合法性和公允性，以致财务报表使用者深受其害，并转而控告审计人员。在这种形势下，审计界不得不谋求对策，于是决定在财务审计中采用内部控制系统审计的方法，希望提高审计效率，减少审计风险。那时的企业管理已日臻完善，这也为系统导向审计提供了客观条件，同时系统论已经问世，也为其提供了理论武器。

根据系统论的原理，任何一个系统都有其固有的控制功能。所以，审计人员可以把注意力集中到会计系统的控制功能上，而不必花过多的精力在审查机械地记录结果上。如果为防止和揭露错弊的核对及制衡方法已经得到正确的运用，那么这个系统所产生的结果也应该是正确的。因此，审计人员所要确定的是内部控制系统究竟可以依赖到什么程度，这个内部控制系统便构成财务审计的基础。

系统导向审计的产生基于以下4个要素。

(1) 企业界的内部控制系统日趋完善，评价内部控制系统可以作为审计导向。

(2) 审计目标由以查错纠弊为主变为以确认财务报表的合法性、公允性为主。

(3) 审计对象的规模进一步扩大，也更加复杂，运用传统的审计方法不能达到审计的目标。

(4) 审计界引进系统论，与长期积累的实践经验相结合，使审计理论获得新的突破。

2. 审计导向审计程序

关于系统导向审计的程序，沃尔夫列举了8个步骤。

(1) 了解被审计单位的背景和理论上应具备的业务制度；

(2) 了解被审计单位实际应用的业务制度;

(3) 详细查明其内部控制系统中的强点和弱点;

(4) 评价各个强点和弱点对各主要业务的影响;

(5) 确认据以编制财务报表的各种记录的可靠程度;

(6) 保证财务报表与主要记录一致;

(7) 对所审核账目的合法性、公允性形成审计意见;

(8) 在出具的审计报告中表示意见。

霍华德曾以程序图来说明系统导向审计,如图10-1所示。

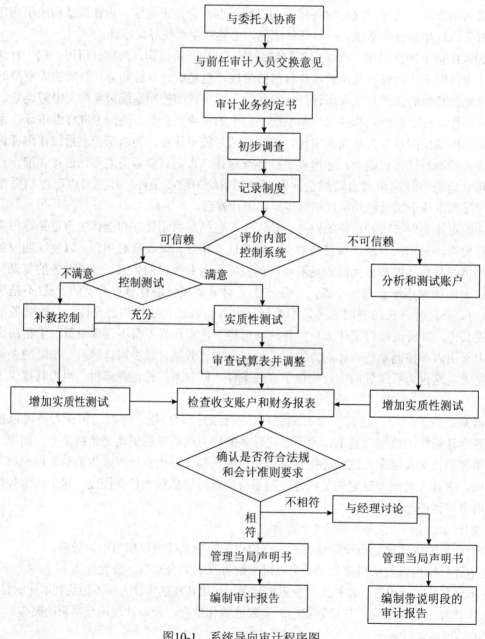

图10-1　系统导向审计程序图

从图10-1可以看出,系统导向审计的程序具有以下特点。

(1) 签订审计业务约定书之后要进行初步调查，将现行系统记录下来，并加以评价。

(2) 经过评价，如认为系统不可信赖，则不能采用系统导向审计的方法，而要对会计账簿进行分析和测试，增加实质性的数量。

(3) 如认为系统可以依赖，则采用系统导向审计的方法，进行控制测试。

(4) 如对控制测试满意，则可进行少量的实质性测试。

(5) 如对控制测试不满意，则必须了解有无补救控制的措施。倘若有适当的补救控制措施，也可只进行少量的实质性测试。

(6) 倘若缺乏适当的补救措施，则必须增加实质性测试的数量。

以上霍华德的审计程序图和沃尔夫的8个审计步骤，适用于民间审计组织所进行的系统导向审计。就政府审计而言，因为政府审计是强制审计，无须征求被审计单位的同意，也不需要与委托人协商，更无所谓审计业务约定书。审计谁和审计什么，完全由政府审计机关决定。政府的活动多种多样，而且分散在各地，因此，对于任何复杂的活动要作出正确处理，做好计划工作是前提条件。许多国家的政府审计机关都花费很多的时间和精力进行调查研究，制订审计计划，确定审计任务。

3. 了解和记录内部控制

1) 了解内部控制的目的

了解被审计单位的内部控制，可以达到以下目的。

(1) 确认可能发生的潜在错报的种类及导致错报发生的因素。

(2) 充分了解会计系统以确认被审计单位的凭证、报告和其他可能取得的信息，以便决定在审计测试中运用哪些数据。

(3) 选择一种高效、有力的审计方法。如果审计人员通过了解和测试被审计单位的内部控制，认为其内部控制设计基本完善且能够被有效执行，进而可以确定采取范围较小的实质性测试程序或分析程序来测试账户余额。

审计人员对内部控制的了解，可以从两方面进行：一是了解每一控制要素的政策和程序的设计；二是这些政策和程序是否已得到执行。

在确定内部控制与审计的关系时，应当明确以下两点：一是审计人员在执行财务报表审计业务时，不论被审计单位规模大小，都应当对相关的内部控制进行充分的了解。二是审计人员应根据其对被审计单位内部控制的了解，确定是否进行控制测试以及将要执行的控制测试的性质、时间和范围。审计人员如拟依赖内部控制，应当实施控制测试。

2) 了解内部控制系统的程序

在了解内部控制时，应当合理利用以往的经验。对于重要的内部控制，通常还可实施以下程序。

(1) 询问被审计单位人员，并查阅相关内部控制文件。

(2) 检查内部控制生成的文件和记录。

(3) 观察被审计单位的业务活动以及内部控制的运行情况。

(4) 选择若干具有代表性的交易和事项进行穿行测试。

审计人员通过复核以前与被审计单位交往的情况，可以了解以前审计时所发现的错报种类及原因。

通过询问，审计人员可以获知新的情况或被审计单位经营的变化情况，如引进了新的产品生产线或开设了新部门等。为了充分了解所应用的控制政策和程序，以合理计划审计工作，审计人员可选择亲自观察控制，以便弄清楚他们是否已经得到执行。

另外，了解内部审计人员也是了解内部控制的有效途径。审计人员应充分了解内部审计的功能，以便确认与计划审计工作有关的内部审计活动。为取得这项了解，所需执行的程序范围将因活动的性质和重要性不同而异。通常，审计人员应当向有关管理人员和内部审计人员询问下列事项。

(1) 内部审计人员在被审计单位的地位。

(2) 所从事的活动。

(3) 内部审计准则的应用情况。

(4) 所执行的内部审计工作的性质、时间和范围。

(5) 对内部控制系统了解的记录。审计人员对于调查了解的内部控制情况以及所做的控制风险进行初步评价，及时做适当的记录。

4. 控制测试的概念和方法

1) 控制测试的概念

控制测试又称符合性测试。控制测试是为了确定内部控制政策和程序的设计与执行是否有效而实施的审计程序。实施对内部系统控制了解的程序，则是为了了解内部控制系统是如何设计的以及是否得到执行。控制测试是在了解内部控制的基础上，来确定其设计和执行的有效性。

审计人员在了解内部控制以后，只对那些准备依赖的内部控制执行控制测试，而且在执行这种测试之前，审计人员必须考虑成本—效益原则，只有当由于信赖内部控制系统而减少的实质性测试的工作量大于执行控制测试的工作量时，测试才是必要的和经济的。

(1) 控制设计测试。控制设计测试所要解决的问题是，被审计单位的控制政策和程序是否设计合理、适当，是否可防止、发现和纠正特定财务报表认定的重大错报。比如，审计人员了解到被审计单位管理部门的控制政策和程序要求将存货储存在加锁的仓库里。据此可下结论，该项控制可以防止或降低存货关于"存在或发生"认定所产生错报的风险。

(2) 控制执行测试。控制执行测试所要解决的问题是，被审计单位的控制政策和程序是否发挥作用。被审计单位的某项控制设计得再好，如不实际发挥作用，也不能减少财务报表认定出现错报的风险。

测试某项控制执行的有效性，应着重查清以下三个问题：这项控制是如何应用的？是否在年度中一贯应用？由谁来应用？

如某项控制在年度中由被授权的人员适当和一贯应用，那么该项控制政策或程序就得到了有效的执行。相反，如未能适当和一贯地应用，或由未被授权的人员来应用，则说明控制执行失败。人们习惯上将这种控制执行的失效或不当，称为"偏差""偶发事件"或"例外"，而不称为"错报"。因为某些控制执行失败或不当，只意味着会计记录中有可能出错，但并不一定会出错。例如，被审计单位的某些销售发票没有由第二人独立验证其正确性，属于一项控制偏差，但是如果第一个经办人员已正确填写了发票，那么，会计记录仍然可能是正确的。

值得注意的是，尽管审计人员在审计过程中，可以对某主要交易的有关控制进行控制测试，也可以对某账户的有关控制进行控制测试，但不是对所有的控制都要加以测试。为了更好地实现审计总目标，审计人员只应对那些有助于防止或发现财务报表认定产生重大错报的控制执行测试。

2) 控制测试的种类

审计人员既可以在审计计划期间，也可在外勤工作期间执行控制测试，这主要取决于所要实施的测试性质。控制测试的种类有以下几种。

(1) 同步控制测试。

(2) 追加控制测试。

(3) 计划控制测试。

5. 控制风险的评价

审计人员执行控制测试后，应对内部控制测试进行重新评价，根据再次评价的控制风险水平，重新考虑和推算检查风险的水平，从而可以确定将要执行的实质性测试程序的性质、时间和范围。

1) 控制风险的分析

评价控制风险，是评价内部控制程序、防止或者发现财务报表中的重大错报的有效程度的过程。由于内部控制程序的政策和程序是与财务报表的认定相互联系的，因而，审计人员是针对财务报表的认定来评价控制风险的。控制风险的评价以某项认定相关的各内部控制政策和程序为基础。这就是说，审计人员要牢记审计目标，要针对财务报表的认定评价控制风险而不要针对个别内部控制系统或个别政策和程序进行评价。评价控制风险所得到的结果，称为"控制风险估计水平"。

控制风险的评价实际上就是审计人员对每一项内部控制系统中的相关控制政策和程序的有效性，与某项认定中存在重大错报的风险之间的相互作用情况进行判断的过程。如果某项内部控制要素的相关控制政策和程序可以有效地防止或发现某项认定的重大错报，那么，该项认定的控制风险的评价水平较低；反之，则该项认定的控制风险的评价水平较高。因此，审计人员在评价控制风险时，应合理利用专业判断，谨慎分析审计证据。

2) 控制的风险评价过程

控制风险可评价为高水平，也可评价为低水平。将控制风险评价为高水平，意味着内部控制不能及时防止、发现和纠正某项认定中的重大错报的可能性很大。如果很多人认定或者所有认定的控制风险，都被评估为高水平，那么，审计人员就要考虑其对被审计单位财务报表审计的影响。

出现下列情况之一时，审计人员应当将重要账户或交易类型的部分或者全部认定的控制风险评估为高水平。

(1) 被审计单位内部控制失败。

(2) 审计人员难以对内部控制的有效性作出评估。

(3) 审计人员不拟进行控制测试。

审计人员只有在确认以下事项的情况下，才能评价控制风险低于最高水平。

(1) 相关的内部控制可能防止、发现或纠正重大错报。

(2) 审计人员拟进行控制测试。

审计人员在对某项认定的控制风险进行评价时，必须遵循以下步骤。

(1) 确定该项认定可能发生哪些潜在的错报。

(2) 确认哪些控制可以防止或者发现这些错报。

(3) 执行控制测试，获取这些内部控制是否设计科学和有效执行的证据。

(4) 评价所获得的证据。

(5) 评价该项认定的控制风险。

10.2.3　系统导向审计的局限性

经过时间和理论方面的不断总结与提高，以系统为导向的审计方法和技术在20世纪50年代初期开始在美英等主要资本主义国家得到应用，这是现代审计发展和成熟的重要标志。在人类审计发展的历史上，没有哪种管理方法像内部控制系统那样强有力地突破了束缚审计技术方法的种种限制，使审计科学从不成熟走向成熟。随着审计实践的发展，系统导向审计的重要性日益突出，它犹如一个巨大的磁场，将审计人员和审计学理论研究者的研究焦点从账表导向审计转向系统导向审计。

应该指出，由于内部控制系统本身所具有的固有局限性，以系统为基础的审计方法也不是万能的，如它对于无规律的业务就很难发挥作用。在实践中，审计人员发现，以系统为导向的审计方法存在着一种危险的趋势，即由于审计人员特别强调对于系统的检查，因而给管理部门造成错觉，认为控制方面的缺陷只能用控制来弥补，这就容易形成为了控制系统而加强控制的状况，其结果是控制系统的确是加强了，但是系统所产生的结果并没有得到改进，而且控制的加强必然会增加成本，影响到最终的结果。造成这种危险趋势的根本原因是，在控制系统的同时忽略了人的因素。在一些审计工作比较发达的国家已经发现了以系统为导向审计的这一缺陷。

系统导向审计还存在一项更大的无法解决的致命缺点，那就是基于内部控制系统的审计模式没有与审计风险联系起来，没有为有效降低审计风险提供指南和帮助，而影响审计风险的因素要远远超出内部控制系统内部的作用范围。在当今这个审计大爆炸的时代，降低审计风险已成为审计人员考虑的首要因素。因此，系统导向审计必然要被更适合现代审计环境的风险导向审计所代替。应该指出的是，正如系统导向审计不能完全取代账表导向审计一样，风险导向审计模式也不能完全取代系统导向审计模式，它只是在原有的基础上进一步扩展和深化而已。

10.2.4　系统导向审计与账表导向审计的异同

系统导向审计与账表导向审计都属于财务审计的范畴，它们都要服从财务审计的目标，所以，在性质上都是财务审计。但是，它们存在以下区别。

(1) 账表导向审计以会计事项为主线，主要审查会计事项。系统导向审计则是在评价内部控制系统的基础上确定审计的重点和范围，目的是降低实质性测试的工作量。

(2) 账表导向审计的主要目标是纠错查弊，不审计内部控制系统，不发表评审意见。系统导向审计的目标是确认财务报表的公允表达，揭露错误和弊端的目的只是因为错误和弊端会影响财务报表的公允性。此外，系统导向审计必须检查内部控制系统并提出评审意见。

(3) 账表导向审计主要采用查账的方法，其中资产负债表审计虽然采用测试的方法，但不采用控制测试和系统抽样方法，只凭经验选择部分项目进行测试，所以科学性较差。而系统导向审计主要采用控制测试，并且吸收系统理论中的系统分析法进行审计。

(4) 系统导向审计已形成标准化的程序，重视计划阶段，把评审内部控制系统列为关键阶段。而账表导向审计没有区分阶段和步骤，在审计之前不存在准备阶段，只要求了解被审计单位的概况和收集试算表、总账、明细表等会计资料。

10.3 风险导向审计

10.3.1　风险导向审计的目标

在审计技术和方法从传统的账表导向审计向系统导向审计发展的过程中，风险的种子实际上就已经埋下了。因为此时大多数采用测试和抽查的方式进行审计。也就是说，审计人员是用检查一部分事项取得的证据来对财务报表使用者造成损失，审计人员就有可能承担赔偿等责任，审计风险也由此产生了。在审计发展的早期，之所以审计风险未能对审计形成较大的影响，是由于当时的审计风险还未对审计职业界构成重大威胁。

20世纪60年代以来，审计技术和方法得到了极大的改进，审计职业界也颁布和修订了一系列准则，审计质量得到很大的提高。但与此同时，世界各国针对审计人员的诉讼案件却急剧增加，审计人员面临"诉讼爆炸"时代。在美国，1960—1972年发生了181起针对审计人员的诉讼，1973—1985年发生了291起。1985年以后，针对审计人员的诉讼越来越多，标的越来越大。另据2002年10月美国《会计杂志》报道，审计人员正处于"诉讼爆炸"的时代，每年私下了结的赔偿金额达800亿美元，相当于美国职业界国内收入的10%。

近年来，随着世界范围内科学技术和政治经济的变化，社会对审计单位受托经济责任的履行情况提出了更高的要求，不断发生起诉审计人员的事件。这种形势对审计界既有动力也有压力，它要求审计人员必须从高于内部控制系统的角度，综合考虑企业内外的环境因素，全面、广泛地评价企业受托经济责任的履行情况，追求审计的效率和效果。这就需要先充分把握审计单位各方面的情况，分析被审计单位各方面的情况，分析被审计单位经济业务中出现差错和舞弊的风险情况，以及审计人员对财务报表发表无保留意见时没有注意到的重大错报的概率。

适应这种局面的方式之一是发展一种多维的审计技术和方法，以缓解审计人员所面临的错综复杂的风险。

最近数年，在英美两国的财务报表审计中，开始强调审计战略，使用审计风险模式，并积极采用分析程序。这种审计可以称为风险导向审计，是适应高度风险社会的产物，是现代审计方法的最新发展。

风险导向审计要求审计人员重视对企业环境和企业经营进行全面的风险分析。以此为出发点，制定审计战略，制定与企业状况相适应的多样化审计计划，以提高审计工作的效率和效果。

1. 风险导向审计产生的原因

尽管风险导向审计还处在初级阶段，但是对现在审计发展所产生的影响却是重大的。它迫使现代审计从系统导向审计转向风险导向审计。这是基于以下几方面原因。

(1) 企业环境的变化。企业面临的经济、社会、政治和技术等环境发生了急剧的变化，为了更好地实施追求高效率和效果的审计工作，有必要在审计中考虑审计风险。

(2) 信息系统的高度发展。企业信息的系统化和数据库管理，使得会计系统不再是孤立的和独立的，而是与其他信息系统有着密切的关系并与企业的经营系统密切相关。要使企业会计信息可靠，必须要关注企业经营是否存在风险。

(3) 经济、产业和业务的日益相关。企业的生产经营的好坏，与所在国家、地区的经济发展、行业前景密切相关。因此，审计人员应具有审计风险导向意识，不仅重视会计信息，而且要重视经济信息、产业信息和业务信息。

(4) 降低审计成本的压力。近年来，会计师事务所之间的竞争日趋激烈，企业要求降低审计收费的呼声越来越高。现在，随着电子计算机的广泛应用，固定费用的增加和职工工资的提高成为突出的问题。因此，会计事务所从管理的角度出发，应提高审计工作的效率，降低审计成本。

风险导向审计技术和方法是对审计导向审计技术和方法的发展，代表了现代审计技术和发展的最新趋势。风险导向审计的目标是强调审计战略，要求制订适合被审计单位业务的审计计划；要求不仅应检查与会计系统有关的因素，而且应检查企业内外的各种环境因素；不仅应进行与会计事项有关的个别风险分析，而且应进行涉及各种环境因素的综合风险分析。

2. 风险导向审计产生和发展的因素

风险导向审计技术和方法的产生和发展有其客观依据，以下三个因素促进了风险导向审计技术和方法的产生和发展。

(1) 审计期望差距的存在是风险导向审计产生的社会原因。审计期望差距，指的是社会公众对审计应发挥作用的理解与审计人员行为结果及审计职业界自身对审计效果看法之间的差异。这种差异的存在，无论是对审计职业界还是对财务报表的使用者都是无益的。实际上，自审计产生至今，审计始终处于一种被动状态，始终在为满足社会的需求而努力，但也始终无法达到完全满足社会需求的程度。社会公众期望审计人员应毫无遗漏地发现被审计单位存在的重大错报行为。但审计人员却认为，他们无法保证能够察觉所有重大错报行为。即使是最勤勉的审计人员，也极易被管理人员的舞弊或包括第三方在内的欺诈所蒙蔽。社会公众的利益需求是审计生存的基础。若不迎合这种需求，审计要么被社会淘汰；要么继续生存，但面临大量诉讼。显然，审计职业界的选择应是寻找解决审计期望差距的途径。风险导向审计的优势在于，通过对被审计单位风险的评价，有利于寻找高风险的审计项目，从而集中力量、最大限度地降低审计的检查风险，揭露重大的错报，使审计风险降到可接受的水平。这是风险导向审计产生的社会原因。

(2) 审计组织的经济压力是风险导向审计产生的经济原因。随着经济的发展，民间审计领域面临着与其他经济领域同样的问题，市场竞争的加剧，使会计师事务所的边际收益不断下降。会计师事务所为了能在审计市场上保持自己的一席之地、维持期望的边际收益，其出路要么是增加审计收费，要么是努力提高效率降低审计成本。显然，在竞争的经济环境下，增加审计收费是困难的。为了生存和发展，审计人员就把目光转向降低审计成本方面。由于决定审计成本高低的关键因素在于审计技术和方法，审计人员就不得不去寻找效率更高的审计技术和方法。这就是说，审计人员为形成恰当的审计意见而收集充分、有效的审计证据时，必须按照最小成本支出的原则确定所需的审计程序。即在保持各项具体审计活动必要效果的同时，努力追求最高的审计效率。风险导向审计提供了一种既能保持审计效果又能提高审计效率的全新思路。

(3) 系统导向审计的缺陷及解决方法是风险导向审计产生的技术因素。一项有效的审计计划应能使审计人员揭露财务报表中可能发生的重大错报，并鉴别可能发生的重大错报表述类型，查明潜在风险。但仅对内部控制系统进行研究和评价，尚不足以制订完善的、符合审计目标的审计计划，审计人员的责任范围有必要扩大至整个企业全面风险的评价。而风险导向审计评价企业全面风险要比内部控制系统更广泛，因而能够更妥善地计划并据以确定实质性测试的性质、时间和范围。另外，现代审计的一个显著特征是抽样审计。进行抽样审计就不可避免地存在抽样风险和非抽样风险。即使是全面审查，由于审计人员的技能和客观条件的限制，审计风险也是客观存在的。审计职业界早就意识到了审计风险，但仅限于泛泛而谈，对于如何将其应用到具体的审计实践中，显得束手无策，特别是没有把风险和样本量的确定联系起来。系统导向审计虽然提供了一种有用的方法体系，但不直接处理审计风险问题。而风险导向审计则通过审计风险模型，把风险量化，最终来决定抽样的样本量。

10.3.2　传统风险导向审计的模型、程序和方法

1. 传统审计风险模型

1) 审计风险模型的运用及举例

能够将审计风险=固有风险×控制风险×检查风险

这一审计传统风险模型用于审计计划的途径有两种。

一是将审计风险模型用于协助审计人员评价某项审计计划是否合理。例如，在某一审计计划中，审计人员认为固有风险为80%，控制风险为50%，检查风险为10%。则计算出的审计风险就是4%(即$0.8 \times 0.5 \times 0.1$)。审计人员认为该项目适宜的审计风险低于4%。则此审计计划就是可以接受的。上述审计计划可帮助审计人员达到可接受的审计风险，但是可能缺乏效率。

二是为了使审计计划更有效率，审计人员常常利用审计风险模型来决定检查风险以及收集审计证据的恰当数量。这时，可按以下形式运用审计风险模型。

检查风险=审计风险／(固有风险×控制风险)

还是按上例中的数字，假定审计人员将期望的审计风险确定为5%，检查风险则为12.5%(即$0.05 ／ 0.8 \times 0.5$)。这时应调整审计计划，以便收集与12.5%的检查风险相一致的证据。运用这一形式的审计风险模型时，关键因素是检查风险，因为检查风险决定需要收集的证据数量，审计证据数量与检查风险成反比，检查风险越低，要求的审计证据就越多。还有一些审计人员利用各种风险之间的关系及风险与证据之间的关系来制订、完善其审计计划。各种风险及风险与证据之间的关系如表10-1所示。

表10-1　审计风险与审计证据的关系

情况	审计风险	固有风险	控制风险	检查风险	所要求的证据数量
1	高	低	低	高	低
2	低	低	低	中	中
3	低	高	高	低	高
4	中	中	中	中	中
5	高	低	中	中	中

2) 利用审计风险模型的限制

利用审计风险模型有两项主要限制。

(1) 尽管审计人员在审计计划中作出了最大努力，期望的审计风险、固有风险和控制风险的评价还是非常主观的，最多只有大体上的可信性。例如，在已知全部事实的情况下，如果审计人员对控制风险和固有风险的评价低于恰当的水平，则检查风险将因此而高于恰当的水平，计划的证据将低于恰当的水平。为了弥补这一计量缺陷，多数审计人员在计量时都倾向于保守，或采用非常广泛、非常主观的计量术语，例如用"低""中""高"等表示。风险之间及

风险与证据之间的关系就说明了审计人员是如何利用该表中的资料来确定应收集证据的恰当数量的。因此，较高的检查风险是合理的，所需要的证据也比较少。如果固有风险和控制风险都很高，而审计人员又要求较低水平的期望审计风险，则需要收集较多的证据。其他三种情况，都介于上述两种情况之间。

(2) 审计风险模型是一种计划模型，因此，在用于评价审计结果时受到限制。风险一经评定，相应的审计计划一旦编好，固有风险和控制风险的计划因素就不应根据已取得的审计证据而调整；如果审计证据表明存在不超过某一可容忍金额的错报，则该账户的账目金额是可接受的。不过，如果审计证据表明出现了超过某一可容忍金额的错报，则应该摒弃该模型，并且执行充分的审计程序，以较高的肯定程度查明和计算存在的错报。

3) 审计风险管理模式

审计风险管理模式，如图10-2所示。

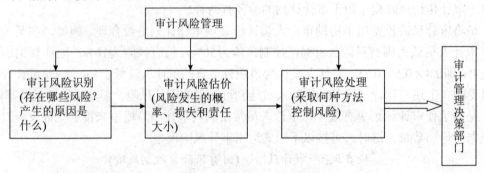

图10-2   审计风险管理模式图

由此可知，审计风险管理分为审计风险识别、审计风险估计和审计风险处理三个阶段，三个阶段有着内在的逻辑联系。人们只有在对风险的类型及其产生的原因有了正确认识的基础上，才能对风险程度作出较为准确的估价。同样，只有对审计风险有了正确认识和评价，才可能有针对性地提出避免风险的具体措施。但是，这一审计风险管理模式图是从一般意义上显示了审计风险管理的主要步骤，在实际工作中不一定机械地遵循这一流程。有时对风险的识别可能是与对风险的估价同时进行的，有时则是先提出控制风险的措施再进行风险的估价，等等。但一般而言，这一模式图是符合审计风险管理的内在逻辑顺序的。

审计双险识别是审计风险管理的第一阶段，是指对审计活动的潜在风险以及可能承担的责任进行鉴定、衡量与分析，从而掌握审计风险的程度，以便为风险控制提供依据。其主要任务是：①审计人员在工作中面临哪些审计风险？其中哪些应当予以重视？②引起这些审计风险的直接原因有哪些？审计风险的识别方法有核对法、监测故障法、幕景分析法、德尔菲(Delphi)法、筛选—监测诊断法等。

审计风险估价是审计风险管理的第二阶段。审计人员通过风险识别，了解各种风险的类型及其产生的原因。下一步的问题是：这些风险有多大？可能造成的后果以及严重程度如何？即要在充分认识风险产生可能性的同时，科学地估量风险的大小，掌握审计风险的强度和可能产生的后果以及应承担的责任，并在此基础上采取一定的措施力求把审计风险控制在最小的范围之内，避免承担不应有的风险责任。审计风险估价的方法有概率分布法、风险损失模拟法、概率树及外推法等。

审计风险处理是根据所掌握的审计风险程度，按照特定条件和预定目标，对审计风险施加主动影响的行为过程,其目的在于避免审计风险的产生或降低审计风险的程度。审计风险的处理方法有很多,但主要有风险自留、风险转移、风险控制、风险预防及风险回避等。

2. 传统风险导向审计的基本程序

传统风险导向审计最显著的特点是将被审计单位置于一个大的经济环境中,运用立体观察的理论来判断影响因素,从企业所处的商业环境、条件到经营方式和管理机制等构成控制架构的内外部各个方面来分析评估审计的风险水平,把客户的经营风险融入本身的风险评价中去。

由于不同的审计方法模式要达到的审计目标存在差异,因此,在具体审计程序的内容上也有所不同。根据美国拉里·F. 康雷茨(Larry F. Konrath)的观点,风险导向审计的审计程序如图10-3所示。

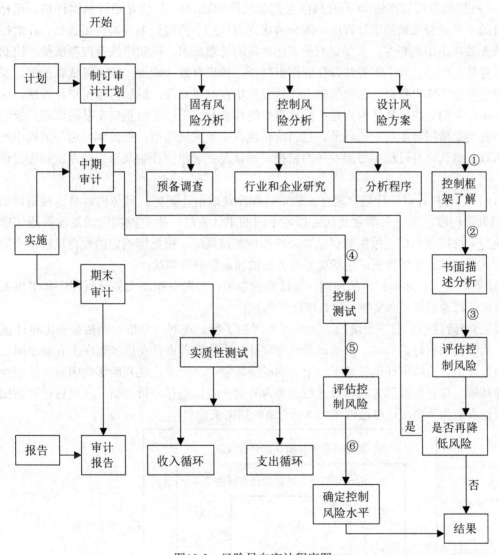

图10-3 风险导向审计程序图

图10-3表明,风险导向审计程序仍分为计划阶段、实施阶段和报告阶段,但在具体内容上与系统导向审计有着较大的差别。在实务中,为了使审计工作更为细致,并关注审计重要领域,审计程序又可分5个阶段,具体如下。

(1) 通过调查、了解、分析、评估等方法执行一般计划并确认重要的审计领域，识别重要的风险领域，目的是评估固有风险，确认重要的审计范围，一般在审计计划开始时进行。具体内容为：明确被审计单位业务及其他规划目标；取得或更新对被审计单位业务与行业的了解；执行控制环境的评估；了解对被审计单位的财务报表有重要影响的事件、交易和经营惯例。在此基础上对重要性进行初步判断；决定要审计的重要账户；确认影响这些账户的资料来源；编制审计计划。

(2) 了解和评估重要的资料来源，目的是寻找并确定控制弱点，一般在期中审计时进行。具体内容是：确认重要的估计和资料；对各项过程进行了解；考虑何处可能出错；确认与评估相关的控制。

(3) 执行初步风险评估(即固有风险与控制风险的联合)。目的是通过风险评估，选择可靠的、有效率的、有效果的审计程序。即先考虑固有风险，再对控制风险作出评估。在对控制的有效或无效性作出判断时，主要是对被审计单位的管理意识、控制措施及控制质量、控制程序设计本身是否严密、分工职责是否良好作出判断。如果有效，则进一步对可依赖程度、发生重大错报的可能性作出判断。在此基础上评估发生错报的可能性，然后再确定审计方法。这主要也是在审计中期完成，具体内容是：确认重要的作业和交易；了解重要交易的流程，绘制流程图；研究判断错报可能发生的环节，包括辨认流程中的关键环节、把控制目标与流程中的重要环节串联、确认交易过程中可能发生的错报；辨认及了解事前控制及事中控制；初步评估控制风险。

(4) 拟定与执行审计计划，通过实施审计程序获取审计证据。具体内容是：根据评估得出的不同风险程度，为每一类重要认定拟定不同的审计方法；拟定控制测试及实性测试审计程序；执行内部控制测试；根据测试结果最终评估测试风险；根据所确定的检查风险水平的高低执行实质性测试。实质性测试包括交易业务测试和余额细节测试。

(5) 继续整理前几步提出的问题，审核期后事项、对财务报表实施分析程序和审核工作底稿，将审计结论形成书面文件，出具审计报告。

以上5个阶段中，前三个阶段主要通过外围的了解、观察、分析、评估来确定审计模式的精髓。从而我们也可以看出，虽然风险导向审计与系统导向审计在许多程序上有着相同之处，但风险导向审计将被审计单位置于一个大的经济环境中，全方位地判断影响因素，从企业所处的商业环境、条件到经营方式和管理机制等内外两个方面进行分析评估，并且这种评估比单纯的账项检查更为重要，这可通过图10-4形象地概括出来。

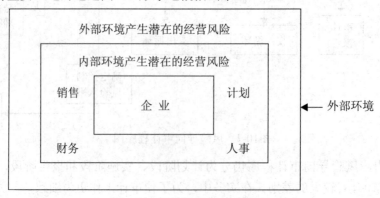

图10-4　风险导向审计过程图

图10-4还表明，风险导向审计的过程与审计风险的概念取得了一致，由于企业经营产生的风险会对审计产生影响，这也是审计人员必须考虑的因素之一。所以风险导向审计所涉及的范围比系统导向审计更宽，也更符合现代审计所处的社会环境。

10.3.3　经营风险导向审计的模型、程序和方法

经营风险导向审计作为一种重要的审计理论和方法，是随着21世纪初国内外一系列审计失败事件的曝光而逐渐得到注册会计师行业内外人士的关注，是在传统风险导向审计的基础上发展起来的。

美国注册会计师协会于2002年12月颁布了《审计准则第99号——考虑会计报表中的舞弊》(SAS No.99)以代替SAS No.82。新准则强调了解舞弊环境的特别重要性，明确提出审计舞弊应以了解舞弊环境为前提，并提出了新的审计风险模型，即审计风险=重大错误风险×检查风险，进一步明确了审计工作以评估财务报表重大错报风险为新的起点和导向。2003年10月，国际会计师联合会下属的改革后的国际审计和保证委员会(IAASB)发布了三个新的国际审计准则：ISA315《了解被审计单位及其环境并评估重大错报风险》。与此同时，IAASB对相关国际审计准则进行了修改：ISA200《财务报表审计的目标和一般原则》、ISA300《计划财务报表审计》。IAASB要求这些国际审计准则自2004年12月15日起执行。

1. 经营风险导向审计风险模型

经营风险导向审计准则将审计风险模型确定为二要素，即

$$审计风险=重大错报风险 \times 检查风险$$

经营风险导向审计进一步明确了审计工作应以评估财务报表重大错报风险作为新的起点和导向，将审计业务流程和程序分为：①了解被审计单位及其环境，包括了解内部控制，又称为风险评估程序；②控制测试；③实质性测试。②、③称为进一步审计程序。审计业务流程作了上述改进后，要求审计人员全过程关注财务报表的重大错报风险，并将风险评估作为整个审计工作的先导、前提和基础。

经营风险导向审计从理论上要重点关注企业的经营风险，从审计的技术和方法上要进一步关注重大错报风险。事实上，关注经营风险与关注重大错报风险，无论在内容、方法和程序上均有相同之处。

重大错报风险是指财务报表在审计前存在重大错报的可能性。财务报表的错报可能由于舞弊或错误所致。错误是指导致财务报表错报的非故意行为。舞弊是指被审计单位的管理层、治理层、员工或第三方使用欺骗手段获取不当或非法利益的故意行为。对财务信息作出虚假报告，可能源于管理层通过操纵利润误导财务报表使用者对被审计单位业绩或盈利能力的判断。对财务信息作出虚假报告的动机主要包括：①迎合市场预期或特定监管要求；②牟取以财务业绩为基础的私人报酬最大化；③偷逃或骗取税款；④骗取外部资金；⑤掩盖侵占资产的事实。

2. 经营风险导向审计的基本程序

经营风险导向审计的逻辑起点是企业的经营风险将影响财务报表重大错报的风险，从而影响审计风险。审计人员只有通过考察被审计单位的经营风险，才能够有效地实施其他的审计程序，从而恰当有效地得出审计结论。也就是说，对经营风险的考虑实质上是提供了审计证据的来源，它本身并不是结果或目的。在这一观念指导下，经营风险导向审计采用一种自上而下的战略系统观，将对企业经营风险的分析从计划审计到完成审计自始至终地贯彻下去，再通过自

下而上的实质性测试程序最终完成审计工作。

经营风险导向审计的基本程序如下所述。

(1) 战略分析。审计人员主要分析企业层面的整体战略及内外部战略风险对审计的影响。对整体战略的分析，首先要分析企业层面的经营模式，因为它集中反映了企业的整体战略。然后再分析企业所面临的外部威胁。再次，对企业层面的经营模式以及外部威胁的分析需要结合企业的战略控制措施、风险评估方法以及业绩衡量体系，从而得出重要的战略风险及其对审计的影响。

(2) 环节分析。审计人员应根据战略分析的结果，分析对于企业成功实施战略至关重要的关键经营环节，重点是分析威胁企业建立和保持环节运营能力的环节风险及相关的环节控制、风险评估和业绩衡量。在环节分析阶段，审计人员不但要关注环节本身所产生的经营风险，并需要结合环节控制的测试判断是否控制住了相关战略风险和环节风险。

(3) 剩余风险分析。对于审计人员认为没有被控制住的战略风险和环节风险，审计人员应结合其对财务报表重大错报风险的影响，决定是否将它们作为剩余风险处理。审计人员需要根据剩余风险推导出具体的审计目标，并为每一项审计目标设计计划的实质性测试审计程序。

(4) 实质性测试。审计人员根据战略分析和环节分析阶段总结出的具体审计目标以及计划的审计程序实施实质性测试审计程序，并根据实质性测试的结果以及被审计单位对审计人员建议调整财务报表的处理，最终决定审计意见的类型。

3. 经营风险导向审计的基本方法

在经营风险导向审计模式下，审计人员对企业的战略分析，可以分为4个阶段。

(1) 采用企业层面的经营模式分析，取得对被审计单位的基本了解，从而了解企业的目标、战略定位、经营环节的组织等；

(2) 以PEST分析、波特五力分析和SWOT分析等为分析框架，采用头脑风暴、风险分析小组等形式，识别并分析宏观环境和行业环境对企业战略的影响，从而初步识别、分析重要的战略风险及其对审计的影响；

(3) 分析企业的战略管理控制及其效果，从而形成对重要的战略风险的结论；

(4) 在对企业战略和经营理解的基础上，识别企业的重大交易类别及其对审计的影响，结合已经识别的重要战略风险，推导出关键经营环节，作为环境分析阶段的分析对象。

审计人员在对企业进行战略分析，从而推导出关键经营环节后，需对关键经营环节进行分析，从而确定剩余风险，进而推导出审计目标。审计人员对环节分析的技术和方法可以分为：①审计人员必须理解关键环节与战略以及关键环节之间的联系。企业的关键经营环节对实现企业的战略目标至关重要，而且不同的经营环节之间相互影响。②审计人员必须理解关键环节的运作并识别环节层次的经营风险及控制，重要的交易类别及控制，并通过控制测试得出关于剩余风险的结论。审计人员可通过环节图的形式理解环节的目标、关键成功要素、关键业绩指标、环节和产出等。③审计人员需要根据剩余风险推导出具体审计目标，并根据具体审计目标制订实质性测试计划。

10.3.4 风险导向审计与系统导向审计的异同

风险导向审计与系统导向审计有许多共同点，其中最大的共同之处是，它们都建立在评价被审计单位内部控制系统的基础之上，从这个意义上讲，它们可以归为一类。但是，两者也存在很多不同之处。

1. 指导思想不同

账表导向审计、系统导向审计和风险导向审计分别产生于不同的历史时期，这既是审计实践的一种历史性进步和发展，又能折射出它们所处时代的社会环境。账表导向审计可以说是实证主义思想在审计领域中的应用，系统导向审计产生于系统理论建立和发展的时期，因此，系统理论实际上就构成了系统导向审计的指导思想。风险导向审计产生于20世纪80年代末期，当时审计风险正处于急剧增加时期，因此在社会上存在一种倾向，认为既然投资者愿意付出巨额审计费用，而不是自己承担由于经理们贪污舞弊造成的损失，实际上就是将审计费用视为一种保险费用，如果审计人员因失职未检查出财务报表重大错报，他们有责任赔偿因失职而造成的损失，从而实现了分担风险的目的。同时，审计人员因审计风险的增加，力求减少风险，规避风险，必须运用风险理论来指导审计工作，这就产生了风险导向审计。

2. 审计侧重点不同

系统导向审计以内部控制系统的评价为基础，据以确定审计的重点、范围和方法。风险导向审计是以评价内外环境下的审计风险为基础，据以确定审计的重点、范围和方法。风险导向审计实际上并没有离开对内部控制系统的评价，只是风险导向审计不限于此，而是将评价范围扩大到生产经营等外部环境中。即使对内部控制的评价也不局限于内部控制系统本身的强弱，而是从风险可能性大小的角度进行评价。所以，风险导向审计实际上也是以内部控制为基础的，只是换了个角度去进行审核。

3. 对内部控制系统的理解不同

在系统导向审计中，使用内部控制概念，包括内部会计控制和内部管理控制两个方面，其中财务审计一般注重评价内部会计控制，而管理审计注重评价内部管理控制。在风险导向审计中，内部控制系统变为内部控制框架。1988年的内部控制框架概念由控制环境、会计系统和控制程序三个要素组成。1992年进一步将其分为控制环境、风险评估、信息与沟通和监督5个要素。与内部控制系统不同，内部控制框架概念强调控制环境和控制风险的评价，评价范围和重点都发生了重大变化。

4. 审计程序不同

系统导向审计和风险导向审计都由很多步骤组成。由于它们都要评价内部控制系统或内部控制框架，因此它们之间有许多共同点。主要区别是出发点不同，系统导向审计是从了解和评价内部控制系统开始的；而风险导向审计主要是从分析程序和发现重大错报风险开始的，并以审计风险为线索，运用审计风险模式指导整个审计工作。

5. 审计资源分配不同

系统导向审计由于没有进行系统的审计风险分析，容易导致审计资源在审计领域的不恰当分配，进而影响审计工作的效率。风险导向审计则不然，由于它从风险分析开始，能够把主要精力放在容易发生重大错报的领域，减少了不容易出现重大错报领域的工作，从而能在保证审计效果的前提下提高审计工作效率。

6. 审计方法不同

风险导向审计广泛采用分析程序的审计技术和方法。这既是一种审计技术和方法，也是一种审计证据。分析程序研究财务报表的整体合理性，找出其中存在的异常现象，从而为进一步审计提供依据，而且它的审计成本很低，因此成为现代审计的首选方法，在审计计划、实施和报告阶段都能使用。在系统导向审计中，分析程序则较少应用。

10.4 信息技术对审计技术的影响

信息技术是指利用电子计算机和现代通信手段获取信息、传递信息、存储信息、处理信息、显示信息、分配信息等的相关技术。现代信息技术是指20年代70年代以来，随着微电子技术、计算机技术和通信技术的发展，围绕信息的产生、收集、存储、检索和传递，形成的一个新的、用以开发和利用信息资源的信息技术。

10.4.1 信息技术对审计过程的影响

在计算机产生以前，企业内部的信息处理最初是以手工处理的方式进行的。一个企业的会计部门，通过不同岗位之间的分工协作，将日常经营活动中产生的财务资料进行加工处理，形成企业内部和外部需要的各种纸质会计信息。

随着计算机的普及尤其是微型计算机的大众化，一些企业开始用计算机来处理部分会计资料。例如，企业内部自行开发的工资管理程序、存货管理程序等，逐步用机器代替了部分人工劳动。但由于计算机处理的范围比较小，注册会计师可以忽略计算机的存在，直接对打印出来来的纸质文档进行审计。

随着会计信息技术的大规模普及，大多数企业的会计处理已经实现信息化。审计人员开始意识到信息技术对审计的重要性，但这时人们对信息技术设计的认识还停留在对财务数据的采集和分析阶段，审计人员仍然可以绕过信息系统，对财务和报表进行核实，以获取审计证据。

伴随着会计信息化的成熟，以ERP为代表的企业信息系统的高度集成逐渐开始兴起。这时的企业信息系统已不仅仅是一个孤立的系统，而是集财务、人事、供销、生产为一体的综合系统，财务信息只是这个系统所处理信息的一部分，因此，审计人员必须在规划和执行审计工作时对企业信息技术进行全面考虑。

应该指出的是，信息技术在企业中的应用并不改变审计人员制定审计目标、进行风险评估和了解内部控制的原则性要求，审计准则和财务报告审计目标在所有情况下都适用。但是，审计人员必须更深入地了解企业的信息技术应用范围和性质，因为系统的设计和运行对审计风险的评价、业务流程和控制的了解、审计工作的执行以及需要收集的审计证据的性质都有直接的影响。具体地说，信息技术对审计过程的影响主要体现在以下几个方面。

1. 对审计线索的影响

审计线索对审计来说极其重要。传统的手工会计系统，审计线索包括凭证、日记账、分类账和报表。审计人员通过顺查和逆查的方法来审查记录，检查和确定其是否正确地反映了被审计单位的经济业务，检查企业的会计核算是否合理、合规。在信息技术环境下，从业务数据的具体处理过程到报表的输出都由计算机按照程序自动完成，数据均保存在磁性介质上，有可能会影响到审计线索，如数据存储介质、存储方式以及处理程序等。

2. 对审计技术手段的影响

过去，审计人员实施审计都是手工进行的，但随着信息技术的广泛应用，若仍以手工方式进行审计，显然已经难以满足工作的需要，难以达到审计的目的。因此，注册会计师需要掌握相关信息技术，把信息技术当做一种有力的审计手段。

3. 对内部控制的影响

现代审计技术中，审计人员会对被审计单位的内部控制进行审查与评价，以此作为制定审计方案和决定抽样范围的依据。随着信息技术的发展，内部控制在形式及内涵方面发生了变化。在高度电算化的信息环境中，业务活动和业务流程引发了新的风险，从而使具体控制活动的性质有所改变。

4. 对审计内容的影响

在信息化条件下，由于信息化的特点，审计内容发生了相应的变化，在信息化的会计系统中，各项会计事项都是由计算机按照程序进行自动处理的，信息系统的特点及固有风险决定了信息化环境下审计的内容包括对信息化系统的处理和相关控制功能的审查。对于特定的财务报表审计项目，审计人员必须考虑其数据准确性以支持相关审计结论，因而需要对其基于信息系统的数据来源及处理过程进行审查。

5. 对审计人员的影响

信息技术在被审计单位的广泛应用要求审计人员一定要具备相关信息技术方面的知识。因此，审计人员要成为知识全面的复合型人才，不仅要有丰富的会计、审计、经济、法律、管理等方面的知识和技能，还需要熟悉信息系统的应用技术、结构和运行原理，有必要对信息化环境下的内部控制作出适当的评价。

因此，审计人员必须对信息系统的风险和控制都非常熟悉，对审计的策略、范围、方法和手段作出相应的调整，以获取充分、适当的审计证据，出具审计报告。

10.4.2　信息技术对确定审计范围的影响

被审计单位的流程和信息系统可能拥有各自不同的特点，因此，审计人员应按各自特点制订审计计划中包含的信息技术审计内容。另外，如果注册会计师计划依赖自动控制或自动信息系统生成的信息，那么就需要适当扩大对信息技术审计的范围。

因此，审计人员在确定审计范围时，需要结合被审计单位业务流程复杂度、信息系统复杂度、系统生成的交易数量、信息和复杂计算的数量、信息技术环境规模和复杂度等5个方面，对信息技术审计范围进行重点考虑。信息技术审计范围的确定，与被审计单位在业务流程及信息系统相关方面的复杂度成正比。在具体评估复杂度时，可以从以下几个方面予以考虑。

1. 评估业务流程的复杂程度

对业务流程(比如销售流程、薪酬流程、采购流程等)复杂度的评估并不是一个纯粹客观的过程，是需要审计人员的职业判断的。审计人员可以通过考虑：某流程涉及人员过多及部门间界限不清、某流程涉及大量操作及决策活动、某流程的数据处理过程涉及复杂的公式和大量的数据录入操作、某流程需要对信息进行手工处理，以及对系统生成的报告的依赖程度、对业务流程复杂程度作出适当判断。

2. 评估信息系统的复杂程度

与评估业务流程的复杂程度类似，对企业信息系统复杂程度的评估也不是一个纯粹客观的过程，评估过程包含大量的职业判断，也受到所使用系统类型(如商业软件或自行研发系统)的影响。具体来说，评估商业软件的复杂程度应当考虑系统复杂程度、市场份额、系统实施和运行所需的参数设置范围以及企业化程度，而对于自行研发系统复杂度的评估，应当考虑系统复杂程度、离上一次系统架构重大变更的时间、系统变更对财务系统的影响结果，以及系统变更之后的系统运行情况及运行期间。

3. 信息技术环境的规模和复杂程度

评估信息技术环境的规模和复杂程度，主要应当考虑产生财务数据的信息系统数量、信息部门的结构与规模、网络规模、用户数量、外包及访问方式、流程复杂程度以作出适当判断。

4. 信息技术环境的规模和复杂程度

评估信息技术环境的规模和复杂程度，主要应当考虑产生财务数据的信息系统数量、信息部门的结构与规模、网络规模、用户数量、外包及访问方式。信息技术环境复杂并不一定意味着信息系统是复杂的，反之亦然。在具体审计过程中，审计人员除了考虑以上所提及的复杂度外，还需要充分考虑系统在实际应用中存在的问题，评价这些问题对审计范围的影响。

10.4.3　信息技术对内部控制审计的影响

在信息技术环境下，传统的手工控制越来越多地被自动控制所替代。同时，对自动控制的依赖也可能给企业带来下列财务报告重大错报风险：信息系统或相关系统程序可能会对数据进行错误处理，也可能会去处理那些本身就错误的数据；自动信息系统、数据库及操作系统的相关安全控制如果无效，会增加对数据信息非授权访问的风险；数据丢失风险或数据无法访问风险，如系统瘫痪；不适当的人工干预，或人为绕过自动控制。

因此，被审计单位采用信息系统处理业务，并不意味着手工控制被完全取代，信息系统对控制的影响取决于被审计单位对信息系统的依赖程度。由于被审计单位信息技术的特点及复杂程度不同，被审计单位的手工及自动控制的组合方式往往会有所区别。

在信息技术环境下，手工控制的基本原理与方式在信息环境下并不会发生实质性的改变，审计人员仍需要按照标准执行相关的审计程序。而对于自动控制，应从信息技术一般性控制与信息技术应用控制两方面考虑对内部控制审计的影响。

1. 信息技术一般性控制对内部控制审计的影响

信息系统一般性控制是指为了保证信息系统的安全，对整个信息系统以及外部各种环境要素实施的对所有应用或控制模块具有普遍影响的控制措施，它通常会对实现部分或全部财务报告认定作出间接贡献。在有些情况下，信息技术一般控制也可能对现实信息处理目标和财务报告认定作出直接贡献。这是因为，有效的信息技术一般控制确保了应用系统控制和依赖计算机处理的自动会计程序得以持续有效地运行。如果审计人员依赖自动应用控制、自动会计程序或依赖系统生成信息的控制，就需要对相关的信息技术一般性控制进行审查。

信息技术一般控制包括程序开发、程序变更、程序和数据访问以及计算机运行4个方面，审计人员应对这4个方面的内部控制进行审计。

(1) 程序开发。程序开发领域的目标是确保系统的开发、配置和实施能够实现管理层的应用控制目标。程序开发控制的一般要素包括：对开发和实施活动的管理，项目启动、分析和设计，对程序开发实施过程的控制软件包的选择，测试和质量确保，数据迁移，程序实施，记录和培训，职责分离。

(2) 程序变更。程序变更领域的目标是确保对程序和相关基础组件的变更是经过请求、授权、执行、测试和实施的，以达到管理层的应用控制目标。程序变更控制一般包括以下要素：对维护活动的管理，对变更请求的规范、授权与跟踪，测试和质量确保，程序实施，记录和培训，职责分离。

(3) 程序和数据访问。程序和数据访问这一领域的控制目标是确保分配的访问程序和数据的权限是经过用户身份认证并经过授权的。程序和数据访问的子组件一般包括安全活动管理、安全管理、数据安全、操作系统安全、网络安全和物理安全。

(4) 计算机运行。这一领域的目标是确保生产系统根据管理层的控制目标完整准确地运行，确保运行问题被完整准确地识别并解决，以维护财务数据的完整性。计算机运行的子组件一般包括计算机运行活动的总体管理、批调度和批处理、实时处理、备份和问题管理以及灾难恢复。

2. 信息技术应用控制对内部控制审计的影响

信息技术应用控制一般要经过输入、处理及输出等环节，和手工控制一样，自动系统控制同样关注信息处理目标的4个要素：完整性、准确性、授权和访问限制。

(1) 完整性控制，包括顺序标号，可以保证系统每笔日记账都是唯一的，并且系统不会接受相同编号，或者在编号范围外的凭证。还包括编辑检查，以确保无重复交易录入，比如发票付款的时候，检查发票编号。

(2) 准确性控制，包括编辑检查，即限制检查、合理性检查、存在性检查和格式检查等；将客户、供应商、发票和采购订单等信息与现有数据进行比较。

(3) 授权控制，包括交易流程中必须包含恰当的授权，将客户、供应商、发票和采购订单等信息与现有数据进行比较。

(4) 访问限制控制，一是对于某些特殊的会计记录的访问，必须经过数据所有者的正式授权，管理层必须定期检查系统的访问权限来确保只有经过授权的用户才能够拥有访问权限，并且符合职责分离原则。二是访问控制必须满足适当的职责分离，如交易的审批和处理必须由不同的人员来完成。三是对每个系统的访问控制都要单独考虑，密码必须定期更换，并且在规定次数内不能重复；定期生成多次登录失败导致用户账号锁定的报告，管理层必须跟踪这些登录失败的具体原因。

10.4.4 计算机辅助审计技术和电子表格的运用

1. 计算机辅助审计技术

计算机辅助审计技术，是指用计算机和相关软件使审计测试工作实现自动化的技术。计算机辅助审计技术可以在现有手工执行的审计测试自动化、手工方式不可能执行的测试或分析等方面使审计工作更富效率和效果。

计算机辅助审计技术不仅能够提高审阅大量交易的效率，而且不会受到过度工作的影响，从这个意义上讲，计算机辅助审计技术可以使审阅工作更具效果，还可以减少大量的审计工作量，节省审计时间和成本。

最广泛性地应用计算机辅助审计技术的领域是实质性测试，特别是在与分析程序相关的方面，除此以外，计算机辅助审计技术还能被用于详细测试以及对审计进行抽样。计算机辅助审计技术使得对系统中的每一笔交易进行测试成为可能，用于在交易样本量很大的情况下替代手工测试。

与其他控制测试相同，计算机辅助审计技术也可用于测试控制的有效性，选择少量的交易，并在系统中进行穿行测试，或是开发一套集成的测试工具，用于测试系统中的某些交易。在控制测试中使用计算机辅助审计技术的优势是，可以对每一笔交易进行测试，从而确定是否存在控制失效的情况。

2. 电子表格

在信息化程度很高的环境下，由于系统限制等原因，财务信息和报告的生成往往还需要借助电子表格来完成。

所谓电子表格，是指利用计算机作为表格处理工具，以实现制表、计算以及表格结果保存的综合电子化的软件。目前普遍使用的电子表格通常包括Excel等软件，通过电子表格可以进行数据记录、计算与分析，并能对输入的数据进行各种复杂统计运算后显示为可视性极佳的表格。因此，审计人员在对信息系统进行审计时，需要谨慎地考虑电子表格中的控制，以及电子表格控制设计与执行的有效性，从而确保这些内嵌控制持续的完整性。电子表格的特性以及编制并使用电子表格的环境的特性，增加了电子表格所生成数据存在错误的风险，从而对审计工作产生影响。

在高度信息化的企业中，重要的财务电子表格用来在重要的流程(即自动控制或步骤)中生成财务数据，或用来生成用于关键手工控制的财务或其他数据。因此，审计人员应该了解评估范围内重要的流程和账户，并识别用来支持这些流程或账户的相关的电子表格的可靠性。

2010年10月，国家标准化管理委员会和财政部正式发布可扩展商业报告语音(XBRL)技术规范系列国家标准和企业会计准则通用分类标准，并自2011年1月1日起实施。两套标准规定了XBRL语言的基本要素和按照企业会计准则编制XBRI财务报告的基本要求，为构建科学完善、国际通行的会计信息化标准体系奠定了基础。

信息技术的广泛应用对审计所包含的内容产生了重大影响。随着信息技术的发展，未来的审计一定会越来越依赖先进的信息技术，服务的内容也将从传统审计扩展为包括财务信息、内部控制等在内的综合信息。这一切都将给审计从业人员带来挑战，审计人员不仅需要具备专业知识，而且需要具备涉及信息技术领域的知识，还应配备信息技术专业人员从事审计工作。

本章小结

本章讲述了从账表导向审计到系统导向审计、风险导向审计的演进过程，介绍了账表导向审计的目标及其发展和其自身存在的局限性，讲述了系统导向审计的8个审计程序，比较了系统导向审计与账表导向审计的异同，最终认为审计的发展方向应该是风险导向审计。

信息技术是指利用电子计算机和现代通信手段获取信息、传递信息、存储信息、处理信息、显示信息、分配信息等的相关技术。围绕信息的产生、收集、存储、检索和传递，形成的一个新的、用以开发和利用信息资源的信息技术。

复习思考题

1. 系统导向审计的目标有哪些？
2. 系统导向审计的产生原因是什么？
3. 风险导向审计的目标有哪些？
4. 风险导向审计的产生原因是什么？
5. 信息技术对审计技术和方法有哪些影响？

第11章　销售与收款循环审计

本章将介绍销售与收款循环审计所涉及的相关会计凭证、账户、主要经济业务活动；说明销售与收款循环中内部控制要点及控制测试；设计与执行销售与收款循环实质性程序，使学生能掌握主营业务收入、应收账款、坏账准备等账户的审计目标以及实质性程序的基本程序。

11.1　销售与收款循环概述

公司销售与收款循环主要指公司接受销售订单，向顾客销售商品或提供劳务并取得货款或者劳务收入的过程。

公司销售产品或提供劳务以获取收入是公司赖以生存和发展的根本。因此这一过程对公司而言，其重要性是不言而喻的。由于所处行业不同，企业具体的收入来源有所不同。表11-1列举了一些常见的行业的主要收入来源，供参考。

表11-1　常见的行业的主要收入来源

行业类型	收入来源
一般制造业	通过采购原材料并将其用于生产流程制造产成品卖给客户取得收入
贸易业	作为零售商向普通大众(最终消费者)销售商品；作为批发商向零售商供应商品
金融服务业	向客户提供金融服务取得手续费；向客户发放贷款取得利息收入；通过协助客户对其资金进行投资取得相关理财费用
建筑业	通过提供建筑服务完成建筑合同取得收入
专业服务业	律师、会计师、商业咨询师等主要通过提供专业服务取得服务费收入；医疗服务机构通过提供医疗服务取得收入，包括通过给住院病人提供病房和医护设备，为病人提供精细护理、手术和药品等取得收入

由表11-1可见，一个企业所处的行业及其经营性质决定了该企业的收入来源以及为获取收入而相应产生的各项费用支出。注册会计师需要对被审计单位的相关行业活动和经营性质进行比较全面的了解，才能胜任被审计单位收入、支出的审计工作。

11.1.1　销售与收款循环的主要业务活动

了解企业在销售与收款循环中的主要业务活动对于该业务循环的审计来讲非常必要。下面我们简单介绍一下销售与收款循环所涉及的主要业务活动。

1. 销售业务中的主要活动

(1) 接受订单。公司接受客户的订货要求是销售与收款循环的起点。订货单是客户购买商品或劳务的一种书面文件。订货单只有在符合企业管理层的授权标准时才能被接受。

(2) 批准赊销信用。为了扩大销售，公司往往会对商品或劳务进行赊销。赊销信用批准是公司信用管理部门根据公司管理层的赊销政策在客户的信用额度内进行的。

(3) 按销售单供货。公司仓库只有在收到经过批准的销售单时才能供货。

(4) 按销售单装运。发运部门应当确定从仓库提取的商品附有经批准的销售单才能装运货物。

(5) 开具账单。开具账单是指开具并向客户寄送事先连续编号的销售发票。

(6) 记录销售。按照销售发票编制收款凭证或者转账凭证并据以登记明细账和总账。

2. 收款业务中的主要活动

(1) 收到现金。包括现销交易中收到的现金和赊销交易中收回的应收账款。

(2) 将现金送存银行。应当如数、及时地将现金存入银行。

(3) 记录收款。处理货币资金收入时最重要的是要保证全部货币资金都必须如数、及时地记入库存现金、银行存款日记账或应收账款明细账。

3. 销售调整业务中的主要活动

(1) 办理和记录销货退回、折扣与折让。发生此类事项，必须经过审核批准。

(2) 提取坏账准备。按照会计准则的规定和公司的会计政策计提坏账准备。坏账准备提取的数额必须能够抵补企业以后无法收回的销货款。

(3) 注销坏账。对于无法收回的应收账款，获取货款无法收回的确凿证据，经过适当审批后进行会计调整。

11.1.2 销售与收款循环的主要业务凭证和账户

1. 原始凭证类

(1) 顾客订单。客户提出订货的书面要求，公司可以采用多种方式发送订购单来接受顾客订货。

(2) 销售单。销售单是指列示客户所订商品的名称、规格、数量以及其他有关信息的凭证。该凭证是公司内部处理客户订单的凭据。

(3) 装运凭证。装运凭证是指公司在发运货物时编制的、用以反映发出商品的规格、数量和其他有关内容的凭证。

(4) 销售发票。销售发票是在会计账簿中登记销售交易的基本凭证。

(5) 汇款通知书。汇款通知书是一种与销售发票一起寄给客户，由客户在付款时再寄回销售单位的书面凭据。该凭据注明了顾客的名称、销售发票号码、销售单位开户银行账号以及金额等内容。

(6) 贷项通知单。贷项通知单是一种用来表示由于销售退回或折让而引起的应收账款减少的凭据。

(7) 坏账审批表。公司内部使用的用来批准核销个别应收账款的书面凭据。

(8) 应收账款账龄分析表。公司按月编制的反映月末尚未收回的应收账款数额和账龄。

(9) 月末对账单。公司按月定期寄送给客户的用于购销双方定期核对账目的凭据。

(10) 商品价目表。商品价目表是列示已经公司相关部门批准的可供销售的各种商品的价格清单。

2. 记账凭证类

公司记账凭证包括记录现金和银行存款收入业务的收款凭证和(不涉及现金、银行存款收付的各项转账业务的)转账凭证。

3. 序时账和明细账类

公司的序时账和明细账类包括：①库存现金日记账；②银行存款日记账；③应收账款明细账；④主营业务收入明细账；⑤销售折扣与折让明细账。

4. 总账类

总账类包括：①库存现金和银行存款账户；②应收账款账户；③应收票据账户；④坏账准备账户；⑤预收账款账户；⑥应交税费账户；⑦主营业务收入账户；⑧营业税金及附加账户；⑨销售费用账户；⑩其他业务收入账户；⑪其他业务成本账户。

11.1.3 销售与收款循环中涉及的主要财务报表账户

销售与收款循环涉及收入和资产账户，所以既影响了利润表项目，又影响了资产负债表项目。销售与收款循环中涉及的主要财务报表账户见表11-2。

表11-2 销售与收款循环中涉及的主要财务报表账户

利润表账户	资产负债表账户
主营业务收入	应收账款
其他业务收入	应收票据
主营业务成本	预收账款
其他业务成本	坏账准备
营业税金及附加	应交税费
销售费用	存货

11.2 销售与收款循环内部控制和控制测试

销售与收款循环所涉及的主要业务活动的内部控制和控制测试如下。

11.2.1 销售与收款循环的内部控制

1. 销售业务中主要活动的内部控制

1) 处理订单

顾客订货单只有在符合管理层的授权标准时，才能被接受。管理层一般都列出了已批准销售的顾客名单。在决定是否接受某顾客的订货单时，销售单管理部门应追查该顾客是否被列入已经批准销售的顾客名单。如果该顾客未被列入顾客名单，则通常需要由销售单管理部门的主管来决定批准销售与否。

此活动的关键内部控制点是顾客名单已经被授权批准；涉及的部门是销售单管理部门；涉及的相关凭证是顾客订货单和销售单；涉及销售交易的"发生"认定。

2) 信用批准

赊销批准是由信用管理部门负责进行的。信用管理部门在收到销售管理部门的销售单后，将销售单与购货方已被授权的赊销额度以及欠款余额加以比较，以决定是否继续给予赊销。在执行入工赊销信用检查时，应当合理划分工作责任，以切实避免销售人员为增加销售而使企业承受不适当的信用风险。

企业应对每个新顾客进行信用调查，包括获取信用评审机构对顾客信用等级的评定报告。无论是否批准赊销，信用管理部门都要在销售单上签署意见，然后再将签署意见后的销售单送回销售管理部门。

此活动的关键内部控制点是信用管理部门已经在销售单上签署意见；涉及的部门是信用管理部门；涉及的相关凭证是销售单；涉及应收账款净额的"计价和分摊"认定。

3) 供货

企业管理层通常要求仓库只有在收到经过批准的销售单时才能供货，以防止仓库在未经授权的情况下擅自发货。

此活动的关键内部控制点是收到经过批准的销货单才能供货；涉及的部门是仓库管理部门；涉及的相关凭证是销售单。

4) 装运

装运部门的职员在装运之前，必须独立检查从仓库提取的商品是否都附有经批准的销售单，以及商品内容是否与销售单一致。仓库在装运商品的同时还要编制一式多联、连续编号的提货单，按序归档的装运凭证通常由装运部门保管。装运凭证提供了商品确实已被装运的证据。因此，它是证实销售交易"发生"的另一种形式的凭据。而定期对每一张装运凭证后是否附有相应的销售发票进行检查，则有助于保证销售交易"完整性"认定的正确性。

此活动的关键内部控制点是供货和运货职能分离；涉及的部门是装运管理部门；涉及的相关凭证是销售单、发运凭证；涉及销售交易"发生"和"完整性"认定。

5) 开具账单

开具账单包括编制账单和向顾客寄送事先连续编号的销售发票。

为了降低开单过程中出现遗漏、重复、错误计价或其他种类错报的风险，应设计以下控制程序。

(1) 开单部门人员在编制每张销售发票之前，应独立检查装运凭证是否存在，并检查相应的经批准的销售单。

(2) 应根据已授权批准的价格编制销售发票。

(3) 独立检查销售发票计价和计算的正确性。

(4) 将装运凭证上的商品总数与对应的销售发票上的商品总数进行比较。

此活动的关键内部控制点是销售发票连续编号；涉及的部门是开具账单部门；涉及的相关凭证是销售单、发运凭证、商品价目表、销售发票；涉及销售交易"发生""完整性"以及"计价和分摊"认定。

6) 记录销售

为了确保正确记录销售发票，将销货交易归属于适当的会计期间，企业需设计并执行下列记录销售的控制程序。

(1) 依据附有有效装运凭证和销售单的销售发票记录销售。这些装运凭证和销售单应能证明销售交易已真实发生。

(2) 控制所有事先连续编号的销售发票。

(3) 独立检查已处理销售发票上的金额同会计记录金额的一致性。

(4) 记录销售的职责应与前面所说明的处理销售交易的其他功能相分离。

(5) 对记录过程中所涉及的有关记录的接触予以限制，以减少未经授权批准的记录发生。

(6) 定期独立检查应收账款明细账与其总账的一致性。

(7) 定期向顾客寄送对账单，并要求顾客将任何例外情况直接向所指定的未涉及执行或记录销售交易循环的会计主管报告。

此活动的关键内部控制点是销售发票连续编号、记录销售与处理销售职能分离、定期独立检查并向顾客寄送对账单；涉及的部门是会计部门；涉及的相关凭证是销售发票及附件、转账凭证、收款凭证、销售明细账、应收账款明细账、库存现金和银行存款日记账；涉及销售交易"发生""完整性"以及"计价和分摊"认定。

2. 收款业务中主要活动的内部控制

办理和登记库存现金及银行存款日记账的关键内部控制点是利用汇款通知书加强货币资金控制；涉及的部门是会计部门；涉及的相关凭证是汇款通知书、收款凭证、库存现金和银行存款日记账；涉及销售交易"发生""完整性"以及"计价和分摊"认定。

办理和记录销货退回以及销售折扣与折让的关键内部控制点是必须经授权处理，分别控制实物流和会计处理；涉及的部门是会计部门和仓库；涉及的相关凭证是贷项通知单；涉及销售交易"发生""完整性"以及"计价和分摊"认定。

提取坏账准备和注销坏账的关键内部控制点是注销坏账审批后及时做会计调整；涉及的部门是赊销部门和会计部门；涉及的相关凭证是坏账审批表；涉及销售交易 "计价和分摊"认定。

每个企业的性质、所处行业、规模以及内部控制健全程度等不同，使得其与收款交易相关的内部控制内容有所不同，但以下与收款交易相关的内部控制内容通常是应当共同遵循的。

(1) 企业应当按照《现金管理暂行条例》《支付结算办法》等规定，及时办理销售收款业务。

(2) 企业应将销售收入及时入账，不得账外设账，不得擅自坐支现金。销售人员应当避免接触销售现款。

(3) 企业应当建立应收账款、账龄分析制度和逾期应收账款催收制度。销售部门应当负责应收账款的催收，财会部门应当督促销售部门加紧催收。对催收无效的逾期应收账款可通过法律程序予以解决。

(4) 企业应当按客户设置应收账款台账，及时登记每一客户应收账款余额增减变动情况和信用额度使用情况。对长期往来客户应当建立起完善的客户资料，并对客户资料实施动态进行管理，及时更新。

(5) 企业对于可能成为坏账的应收账款应当报告有关决策机构，由其进行审查，确定是否确认为坏账。企业发生的各项坏账，应查明原因，明确责任，并在履行规定的审批程序后作出会计处理。

(6) 企业注销的坏账应当进行备查登记，做到账销案存。已注销的坏账又收回时应及时入账，防止形成账外资金。

(7) 企业应收票据的取得和贴现必须经由保管票据以外的主管人员的书面批准；专人保管应收票据，对于即将到期的应收票据，应及时向付款人提示付款；已贴现应在备查簿中登记，以便日后追踪管理；并应制定逾期票据的冲销管理程序和逾期追踪监控制度。

(8) 企业应当定期与往来客户通过函证等方式核对应收账款、应收票据、预收款项等往来款项。如有不符，应查明原因，及时处理。

总之，销售与收款内部控制检查，在确定被审计单位的内部控制中可能存在的薄弱环节，并且对其控制风险作出评价后，注册会计师应当判断继续实施控制测试的成本是否会低于因此而减少对交易、账户余额实质性程序所需的成本。如果被审计单位的相关内部控制不存在，则注册会计师不应再实施控制测试，而应直接实施实质性程序。

这说明，作为进一步审计程序的类型之一，控制测试并非在任何情况下都需要实施。但当存在下列情形之一时，注册会计师应当实施控制测试：①在评估认定层次重大错报风险时，预期控制的运行是有效的；②仅实施实质性程序不足以提供认定层次充分、适当的审计证据。

11.2.2　销售与收款循环的控制测试

1. 销售与收款循环控制测试概述

如果在评估认定层次重大错报风险时预期控制的运行是有效的，注册会计师应当实施控制测试，就控制在相关期间或时点的运行有效性获取充分、适当的审计证据。

在对被审计单位销售与收款交易实施控制测试时，还应注意以下几点。

(1) 注册会计师应把测试重点放在被审计单位是否设计了由人工执行或计算机系统运行的更高层次的调节和比对控制，是否生成例外报告，管理层是否及时调查发现的问题并采取管理措施，而不是全部只测试员工在数据输入阶段执行的预防性控制。

(2) 注册会计师应当询问管理层用于监控销售与收款交易的关键业绩指标，例如销售额和毛利率预算、应收账款平均收款期等。

(3) 注册会计师应当考虑通过执行分析程序和截止测试，可以对应收账款的存在、准确性和计价等认定获取多大程度的保证。如果能够获得充分保证，则意味着不需要执行大量的控制测试。

(4) 为获取相关重大错报风险是否可能被评估为低的有关证据，注册会计师通常需要对被审计单位重要的控制，尤其是对容易出现高舞弊风险的现金收款和存储的控制的有效运行进行测试。因为这些控制大多采取人工控制，注册会计师主要的审计程序可能包括观察控制的执行，检查每日现金汇总表上是否留有执行比对控制的员工的签名，询问针对不一致的情况所采取的措施。

(5) 如果注册会计师计划信赖的内部控制是由计算机执行的，那么需要就下列事项获取审计证据：①相关一般控制的设计和运行的有效性；②针对认定层次的控制，如收款折扣的计算；③人工跟进措施，如将打印输出的现金收入日记账与对应的由银行盖章的存款记录进行比对，以及根据银行存款对账单按月调节现金收入日记账。

(6) 在控制风险被评估为低时，注册会计师需要考虑评估的控制要素的所有主要方面和控制测试的结果，以便能够得出这样的结论：控制能够有效运行，防止或发现并纠正重大错误和舞弊。

如果将固有风险和控制风险评估为中或高，注册会计师可能仅仅需要在对控制活动的处理情况进行询问时记录对控制活动的了解，并检查已实施控制的相关证据。

(7) 如果在期中实施了控制测试，注册会计师应当在年末审计时选择项目测试控制在剩余期间的运行情况，以确定控制是否在整个会计期间持续有效运行。

(8) 控制测试所使用的审计程序的类型主要包括询问、观察、检查、重新执行和穿行测试等，注册会计师应当根据特定控制的性质选择所需实施审计程序的类型。

2. 以内部控制目标为起点的控制测试

内部控制程序和活动是企业针对需要实现的内部控制目标而设计和执行的，控制测试则是注册会计师针对企业的内部控制程序和活动而实施的，因此，在审计实务中，注册会计师可以考虑以被审计单位的内部控制目标为起点实施控制测试。

下面按照销售与收款交易内部控制的讨论顺序，简要阐述销售与收款交易的控制测试。

(1) 对于职责分离，注册会计师通常通过观察被审计单位有关人员的活动，以及与这些人员进行讨论，来实施职责分离的控制测试。

(2) 对于授权审批，内部控制通常存在4个关键点上的审批程序：其一，在销售发生之前，赊销已经正确审批；其二，非经正当审批，不得发出货物；其三，销售价格、销售条件、运费、折扣等必须经过审批；其四，审批人应当根据销售与收款授权批准制度的规定，在授权范围内进行审批，不得超越审批权限。注册会计师主要通过检查凭证在这4个关键点上是否经过审批，可以很容易地测试出授权审批方面的内部控制效果。

(3) 对于充分的凭证和记录以及凭证预先编号这两项控制，常用的控制测试程序是清点各种凭证。比如从主营业务收入明细账中选取样本，追查至相应的销售发票存根，进而检查其编号是否连续，有无不正常的缺号发票和重号发票。视检查顺序和范围的不同，这种测试程序往往可同时提供有关发生和完整性目标的证据。

(4) 对于按月寄出对账单这项控制，观察指定人员寄送对账单，并检查客户复函档案和管理层的审阅记录，是注册会计师一项十分有效的控制测试。

(5) 对于内部核查程序，注册会计师可以通过检查内部审计人员的报告，或检查其他独立人员在他们核查的凭证上的签字等方法实施控制测试。

11.3 主营业务收入审计

11.3.1 主营业务收入的审计目标

主营业务收入的审计目标一般包括以下几个。

(1) 确定本期已入账的主营业务收入是否确实发生，且与被审计单位有关；

(2) 确定已实现的主营业务收入是否全部入账；

(3) 确定主营业务收入的截止是否适当；

(4) 确定主营业务收入有关的金额及其他数据是否已恰当记录，包括对销售退回、销售折扣与折让的会计处理是否适当；

(5) 确定主营业务收入在财务报表上的披露是否恰当。

11.3.2 主营业务收入的实质性程序

1. 获取或编制主营业务收入项目明细表，并执行以下工作

获取或编制主营业务收入项目明细表，复核正确，并与报表数、总账数和合计数核对相符。

(1) 复核加计是否正确，并与总账数和明细账合计数核对是否相符，结合其他业务收入科目与报表数核对是否相符；

(2) 检查以非记账本位币结算的主营业务收入的折算汇率及折算是否正确。

2. 审查主营业务收入的确认原则和计量是否正确

注册会计师应当审查被审计单位是否遵守了《企业会计准则》有关收入确认时间与计量的规定。企业销售商品收入应同时满足下列条件的，才能予以确认：第一，企业已将商品所有权上的主要风险和报酬转移给购货方；第二，企业既没有保留通常与所有权相联系的继续管理权，也没有对已售出的商品实施有效控制；第三，收入的金额能够可靠计量；第四，并执行以下工作：相关的经济利益很可能流入企业；第五，并执行以下工作：相关的已发生或将发生的成本能够可靠计量。

企业主营业务收入的确认时间(即产品销售的实现时间)，取决于产品销售方式和货款结算方式。因此，对主营业务收入确认时间的审计，应结合不同的产品销售方式和货款结算方式进行。

(1) 采用交款提货销售方式，应于货款已收到或取得收取货款的权利，同时已将发票账单和提货单交给购货单位时确认收入的实现。对此，注册会计师应着重审查被审计单位是否收到货款或取得收取货款的权利，发票账单和提货单是否已交付购货单位。应注意有无扣押结算凭证，将当期收入转入下期，或者虚计收入、开假发票、虚列购货单位，而将当期未实现的收入虚转为收入入账，在下期予以冲销的现象。

(2) 采用预收账款销售方式，应于商品已经发出时，确认收入的实现。对此，注册会计师应着重审查被审计单位是否收到了货款，商品是否已经发出。应注意是否存在对已收货款不入账、转为下期收入或开具虚假出库凭证、虚增收入等现象。

(3) 采用托收承付结算方式，应于商品已经发出，劳务已经提供并已将发票账单提交银行、办妥托收手续时确认收入的实现。对此，注册会计师应着重审查被审计单位是否发货，托收手续是否办妥，发货发运凭证是否真实，托收承付结算回单是否正确。

(4) 采用委托其他单位代销商品、产品等方式，应于代销商品已经销售，并收到代销单位的代销清单时确认收入的实现。对此，注册会计师应注意查明有无商品、产品未销售，有无编制虚假代销清单、虚增本期收入的现象。

(5) 采用分期收款结算方式，应按合同约定的收款日期分期确认营业收入。对此，注册会计师应重点查明本期是否收到价款，查明合同约定的本期应收款日期是否真实，是否存在收入不入账、少入账或缓入账的现象。

(6) 长期工程合同，一般应当根据完工百分比法确认合同收入。注册会计师应重点审查收入的计算、确认方法是否符合规定，并核对应计收入与实际收入是否一致，注意查明有无随意确认收入、虚增或虚减本期收入的情况。

(7) 委托外贸代理出口、实行代理制方式的，应在收到外贸企业代办的发运凭证和银行交款凭证时确认收入的实现。对此，注册会计师应重点审查代办发运凭证和银行交款单是否真实，注意有无内外勾结，出具虚假发运凭证或虚假银行交款单的情况。

(8) 对外转让土地使用权和销售商品房的，在土地使用权和商品房已经移交，并将发票结算账单提交对方时，确认收入的实现。对此，注册会计师应重点审查应办理的移交手续是否符合规定要求，发票账单是否已交对方。注意查明被审计单位有无编造虚假移交手续、采用"分层套写"的方法开具虚假发票的行为，以防止其高价出售、低价收款，从中贪污货款。

3. 必要时，实施以下实质性分析程序

(1) 针对已识别需要运用分析程序的有关项目，并基于对被审计单位及其环境的了解，通过进行以下比较，同时考虑有关数据间关系的影响，以建立有关数据的期望值：

① 将本期的主营业务收入与上期的主营业务收入、销售预算或预测数等进行比较，分析主营业务收入及其构成的变动是否异常，并分析异常变动的原因；

② 计算本期重要产品的毛利率，与上期或预算或者预测数据比较，检查是否存在异常，各期之间是否存在重大波动，查明原因；

③ 比较本期各月各类主营业务收入的波动情况，分析其变动趋势是否正常，是否符合被审计单位季节性、周期性的经营规律，查明异常现象和重大波动的原因；

④ 将本期重要产品的毛利率与同行企业进行对比分析，检查是否存在异常；

⑤ 根据增值税发票申报表或普通发票估算全年收入，与实际收入金额比较。

(2) 确定可接受的差异额。

(3) 将实际的情况与期望值相比较，识别需要进一步调查的差异。

(4) 如果其差额超过可接受的差异额，调查并获取充分的解释和恰当的、佐证性质的审计证据(如通过检查相关的凭证等)。

(5) 评估分析程序的测试结果。

4. 相关凭证的审查

(1) 获取产品价格目录，抽查售价是否符合价格政策，并注意销售给关联方或关系密切的重要客户的产品价格是否合理，有无以低价或高价结算的方法相互之间转移利润的现象。

(2) 抽取本期一定数量的发运凭证，审查存货出库日期、品名、数量等是否与销售发票、销售合同、记账凭证等一致。

(3) 抽取本期一定数量的记账凭证，审查入账日期、品名、数量、单价、金额等是否与销售发票、发运凭证、销售合同等一致。

(4) 结合对应收账款实施的函证程序，选择主要客户函证本期销售额。

(5) 对于出口销售，应当将销售记录与出口报关单、货运提单、销售发票等出口销售单据进行核对，必要时向海关函证。

5. 实施销售的截止测试

(1) 选取资产负债表日前后若干天一定金额以上的发运凭证与应收账款和收入明细账进行核对；同时，从应收账款和收入明细账选取在资产负债表日前后若干天一定金额以上的凭证与发运凭证核对，以确定销售是否存在跨期现象。

(2) 复核资产负债表日前后销售和发货水平，确定业务活动水平是否异常，并考虑是否有必要追加实施截止测试程序。

(3) 取得资产负债表日后所有的销售退回记录，检查是否存在提前确认收入的情况。

(4) 结合对资产负债表日应收账款的函证程序，检查有无未取得对方认可的大额销售。

(5) 调整重大跨期销售。

对销售实施截止测试，其目的主要在于，确定被审计单位主营业务收入的会计记录归属期是否正确，应记入本期或下期的主营业务收入是否被推延至下期或提前至本期。

6. 销售折扣、销货退回与折让业务测试

企业在销售过程中，经常会因为产品质量、品种不符合要求以及结算方面的原因发生销售折扣、销货退回与折让业务。尽管引起销售折扣、销货退回与折让的原因不尽相同，其表现形式也不尽一致，但最终结果都是对收入的抵减，直接影响营业收入的确认和计量。因此，注册会计师在对销售折扣、销货退回与折让业务进行测试时，应注意以下内容。

(1) 检查销售折扣、销货退回与折让的原因和条件是否真实、合规，有无借销售折扣、销货退回与折让之名，转移收入或贪污货款；

(2) 检查销售折扣、销货退回与折让的审批手续是否完善和规范，有无擅自折让和折扣而转利于关联方企业的情况；

(3) 检查销售折扣、销货退回与折让的数额计算是否正确，会计处理是否恰当；

(4) 检查销售退回的产品是否已验收入库并登记入账，有无形成账外"小仓库"的情况；

(5) 销售折扣与折让是否及时足额提交对方，有无私设"小金库"的情况。

对于销售折扣、销货退回与折让业务的测试，主要是根据销售合同的相关规定，审阅有关收入明细账和存货明细账，抽查相关会计凭证，验算并核对账证是否相符，如有不符，应进一步分析原因，核实取证。

7. 确认主营业务收入在利润表上的披露是否恰当

按照《企业会计准则》的规定，企业应在年度财务报表附注中说明以下事项。

(1) 收入确认所采用的会计政策，主要包括以下内容。

① 在各项重大的交易中，企业确认收入采用的确认原则；

② 是否有采用分期付款确认收入的情况；

③ 确定劳务的完成程度所采用的方法。

(2) 当期确认每一重大的收入项目的金额，包括商品销售收入、劳务收入、利息收入、使用费收入。

11.4 应收账款审计

应收账款指企业因销售商品、提供劳务而形成的债权，即由于企业销售商品、提供劳务等原因，应向购货客户或接受劳务的客户收取的款项或代垫的运杂费，是企业的债权性资产。

企业的应收账款是在销售交易或提供劳务过程中产生的，因此，应收账款的审计应结合销售交易来进行。

11.4.1 应收账款的审计目标

应收账款的审计目标一般包括以下几个。

(1) 确定资产负债表中记录的应收账款是否存在；

(2) 确定应收账款是否归被审计单位所有；

(3) 确定应收账款增减变动的记录是否完整；

(4) 确定应收账款及其坏账准备的期末余额是否正确，应收账款是否可收回，坏账准备的计提方法和比例是否恰当，计提是否充分；

(5) 确定应收账款在财务报表上的披露是否恰当。

11.4.2 应收账款的实质性程序

1. 取得或编制应收账款明细表

(1) 复核加计正确，并与总账数和明细账合计数核对是否相符；结合坏账准备科目报表数核对是否相符。应当注意，应收账款报表数反映企业因销售商品、提供劳务等而应向购买单位收取的各种款项，减去已计提的相应的坏账准备后的净额。

(2) 检查非记账本位币应收账款的折算汇率及折算是否正确。对于用非记账本位币(通常为外币)结算的应收账款，注册会计师应检查被审计单位外币应收账款的增减；变动是否采用交易发生日的即期汇率将外币金额折算为记账本位币金额，或者按照系统合理的方法确定的、与交易发生的即期汇率近似的汇率折算，选择采用汇率的方法前后各期是否一致；期末外币应收账款余额是否采用即期汇率折合为记账本位币金额；折算差额的会计处理是否正确。

(3) 分析有贷方余额的项目，查明原因，必要时，建议做重分类调整。

(4) 结合其他应收款、预收款项等往来项目的明细余额，调查有无同一客户多处挂账、异常余额或与销售无关的其他款项(如，代销账户、关联方账户或员工账户)。如有，作出记录，必要时提出调整建议。

2. 检查涉及应收账款的相关财务指标

(1) 复核应收账款借方累计发生额与主营业务收入关系是否合理，并将当期应收账款借方发生额占销售收入净额的百分比与管理层考核指标和被审计单位相关赊销政策比较，如存在异常应查明原因。

(2) 计算应收账款周转率、应收账款周转天数等指标，并与被审计单位相关赊销政策、被审计单位以前年度指标、同行业同期相关指标对比分析，检查是否存在重大异常。

3. 检查应收账款账龄分析是否正确

应收账款的账龄，是指资产负债表中的应收账款从销售实现、产生应收账款之日起，至资产负债表日止所经历的时间。

(1) 获取或编制应收账款账龄分析表。注册会计师可以通过获取或编制应收账款账龄分析表来分析应收账款的账龄，以便了解应收账款的可收回性。应收账款账龄分析表如表11-3所示。

表11-3 应收账款账龄分析表

年 月 日　　　　　　　　　　　　　　　　　货币单位：

序号	客户名称	期末余额	账龄			
			1年以内	1~2年	2~3年	3年以上
合计						

编制应收账款账龄分析表时，可以考虑选择重要的客户及其余额列示，而将不重要的或余额较小的汇总列示。应收账款账龄分析表的合计数减去已计提的相应坏账准备后的净额，应该等于资产负债表中的应收账款项目余额。

(2) 测试应收账款账龄分析表计算的准确性，并将应收账款账龄分析表中的合计数与应收账款总分类账余额相比较，并调查重大调节项目。

(3) 检查原始凭证, 如销售发票、运输记录等, 测试账龄划分的准确性。

4. 函证应收账款

应收账款函证, 是指注册会计师为了获取影响财务报表或相关披露认定的项目的信息, 通过直接来自第三方对有关信息和现存状况的声明, 获取和评价审计证据的过程。

函证应收账款的目的在于证实应收账款账户余额的真实性、正确性, 防止或发现被审计单位及其有关人员在销售交易中发生的错误或舞弊行为。通过函证应收账款, 可以比较有效地证明被询证者(即债务人)的存在和被审计单位记录的可靠性。

注册会计师应当考虑被审计单位的经营环境、内部控制的有效性、应收账款账户的性质、被询证者处理询证函的习惯做法及回函的可能性等, 以确定应收账款函证的范围、对象、方式和时间。

除非有充分证据表明应收账款对被审计单位财务报表而言是不重要的, 或者函证很可能是无效的, 否则, 注册会计师应当对应收账款进行函证。如果注册会计师不对应收账款进行函证, 则应当在审计工作底稿中说明理由。如果认为函证很可能是无效的, 注册会计师应当实施替代审计程序, 获取相关、可靠的审计证据。

1) 函证范围的确定

注册会计师一般应在全部应收账款中选取适当样本进行函证。影响注册会计师确定应收账款函证样本量的因素主要有以下几个方面。

(1) 应收账款的重要性。如果应收账款在资产总额中所占比重较大, 则应选择较多样本。

(2) 应收账款明细账户的数量。明细账户越多, 应选取的样本也就越多。

(3) 内部控制系统的强弱。内部控制较弱的, 应选取较多的样本。

(4) 以前年度函证的结果。以前年度函证时出现较大差异或未曾回函的账户, 应选为本年重点函证的样本。

(5) 检查风险对函证样本量的影响。如检查风险较小, 则应选取较多的样本进行函证。

(6) 所采用函证的类型。采用否定式函证所需的样本量通常比采用肯定式函证时要多。

2) 函证对象的确定

(1) 金额较大的项目。

(2) 账龄较长的项目。

(3) 交易频繁但期末余额较小的项目。

(4) 重大关联方交易。

(5) 重大或异常的交易。

(6) 可能存在争议以及产生重大舞弊或错误的交易。

3) 函证的方式

注册会计师可采用积极的或消极的函证方式实施函证, 也可将两种方式结合使用。

(1) 积极的函证方式。注册会计师要求被询证者在所有情况下必须回函, 确认询证函所列示信息是否正确, 或填列询证函要求的信息。

积极的函证方式的适用范围: 第一, 相关的内部控制是无效的; 第二, 预计差错率较高; 第三, 个别账户的欠款金额较大; 第四, 有理由相信欠款有可能会存在争议、差错等问题。

积极的函证方式参考格式如表11-4所示。

表11-4 积极式询证函

企业询证函

××(公司):

编号：

　　本公司聘请的××会计师事务所正在对本公司××年度财务报表进行审计，按照中国注册会计师审计准则的要求，应当询证本公司与贵公司的往来账项等事项。下列数据出自本公司账簿记录，如与贵公司记录相符，请在本函下端"信息证明无误"处签章证明；如有不符，请在"信息不符"处列明不符金额。回函请直接寄至××会计师事务所。

回函地址：

邮编：　　　　　　　电话：　　　　　　传真：　　　　　　联系人：

1. 本公司与贵公司的往来账项列示如下：

单位：

截止日期	贵公司欠	欠贵公司	备注

2. 其他事项

本函仅为复核账目之用，并非催款结算。若款项在上述日期之后已经付清，仍请及时函复为盼。

(公司盖章)
年　月　日

结论：1.信息证明无误。

(公司盖章)
年　月　日
经办人

　　2. 信息不符，请列明不符的详细情况：

(公司盖章)
年　月　日
经办人

　　(2) 消极的函证方式。注册会计师只要求被询证者仅在不同意询证函列示信息的情况下才予以回函。

　　消极的函证方式的适用范围：第一，注册会计师将重大错报风险评估为低水平，并已就与认定相关的控制的运行获取充分、适当的审计证据；第二，需要实施消极式函证程序的总体由大量的小额、同质的账户余额、交易或事项构成；第三，预期不符事项的发生率很低；第四，没有迹象表明接收询证函的人员或机构不认真对待函证。

　　消极的函证方式参考格式如表11-5所示。

表11-5 消极式询证函

企业询证函

××(公司):

编号：

　　本公司聘请的××会计师事务所正在对本公司××年度财务报表进行审计，按照中国注册会计师审计准则的要求，应当询证本公司与贵公司的往来账项等事项。下列数据出自本公司账簿记录，如与贵公司记录相符，请在本函下端"信息证明无误"处签章证明；如有不符，请直接通知会计师事务所，并请在空白处列明贵公司认为是正确的信息。回函请直接寄至××会计师事务所。

回函地址：

邮编：　　　　　　　电话：　　　　　　传真：　　　　　　联系人：

1. 本公司与贵公司的往来账项列示如下：

(续表)

截止日期	贵公司欠	欠贵公司	单位： 备注

2. 其他事项

本函仅为复核账目之用，并非催款结算。若款项在上述日期之后已经付清，仍请及时函复为盼。

(公司盖章)

年 月 日

××会计师事务所：
上面的信息不正确，差异如下：

(公司盖章)

年 月 日

经办人

有时候，两种函证方式结合起来使用可能更适宜：对于大金额的账项应采用积极式函证，对于小金额的账项应采用消极式函证。

4) 函证时间的选择

注册会计师通常以资产负债表日为截止日，在资产负债表日后适当时间内实施函证。如果重大错报风险评估为低水平，注册会计师可选择资产负债表日前适当日期为截止日实施函证，并对所函证项目自该截止日起至资产负债表日止发生的变动实施其他实质性程序。

5) 函证的控制

注册会计师通常利用被审计单位提供的应收账款明细账户名称及客户地址等资料据以编制询证函，也可以委托被审计单位其他人员代替其编制，但注册会计师应当对确定需要确认或填列的信息、选择适当的被询证者、设计询证函以及发出和跟进(包括回收)询证函保持控制。寄发一定要由注册会计师亲自进行。

为了充分发挥函证的作用，注册会计师应在充分考虑对方回函时间的前提下，选择好函证发送的时间。最佳时间应是与资产负债表日接近的时间，以确保在审计工作结束前取得函证的全部资料。

注册会计师应当采取下列措施对函证实施过程进行控制。

(1) 将被询证者的名称、地址与被审计单位有关记录核对。

(2) 将询证函中列示的账户余额或其他信息与被审计单位有关资料核对。

(3) 在询证函中指明直接向接受审计业务委托的会计师事务所回函。

(4) 询证函经被审计单位盖章后，由注册会计师直接发出。

(5) 将发出询证函的情况形成审计工作记录。

(6) 将收到的回函形成审计工作记录，并汇总统计函证结果。函证结果汇总表见表11-6。

表11-6　函证结果汇总表

函证 编号	债务人 名称	债务人 地址	函证 方式	函证日期		账面 余额	函证 结果	差异金额 及说明	审定 金额
				第一次	第二次				

如果函证者以传真、电子邮件等方式回函，注册会计师应当直接接收，并要求被询证者寄回询证函原件。

如果采用积极的函证方式实施函证而未能收到回函，注册会计师应当考虑与被询证者联系，查明是由于被函证者地址迁移、差错而致信函无法投递，还是这笔应收账款本来就是一笔假账。一般来说，应发送第二次询证函，如果仍得不到答复，注册会计师则应考虑采用必要的替代审计程序。替代审计程序应当能够提供实施函证所能够提供的同样效果的审计证据，例如检查与销售有关的文件，包括销售合同、销售订单、销售发票副本及发运凭证等，以获取具有同等证明效力的审计证据。

如果实施函证和替代审计程序都不能提供财务报表有关认定的充分、适当的审计证据，注册会计师应当实施追加的审计程序。

在评价实施函证和替代审计程序获取的审计证据是否充分、适当时，注册会计师应当考虑以下内容。

(1) 函证和替代审计程序的可靠性；

(2) 不符事项的原因、频率、性质和金额；

(3) 实施其他审计程序获取的审计证据。

在评价函证的可靠性时，注册会计师应当考虑以下内容。

(1) 对询证函的设计、发出及收回的控制情况；

(2) 被询证者的胜任能力、独立性、授权回函情况、对函证项目的了解及其客观性；

(3) 被审计单位施加的限制或回函中的限制。

如果有迹象表明收回的询证函不可靠，注册会计师应当实施适当的审计程序予以证实或消除疑虑。并应当考虑不符事项是否构成错报及其对财务报表可能产生的影响，并将结果形成审计工作记录。

如果不符事项构成错报，注册会计师应当重新考虑所实施审计程序的性质、时间和范围。

6) 对函证结果的分析

注册会计师从被询证者处收回询证函后，应对函证结果进行分析与评价。一般情况下，函证结果有三种。

(1) 注册会计师认为，函证结果是可靠的，并且得到了对方的确认；

(2) 有迹象表明，收回的询证函不可靠，此时，注册会计师应采取适当的审计程序予以证实或消除疑虑；

(3) 询证函中的有关内容并没有得到对方的确认。

上述情况中的后两种应引起注册会计师的高度重视，对所怀疑的不符事项进行进一步的分析，看其是否构成错报及其对财务报表可能产生哪些影响，并将结果记录于审计工作底稿。如果不符事项构成错误，注册会计师应重新考虑实质性程序的性质、时间和范围。

应当指出的是，双方记录业务的时间不同，也可能产生不符事项，主要表现为以下几点。

(1) 询证函发出时，债务人已经付款，而被审计单位尚未收到货款；

(2) 询证函发出时，被审计单位的货物已经发出并已做销售记录，但货物仍在途中，债务人尚未收到货物；

(3) 债务人由于某种原因将货物退回，而被审计单位尚未收到；

(4) 债务人对收到的货物的数量、质量及价格等有争议而全部或部分拒付等。

7) 对函证结果的评价

注册会计师应将函证的过程和情况记录在工作底稿中，并据以总结和评价应收账款的情况。注册会计师对函证结果可进行如下评价。

(1) 注册会计师应重新考虑过去对内部控制的评价是否适当，控制测试的结果是否适当，分析程序的结果是否适当，相关的风险评价是否适当等。

(2) 如果函证结果表明没有审计差异，则注册会计师可以合理地推论：全部应收账款总体是正确的。

(3) 如果函证结果表明存在审计差异，则注册会计师应当估算应收账款总额中可能出现的累计差错是多少，估算未被选中进行函证的应收账款的累计差错是多少。为取得对应收账款累计差错更加准确的估计，也可以扩大函证范围。

需要指出的是，应收账款尽管得到了债务人的确认，但这并不意味着债务人就一定会付款。另外，函证也不可能发现所有存在的问题。尽管如此，应收账款的函证仍不失为一种必要、有效的审计方法。

8) 管理层不允许寄发询证函

如果管理层不允许寄发询证函，注册会计师应当从以下方面着手。

(1) 询问管理层不允许寄发询证函的原因，并就其原因的正当性及合理性收集审计证据；

(2) 评价管理层不允许寄发询证函对评估的相关重大错报风险(包括舞弊风险)，以及其他审计程序的性质、时间安排和范围的影响；

(3) 实施替代程序，以获取相关、可靠的审计证据。

如果认为管理层不允许寄发询证函的原因不合理，或实施替代程序无法获取相关、可靠的审计证据，注册会计师应当按照《中国注册会计师审计准则第1151号——与治理层的沟通》的规定，与治理层进行沟通。注册会计师还应当按照《中国注册会计师审计准则第1502号——在审计报告中发表非无保留意见》的规定，确定其对审计工作和审计意见的影响。

9) 对函证未回函及未函证应收账款实施替代审计程序

通常，注册会计师可能未能取得所有发放的应收账款积极式询证函的回函，并且注册会计师也不可能对所有应收账款进行函证，因此，对于函证未回函及未函证应收账款，注册计师应抽查有关原始凭据，如销售合同、销售订购单、销售发票副本、发运凭证及期后收款的回款单据等，以验证与其相关的应收账款的真实性。

10) 确定已收回的应收账款金额

请被审计单位协助，在应收账款账龄分析表中标出至审计时已收回的应收账款金额。对已收回金额较大的款项进行常规检查，如核对收款凭证、银行对账单、销货发票等，并注意凭证发生日期的合理性，分析收款时间是否与合同相关要素一致。

11) 检查坏账的确认和处理

首先，注册会计师应检查有无债务人破产或者死亡的，以及破产或以遗产清偿后仍无法收回的，或者债务人长期未履行清偿义务的应收账款；其次，应检查被审计单位坏账的处理是否经授权批准，有关会计处理是否正确。

12) 抽查有无不属于结算业务的债权

不属于结算业务的债权，不应在应收账款中进行核算。因此，注册会计师应抽查应收账款明细账：并追查有关原始凭证，查证被审计单位有无不属于结算业务的债权。如有，应建议被审计单位作适当调整。

13) 检查应收账款的贴现、质押或出售

检查银行存款和银行借款等询证函的回函、会议纪要、借款协议和其他文件，确定应收账款是否已被贴现、质押或出售，应收账款贴现业务是否满足金融资产转移终止确认条件，其会计处理是否正确。

14) 对应收账款实施关联方及其交易审计程序

标明应收关联方[包括持股5%以上(含5%)股东]的款项，实施关联方及其交易审计程序，并注明合并财务报表时应予抵销的金额；对关联企业、有密切关系的主要客户的交易事项作专门核查。

(1) 了解交易事项目的、价格和条件，作比较分析；

(2) 检查销售合同、销售发票、发运凭证等相关文件资料；

(3) 检查收款凭证等货款结算单据；

(4) 向关联方或有密切关系的主要客户函询，以确认交易的真实性、合理性。

15) 确定应收账款的列报是否恰当

如果被审计单位为上市公司，则其财务报表附注通常应披露期初、期末余额的账龄分析，期末欠款金额较大的单位账款，以及持有5%以上(含5%)股份的股东单位账款等情况。

11.5 坏账准备审计

11.5.1 坏账准备审计的目标

(1) 确定计提坏账准备的方法和比例是否恰当；

(2) 坏账准备的计提是否充分；

(3) 确定坏账准备增减变动的记录是否完整；

(4) 确定坏账准备期末余额是否正确；

(5) 确定坏账准备的披露是否恰当。

11.5.2 坏账准备的实质性程序

1. 复核坏账准备数额

核对坏账准备的总账余额、明细账余额合计数是否相符。如不相符，应查明原因，作审计记录并提出必要的审计调整建议。

2. 审查坏账准备的计提

审计中主要应查明的内容如下所述。

(1) 坏账准备的计提方法和比例是否符合制度规定；

(2) 计提的数额是否恰当；

(3) 会计处理是否正确；

(4) 前后期是否一致。

我国《企业会计准则》对坏账准备的计提作了如下规定。

(1) 企业应当定期或者至少于每年年度终了，对应收款项(应收账款、其他应收款等)进行全面检查，预计各项应收款项可能发生的坏账，对于没有把握能够收回的应收款项，应当计提坏账准备。

(2) 企业只能采用备抵法核算坏账损失。计提坏账准备的具体方法由企业自行确定，主要有应收款项百分比法、账龄分析法、销货百分比法等。企业应当列出目录，具体注明计提坏账准备的范围、提取方法、账龄的划分和提取比例，按照管理权限，经股东大会或董事会、经理(厂长)会议或类似机构批准，并且按照法律、行政法规的规定，报有关各方备案，并备置于公司所在地，以供投资者审阅。坏账准备提取方法一经确定，不得随意变更。如需变更，仍然按上述程序，经批准后报送有关各方备案，并在财务报表附注予以说明。

(3) 企业在确定坏账准备的计提比例时，应当根据企业以往的经验、债务单位的实际财务状况和现金流量的情况，以及其他相关信息合理地估计。除有确凿证据表明该项应收款项不能收回，或收回的可能性不大(如债务单位撤销、破产、资不抵债、现金流量严重不足、发生严重的自然灾害等导致停产而在短时间内无法偿付债务等，以及应收款项逾期3年以上)外，下列各种情况一般不能全额计提坏账准备。

① 当年发生的应收款项；
② 计划对应收款项进行重组；
③ 与关联方发生的应收款项；
④ 其他已逾期，但无确凿证据证明不能收回的应收款项。

(4) 企业持有的未到期应收票据，如有确凿证据证明不能够收回或收回的可能性不大时，应将其账面余额转入应收账款，并计提相应的坏账准备。

(5) 企业的预付账款如有确凿证据表明其不符合预付账款性质，或者因供货单位破产、撤销等原因已无望再收到所购货物的，应将原计入预付账款的金额转入其他应收款，并计提相应的坏账准备。

3. 审查坏账损失

对于被审计单位在被审计期间发生的坏账损失，注册会计师应查明原因，看其有无授权批准，是否符合规定，有无已作坏账处理后又重新收回的应收款项，以及相应的会计处理是否正确。

《企业会计准则》规定，企业对于不能收回的应收款项应当查明原因，追究责任。对有确凿证据表明确实无法收回的应收款项，如债务单位撤销、破产、资不抵债、现金流量严重不足等，根据企业的管理权限，经股东大会或董事会、经理(厂长)会议或类似机构批准作为坏账损失、冲销提取的坏账准备。

4. 实施分析程序

分析程序的内容与可能存在的信息见表11-7。

表11-7　分析程序的内容与可能存在的信息

比较的内容	可能的信息
将本年超过一定限额的顾客欠款余额合计同以前年度比较	应收账款方面出现差错
将本年发生的坏账损失占销售收入的百分比同以前年度比较	对难以收回的应收账款未提坏账准备
将本年末应收账款天数同上年比较	高估或者低估坏账准备
将本年各类分龄账款占应收账款的百分比同以前年度比较	高估或者低估坏账准备
将本年计提的坏账准备占应收账款的百分比同以前年度比较	高估或者低估坏账准备

5. 检查函证结果

对债务人回函中反映的例外事项及存在争执的余额，注册会计师应查明原因并作记录，必要时，应建议被审计单位作相应的调整。

6. 审查长期挂账的应收款项

注册会计师应审查应收款项(包括应收账款和其他应收款等)明细账及相关原始凭证，查找有无资产负债表日后仍未收回的长期挂账应收款项，如有，应提请被审计单位作适当处理。

7. 确定坏账准备是否已经恰当披露

企业应当在财务报表附注中清晰地说明坏账的确认标准、坏账准备的计提方法和计提比例。上市公司还应在财务报表附注中分项披露以下主要事项。

(1) 本期全额计提坏账准备，或计提坏账准备的比例较大的(计提比例一般超过40%及以上的，下同)应单独说明计提的比例以及理由。

(2) 以前期间已全额计提坏账准备，或计提坏账准备的比例较大但在本期又全额或部分收回的，或通过重组等其他方式收回的，应说明其原因、原估计计提比例的理由以及原估计计提比例的合理性；

(3) 本期实际冲销的应收款项及其理由等。其中，实际冲销的关联交易产生的应收款项应单独披露。

按照《企业会计准则》的要求，计提资产减值准备的企业应按年填报资产减值准备明细表。因此，检查坏账准备的披露是否恰当，除了关注其在财务报表附注披露上的恰当性外，还应当关注企业资产减值准备明细表中有关坏账准备内容披露的恰当性。

11.6 其他相关账户审计

在销售与收款循环中，除了以上介绍的会计科目的审计外，还有应收票据、预收账款、应交税费、营业税金及附加、销售费用等项目的审计。对这些账户审计的主要目标和实质性应当按照审计准则和会计师事务所制定的审计程序表来进行。

本章小结

本章我们主要介绍了销售与收款循环审计所涉及的主要经济业务活动以及相关会计凭证、账户；说明了销售与收款循环中内部控制要点及控制测试；设计与执行销售与收款循环主要交易的实质性程序，使学生能掌握主营业务收入、应收账款、坏账准备等账户的审计目标以及实质性程序的基本程序。

复习思考题

1. 在销售与收款循环的交易测试中，不同的审计目标下，其测试程序有何不同？
2. 如何实施销售业务的截止测试？
3. 什么是收入的实质性分析程序？一般如何实施收入的实质性分析程序？
4. 注册会计师对被审计单位的收入"发生"认定审计，一般关注哪三种错误？
5. 应收账款函证的方式、范围和对象有哪些？

6.注册会计师应当采取何种措施对函证实施控制？

案例分析题

【案例】A和B审计人员对XYZ股份有限公司2013年财务报表进行审计。该公司2013年未发生购并、分立、债务重组行为，供产销形势与上年相当。该公司提供的未经审计的2013年合并财务报表附注的部分内容如下。

(1) 坏账核算的会计政策：坏账核算采用备抵法。坏账准备按期末应收账款余额的0.5%计提。

应收账款和坏账准备项目附注：应收账款/坏账准备：16 553万元/52.77万元。

应收账款账龄分析(2013年年末余额)见表11-8。

表11-8 应收账款账龄分析表

人民币万元

账龄	年初数	年末数
1年以内	8392	10 915
1～2年	1186	1399
2～3年	1161	1365
3年以上	1421	2874
合计	12 160	16 553

(2) 主营业务收入和主营业务成本项目附注(见表11-9)。

主营业务收入/主营业务成本：2013年发生额61 020万元/52 819万元。

表11-9 主营业务收入和主营业务成本表

人民币万元

品名	主营业务收入		主营业务成本	
	2012年发生额	2013年发生额	2012年发生额	2013年发生额
X产品	40 000	41 000	38 000	33 800
Y产品	20 000	20 020	19 000	19 019
合计	60 000	61 020	57 000	52 819

【问题】假定上述附注内容中的年初数和上年比较数均已审定无误，你作为A和B审计人员，在审计计划阶段，请运用专业判断，必要时运用分析程序方法，分别指出上述附注内容中存在或者可能存在的不合理之处，并简要说明理由。

【提示】内容(1)可能存在两处不合理之处：一是坏账准备年末余额52.77万元/应收账款年末余额16 553(万元)×100%=0.32%，与会计政策规定的0.5%的坏账准备计提比例不符；二是应收账款账龄分析中，“2～3年”和“3年以上”两部分年初数之和仅为2582万元，而“3年以上”年末数却为2874万元，通常，在公司未发生购并、分立、债务重组行为的前提下是不可能的。

内容(2)中可能存在一处不合理之处：X产品2013年销售毛利率为13.44%，大大高于2012年的5%。既然公司2013年产供销形势与上年相当，通常应当维持大致相当的销售毛利率水平。

第12章 购货与付款循环审计

本章将介绍和识别购货与付款循环审计所涉及的相关会计凭证、账户、主要经济业务活动；说明购货与付款循环中内部控制要点及控制测试；设计与执行购货与付款循环交易的实质性程序，使学生能理解每种实质性程序相关的财务报表认定；掌握应付账款、固定资产和累计折旧等账户的审计目标以及实质性程序的基本程序。

12.1 购货与付款循环概述

企业的采购与付款循环包括购买商品、劳务和固定资产，以及企业在经营活动中为获取收入而发生的直接或间接的支出。部分支出可能与产品收入直接相关，部分支出可能会形成企业资产，而这些资产又构成了企业经营活动的基础。

一个企业的支出从性质、数量和发生频率上看是多种多样的。本章主要关注与购买货物和劳务以及应付账款的支付有关的控制活动以及重大交易。

不同的企业性质决定企业除了会有一些共性的费用支出外，还会发生一些不同类型的支出。表12-1列示了不同企业通常会发生的一些支出情况，这些支出未包括经营用房产支出和人工费用支出。

表12-1 常见的不同行业典型采购支出和费用

行业类型	典型的采购支出和费用
一般制造业	生产过程所需的设备支出，原材料、易耗品、配件的购买与储存支出，生产经营费用，把产品运达顾客、零售商处发生的运输费用、管理费用
贸易业	产品的选择和购买，产品的储存和运输，广告促销费用，售后服务费用
金融服务业	建立专业化的安全的计算机信息网络和用户自动存取款设备的支出，给付储户的存款利息，支付其他银行的资金拆借利息、手续费，现金存放、现金运送和网络银行设施的安全维护费用，客户关系维护费用
建筑业	建材支出，建筑设备和器材的租金或购置费用，支付给分包商的费用；保险支出和安保成本；建筑保证金和许可审批方面的支出；交通费、通信费等。当在外地施工时还会发生建筑工人的住宿费用
专业服务业	律师、会计师、财务顾问的费用支出包括印刷、通信、差旅费，电脑、车辆等办公设备的购置和租赁，书籍资料和硬件设施的费用

12.1.1 购货与付款循环的主要业务活动

了解企业在购货与付款循环中的主要业务活动，对该业务循环的审计非常必要。下面我们简单介绍一下购货与付款循环所涉及的主要业务活动。

1. 采购业务中的主要活动

企业的采购业务通常包括两部分：一是对原材料和商品的采购，二是对固定资产的采购。

就原材料和商品的采购而言，其主要业务活动包括如下几个。

(1) 请购商品或劳务，仓库负责对需要购买的已列入存货清单的项目填写请购单，其他部门也可以对所需要购买的未列入存货清单的项目编制请购单。

(2) 编制订购单，采购部门在收到请购单后，只能对经过批准的请购单发出订购单。

(3) 验收商品，有效的订购单代表企业已授权验收部门接受供应商发运来的商品。验收部门首先应比较验收商品与订购单上的要求是否相符，如商品的品名、摘要、数量、到货时间等，然后再盘点商品并检查商品有无损坏。

(4) 储存已验收的商品存货，将已验收商品的保管与采购的其他职责相分离，可减少未经授权的采购和盗用商品的风险。

(5) 编制付款凭单，记录采购交易之前，应付凭单部门应编制付款凭单。

(6) 确认与记录负债。正确确认已验收货物和已接受劳务的债务，要求准确、及时地记录负债。该记录对企业财务报表和实际现金支出具有重大影响。

2. 付款业务中的主要活动

付款业务中的主要活动包括以下两项。

(1) 实际支付以及确认负债。通常是由应付凭单部门负责确定未付凭单，在到期日付款。

(2) 记录货币资金支出。仍以支票结算方式为例，在手工系统下，会计部门应根据已签发的支票编制付款记账凭证，并据以登记银行存款日记账及其他相关账簿。

12.1.2　购货与付款循环的主要业务凭证和账户

采购与付款交易通常要经过"请购—订货—验收—付款"这样的程序，同销售与收款交易一样，在内部控制比较健全的企业，处理采购与付款交易通常需要使用很多凭证与会计记录。典型的采购与付款循环所涉及的主要凭证与会计记录有以下几种。

1. 原始凭证类

原始凭证类包括以下几种。

(1) 请购单。请购单是由产品制造、资产使用等部门的有关人员填写，送交采购部门，申请购买商品、劳务或其他资产的书面凭证。

(2) 订购单。订购单是由采购部门填写，向另一企业购买订购单上所指定的商品、劳务或其他资产的书面凭证。

(3) 验收单。验收单是收到商品、资产时所编制的凭证，列示从供应商处收到的商品、资产的种类数量等内容。

(4) 卖方发票。卖方发票(供应商发票)是供应商开具的，交给买方以载明发运的货物或提供的劳务应付款金额和付款条件等事项的凭证。

(5) 付款凭单。付款凭单是采购方企业的应付凭单部门编制的，载明已收到的商品、资产或接受的劳务、应付款金额和付款日期的凭证。付款凭单是采购方企业内部记录和支付负债的授权证明文件。

(6) 供应商对账单。供应商对账单是由供应商按月编制的，标明期初余额、本期购买、本期支付给供应商的款项和期末余额的凭证。供应商对账单是供应商对有关交易的陈述，如果不考虑买卖双方在收发货物上可能存在的时间差等因素，其期末余额通常应与采购方相应的应付账款期末余额一致。

2. 记账凭证类

记账凭证类包括以下几种。

(1) 付款凭证。付款凭证包括现金付款凭证和银行存款付款凭证，是指用来记录库存现金和银行存款支出交易的记账凭证。

(2) 转账凭证。转账凭证是指记录转账交易的记账凭证，它是根据有关转账交易(即不涉及库存现金、银行存款收付的各项交易)的原始凭证编制的。

3. 序时账和明细账类

序时账和明细账类包括：①应付账款明细账；②相关存货类别明细账；③库存现金、银行存款日记账。

4. 总账类

总账类包括：①库存商品总账；②原材料总账；③其他存货总账；④库存现金、银行存款总账；⑤固定资产总账；⑥应付账款总账。

12.1.3 购货与付款循环中涉及的主要财务报表账户

购货与付款循环涉及的业务主要影响资产负债表项目。购货与付款循环中涉及的主要财务报表账户见表12-2。

表12-2 购货与付款循环中涉及的主要财务报表账户

应付账款	固定资产减值准备
应付票据	在建工程
预付账款	工程物资
固定资产	固定资产清理
累计折旧	存货

12.2 购货与付款循环内部控制和控制测试

购货与付款循环所涉及的主要业务活动的内部控制和控制测试如下。

12.2.1 购货与付款循环的内部控制

1. 采购业务中主要活动的内部控制

1) 请购商品或劳务

请购单是证明的凭据之一，也是采购交易轨迹的起点，仓库负责对需要购买的已列入存货清单的项目填写请购单，其他部门也可以对所需要购买的未列入存货清单的项目编制请购单。大多数企业对正常经营所需物资的购买均作一般授权，比如，仓库在现有库存达到再订购点时就可直接提出采购申请，其他部门也可为正常的维修工作和类似工作直接申请采购有关物品。但对资本支出和租赁合同，企业则通常要求作特别授权，只允许指定人员提出请购。请购单可由手工或计算机编制。由于企业内不少部门都可以填列请购单，可能不便事先编号，为加强控制，每张请购单必须经过对这类支出预算负责的主管人员签字批准。

此活动的关键内部控制点是支出预算负责的主管人员签字批准；涉及的部门是仓库和其他部门；涉及的相关凭证是请购单；涉及有关采购交易的"发生"认定。

2) 编制订购单

采购部门在收到请购单后，只能对经过批准的请购单发出订购单。对每张订购单，采购部门应确定最佳的供应来源。对一些大额、重要的采购项目，应采取竞价方式来确定供应商，以保证供货的质量、及时性和成本的低廉。

订购单应正确填写所需要的商品品名、数量、价格、厂商名称和地址等，预先予以顺序编号并经过被授权的采购人员签名。其正联应送交供应商，副联则送至企业内部的验收部门、应付凭单部门和编制请购单的部门。随后，应独立检查订购单的处理，以确定是否确实收到商品并正确入账。

此活动的关键内部控制点是订购单预先编号并经被授权的采购人员签名；涉及的部门是采购部门；涉及的相关凭证是订购单；涉及有关采购交易的"完整性"认定。

3) 验收商品

有效的订购单代表企业已授权验收部门接受供应商发运来的商品。验收部门首先应比较验收商品与订购单上的要求是否相符，如商品的品名、摘要、数量、到货时间等，然后再盘点商品并检查商品有无损坏。

验收后，验收部门应对已收货的每张订购单编制一式多联、预先按顺序编号的验收单，做为验收和检验商品的依据。验收人员将商品送交仓库或其他请购部门时，应取得经过签字的收据，或要求其在验收单的副联上签收，以确立他们对所采购的资产应负的保管责任。验收人员还应将其中的一联验收单送交应付凭单部门。

验收单是支持资产或费用以及与采购有关的负债的"存在或发生"认定的重要凭证。

此活动的关键内部控制点是验收单预先编号，一式多联；涉及的部门是验收部门；涉及的相关凭证是订购单、验收单；涉及有关采购交易的"存在、完整性"认定。

4) 储存已验收的商品存货

将已验收商品的保管与采购的其他职责相分离，可减少未经授权的采购和盗用商品的风险。存放商品的仓储区应相对独立，限制无关人员接近。这些控制与商品的"存在"认定有关。

此活动的关键内部控制点是保管与采购职责分离；涉及的部门是仓库管理部门；涉及的相关凭证是验收单；涉及有关采购交易的"存在"认定。

5) 编制付款凭单

记录采购交易之前，应付凭单部门应编制付款凭单。这项功能的控制包括以下几项。

(1) 确定供应商发票的内容与相关的验收单、订购单的一致性。

(2) 确定供应商发票计算的正确性。

(3) 编制有预先顺序编号的付款凭单，并附上支持性凭证(如订购单、验收单和供应商发票等)。这些支持性凭证的种类，因交易对象的不同而不同。

(4) 独立检查付款凭单计算的正确性。

(5) 在付款凭单上填应借记的资产或费用账户名称。

(6) 由被授权人员在凭单上签字，以示批准照此凭单要求付款。

需要指出的是，为采购交易编制付款凭单，要求其附加的原始凭证的种类，随交易对象的不同而不同。例如，在为某些种类的劳务或租赁资产编制凭单时，还需要其他种类的原始凭证，如合同副本等。而在其他情况下，例如每月支付的水电费，只要有账单和供应商发票就可以编制付款凭单，而不需要每月的订购单和验收单。

所有未付凭单的副联应保存在未付凭单档案中，以待日后付款。经适当批准和有预先编号的凭单为记录采购交易提供了依据，因此，这些控制与"存在""发生""完整性""权利和义务"以及"计价与分摊"等认定有关。

此活动的关键内部控制点是付款凭单预先编号，并经过适当批准；涉及的部门是付款凭单部门；涉及的相关凭证是付款凭单、验收单、订购单、供应商发票；涉及有关采购交易的"存在""发生""完整性""权利和义务"以及"计价与分摊"认定。

6) 确认与记录负债

正确确认已验收货物和已接受劳务的债务，要求准确、及时地记录负债。该记录对企业财务报表和实际现金支出具有重大影响。与应付账款确认和记录相关的部门一般有责任核对购置的财产，并在应付凭单登记簿或应付账款明细账中加以记录。在收到供应商发票时，应付账款部门应将发票上所记载的品名、规格、价格、数量、条件及运费与订购单上的有关材料进行核对，如有可能，还应与验收单上的资料进行比较。

应付账款确认与记录的一项重要控制是要求记录现金支出的人员不得经手现金、有价证券和其他资产。恰当的凭证、记录与记账手续，对于业绩的独立考核和应付账款职能而言是必不可少的控制。

在手工系统下，应将已批准的未付款凭单送达会计部门，据以编制有关记账凭证和登记有关账簿。会计主管应做好以下三项工作。

(1) 监督为采购交易而编制的记账凭证中账户分类的适当性；

(2) 通过定期核对编制记账凭证的日期与凭单副联的日期，监督入账的及时性。

(3) 定期独立检查会计人员核对所记录的凭单总数与应付凭单部门送来的每日凭单汇总表是否一致，并定期独立检查应付账款总账余额与应付凭单部门未付款凭单档案中的总金额是否一致。

此活动的关键内部控制点是记录库存现金收支人员不得经手库存现金、有价证券和其他资产；涉及的部门是会计部门；涉及的相关凭证是应付账款明细账、供应商发票、验收单、转账凭证、订购单；涉及有关采购交易的"存在""完整性"和"计价与分摊"认定。

总之，购货与付款循环所涉及的主要业务活动的内部控制，除了对上述几个方面需要留意外，还需要注意以下几点。

(1) 适当的职责分离。如前所述，适当的职责分离有助于防止各种有意或无意的错误。与销售和收款交易一样，采购与付款交易也需要适当的职责分离。企业应当建立采购与付款交易的岗位责任制。明确相关部门和岗位的职责、权限，确保办理采购与付款交易的不相容岗位相互分离、制约和监督。采购与付款交易不相容岗位至少包括：请购与审批；询价与确定供应商；采购合同的订立与审批；采购与验收；采购、验收与相关会计记录；付款审批与付款执行。这些都是对企业提出的、有关采购与付款交易相关职责适当分离的基本要求，以确保办理采购与付款交易的不相容岗位相互分离、制约和监督。

(2) 内部核查程序。企业应当建立对采购与付款交易内部控制的监督检查制度。采购与付款交易内部控制监督检查的主要内容通常包括以下几方面。

① 采购与付款交易相关岗位及人员的设置情况。重点检查是否存在采购与付款交易不相容职务混岗的现象。

② 采购与付款交易授权批准制度的执行情况。重点检查大宗采购与付款交易的授权批准手

续是否健全，是否存在越权审批的行为。

③ 应付账款和预付账款的管理。重点审查应付账款和预付账款支付的正确性、时效性和合法性。

④ 有关单据、凭证和文件的使用和保管情况。重点检查凭证的登记、领用、传递、保管、注销手续是否健全，使用和保管制度是否存在漏洞。

2. 付款业务中主要活动的内部控制

1) 实际支付以及确认负债

通常是由应付凭单部门负责确定未付凭单在到期日付款。企业有多种款项结算方式，以支票结算方式为例，编制和签署支票的有关控制包括以下几方面。

(1) 独立检查已签发支票的总额与所处理的付款凭单的总额的一致性。

(2) 应由被授权的财务部门的人员负责签署支票。

(3) 被授权签署支票的人员应确定每张支票都附有一张已经适当批准的未付款凭单，并确定支票收款人姓名和金额与凭单内容的一致。

(4) 支票一经签署就应在其凭单和支持性凭证上用加盖印戳或打洞等方式将其注销，以免重复付款。

(5) 支票签署人不应签发无记名甚至空白的支票。

(6) 支票应预先顺序编号，保证支出支票存根的完整性和作废支票处理的恰当性。

(7) 应确保只有被授权的人员才能接近未经使用的空白支票。

此活动的关键内部控制点是支票预先编号，相关凭证要注销；涉及的部门是应付凭单部门、财务部门；涉及的相关凭证是付款凭单；涉及有关采购交易的"存在""完整性"和"计价与分摊"认定。

2) 记录货币资金支出

仍以支票结算方式为例，在手工系统下，会计部门应根据已签发的支票编制付款记账凭证，并据以登记银行存款日记账及其他相关账簿。以记录银行存款支出为例，有关控制包括以下几方面。

(1) 会计主管应独立检查记入银行存款日记账和应付账款明细账的金额的一致性，以及与支票汇总记录的一致性。

(2) 通过定期比较银行存款日记账记录的日期与支票副本的日期，独立检查入账的及时性。

(3) 独立编制银行存款余额调节表。

此活动的关键内部控制点是账账核对、账证核对，独立编制银行存款余额调节表；涉及的部门是会计部门；涉及的相关凭证是库存现金和银行存款日记账、付款凭证；涉及有关采购交易的"存在""完整性"和"计价与分摊"认定。

总之，在内部控制健全的企业，与采购相关的付款交易即支出交易，同样有其内部控制目标和内部控制，注册会计师应针对每个主要的具体内部控制目标确定关键的内部控制，并对此实施相应的控制测试和交易的实质性程序。付款交易中的控制测试的性质取决于内部控制的性质，而付款交易的实质性程序的实施范围，在一定程度上取决于关键控制是否存在，以及控制测试的结果。由于采购和付款交易同属一个交易循环，联系紧密，因此，对付款交易的部分测试可与采购交易测试一并实施。当然，另一些付款交易测试仍需单独实施。

需要指出的是，对于每个企业而言，由于性质、所处行业等不同，与付款交易相关的内部控制内容也不尽相同，但以下与付款交易相关的内部控制内容是通常应当共同遵循的。

(1) 企业应当按照《现金管理暂行条例》《支付结算办法》等有关货币资金内部控制的规定办理采购付款业务。

(2) 企业财会部门在办理付款交易时，应当对采购发票、结算凭证、验收证明等相关凭证的真实性、完整性、合法性及合规性进行严格审核。

(3) 企业应当建立预付账款和定金的授权批准制度，加强对预付账款和定金的管理。

(4) 企业应当加强应付账款和应付票据的管理，由专人按照约定的付款日期、折扣条件等管理应付款项。已到期的应付款项需经有关授权人员审批后方可办理结算与支付。

(5) 企业应当建立退货管理制度，对退货条件、退货手续、货物出库、退货货款回收等作出明确规定，及时收回退货款。

(6) 企业应当定期与供应商核对应付账款、应付票据、预付款项等往来款项。如有不符应查明原因，及时处理。

12.2.2 购货与付款循环的控制测试

注册会计师主要凭借以往与客户交往的经验，并通过运用询问、观察和检查凭证等审计程序来获得对被审计单位采购交易控制程序的了解。例如，注册会计师可以询问批准订购单所遵循的程序，观察验收程序，检查应付凭单部门的凭单和相关原始凭证等。此外，如果被审计单位没有系统流程图可供注册会计师审查并复制作为工作底稿，那么注册会计师也可自行编制系统流程图。

以内部控制目标为起点的控制测试内容如下。

(1) 注册会计师应当通过控制测试获取支持将被审计单位的控制风险评价为中或低的证据。如果能够获取这些证据，注册会计师就可能接受较高的检查风险，并在很大程度上可以通过实施实质性分析程序获取进一步的审计证据，同时减少对采购与付款交易和相关余额实施细节测试的依赖。

(2) 考虑到采购与付款交易控制测试的重要性，注册会计师通常对这一循环采用属性抽样审计方法。在测试该循环中的大多数属性时，注册会计师通常选择相对较低的可容忍误差。

(3) 注册会计师在实施控制测试时，应抽取请购单、订购单和商品验收单，注意检查请购单、订购单是否得到适当审批，验收单是否有相关人员的签名，订购单和验收单是否按顺序编号。

有些被审计单位的内部控制要求，应付账款记账员应定期汇总该期间生成的所有订购单并与请购单核对，编制采购信息报告。对此，注册会计师在实施控制测试的时候，应抽取采购信息报告，检查其是否已复核，如有不符，是否已经及时进行调查和处理。

(4) 对于编制付款凭单、确认与记录负债这两项主要业务活动，被审计单位的内部控制通常要求应付账款记账员将采购发票所载信息与验收单、订购单进行核对，核对相符应在发票上加盖"相符"印戳。对此，注册会计师在实施控制测试时，应抽取订购单、验收单和采购发票，检查所载信息是否一致，发票上是否加盖了"相符"印戳。

有些被审计单位内部控制要求，每月末，应付账款主管应编制应付账款账龄分析报告，其内容还包括应付账款总额与应付账款明细账合计数及应付账款明细账与供应商对账单的情况。如有差异，应付账款主管应立即进行调查，如调查结果表明需调整账务记录，则应编制应付账款调节表和调整建议。对此，注册会计师在实施控制测试时，应抽取应付账款调节表，检查调节项目与有效的支持性文件是否相符，以及是否与应付账款明细账相符。

(5) 对于付款这项主要业务活动，有些被审计单位内部控制要求，应由应付账款记账员负责制付款凭证，并附相关单证，提交会计主管审批。在完成对付款凭证及相关单证的复核后，会计主管在付款凭证上签字，作为复核证据，并在所有单证上加盖"核销"印戳。对此，注册会计师在实施控制测试时，应抽取付款凭证，检查其是否经会计主管复核和审批，并检查款项支付是否得到适当人员的复核和审批。

(6) 固定资产的内部控制测试。注册会计师在对被审计单位的固定资产实施控制测试时应注意以下事项。

① 对于固定资产的预算制度，注册会计师应选取固定资产投资预算和投资可行性项目论证报告，检查是否编制预算并进行论证，以及是否经适当层次审批；对实际支出与预算之间的差异以及未列入预算的特殊事项，应检查其是否履行特别的审批手续。如果固定资产增减均能处于良好的经批准的预算控制之下，注册会计师即可适当减少针对固定资产增加或减少实施的实质性程序的样本量。

② 对于固定资产的授权批准制度，注册会计师不仅应检查被审计单位固定资产授权批准制度本身是否完善，还应选取固定资产请购单及相关采购合同，检查是否得到适当审批和签署，关注授权批准制度是否切实得到执行。

③ 对于固定资产的账簿记录制度，注册会计师应当认识到，一套设置完善的固定资产明细分类账和登记卡，将为分析固定资产的取得和处置、复核折旧费用和修理支出的列支带来帮助。

④ 对于固定资产的职责分工制度，注册会计师应当认识到，明确的职责分工制度，有利于防止舞弊，降低注册会计师的审计风险。

⑤ 对于资本性支出和收益性支出的区分制度，注册会计师应当检查该制度是否遵循企业会计准则的要求，是否适应被审计单位的行业特点和经营规模，并抽查实际发生与固定资产相关的支出时是否按照该制度进行恰当的会计处理。

⑥ 对于固定资产的处置制度，注册会计师应当关注被审计单位是否建立了有关固定资产处置的分级申请报批程序；抽取固定资产盘点明细表，检查账实之间的差异是否经审批后及时处理；抽取固定资产报废单，检查报废是否经适当批准和处理；抽取固定资产内部调拨单，检查调入、调出是否已进行适当处理；抽取固定资产增减变动情况分析报告，检查报告情况是否经复核。

⑦ 对于固定资产的定期盘点制度，注册会计师应了解和评价企业固定资产盘点制度，并应注意查询盘盈、盘亏固定资产的处理情况。

⑧ 对于固定资产的保险情况，注册会计师应抽取固定资产保险单盘点表，检查是否已办理商业保险。

(7) 在建工程的内部控制测试。如果被审计单位的在建工程项目比较重要，占其资产总额的比重较大，则对在建工程项目的内部控制测试，注册会计师应注意把握以下几点。

① 对工程项目业务相关岗位及人员设置情况，应重点检查是否存在不相容职务混岗的现象。

② 对工程项目业务授权批准制度的执行情况，应重点检查重要业务的授权批准手续是否健全，是否存在越权的审批行为。

③ 对工程项目决策责任制的建立及执行情况，应重点检查责任制度是否健全，奖惩措施是否落实到位。

④ 对概预算控制制度的执行情况，应重点检查概预算编制的依据是否真实，是否按规定对概预算进行审核。

⑤ 对各类款项支付制度的执行情况，应重点检查工程材料设备款及其他费用的支付是否符

合相关法规、制度和合同的要求。

⑥ 对竣工决算制度的执行情况，应重点检查是否按规定办理竣工结算、实施决策审计。

12.3 应付账款审计

应付账款是企业在正常经营过程中，因购买材料、商品和接受劳务供应等经营活动应付给供应商的款项。注册会计师应结合赊购交易进行应付账款的审计。

从审计角度看，上述负债具有以下几个显著的特点。

(1) 审查负债的重点在于揭示和纠正负债的低估或漏列。众所周知，企业管理部门几乎一直承受着报告盈余增加的压力，而夸大盈余通常总伴随着高估资产或低估负债。在通常情况下，注册会计师审查资产账户，主要是为了防止资产的高估。因为只有高估资产才能人为地"改善"企业的财务状况。但就负债而言，则只有通过低估其债务，才能达到人为地"美化"企业财务状况的目的，从而人为地改善流动比率等财务指标，以取得信贷上的好处。更进一步讲，由于低估负债经常伴随着低估费用和高估净收益，从而对企业的经营成果也将产生很大的影响。例如，企业管理层将某些经营费用延迟到次年付款时才入账，就可虚增年终的净收益。因此，注册会计师审查负债项目，主要是为了防止企业债务的低估。

(2) 企业的债务即为其他企业的债权，债权企业必定具有完整的会计记录。如果债务企业不按期清偿，将会受到债权企业的直接催讨。这在某种意义上而言，可以保证负债记录的正确性。所以，对负债项目的内部控制制度和账务处理审计、相对资产而言，就较为简单了。因为，它有外部债权人的牵制。

(3) 注册会计师对于资产和负债审计的另一个不同之处在于，负债通常不会引起计价问题。负债的未来清偿价值一般在成立之时就立即确定，并不受外界环境因素的影响。而对资产则存在适当计价问题，许多耗费于资产上的审计时间，大都是研讨委托人所采用的计价方法是否适当。而由于负债不存在不同计价基础方法的选择问题，对其进行审核验证的工作量就可以适当减少。

12.3.1 应付账款的审计目标

应付账款的审计目标一般包括以下几个。

(1) 确定应付账款是否存在；

(2) 确定应付账款的发生和偿还记录是否完整；

(3) 确定应付账款确实是被审计单位应负偿还义务；

(4) 确定应付账款的期末余额是否正确；

(5) 确定应付账款在财务报表上的披露是否恰当。

12.3.2 应付账款的实质性程序

1. 获取或编制应付账款项目明细表，并执行以下操作

(1) 复核加计是否正确，并与报表数、总账数和明细账合计数核对是否相符；

(2) 检查非记账本位币应付账款的折算汇率及折算是否正确；

(3) 分析出现借方余额的项目，查明原因，必要时，建议作重分类调整；

(4) 结合预付账款、其他应付款等往来项目的明细余额，调查有无同挂的项目、异常余额或与购货无关的其他款项(如关联方账户或雇员账户)，如有，应作出记录，必要时建议做调整。

注册会计师应向被审计单位索取或自行编制结算日全部应付账款明细账户余额明细账。其中，应列明债权人姓名、交易日期、购货数量、价格和应付账款金额。这主要是为了确定被审计单位资产负债表上应付账款的数额与其明细记录是否相符；其次是作为应付账款实质性程序的起点，注册会计师将从凭单或应付账款清单中选择一定数量的样本，并作详细审核。

具有众多应付账款的大公司，通常可提供电脑编制的明细表，账户数量较少的可提供人工编制的应付账款清单。无论何种情况，对于被审计单位提供的应付账款明细表，注册会计师都应验证明细表中加总和个别金额的正确性。

如果个别项目的明细表总额与总账不相符，则须检查差异的原因。大多数情况下，注册会计师将安排由被审计单位的职员寻找这类错误并作出必要的调整。总账与应付账款明细表的相符，并不能绝对地证明总债务额的完全正确。因为，接近结算日期所收到的发票可能既不列入总账，又不记录在明细账内，同时，或许会有使各账户仍然平衡的其他类似的错误。

2. 核对应付账款账簿与相关凭证

确定被审计单位所编制的应付账款明细试算表是否有效的证实方法是：选择某些债权人账户的余额，然后核对有关凭证、供应商发票、订货单和验收报告等单据。

很多企业采用付款凭单制度。在这种情况下，抽查并审查样本的原始凭证，最好在结算日进行，因为那时它们全在未付凭单卷宗内。未付凭单的内容逐日变动，凭单付讫，应立即从卷宗中取出而归入按名称排列的供应商卷宗内。

若注册会计师不能在结算日到达现场，应要求被审计单位编制决算日应付凭单明细表，列出每份凭单的充分资料，使数周后仍能调卷查阅。年终应付凭单明细表应揭示供应单位名称、凭单号码、日期和金额。

3. 必要时，实施以下实质性分析程序

根据被审计单位的实际情况，注册会计师可以选择以下指标进行分析。

(1) 对本期期末应付账款余额与上期期末余额进行比较分析，分析其波动原因。

(2) 分析长期挂账的应付账款，要求被审计单位作出解释，判断被审计单位是否缺乏偿债能力或利用应付账款隐瞒利润，并注意其是否可能无须支付。对确实无须支付的应付账款的会计处理是否正确，依据是否充分；关注账龄超过三年的大额应付账款在资产负债表日后是否偿付，检查偿付记录、单据及披露情况。

(3) 计算应付账款对存货的比率、应付账款对流动负债的比率，并与以前期间相关数据进行对比分析，评价应付账款整体的合理性。

(4) 根据存货、主营业务收入和主营业务成本的增减变动幅度，判断应付账款增减变动的合理性。

4. 函证应付账款

一般情况下，应付账款不需要函证，这是因为函证不能保证查出未记录的应付账款，况且注册会计师能够取得购货发票等外部凭证来证实应付账款的余额。但如果控制风险较高，某应付账款账户金额较大或被审计单位处于经济困难阶段，则应进行应付账款的函证。

进行函证时，注册会计师应注意以下事项。

(1) 函证对象。注册会计师所选取的函证项目应包括：较大金额的债权人；在资产负债表日金额很小、甚至为零，但是企业重要的供货商；上一年度有业务往来而本年度没有业务的主要供货商；没有按时寄送对账单和存在关联方交易的债权人。

(2) 函证方式。函证最好采用积极方式，并说明具体应付金额。

(3) 函证的控制与评价。同应收账款的函证一样，注册会计师必须对函证的过程进行控制，要求债权人直接回函，并根据回函情况编制与分析函证结果汇总表；对未回函的，应考虑是否再次函证。

如果存在未回函的重大项目，注册会计师应采用替代审计程序。例如，可以检查决算日后应付账款明细账及库存现金和银行存款日记账，核实其是否已支付，同时，检查该笔债务的相关凭证资料，核实交易事项的真实性。

5. 查找未入账的应付账款

为了防止企业低估负债，确认应付账款的完整性，注册会计师应检查被审计单位有无故意漏记应付账款等行为。

(1) 结合存货监盘，检查被审计单位在资产负债表日是否存在有材料入库凭证但未收到购货发票的经济业务。

(2) 检查资产负债表日后收到的购货发票，关注购货发票的日期，确认其入账时间是否正确。

(3) 检查资产负债表日后应付账款明细账贷方发生额的相应凭证，确认其入账时间是否正确。

(4) 检查时，注册会计师还可以通过询问被审计单位的会计和采购人员，查阅资本预算、工作通知单和基建合同来进行。

如果注册会计师通过这些审计程序发现某些未入账的应付账款，应将有关情况详细记入审计工作底稿，然后根据其重要性确定是否需建议被审计单位进行相应的调整。

6. 审查债权人对账报告单

在控制情况良好的下，被审计单位应每月从债权人处取得对账单，并按时与应付账款各明细账户进行调节。如果注册会计师对这项控制的控制测试已获得满意的结果，可以直接依赖和利用。但如果被审计单位职员未调节或没有完全调节，则注册会计师必须进行这方面的审查。在应付账款内部控制不甚健全时，注册会计师应控制寄来的函件，以便可以立即掌握卖方寄交被审计单位的对账单。调节卖方对账单时，常发现的差异为：卖方已入账的交运货品而被审计单位既未收到，也未记账。而正常的会计程序则是等收到商品、发票才记作负债。因此，在途商品应分行列表，并根据其重要性确定是否应予记入账册。

注册会计师执行这一程序的另一个目的是确保应付账款截止期的正确性。应付账款的截止期与年终存货购买截止期密切相关。因此，审计存货验收单的号码，据以确定结账日最后一张供应商发票及其应付账款分录，从而核实它们是否已被正确包括在应付账款之内或排除在外。例如，假定在进行实物盘点时，最后一张验收单号码为999，注册会计师应记下这个号码，然后追查该号码以及它前面的几个号码的卖方发票至应付账款清单和应付账款明细账，确定它们是否包括在内。同样，验收单上所记录的采购应付账款，如果其号码为999号之后，就应将其排除于应付账款之外。

如果被审计单位的存货盘点发生在年终之前最后一天，则仍需按上述方法执行应付账款的截止测试。但除此之外，注册会计师还必须检查是否将所有发生在实物清点日和会计年末之间的购入都已经加入实物存货和应付账款中了。例如，被审计单位在12月27日进行实物盘点，会计年末为12月31日，截止期限资料在12月27日取得。在年末现场工作中，注册会计师必须首先进行测试，确定截止期限是否为12月27日，然后，注册会计师还必须测试，是否所有实物清点日(12月27日)之后，年末(12月31日)之前收到的存货均已由被审计单位加到应付账款和存货账中了。

7. 其他测试程序

(1) 检查应付账款是否存在借方余额。如有，应查明原因，必要时建议被审计单位作重分类调整。

(2) 结合预付账款的明细账余额查明，是否存在应付账款和预付账款同时挂账的项目；结合其他应付款的明细账余额查明，有无不属于应付账款的其他应付款。如有，应作出记录，必要时，建议被审计单位作重分类调整或会计误差调整。

(3) 检查应付账款长期挂账的原因，作出记录，注意其是否可能无须支付。对确实无法支付的应付账款看其是否按规定转入了营业外收入，相关依据和有关手续是否完备。

(4) 检查带有现金折扣的应付账款是否按发票上记载的全部应付金额入账，待实际获得现金折扣时再冲减财务费用项目。

(5) 被审计单位与债权人进行债务重组的，应结合债务重组事项的专项审计，检查有关的会计处理是否正确。

(6) 关注是否存在应付关联方账款。如有，应通过了解关联交易事项的内容、价格和条件，检查采购合同等方法确认该应付账款的合法性和合理性；通过向关联方或其他注册会计师查询及函证等方法，以确认交易的真实性。

(7) 对于用非记账本位币结算的应付账款，检查其采用的折算汇率是否正确。

8. 确认应付账款在资产负债表上的披露是否恰当

一般来说，注册会计师应将被审计单位资产负债表对应付账款的反映同会计准则相比较，以发现不当之处。

"应付账款"项目应根据"应付账款"和"预付账款"账户所属明细账户的期末贷方余额的合计数填列。

如果被审计单位为上市公司，则在其财务报表附注中通常还应说明有无欠持有5%(含5%)以上表决权股份的股东单位账款；说明账龄超过三年的大额应付账款未偿还的原因，并在期后事项中反映资产负债表日后是否偿还。

12.4 固定资产和累计折旧审计

固定资产是指同时具有以下特征的有形资产：①为生产商品、提供劳务、出租或经营管理而持有的；②使用寿命超过一个会计年度。折旧，是指在固定资产的使用寿命内，按照确定的方法对应计折旧额进行系统分摊。由于固定资产在企业资产总额中一般都占有较大的比例，固定资产的安全、完整对企业的生产经营影响极大，注册会计师应对固定资产的审计予以高度重视。

固定资产是企业实物资产的主要组成部分，它具有以下特点。

(1) 其在一个会计期间内交易次数较少；

(2) 其单位价值较高；

(3) 其能够多次参加生产经营过程，使用期限超过1年(或超过1年的一个营业周期)，并且在使用过程中基本保持原来的物质形态不变；

(4) 其使用寿命是有限的；

(5) 其损耗价值是以折旧方式计入制造费用或管理费用中去的，随着产品价值的实现而转化为货币资金。

(6) 企业持有它是为了用于生产经营活动，而不是为了转卖。

固定资产审计的范围很广。固定资产科目余额反映企业所有固定资产的原价，累计折旧科目余额反映企业固定资产的累计折旧数额，固定资产减值准备科目余额反映企业对固定资产计提的减值准备数额，固定资产项目余额由固定资产科目余额扣除累计折旧科目余额和固定资产减值准备科目余额构成，这几项无疑属于固定资产的审计范围。除此之外，由于固定资产的增加包括购置、自行建造、投资者投入、融资租入、更新改造、以非现金资产抵偿债务方式取得或以应收债权换入、以非货币性资产交换方式换入、经批准无偿调入、接受捐赠和盘盈等多种途径，相应涉及货币资金、应付账款、预付款项、在建工程、股本、资本公积、长期应付款、递延所得税负债等项目；企业的固定资产又因出售、报废、投资转出、捐赠转出、抵债转出、以非货币性资产交换方式换出、无偿调出、毁损和盘亏等原因而减少，与固定资产清理、其他应收款、营业外收入和营业外支出等项目有关；另外，企业按月计提固定资产折旧，又与制造费用、销售费用、管理费用等项目联系在一起。因此，在进行固定资产审计时，应当关注这些相关项目。广义的固定资产审计范围，自然也包括这些相关项目在内。

就审计而言，固定资产的审查较存货、应收账款等流动资产要简单得多。审计时主要是审核会计期间内固定资产的增减变动及折旧费用的适当性，在整个审计计划中通常安排的时间较少。

12.4.1 固定资产的审计目标

固定资产的审计目标一般包括以下几个。

(1) 确定固定资产是否存在；

(2) 确定固定资产是否归被审计单位所有；

(3) 确定固定资产增减变动的记录是否完整；

(4) 确定固定资产的计价是否恰当；

(5) 确定固定资产期末余额是否正确；

(6) 确定固定资产在财务报表上的披露是否恰当。

12.4.2 固定资产账面余额的实质性程序

1. 获取或编制固定资产和累计折旧分类汇总表

检查固定资产的分类是否正确并与总账数和明细账合计数核对是否相符，结合累计折旧、减值准备科目与报表数核对是否相符。

固定资产和累计折旧分类汇总表又称一览表或综合分析表，是审计固定资产和累计折旧的重要工作底稿，其参考格式如表12-3所示。

表12-3 固定资产和累计折旧分类汇总表

被审计单位名称：　　　　　　　编制人：　　　　　　　单位：

结账日期：　　　　　　　　　　复核人：　　　　　　　执行日期：

　　　　　　　　　　　　　　　　　　　　　　　　　复核日期：

固定资产类别	摘要	固定资产				累计折旧					
		期初余额	本期增加	本期减少	期末余额	折旧方法	折旧率/%	期初余额	本期增加	本期减少	期末余额
合计											

固定资产和累计折旧分类汇总表包括固定资产增减变动情况与固定资产累计折旧计提情况两部分，应按照固定资产类别分别填列。需要解释的是期初余额栏，注册会计师对其审计应分三种情况：一是在连续审计情况下，应注意与上期审计工作底稿中的固定资产和累计折旧的期末余额审定数核对相符。二是在变更会计师事务所时，后任注册会计师应考虑查阅前任注册会计师有关审计工作。三是如果被审计单位未经注册会计师审计，即在首次接受审计情况下，注册会计师应对期初余额进行较全面的审计，尤其是当被审计单位的固定资产数量多、价值高、占资产总额比重大时，最理想的方法是全面审计被审计单位设立以来延续至期初的"固定资产"和"累计折旧"账户中的所有重要的借贷记录。这样，既可核实期初余额的真实性，又可从中加深对被审计单位固定资产管理和会计核算工作的了解。

固定资产和累计折旧分类汇总表主要是为了分析固定资产账户余额的变动，并为固定资产的取得、处置和出售等提供进一步的证据。

2. 对固定资产实施实质性分析程序

(1) 基于对被审计单位及其环境的了解，通过进行以下比较，并考虑有关数据间关系的影响，建立有关数据的期望值。

① 分类计算本期计提折旧额与固定资产原值的比率，并与上期比较；

② 计算固定资产修理及维护费用占固定资产原值的比例，并进行本期各月、本期与以前各期的比较。

(2) 确定可接受的差异额。

(3) 将实际情况与期望值相比较，识别需要进一步调查的差异。

(4) 如果其差额超过可接受的差异额，调查并获取充分的解释和恰当的佐证审计证据，如检查相关的凭证。

(5) 评估实质性分析程序的测试结果。

3. 实地检查重要固定资产，确定其是否存在，关注是否存在已报废但仍未核销的固定资产

实施实地检查审计程序时，注册会计师可以以固定资产明细分类账为起点，进行实地追查，以证明会计记录中所列固定资产确实存在，并了解其目前的使用状况；也应考虑以实地为起点，追查至固定资产明细分类账，以获取实际存在的固定资产均已入账的证据。

当然，注册会计师实地检查的重点是本期新增加的重要固定资产，有时，观察范围也会扩展到以前期间增加的重要固定资产。观察范围的确定需要依据被审计单位固定资产内部控制的强弱、固定资产的重要性和注册会计师的经验来判断。如为首次接受审计，则应适当扩大检查范围。

4. 检查固定资产的所有权或控制权

对各类固定资产，注册会计师应获取、收集不同的证据以确定其是否确归被审计单位所

有。具体验证时应注意以下事项。

(1) 对于外购的机器设备等固定资产，通常需要验证经审核的采购发票、购货合同等来确定；

(2) 对于房地产类固定资产，可查阅有关的合同、产权证明、财产税单、抵押贷款的还款凭据、保险单等书面文件；

(3) 对融资租入的固定资产，应验证有关融资租赁合同，证实其并非经营租赁；

(4) 对汽车等运输设备，应验证有关运营执照等证件；

(5) 对受留置权限制的固定资产，通常还应审核被审计单位的有关负债项目等予以证实。

5. 审计固定资产的增加

审计固定资产的增加，是固定资产实质性程序中的重要内容。固定资产的增加有购入、自制自建、投资者投入、更新改造增加、债务人抵债增加等多种渠道。被审计单位如果不正确核算固定资产的增加，将对资产负债表和利润表产生长期的影响。因此，一方面，要询问管理层当年固定资产的增加情况，并与获取或编制的固定资产明细表进行核对。另一方面，检查固定资产是否存在弃置费用，如果存在弃置费用，检查弃置费用的估计方法和弃置费用现值的计算是否合理，会计处理是否正确。与此同时，还要检查本年度增加固定资产的计价是否正确，手续是否齐备，会计处理是否正确，并在审计中应注意以下几点。

(1) 对于外购固定资产的审查内容如下。

① 审查购买固定资产的批准文件，以查明其是否经合法的授权批准；

② 核对购货合同、发票、保险单、发运凭证等文件；

③ 审查固定资产验收报告；

④ 审查购进土地、房屋等的契约和结算单，以确定其所有权的归属；

⑤ 确定被审计单位估计的固定资产使用年限和残值是否合理；

⑥ 测试固定资产计价是否正确，会计处理是否正确；

⑦ 对于以一笔款项购入多项没有单独标价的固定资产，还应检查是否按各项固定资产公允价值的比例对总成本进行分配，是否已分别确定各项固定资产的入账价值。

(2) 对于在建工程转入的固定资产审查内容如下。

① 审查建设项目的批准文件，以查明其是否经合法的授权批准；

② 审查建设成本的构成内容是否符合规定，计算是否正确；

③ 审查竣工决算、验收和移交报告是否正确，并与在建工程相关的记录是否核对相符，资本化利息金额是否恰当；

④ 对已经在用但尚未办理竣工决算的固定资产，检查其是否已经暂估入账，并按规定计提折旧，竣工决算完成后，是否及时调整；

⑤ 确定被审计单位估计的固定资产使用年限和残值是否合理。

(3) 对于投资者投入的固定资产，应检查其入账价值与投资合同中关于固定资产作价的规定是否一致；须经评估确认的固定资产是否有评估报告；固定资产交接手续是否齐全。

(4) 对于更新改造增加的固定资产，应查明增加的固定资产原值是否真实，是否符合资本化条件，增计金额是否超过了该固定资产的可收回金额；重新确定的剩余折旧年限是否恰当。

(5) 对于因债务人抵债而获得的固定资产，应检查产权过户手续是否齐备，固定资产计价及确认的损益是否符合会计准则的规定。

(6) 对于以非货币性资产交换取得的固定资产，注册会计师应审阅相关的资产交换协议，关注资产交换各方是否存在关联方关系，判断该项交换是否具有商业实质。如果该项交换具有商业实质，并且换入和换出的资产的公允价值能够可靠地计量，应检查是否按换出资产的公允价值和应支付的相关税费加上支付的补价(或减去收到的补价)作为入账价值；若该项交换不具有商业实质，应检查是否按换出资产的账面价值和应支付的相关税费加上支付的补价(或减去收到的补价)作为入账价值。

(7) 对于盘盈的固定资产，如果同类或类似固定资产存在活跃市场的，应检查是否按同类或类似固定资产的市场价格，减去按该项固定资产新旧程度估计的价值损耗后的余额，作为入账价值；如果同类或类似固定资产不存在活跃市场的，应检查是否以该项固定资产的预计未来现金流量价值作为入账价值。

(8) 对于因其他原因增加的固定资产，应检查相关的原始凭证，核对其计价及会计处理是否正确，法律手续是否齐全。

6. 审查固定资产的减少

固定资产的减少主要包括出售、报废、毁损、向其他单位投资转出、盘亏等。

有的被审计单位在全面清查固定资产时，常常会出现固定资产账存实无的现象，这可能是由于设备管理或使用部门不了解报废固定资产与会计核算两者间的关系，擅自报废固定资产而未在会计账户中进行相应的核算，这样势必造成财务报表表达失真。审查固定资产减少的主要目的是，查明已减少的固定资产是否已作相应的会计处理。其审计要点如下。

(1) 审查减少固定资产授权批准文件。

(2) 审查减少固定资产的会计记录是否符合有关规定，验证其数额计算的准确性。

(3) 审查出售或报废处置固定资产的净损益，验证其真实性与准确性，并与银行存款、营业外收支等有关账户核对。

(4) 审查是否存在未作会计记录的固定资产减少业务，具体内容如下。

① 复核是否有本年新增的固定资产替换了原有的固定资产；

② 分析"营业外收入""营业外支出"等账户，查明有无处置固定资产所带来的收支；

③ 某种产品因故停产，追查其专门生产设备等的处置情况；

④ 被审计单位的固定资产管理部门查询本年有无未作会计记录的固定资产减少业务。

7. 实地观察固定资产盘点

实施实地观察审计程序时，注册会计师可以以固定资产明细分类账为起点，进行实地追查，以证明会计记录中所列固定资产确实存在，并了解其目前的使用状况；也可以以实地为起点，追查至固定资产明细分类账，以获取实际存在的固定资产是否均已入账的证据。

8. 审查固定资产的租赁

企业在生产经营过程中，有时可能有闲置的固定资产供其他单位租用；有时由于生产经营的需要，又需租用固定资产。租赁一般分为经营租赁和融资租赁两种。

在经营租赁中，租入固定资产的企业按合同规定的时间，交付一定的租金，享有资产的使用权，而固定资产的所有权仍属于出租单位。因此，租入固定资产的企业，其固定资产价值并未因此而增加，企业对临时租入的固定资产不在固定资产账户内核算。

另设备查簿进行登记。而租出固定资产的企业仍继续提取折旧，同时取得租金收入。审查经营性租赁时，应查明如下内容。

(1) 固定资产的租赁是否签订了合同、租约，手续是否完备，合同内容是否符合国家规定，是否经相关管理部门审批。

(2) 租入的固定资产是否确属企业必需，或出租的固定资产是否确属企业多余、闲置不用，双方是否认真履行合同，其中是否存在不正当交易。

(3) 租金收取是否签有合同，有无多收、少收现象。

(4) 租入的固定资产有无久占不用、浪费损坏的现象；租出的固定资产有无长期不收租金、无人过问，是否有变相馈赠、转让等情况。

(5) 租入的固定资产是否已登入备查簿；对于租赁固定资产的改良工作，在租赁合同中双方是否有约定等。

在融资租赁中，租入单位向租赁公司借款购买固定资产，分期归还本息，全部付清本息后，就取得了固定资产的所有权。因此，融资租赁支付的租金，包括了固定资产的价值和利息，并且这种租赁的结果是固定资产所有权归租入单位，故租入企业在租赁期间，对融资租入的固定资产应按企业的自有固定资产一样管理，并计提折旧，进行维修。在审查融资租赁时，除可以参照经营租赁固定资产审查的要点以外，还需要复核租赁协议，确定租赁是否符合融资租赁的条件，结合长期应付款、未确认融资费用等科目检查相关的会计处理是否正确(资产的入账价值、折旧、相关负债)、同时应补充实施以下审计程序。

(1) 注意融资偿付的利息，检查其利率的计算是否与市场利率相当，复核租赁的折现率是否合理；

(2) 检查租赁相关税费、保险费、维修费等费用的会计处理是否符合企业会计准则的规定；

(3) 检查融资租入固定资产的折旧方法是否合理；

(4) 检查租赁付款情况；

(5) 检查租入固定资产的成新程度；

(6) 检查融资租入固定资产发生的后续支出，其会计处理是否遵循自有固定资产发生的后续支出的处理原则。

9. 分析保养和维修费用

审查固定资产时，还应进一步分析企业对固定资产的保养和维修费用，注册会计师应取得或编制按前后两年以逐月比较为基础的保养和维修费用分析表。固定资产的日常保养和维修支出通常属于收益性支出，由于它们的金额一般较小，适当地选择若干个明细项目予以审查就可以了，当被审计单位的内部控制很有效时，更是如此。审查的目的在于发现是否存在应予资本化的支出项目。

注册会计师在全面初步审查保养与维修费用的基础上，选择那些金额较大或异常的项目进行严格审查，并且注意年与年之间或月与月之间的重大变化，查明差异原因。通过审查被审计单位的收益性支出与资本性支出的划分标准是否符合会计准则，然后对照这一标准将应予资本化的项目剔除出来。同时，应注意有些企业在盈利较少的年度或为了成功地融资而需要高盈利数据来帮助的年度，往往会将一些应计入收益性支出的项目资本化以提高盈利额。相反，在一些出于纳税考虑等因素而需要降低盈利额的年度，企业则可能将一些应予资本化的支出项目计入了当期损益。此外，注册会计师还要审查费用明细账或库存现金支出日记账上的大额保养与维修支出是否均有适当的核准，并核对购货发票、领料单、工作指令单或直接人工记录等原始凭证以确定金额是否相符。

10. 检查固定资产是否已在资产负债表上被恰当披露

财务报表附注中通常应披露以下内容。

(1) 固定资产的标准、分类、计价方法和折旧方法；

(2) 各类固定资产的使用寿命、预计净残值和折旧率；

(3) 固定资产增减变动情况，包括期初和期末各类固定资产账面总额及累计折旧总额，以及各类扩建、处置及其他调节项目的金额；

(4) 当期确认的固定资产减值损失及当期转回的固定资产减值损失；

(5) 在建工程的期初、期末数额及增减变动情况；

(6) 对固定资产所有权的限制及其金额(这一披露要求是指，企业因贷款或其他原因而以固定资产进行抵押、质押或担保的类别、金额、时间等情况)；

(7) 已承诺将为购买固定资产支付的金额；

(8) 暂时闲置的固定资产账面价值(这一披露要求是指，企业应披露暂时闲置的固定资产账面价值，导致固定资产暂时闲置的原因，如开工不足、自然灾害或其他情况等)；

(9) 已提足折旧仍继续使用的固定资产账面价值；

(10) 已报废和准备处置的固定资产账面价值。

如果被审计单位是上市公司，还应在财务报表附注中披露以下内容。

(1) 按类别分项列示固定资产期初余额、本期增加额、本期减少额及期末余额；

(2) 说明固定资产中存在的在建工程转入、出售、置换、抵押或担保等情况；

(3) 披露通过融资租赁租入的固定资产每类租入资产的账面原值、累计折旧、账面净值；

(4) 披露通过经营租赁租出的固定资产每类租出资产的账面原值。

12.4.3 固定资产累计折旧的实质性程序

固定资产可以长期参加生产经营而仍保持其原有实物形态，但其价值将随着固定资产的使用而逐渐转移到生产的产品中，或构成经营成本或费用。这部分随着固定资产的磨损而逐渐转移的价值即称为固定资产的折旧，它是固定资产价值的扣减额。在固定资产使用寿命内，按照确定的方法对应计折旧额进行的系统分摊就是固定资产的折旧。

在不考虑固定资产减值准备的前提下，影响折旧的因素一般包括折旧的基数(一般指固定资产的账面原价)、固定资产的残余价值和使用寿命三个方面。在考虑固定资产减值准备的前提下，影响折旧范围的因素则包括折旧的基数、累计折旧、固定资产减值准备、固定资产预计净残值和固定资产尚可使用年限5个方面。在计算折旧时，由于固定资产的有形和无形损耗难以准确计算，对固定资产的残余价值和清理费只能人为估计；对固定资产的使用寿命也只能估计；同样，对固定资产减值准备的计提也带有估计的成分。因此，固定资产折旧主要取决于企业根据其固定资产特点制定的折旧政策，在一定程度上具有主观性。而且折旧的计算方法又呈多样化，各种方法可能导致不同的结果，并影响期间的净收益和所得税申报。所以，注册会计师要认真审核被审计单位在会计年度内计提折旧方法选择的适当性。

1. 累计折旧的审计目标

固定资产折旧的以上特性决定了累计折旧审计的主要审计目标有以下几个。

(1) 确定折旧方法是否符合相关规定，是否一贯遵循；

(2) 核实累计折旧增减变动的记录是否完整；

(3) 审查折旧金额的计算是否正确；

(4) 确定累计折旧的期末余额是否正确；

(5) 确定累计折旧的披露是否恰当。

2. 累计折旧的实质性程序

1) 确定被审计单位折旧政策的恰当性

注册会计师应查阅被审计单位的经营手册或其他管理文件，确定其折旧方法的选择是否得当，前后期是否一致，或能否在固定资产使用年限内合理分摊成本。

《企业会计准则第4号——固定资产》中有如下明确规定。

(1) 已达到预定可使用状态的固定资产，无论是否交付使用，尚未办理竣工决算的，应当按照估计价值确认为固定资产，并计提折旧；待办理了竣工决算手续后，再按实际成本调整原来的估计价值，但不需要调整原已计提的折旧额。

(2) 符合确认条件的固定资产装修费用，应当在两次装修期间与固定资产剩余使用寿命两者中较短的期间内计提折旧。

(3) 融资租赁方式租入的固定资产发生的装修费用，符合本准则第四条规定的确认条件的，应当在两次装修期间、剩余租赁期与固定资产剩余使用寿命三者中较短的期间计提折旧。

(4) 处于修理、更新改造过程中，停止使用的固定资产，符合规定的确认条件的，应当转入在建工程，停止计提折旧；不符合规定的确认条件的，不应转入在建工程，照提折旧。

(5) 固定资产提足折旧后，不管能否继续使用，均不再计提折旧；提前报废的固定资产，也不再补提折旧。所谓提足折旧是指已经提足该项固定资产的应计折旧额。

2) 获取或编制累计折旧分类汇总表

根据固定资产总分类账户编制会计年度内各类固定资产累计折旧分类汇总表，注册会计师应做好以下工作。

(1) 核对上年度审计工作底稿，确定期初余额，如果是初次审计，则要追查至开账日进行详细分析。

(2) 比较固定资产明细账或分类账的累计折旧合计是否等于总分类账户累计折旧的期末余额。

3) 实施分析程序

注册会计师应根据情况，选择以下方法对累计折旧实施分析程序。

(1) 对折旧计提的总体合理性进行复核，是测试折旧正确与否的一个有效办法。计算、复核的方法是用应计提折旧的固定资产账面价值乘以本期的折旧率。计算之前，注册会计师当然应对本期增加和减少的固定资产、使用年限长短不一的固定资产和折旧方法不同的固定资产作适当调整。如果总的计算结果和被审计单位的折旧总额相近且固定资产及累计折旧的内部控制较健全，就可以适当减少累计折旧和折旧费用的其他实质性程序的工作量。

(2) 计算本期计提折旧额占固定资产原值的比率，并与上期比较，分析本期折旧计提额的合理性和准确性。

(3) 计算累计折旧占固定资产原值的比率，评估固定资产的老化率，并估计因闲置、报废等原因可能发生的固定资产损失，结合固定资产减值准备分析其是否合理。

4) 查验本期折旧费用的计提和分配是否正确

(1) 复核本期与上期所使用的折旧率是否一致，如有差异应查明原因。

(2) 检查固定资产预计使用年限和预计净残值是否符合有关规定，在当时情况下是否合理。

(3) 注意固定资产增减变动时，有关折旧的会计处理是否符合规定，查明通过更新改造、接受捐赠或融资租入而增加的固定资产的折旧费用计算是否正确。

(4) 检查折旧费用的分配是否合理，与上期分配方法是否一致。

(5) 检查有无已提足折旧的固定资产继续超提折旧的情况和应计提折旧的固定资产不提或少提折旧的情况。

(6) 将"累计折旧"账户贷方的本期计提折旧额与相应的成本费用中的折旧费用明细账户的借方相比较，以查明所计提折旧金额是否已全部摊入本期产品成本或费用。一旦发现差异，应及时追查原因并考虑是否应建议作适当调整。

按照《企业会计准则——固定资产》的规定，注册会计师还应注意审查以下特殊内容。

(1) 已计提减值准备的固定资产，企业是否按照该固定资产的账面价值以及尚可使用寿命重新计算确定折旧率和折旧额。

(2) 如果已计提减值准备的固定资产价值又得以恢复，企业是否按照固定资产价值恢复后的账面价值，以及尚可使用寿命重新计算确定折旧率和折旧额。

(3) 因固定资产减值准备而调整固定资产折旧额时，企业是否按规定对此前已计提的累计折旧不作调整。

5) 检查累计折旧的披露是否恰当

如果被审计单位是上市公司，应在其财务报表附注中按固定资产类别分项列示累计折旧期初余额、本期计提额、本期减少额及期末余额。

12.5 其他相关账户审计

在购货与付款循环中，除了以上介绍的会计账户审计外，还有预付账款、固定资产减值准备、工程物资、在建工程、固定资产清理和应付票据等账户的审计。对这些账户审计的主要目标和实质性程序，应当按照审计准则和会计师事务所制定的审计程序表来进行。

本章小结

本章我们主要介绍了购货与付款循环审计所涉及的主要经济业务活动以及相关会计凭证、账户；说明了购货与付款循环中的内部控制要点及控制测试；设计与执行了购货与付款循环主要交易的实质性程序，使学生能理解与每种实质性程序相关的财务报表认定；掌握应付账款、固定资产和累计折旧等账户的审计目标以及实质性程序的基本程序。

复习思考题

1. 审计人员如何查找未入账的应付账款？
2. 直接向供货方函证应付账款的审计程序是否和函证应收账款一样重要？试说明理由。
3. 如何对在建工程实施实质性程序？
4. 固定资产及累计折旧的实质性程序主要有哪些？

案例分析题

【案例】A和B审计人员对XYZ股份有限公司2013年财务报表进行审计，并确定财务报表层次的重要水平为1 200 000元。公司2013年财务报告于2014年3月25日获得董事会批准，并于同日报送证券交易所。其他相关资料如下所示。

公司未经审计的2013年度财务报表部分项目余额或年度发生额见表12-4。

表12-4　未经审计的2013年度财务报表部分项目余额或年度发生额　　　人民币万元

项目	金额
资产总额	42 000
股本	15 000
资本公积	8000
盈余公积	2000
未分配利润	1800
营业收入	36 000
利润总额	600
净利润	400

在对公司进行审计的过程中，A和B审计人员注意以下事项。

2013年1月31日，公司开发建成一栋商住两用楼盘，该商住楼所在地不存在活跃的房地产交易市场，2013年年末未发生减值迹象。该商住楼的建造成本为30 000 000元，其中，一层商铺12 000 000元计划用于出租，其余楼层18 000 000元计划用于公司办公。2013年3月31日，公司就一层商铺和某超市签订经营租赁合同，租赁期为2013年3月31日至2014年3月31日，租赁费用总额1 440 000元，自2013年4月起按月结算。商住楼预计使用年限为30年，预计净残值为原值的10%，按平均年限法计提折旧。公司于2013年1月31日做了增加固定资产——商住楼30 000 000元的会计处理；于2013年2月至12月计提了该商住楼折旧，做借记"管理费用——折旧费"825 000元，贷记"累计折旧"825 000元的会计处理；于2013年4月至12月对该商住楼的租赁业务做了借记"银行存款"540 000元，贷记"营业收入——其他业务收入"540 000元的会计处理。

【问题】1. 如果不考虑审计重要性水平，请回答A和B审计人员是否需要提出审计处理意见？如需提出审计调整建议，请直接列示调整分录(审计调整分录均不考虑对公司2013年税费、递延所得税资产和负债、期末结转损益及利润分配的影响)。

2. 如果不考虑审计重要性水平，假定公司分别只存在一个事项，并且拒绝接受A和B审计人员针对该事项提出的审计处理建议(如果有)，在不考虑其他条件的前提下，请指出A和B审计人员应当针对该独立存在的事项出具何种意见类型的审计报告。

【提示】1. 对于已出租的房产，应该转为投资性房地产核算，并将计提的折旧计入其他业务成本中核算。

借：投资性房地产　　　　　　　　　　　　　　12 000 000
　　固定资产——累计折旧　　　　　　　　　　　330 000
　　贷：固定资产　　　　　　　　　　　　　　　　12 000 000
　　　　投资性房地产——投资性房地产累计折旧　　330 000
借：营业成本——其他业务成本　　　　　　　　270 000
　　贷：管理费用——折旧费　　　　　　　　　　　270 000

2. 对于这一事项出具保留意见的审计报告。

第13章 生产与费用循环审计

13.1 生产与费用循环概述

13.1.1 生产与费用循环涉及的业务活动

生产与费用循环所涉及的主要业务活动包括：计划和安排生产；发出原材料；生产产品；核算产品成本；储存产成品；发出产成品等(如图13-1所示)。上述业务活动通常涉及以下部门：生产计划部门、仓储部门、生产部门、人事部门、销售部门、会计部门等。

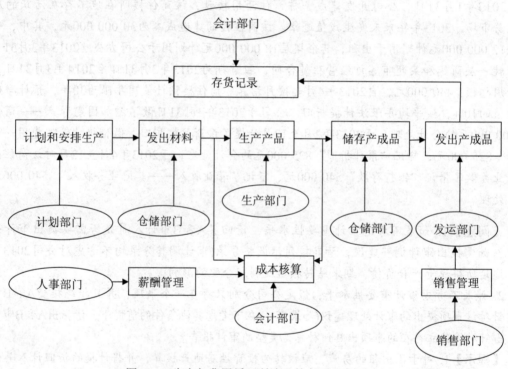

图13-1 生产与费用循环所涉及的主要业务活动

1. 计划和安排生产

生产计划部门的职责是根据顾客订单或者对销售预测和产品需求的分析来决定生产授权。其涉及的主要活动是签发预先编号的生产通知单，决定授权生产；编制材料需求报告，列出生产所需要的材料和零件及其库存。

2. 发出原材料

仓库部门的责任是根据从生产部门收到的领料单发出原材料。领料单上必须列示所需的材料数量和种类，以及领料部门的名称。领料单通常需一式三联。仓库发料后，将其中一联连同材料交给领料部门，其余两联经仓库登记材料明细账后，送会计部门进行材料收发核算和成本核算。

3. 生产产品

生产部门在收到生产通知单及领取原材料后，将生产任务分解到每一个生产工人处，并将所领取的原材料交给生产工人，生产工人据以执行生产任务。生产工人在完成生产任务后，将完成的产品交生产部门查点，然后转交检验员验收并办理入库手续；或是将所完成的产品移交下一个生产部门，作进一步加工。

4. 核算产品成本

为了正确核算并有效控制产品成本，必须建立健全成本会计制度，将生产控制和成本核算有机结合在一起。一方面，生产过程中的各种记录、生产通知单、领料单、计工单、入库单等文件资料都要汇集到会计部门，由会计部门对其进行检查和核对，了解和控制生产过程中存货的实物流转；另一方面，会计部门要设置相应的会计账户，会同有关部门对生产过程中的成本进行核算和控制。成本会计制度可以非常简单，只是在期末记录存货余额；也可以是完善的标准成本制度，它持续地记录所有材料处理、在产品和产成品，并形成对成本差异的分析报告。完善的成本会计制度应该提供原材料转为在产品、在产品转为产成品，以及按成本中心、分批生产任务通知单或生产周期所消耗的材料、人工和间接费用的分配和归集的详细资料。

5. 储存产成品

产成品入库，须由仓储部门先行点验和检查，然后签收。签收后，将实际入库数量通知会计部门。据此，仓储部门确立了本身应承担的责任，并对验收部门的工作进行验证。除此之外，仓储部门还应根据产成品的品质特征分类存放，并填制标签。

6. 发出产成品

产成品的发出须由独立的发运部门进行。装运产成品时必须持有经销售部门核准的发运通知单，并据此编制出库单。出库单至少一式四联，一联交仓储部门；一联发运部门留存；一联送交顾客；一联作为给顾客开发票的依据。

13.1.2 生产与费用循环涉及的主要会计凭证和会计记录

1. 生产与费用循环涉及的会计凭证

生产与费用循环涉及的会计凭证主要包括如下几个。

(1) 生产指令(生产任务通知单)。生产指令是企业下达制造产品等生产任务的书面文件，是用以通知生产车间组织产品制造、供应部门组织材料发放、会计部门组织成本计算的原始单据。

(2) 领发料凭证。领发料凭证是企业为了控制材料发出所采用的各种凭证，如材料发出汇总表、领料单、限额领料单、领料登记表、领料登记簿、退料单等。

(3) 产量和工时记录。产量和工时记录是登记工人或生产班组在出勤日内完成的产品数量、质量和生产这些产品所耗工时数量的原始记录。常见的产量和工时记录主要有工作通知单、工序进程单、工作班组产量报告、产量通知单、产量明细表、废品通知单等。

(4) 薪酬汇总表及人工费用分配表。薪酬汇总表是为了反映企业薪酬的结算情况，并据以进行薪酬结算总分类核算和汇总整个企业薪酬费用而编制的，它是企业进行薪酬费用分配的依据。人工费用分配表反映了各生产车间各产品应负担的生产工人薪酬及福利费。

(5) 材料费用分配表。材料费用分配表是用来汇总反映各生产车间各产品所耗费的材料费用的原始记录。

(6) 制造费用分配汇总表。制造费用分配汇总表是用来汇总反映各生产车间各产品所应负担的制造费用的原始记录。

(7) 成本计算单。成本计算单是用来归集某一成本计算对象所应承担的生产费用，计算该成本计算对象的总成本和单位成本的记录。

(8) 存货明细账。存货明细账是用来反映各种存货增减变动情况、期末库存数量及相关成本信息的会计记录。

2. 生产与费用循环涉及的主要账户及其对应关系

生产与费用循环涉及的主要账户及其对应关系如图13-2所示。

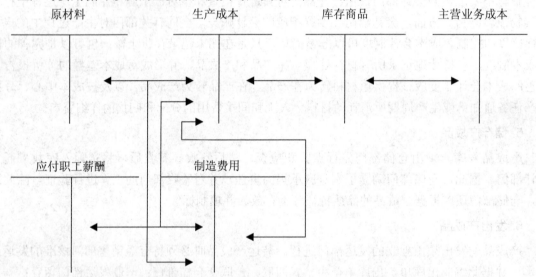

图13-2 生产与费用循环涉及的主要账户及其对应关系

13.2 生产与费用循环的控制测试

13.2.1 生产与费用循环的内部控制

生产与费用循环的内部控制主要包括存货内部控制、成本会计制度内部控制及薪酬内部控制三项内容。生产和费用循环与其他业务循环的内在联系非常密切，相关的内部控制制度联系也较密切。特别是与存货相关的内部控制涉及被审计单位供、产、销各个环节，包括采购、验收、仓储、领用、加工、装运出库等方面，还包括存货数量的盘存数量。

不同的企业对于类似的业务可能采取不同的内部控制制度。下面是进行仓储与存货内部控制、生产成本与薪酬内部控制调查时可能会调查的问题。

1. 仓储与存货内部控制调查问题

(1) 大宗货物的采购是否都订有合同并经主管批准？

(2) 原料的领用是否经核准后开出领料单？

(3) 存货和固定资产是否有出门验证制度？

(4) 是否所有存货均设有永续盘存记录？

(5) 仓库存货(材料、半成品、产品)是否按种类、性质集中堆放并有醒目标记？存货(材料、半成品、产品)是否定期盘点(盘点期间)？

(6) 存货的盘盈、盘亏是否经报批后入账？

(7) 仓库对呆滞、废损存货是否进行了清理？

(8) 存货的收发人与记账人是否分开？

(9) 委托外单位加工的材料，其发出、收回、结存情况是否有专人负责登记？是否定期与委托单位核对？

(10) 原材料、产品的收发存月报表是否根据当月的入库单、领料单分别汇总编制？

(11) 月末车间未用的原材料是否办理了假退料手续？

(12) 产品是否有材料定额并以限额领料单领料？

(13) 半成品和产品完工是否及时办理交库手续？

(14) 存货计价方法的确定与变更是否经董事会批准？

(15) 成本计算和费用分配方法的确定与变更是否经授权批准？

2. 生产成本与薪酬内部控制制度调查问题

(1) 是否建立成本核算与管理制度？

(2) 成本开支范围是否符合有关规定？

(3) 成本核算制度是否适合生产特点，并严格执行？

(4) 各成本项目的核算、制造费用的归集与分配、产品成本的结转是否严格按规定办理、前后期是否一致？

(5) 是否定期盘点在产品，并作为在产品成本的分配依据？

(6) 工资标准的制定及变动是否经授权批准？

(7) 计时、计件工资的原始记录是否齐全？

13.2.2 生产与费用循环的控制测试

由于生产和费用循环与其他业务循环存在内在联系，本循环中某些审计测试，特别是对存货的审计测试，与其他相关业务循环的审计测试同时进行将更为有效。例如，原材料的取得和记录是作为采购与付款循环审计的一部分进行测试的，而装运产成品和记录营业收入与成本则是作为销售与收款循环审计的一部分进行测试的。这些方面的控制测试参见前面的相应章节。不同企业对其存货可能采取不同的内部控制，但从根本上说，均可概括为存货的数量和计价两个关键因素对其进行控制，这将在本章后续几节中分别予以阐述。基于上述原因，本节对生产与费用循环的内部控制和相关控制测试的介绍，省略存货方面的相关内容，仅涉及生产循环及薪酬循环两项。

1. 生产循环内部控制测试

对生产循环内部控制的测试可以概括为表13-1。

表13-1　对生产循环内部控制的测试

主要业务活动	关键控制点	可能的错报	可能的控制测试
1. 计划和安排生产	由生产计划和计划部门批准生产通知单	生产可能没有计划	询问有关批准生产通知单的过程
2. 发出原材料	按已批准的生产通知单和签字的发料单发出原材料	未经授权领用原材料	审查发料单，并将其与生产通知单比较
3. 生产产品	使用计工单记录完成生产通知单耗用的直接人工小时	直接人工小时可能未计入生产通知单	观察计工单的使用和计时程序
4. 转移已完工产品到产成品库	产成品仓库人员收到产品时，在最后一张转移单上签字	仓库人员可能声称未从生产部门收到产成品	审查最后一张转移单上的授权签名
5. 储存产成品	(1) 仓库加锁并限制只有经过授权的人才能接近 (2) 使用签字的转移单控制生产部门之间产品的转移	(1) 存货可能在仓库中被盗 (2) 在产品可能在生产过程中被盗	(1) 观察保安程序 (2) 观察控制程序，审查转移单
6. 确定和记录制造成本	(1) 管理层批准制造费用分配率和标准成本；及时报告调整差异 (2) 将编制分录所使用的资料与每日生产活动报告资料相调节 (3) 将编制分录所使用的资料与完工生产报告中的资料相调节	(1) 可能使用不适当的制造费用分配率和标准成本 (2) 可能未记录制造成本分配给在产品 (3) 可能未结转已完工产品的成本到产成品	(1) 询问有关确定和批准分配率与标准成本，以及报告和调整差异的程序 (2) 审查调节的情况

2. 薪酬循环内部控制测试

对薪酬循环内部控制的测试可以概括为表13-2。

表13-2　对薪酬循环内部控制的测试

主要业务活动	关键控制点	可能的错报	可能的控制测试
1. 雇佣员工	雇佣任何一个新员工均由人事部门授权	可能有虚构员工列入薪酬计算表	审查新雇佣员工的授权表
2. 授权变动薪酬	(1) 每次变动薪酬均由人事部门授权 (2) 人事部门通知薪酬部门所有离职情况	(1) 薪酬额增加可能未经授权 (2) 可能对已离职员工继续支付薪酬	(1) 询问有关授权变动薪酬率的程序 (2) 审查薪酬部门的离职通知
3. 编制出勤和计时资料	使用打卡钟程序，并监督计工单的批准	员工可能领取了超过工作时数的薪酬	(1) 观察打卡程序 (2) 审查计工单主管批准情况
4. 编制薪酬计算表	薪酬部门派专人负责独立检查计算的正确性	员工薪酬可能计算错误	(1) 检查凭证的编制与观察独立检查证据 (2) 重新执行部分独立检查
5. 记录薪酬	(1) 薪酬部门应独立检查员工编号和工作时数的有效性 (2) 会计部门应指派专人复核分类和计算的正确性 (3) 会计部门应定期复核入账的正确性	(1) 员工编号可能无效，工作时数可能不合理 (2) 人工成本分配汇总表的分类和计算可能产生错误 (3) 入账可能产生错误	(1) 观察独立检查的证据，并重新执行部分独立检查 (2) 询问复核程序并审查汇总表 (3) 询问复核程序，并重新执行独立检查
6. 支付薪酬和保管未领薪酬	(1) 在发放薪酬时确认员工身份 (2) 制定未领薪酬保管制度	(1) 薪酬可能发错了人头 (2) 未领薪酬发生错误	(1) 观察薪酬发放 (2) 观察未领薪酬的保管
7. 填写个人收入所得税报表	指派专人负责按时填写申报表	所得税申报表可能未及时填写	询问有关程序并审查申报表

13.3 存货成本审计

存货审计在整个财务报表审计中占有十分重要的地位。对存货进行审计，需要达到的审计目标是：①确定存货是否存在；②确定存货是否归被审计单位所有；③确定存货增减变动的记录是否完整；④确定存货的品质状况，存货跌价准备的计提是否合理；⑤确定存货的计价方法是否恰当；⑥确定存货期末余额是否正确；⑦确定存货在财务报表上的披露是否恰当。

存货成本包括生产成本(直接材料成本、直接人工成本和制造费用)和营业成本等内容。存货成本审计包括生产成本审计和营业成本审计。

13.3.1 生产成本审计

1. 直接材料成本的审计

直接材料成本的审计一般应从审阅材料和生产成本明细账入手，抽查有关的费用凭证，验证企业产品直接耗用材料的数量、计价和材料费用分配是否真实、合理。其主要内容包括以下几项。

(1) 抽查产品成本计算单，检查直接材料成本的计算是否正确，材料费用的分配标准与计算方法是否合理和适当，是否与材料费用分配汇总表中该产品分摊的直接材料费用相符。

(2) 审查直接材料耗用数量的真实性，检查有无将非生产用材料计入直接材料费用。

(3) 分析比较同一产品前后各年度的直接材料成本，如有重大波动应查明原因。

(4) 抽查材料发出及领用的原始凭证，检查领料单的签发是否经过授权，材料发出汇总表是否经过适当的人员复核，单位成本计价是否恰当，是否正确、及时入账。

(5) 对采用定额成本或标准成本的企业，应检查直接材料成本差异的计算、分配与会计处理是否正确，并查明直接材料的定额成本、标准成本在本年度内有无重大变更。

2. 直接人工成本的审计

直接人工成本审计的内容包括以下几项。

(1) 抽查产品成本计算单，检查直接人工成本的计算是否正确，人工费用的分配标准与计算方法是否合理和恰当，是否与人工费用分配汇总表中该产品分摊的直接人工费用相符。

(2) 将本年度直接人工成本与前期进行比较，查明其异常变动的原因。

(3) 分析比较本年度各个月份的人工费用发生额，如有异常波动，应查明原因。

(4) 结合应付职工薪酬的审查，抽查人工费用会计记录及会计处理是否正确。

(5) 对采用标准成本法的企业，应抽查直接人工成本差异的计算、分配与会计处理是否正确，并查明直接人工的标准成本在本年度内有无重大变更。

3. 制造费用的审计

制造费用是企业为生产产品或提供劳务而发生的间接费用，即生产单位为组织和管理生产而发生的费用，包括分厂和车间管理人员的薪酬、提取的福利费、折旧费、修理费、办公费、水电费、取暖费、租赁费、机物料消耗、低值易耗品摊销、劳动保护费、保险费、设计制图费、试验检验费、季节性和修理期间的停工损失以及其他制造费用。

制造费用审计的基本要点如下。

(1) 获取或编制制造费用汇总表，并与明细账、总账核对相符，抽查制造费用中的重大数额项目及例外项目是否合理。

(2) 审阅制造费用明细账，检查其核算内容及范围是否正确，并应注意是否存在异常会计事项。如有，则应追查至记账凭证及原始凭证，重点查明企业有无将不应列入成本费用的支出计入制造费用。

(3) 必要时，对制造费用实施截止测试，即检查资产负债表日前后人工填写的制造费用明细账及其凭证，确定有无跨期入账的情况。

(4) 审查制造费用的分配是否合理。重点查明制造费用的分配方法是否符合企业自身的生产技术条件，是否体现受益原则；分配方法一经确定，是否在相当时期内保持稳定，有无随意变更的情况；分配率和分配额的计算是否正确，有无以人为估计数代替分配数的情况。对按预算分配率分配费用的企业，还应查明计划与实际差异是否及时调整。

(5) 对于采用标准成本法的企业，应抽查标准制造费用的确定是否合理，计入成本计算单的数额是否正确，并查明标准制造费用在本年度内有无重大变动。

【例13-1】某会计师事务所对某公司年度财务报表审计，该公司11月和12月份第一车间制造费用明细账登记的内容如表13-3、表13-4所示。

表13-3　第一车间制造费用明细账

2013年11月　　　　　　　　　　　　　　　　　　　　　元

摘要	职工薪酬	折旧费	修理费	办公费	水电费	机物料消耗	合计
职工薪酬表转来	11 270						11 270
折旧分配表转来		47 100					47 100
摊提分配表转来			3600				3600
据各付款凭证				8360			8360
动力分配表转来					26 580		26 580
材料分配表转来						4250	4250
合计	11 270	47 100	3600	8360	26 580	4250	101 160
本月转出	11 270	47 100	3600	8360	26 580	4250	101 160

表13-4　第一车间制造费用明细账

2013年12月　　　　　　　　　　　　　　　　　　　　　元

摘要	职工薪酬	折旧费	修理费	办公费	水电费	机物料消耗	合计
职工薪酬表转来	18 430						18 430
折旧分配表转来		47 100					47 100
摊提分配表转来			600				600
据各付款凭证				14 510			14 510
动力分配表转来					21 070		21 070
材料分配表转来						3390	3390
合计	18 430	47 100	600	14 510	21 070	3390	105 100
本月转出	18 430	47 100	600	14 510	21 070	3390	105 100

【问题】针对11月份和12月份的制造费用明细账，提出应审查的问题，确定应抽查的会计凭证。

对比两个月的制造费用明细账，应对下述问题提出疑问，并抽查相应的会计凭证。

(1) 12月份职工薪酬比11月份增长幅度大，应抽查两个月的转账凭证，以查明工资发放标准有无确切依据，有无管理当局批准。

(2) 12月份发生的修理费用明显小于正常，应翻阅12月份辅助生产部门修理费用分配情况的记录，以查找原因。

(3) 12月份发生的办公费比11月份高出近一倍，应对12月份与办公费有关的付款凭证进行详查，看有无违反公司规定及费用支出计划的开支项目。

13.3.2 营业成本审计

营业成本审计包括主营业务成本审计和其他业务成本审计两部分。

1. 主营业务成本审计

主营业务成本是指企业对外销售商品、产品，对外提供劳务等发生的实际成本。对主营业务成本的审计，其基本要点如下。

(1) 获取或编制主营业务成本明细表，与明细账和总账核对相符。

(2) 编制生产成本及销售成本倒轧表，与总账核对相符。

(3) 分析比较本年度与上年度主营业务成本总额，以及本年度各月份的主营业务成本金额，如有重大波动和异常情况，应查明原因。

(4) 结合生产成本的审计，抽查销售成本结转数额的正确性，并检查其是否与销售收入配比。

(5) 检查主营业务成本账户重大调整事项(如销售退回等)是否有其充分理由。

(6) 确定主营业务成本在利润表中是否已恰当披露。

2. 其他业务成本审计

其他业务成本是指企业确认的、除主营业务活动以外的其他经营活动所发生的支出，包括销售材料的成本，出租固定资产的折旧额、出租无形资产的摊销额、出租包装物的成本或摊销额等。对其他业务成本的审计，其基本要点如下。

(1) 获取或编制其他业务成本明细表，复核加计是否正确，并与总账数和明细账合计数核对是否相符，结合主营业务成本科目与营业成本报表数核对是否相符。

(2) 检查其他业务成本是否有相应的收入，并与上期其他业务收入、其他业务成本比较，检查是否有重大波动，如有，应查明原因。

(3) 检查其他业务成本内容是否真实，计算是否正确，配比是否恰当，并选择抽查原始凭证予以核实。

(4) 对异常项目，应追查入账依据及有关法律文件是否充分。

(5) 检查其他业务成本是否已按照企业会计准则的规定在财务报表中作出恰当列报。

13.4 存货监盘

存货监盘，是指注册会计师现场观察被审计单位存货的盘点，并对已盘点的存货进行适当检查。定期盘点存货，合理确定存货的数量和状况是被审计单位管理层的责任。实施存货监盘，获取有关期末存货数量和状况的充分、适当的审计证据是注册会计师的责任。

13.4.1 存货监盘计划

注册会计师在进行监盘之前应当根据被审计单位存货的特点、盘存制度和存货内部控制的有效性等情况，在评价被审计单位存货盘点计划的基础上，编制存货监盘计划，对存货监盘作出合理安排。

1. 在编制存货监盘计划时，注册会计师应当做的工作

在编制存货监盘计划时，注册会计师应当做以下工作。

(1) 了解存货的内容、性质、各存货项目的重要性及存放场所；

(2) 了解存货会计系统及其他相关的内部控制；

(3) 评估与存货相关的固有风险、控制风险和检查风险及重要性；

(4) 查阅以前年度的存货监盘工作底稿；

(5) 实地察看金额较大或性质特殊的存货的存放场所；

(6) 考虑是否需要利用专家的工作或其他注册会计师的工作；

(7) 复核或与管理层讨论其存货盘点计划。

2. 评价存货盘点计划能否合理地确定存货的数量和状况，注册会计师应考虑的因素

在复核或与管理层讨论其存货盘点计划时，注册会计师应当考虑以下主要因素，以评价其能否合理地确定存货的数量和状况。

(1) 盘点的时间安排；

(2) 存货盘点范围和场所的确定；

(3) 盘点人员的分工及胜任能力；

(4) 盘点前的会议及任务布置；

(5) 存货的整理和排列，毁损、陈旧、过时、残次及所有权不属于被审计单位的存货的区分；

(6) 特殊存货的计量方法；

(7) 在产品完工程度的确定方法；

(8) 存放在外单位的存货的盘点安排；

(9) 存货收发截止的控制；

(10) 盘点期间存货移动的控制；

(11) 盘点表单的设计、使用与控制；

(12) 盘点结果的汇总和盈亏的分析、调查及处理方法。

注册会计师应当根据被审计单位的存货盘存制度及相关内部控制的有效性，评价其盘点时间是否合理。如果认为被审计单位的存货盘点计划存在缺陷，注册会计师应当提请被审计单位调整。

3. 存货监盘计划应当包括的主要内容

考虑到以上因素，存货监盘计划的制订应当包括以下主要内容。

(1) 存货监盘的目标、范围及时间安排；

(2) 存货监盘的要点及关注事项；

(3) 参加存货监盘人员的分工；

(4) 抽查的范围。

13.4.2 存货监盘程序

1. 盘点问卷调查

注册会计师在实施监盘前，应对企业的盘点组织及其参与人员的准备工作情况进行调查，以确定企业是否按照盘点计划的要求进行盘点准备工作。若认为企业的盘点准备工作达不到事前规划的要求，注册会计师可以拒绝实施监盘，并要求企业另定时间、重新准备。盘点问卷的主要内容如下所述。

(1) 所有参与盘点的人员，是否都熟悉盘点计划与指令，是否熟悉盘点的一般程序和基本要求。

(2) 所有存货是否都分类有序，存货是否停止流动。

(3) 盘点标签或盘点清单是否编制妥当；是否有遗漏的存货或者有外单位寄存的存货；对于外单位寄存的存货，是否将其分开摆放并排除在盘点范围之外；废品与毁损物品是否分开摆放并且分开列示。

(4) 各种计数、计量器具是否符合国家标准，并准备齐全。

2. 实地观察

在被审计单位进行存货盘点前，注册会计师应当观察盘点现场，观察的目的是为了确定应纳入盘点范围的存货是否已经适当整理和排列，并附有盘点标识，防止遗漏或重复盘点。对未纳入盘点范围的存货，注册会计师应当查明原因。在盘点人员操作过程中，注册会计师应该密切观察以下主要内容。

(1) 盘点现场的存货是否摆放整齐并且停止流动；

(2) 盘点人员的盘点程序是否符合盘点计划和指令的基本要求；

(3) 计量盘点数量是否准确，有无重计或漏计；

(4) 盘点标签或盘点清单是否按要求填制。

注册会计师应当特别关注存货的状况，观察被审计单位是否已经恰当区分所有毁损、陈旧、过时及残次的存货，同时还要注意存货的移动情况，防止遗漏或重复盘点。如果在观察的过程中发现问题，注册会计师应当及时指出，并督促企业纠正；如果认为盘点程序和过程有问题，导致盘点结果严重失实，应要求企业组织人员重新盘点。

3. 抽查

企业盘点人员盘点之后，注册会计师应根据观察的情况，在盘点标签尚未取下之前，进行复盘抽查。在抽查时，注册会计师应当从存货盘点记录中选取项目追查至存货实物，以测试存货盘点记录的准确性；注册会计师还应当从存货实物中选取项目追查至存货盘点记录，以测试存货盘点记录的完整性。在比较抽查结果与盘点单上的记录时，不仅要核对数量，还应关注对其完工程度的估计是否恰当；抽查如发现差异，除应督促企业更改外，还应扩大抽查范围；如发现差错过大，则应要求企业重新盘点。

在盘点和抽查过程中，注册会计师还应查询有无外单位存货放于本企业库房内的情况，并通过审阅合同与信函、向对方函证等方式，对这部分存货的所有权予以证实。这些存货应该单独记录、分开存放并予盘点。

4. 在被审计单位存货盘点结束前，注册会计师应当再次观察盘点现场

注册会计师应当再次观察盘点现场，其目的有二：一是确定所有应纳入盘点范围的存货是

否均已盘点；二是取得并检查已填用、作废及未使用盘点表单的号码记录，确定其是否连续编号，查明已发放的表单是否均已收回，并与存货盘点的汇总记录进行核对。

如果出现以下情况，注册会计师应该酌情处理。

(1) 存货盘点日不是资产负债表日，注册会计师应当实施适当的审计程序，确定盘点日和资产负债表日之间存货的变动是否已作正确的记录；

(2) 在永续盘存制下，如果永续盘存记录与存货盘点结果之间出现重大差异，注册会计师应当追加审计程序，查明原因，并检查永续盘存记录是否已作适当的调整；

(3) 认为被审计单位的盘点方式及其结果无效，注册会计师应当提请被审计单位重新盘点。

13.4.3 特殊情况的处理

如果由于被审计单位存货的性质或位置等原因导致无法实施存货监盘，注册会计师应当考虑能否实施替代审计程序，获取有关期末存货数量和状况的充分、适当的审计证据。

注册会计师应实施的替代审计程序主要包括以下几项。

(1) 检查进货交易凭证或生产记录以及其他相关资料；

(2) 检查资产负债表日后发生的销货交易凭证；

(3) 向顾客或供应商函证。

如果因不可预见的因素导致无法在预定日期实施存货监盘或接受委托时被审计单位的期末存货盘点已经完成，注册会计师应当评估相应的审计风险，提请被审计单位另择日期重新盘点，并实施存货监盘，同时测试在该期间发生的存货交易，以获取有关期末存货数量和状况的充分、适当的审计证据。

对由被审计单位委托其他单位保管的或已作质押的存货，注册会计师应当向保管人或债权人函证。如果此类存货的金额占流动资产或总资产的比例较大，注册会计师还应当考虑实施存货监盘或利用其他注册会计师的工作。

当注册会计师首次接受委托未能对上期期末存货实施监盘，且该存货对本期财务报表存在重大影响时，如果已获取有关本期期末存货余额的充分、适当的审计证据，注册会计师应当实施以下一项或多项审计程序，以获取有关本期期初存货余额的充分、适当的审计证据。

(1) 查阅前任注册会计师工作底稿；

(2) 审阅上期存货盘点记录及文件；

(3) 抽查上期存货交易记录；

(4) 运用毛利百分比法等进行分析、比较。

13.4.4 存货监盘结果对审计报告的影响

注册会计师应当根据已获取的审计证据，形成有关期末存货数量和状况的审计结论，并确定对审计报告的影响。

(1) 如果无法实施存货监盘，也无法实施替代审计程序以获取有关期末存货数量和状况的充分、适当的审计证据，注册会计师应当根据其重要程度，发表保留意见或无法表示意见；

(2) 如果通过实施存货监盘发现被审计单位财务报表存在重大错报，且被审计单位拒绝调整，注册会计师应当根据其重要程度，发表保留意见或否定意见；

(3) 如果注册会计师首次接受委托，未能获取有关本期期初存货余额的充分、适当的审计证据，注册会计师应当根据其重要程度，发表保留意见或无法表示意见。

13.4.5 存货质量审计

在存货监盘过程中，注册会计师必须对存货的质量或其性能进行适当的审查，以确定存货的质量情况是否符合销售和使用的要求，其质量等级是否与会计账簿上记载的价值相匹配，是否存在陈旧、滞销或毁损现象。因为许多存货可能因保管不善造成废损，许多存货可能因长时期堆放而失效、过时。此外，对于存货明细账上极少变动的项目，应注意查明是否属于退废项目。对于黄金等级、珠宝价值等，注册会计师还应聘请有关专家协助鉴定。

根据以上审查结果，注册会计师应作出适当的记录，必要时还应对被审计单位的存货价值进行调整，以便合理反映存货的价值。

 13.5 存货计价审计和截止测试

13.5.1 存货计价审计

为了验证财务报表上存货项目余额的真实性，还必须对年末存货的计价进行测试。存货计价测试的主要程序包括如下几个。

1. 选择测试样本

用于计价测试的样本，应从已经过盘点的存货数量、单价和总金额已计入存货汇总表的结存存货中选择。选择时，应着重选择结存余额较大，且价格变化较频繁的项目，同时考虑所选样本的代表性。

2. 计价方法的确认

存货计价方法多种多样，企业可以结合国家法规要求选择适合自身特点的方法。注册会计师除应了解、掌握企业的存货计价方法外，还应对这种计价方法的合理性与一贯性予以关注，没有足够理由，计价方法在同一会计年度内不得变动。对于已变动的计价方法，注册会计师应审查其变动是否在财务报表上予以充分披露。

3. 计价测试

(1) 对存货价格的组成内容予以检查；

(2) 按照所了解的计价方法对所选择的存货样本进行计价测试。

测试时，注册会计师应排除企业已有计算方法和结果的影响，独立地进行测试。测试结果出来后，应与企业账面价值对比，编制对比分析表，分析形成差异的原因。如果差异过大，应扩大范围继续测试，并根据测试结果作出审计调整。

在存货计价测试中，由于企业对期末存货采用成本与可变现净值孰低的方法计价，所以注册会计师应充分关注企业对存货可变现净值的确定及存货跌价准备的计提。可变现净值是指企业在正常经营过程中，以估计售价减去估计完工成本及销售所必需的估计费后的价值。存货跌价准备应按单个存货项目的成本与可变现净值计量，如果某些存货具有类似用途，并与在同一地区生产和销售的产品系列相关，且实际上难以将其与该产品系列的其他项目区别开来进行估价，可以合并计量成本与可变现净值；对于数量繁多、单价较低的存货，可以按存货类别计量成本与可变现净值。当存在以下一项或若干项情况时，应当将存货账面价值全部转入当期损益。

(1) 已霉烂变质的存货；

(2) 已过期(如食品)且无转让价值的存货；

(3) 生产中已不再需要，并且已无使用价值和转让价值的存货；

(4) 其他足以证明已无使用价值和转让价值的存货。

当存在下列情况之一时，应当计提存货跌价准备。

(1) 市价持续下跌，并且在可预见的未来无回升的希望；

(2) 企业使用该项原材料生产的产品的成本大于产品的销售价格；

(3) 企业因产品更新换代，原有库存原材料已不适应新产品的需要，而该原材料的市场价格又低于其账面成本；

(4) 因企业所提供的商品或劳务过时或消费者偏好改变而使市场的需求发生变化，导致市场价格逐渐下跌；

(5) 其他足以证明该项存货实质上已经发生减值的情形。

必须指出，存货的计价测试与存货质量测试的审计密切相关，注册会计师在实施审计过程中应尽可能将二者结合起来，以节约审计时间和审计成本。

存货计价审计表如表13-5所示。

表13-5 存货计价审计表

日期	品名及规格	购入			发出			结存		
		数量	单价	金额	数量	单价	金额	数量	单价	金额

1. 计价方法说明：
2. 情况说明及审计结论：

【例13-2】某企业采用月末一次加权平均法计算结转耗用材料成本，本月甲材料月初结存数量为5200千克，金额为7800元，本月购入甲材料数量7300千克，金额为14 600元。本月基本生产车间耗料5000千克，结转材料成本10 000元。假设该企业所得税税率为25%。

【问题】①说明应采用的审计方法；②指出上述会计处理存在的问题；③作出审计调整分录；④对被审计单位的会计调整分录提出建议。

(1) 应采用的审计方法：审阅甲材料明细账，抽查有关会计凭证，重新计算结转发出材料实际成本。

(2) 经重新计算发现：

加权平均单价=(7800+14 600)/(5200+7300)=1.79(元/千克)

发出材料实际成本=5000×1.79=8950(元)

多转材料实际成本=10 000-8950=1050(元)

存在的问题：该企业按进料价格多转耗用材料成本1050元。

(3) 处理意见：多转发出材料的实际成本，最终影响到当期发出产品的成本。审计调整分录如下所示。

借：原材料   1050
  贷：主营业务成本   1050
借：所得税费用   262.50
  贷：应交税费——应交所得税 262.50
(被审计年度报表项目随之调整)

(4) 建议被审计单位作出的会计调整分录为：

借：原材料   1050
  贷：以前年度损益调整   1050
借：以前年度损益调整   262.50
  贷：应交税费——应交所得税 262.50
借：以前年度损益调整   787.50
  贷：利润分配——未分配利润 787.50
(登记账簿，年度报表项目也随之调整)

13.5.2 存货截止测试

1. 存货截止测试的含义

所谓存货截止测试，就是要检查已经记录为企业所有，并包括在12月31日存货盘点范围内的存货中，是否含有截至该日尚未购入或已经售出的部分。存货正确截止的关键在于存货实物纳入盘点范围的时间与存货引起的借贷双方会计科目的入账时间都处于同一会计期间。

正确确定存货购入与售出的截止日期，是正确、完整地记录企业年末存货的前提。而在存货截止测试中，如果当年12月31日购入货物，并已包括在当年12月31日的实物盘点范围内，而当年12月份账上并无进货和对应的负债记录，这就少计了账面存货和应付账款。这时，若将盘盈的存货冲减有关的费用或增加有关收入，就虚增了本年利润；相反，如果在当年12月31日收到一张购货发票，并计入当年12月份账内，而这张发票所对应的存货实物却在次年1月2日才收到，未包括在当年年度的盘点范围内，如果此时根据盘亏结果增加费用或损失，就会虚减本年的存货和利润。

2. 存货截止测试的方法

1) 检查存货盘点日前后的购货(销售)发票与验收报告、入库单(或出库单)

在一般情况下，档案中的每张发票均附有验收报告与入库单(或出库单)，因此，测试购销业务年末截止情况的主要方法是检查存货盘点日前后的购货发票、验收报告及入库单(或销售发票、出库单，下同)。如果12月底入账的发票附有12月31日或之前日期的验收报告与入库单，则货物肯定已经入库，并包括在本年的实地盘点存货范围内；如果验收报告日期为1月份，则货物不会列入年底实地盘点的存货中；如果仅有验收报告与入库单而并无购货发票，则应认真审核每一验收报告单上面是否加盖暂估入库印章，并以暂估价计入当年存货账内，待次年年初以红字冲销。

2) 查阅验收部门的业务记录

存货截止测试的另一个审计方法是查阅验收部门的业务记录。凡是接近年底(包括次年年初)购入或销售的货物，均必须查明其相应的购货或销售发票是否在同期入账。对于未收到购货发票的入库存货，应查明是否将入库单分开存放并暂估入账，对已填制出库单而未发出的商品，应查明是否将其单独保管。

对于测试完成后发现的截止期处理不当的情况，注册会计师应提请被审计单位做必要的会计账务调整。

13.6 应付职工薪酬审计

13.6.1 应付职工薪酬的审计目标

薪酬是企业支付给员工的劳动报酬，其主要形式有计时和计件两种。薪酬一般采用现金的形式支付，因而相对于其他业务更容易发生错误或舞弊行为，如虚报、冒领、重复支付和贪污等，同时，薪酬也是企业成本费用的重要构成项目，所以在审计中显得十分重要。

随着经营管理水平的提高和技术手段的发展，薪酬业务中进行舞弊及其掩饰的可能性已有缩小，因为有效的薪酬内部控制，可以及时地揭露错误和舞弊；使用计算机编制薪酬表和使用薪酬卡，提高了薪酬计算的准确性；通过有关机构，如税务部门、社会保障机构的复核，可相应防止薪酬计算的错误。然而，在一般的企业中，薪酬费用在成本费用中所占比重较大。如果计算错误，就会影响到成本费用和利润的正确性。所以，注册会计师仍应重视对薪酬业务的审计。薪酬业务的审计，涉及应付职工薪酬及相关成本费用账户。应付职工薪酬的审计目标主要包括以下几个。

(1) 确定公司的职工薪酬是否发生；
(2) 确定应付职工薪酬计提和支出的记录是否完整；
(3) 确定应付职工薪酬期末余额是否正确；
(4) 确定应付职工薪酬的披露是否恰当。

13.6.2 实质性程序

(1) 获取或编制应付职工薪酬明细表，复核加计正确，并与报表数、总账数和明细账合计数核对是否相符。

(2) 对本期薪酬费用的发生情况执行分析程序如下。

① 一般来说，除非产量、价格、职员数目等因素出现较大变动，一个会计年度内的各期薪酬总额应当是比较稳定的，注册会计师应取得或编制薪酬汇总表，列示各期薪酬总额及其构成，进行比较，对各类薪金的异常波动都要进一步追查。

② 将本期薪酬费用总额与上期进行比较，要求被审计单位解释其增减变动的原因，或取得公司管理层关于员工薪酬水平的决议。

(3) 检查薪酬的计提是否正确，分配方法是否与上期一致，并将应付职工薪酬计提数与相关的成本、费用项目核对一致。

(4) 如果被审计单位是实行工效挂钩的，应取得有关主管部门确认的效益薪酬发放额的认定证明，并复核有关合同文件和实际完成的指标，检查其计提额是否正确。

(5) 验明应付职工薪酬的披露是否恰当。

在生产与薪酬循环中，与存货项目相关的账户，除了以上介绍的账户外，还有材料采购、原材料、包装物、材料成本差异、低值易耗品、库存商品、委托加工物资以及存货跌价准备等账户。对这些账户实施实质性程序应当按照审计准则和会计师事务所制定的审计程序表来进行。

13.7 其他相关账户审计

13.7.1 管理费用审计

管理费用是指公司为组织和管理企业生产经营所发生的费用，主要包括公司经费、工会经费、中介机构费用、董事会经费、咨询费、诉讼费、业务招待费、房产税、车船税、印花税、技术转让费、排污费等。

1. 管理费用的审计目标

管理费用的审计目标是：确定管理费用确实已经发生；确定管理费用的记录是否完整；确定管理费用的金额是否正确；确定管理费用在利润表上的披露是否恰当。

2. 管理费用的实质性程序

管理费用的实质性程序包括以下几项。

(1) 获取或编制管理费用明细表，复核其加计数是否正确，并核对其期末合计数与报表数、总账数和明细账合计数是否相符。

(2) 检查其明细项目的设置是否符合会计准则规定的核算内容与范围。

(3) 将本期、上期管理费用各明细项目作比较分析，必要时比较本期各月份的管理费用，对有重大波动和异常情况的项目，应查明原因，必要时作适当的调整。

(4) 选择管理费用中数额较大，以及本期与上期相比变化异常的项目追查至原始凭证。

(5) 检查管理费用有无跨期入账的现象，对于重大跨期项目，应作必要的调整。

(6) 检查管理费用在利润表上的披露是否恰当。

13.7.2 所得税费用审计

所得税费用，是指根据企业会计准则的要求确认的应从当期利润总额中扣除的所得税费用，包括当期所得税费用和递延所得税费用(或收益)。

1. 所得税费用的审计目标

所得税费用的审计目标是：确定利润表中记录的所得税费用已发生，且与被审计单位有关；确定所有应当记录的所得税费用均已记录；确定与所得税费用有关的金额及其他数据准确；确定所得税费用记录于正确的会计期间；确定被审计单位记录的所得税费用记录于恰当的账户；确定所得税费用已按照企业会计准则的规定在利润表中作出恰当列报。

2. 所得税费用的实质性程序

所得税费用的实质性程序主要包括以下几项。

(1) 获取或编制所得税费用明细表，复核加计是否正确，并与报表数、总账数和明细账合计数核对是否相符。

(2) 检查被审计单位所得税费用核算所采用的会计政策是否为资产负债表债务法。

(3) 根据审计结果和税法规定，核实当期的纳税调整事项，确定应纳税所得额，结合应交税费——应交所得税的审计，计算当期所得税费用，检查会计处理是否正确；应纳税所得额为负数的，应检查形成负数的年份与金额，必要时，取得经税务机关审核的前5年应纳税所得额，以确定可以弥补当期利润的亏损额。

(4) 根据资产及负债的账面价值与其计税基础之间的差异，以及未作为资产和负债确认的项目的账面价值与按照税法的规定确定的计税基础的差异，结合递延所得税资产和递延所得税负债的审计，计算递延所得税资产、递延所得税负债期末余额，并根据递延所得税资产、递延所得税负债的期初余额，倒轧出递延所得税费用(收益)本期发生额，并检查会计处理是否正确。

(5) 检查被审计单位当期所得税和递延所得税作为所得税费用或收益计入当期损益中，是否包括下列不应计入当期损益的所得税，如有，应提请被审计单位调整。

① 企业合并；

② 直接在所有者权益中确认的交易或者事项。

(6) 将当期所得税费用与递延所得税费用之和与利润表上的"所得税"项目金额核对。

(7) 检查所得税费用是否已按照企业会计准则的规定在财务报表中作出恰当列报。

① 所得税费用(收益)的主要组成部分；

② 所得税费用(收益)与会计利润关系的说明。

本章小结

本章主要讲述了生产与费用循环所涉及的主要业务活动、主要凭证与会计记录；生产与费用循环的控制测试；存货成本审计；存货监盘；存货计价审计和截止测试；应付职工薪酬审计；其他相关账户审计。

复习思考题

一、单项选择题

1. 对存货进行监督性盘点是(   )。

A. 注册会计师的信任
B. 会计师事务所的质量控制程序
C. 被审计单位管理当局的责任
D. 被审计单位的内部控制制度

2. 对于外购存货业务，最容易发生滞后入账的情况是(   )。

A. 单(结算账单)货同到
B. 期末时单到货未到
C. 期末时货到单未到
D. 资产负债表日前付款的采购业务

3. 被审计单位有少量年终在途存货，未纳入盘点范围，当年也未作采购的会计处理，则(   )。

A. 注册会计师对此应发表保留意见
B. 注册会计师对此应发表否定意见
C. 一般不影响注册会计师对财务报表发表意见
D. 注册会计师应进一步搜集证据以确认其合理性

4. 为验证已发生的薪酬支出是否均已入账，应执行的程序是(   )。

A. 检查工资费用的分配标准是否恰当

B. 将工资结算汇总表、工资费用分配表与有关的费用明细账核对

C. 将工资率与工资手册核对，验证工资的计算是否正确

D. 审阅工资结算汇总表和工资费用分配表，检查其恰当性

5. 注册会计师在进行年度审计时，通常坚持在结账日或接近结账日进行存货盘点，一般不同意在年度中间盘点，除非(　　)。

A. 业务委托书有相关约定

B. 客户的存货盘存制度和相关内部控制非常健全有效

C. 客户一再要求

D. 审计计划中已经明确

6. 下列说法中正确的是(　　)。

A. 对被审计单位存放在外地的存货，注册会计师一定要亲自前往监盘

B. 注册会计师未能对期初存货实地监盘，并不能影响其对本期财务报表发表审计意见

C. 注册会计师如果无法实施存货监盘，则不能发表无保留意见的审计报告

D. 注册会计师如果无法实施存货监盘，可以考虑通过替代审计程序获取证据

7. 某注册会计师对A公司2013年度财务报表进行审计，发现2013年12月28日A公司购入的一批价值30万元的货物发票已到，但货物至2014年1月5日才收到，A公司将上述购货业务记录于2014年账目中，注册会计师可以认定(　　)。

A. A公司在2013年没有进行相关记录是正确的

B. A公司2013年度利润总额虚增30万元

C. A公司2013年年末存货应付账款同时虚减30万元

D. A公司应在2013年12月31日资产负债表附注中进行相关披露

8. 以下有关期末存货的监盘程序中，与测试存货盘点记录的真实性相关的是(　　)。

A. 从存货实物中选取项目追查至存货盘点记录

B. 从存货盘点记录中选取项目追查至存货实物

C. 在存货盘点结束前，再次观察盘点现场

D. 在存货盘点过程中，关注存货移动的情况

9. 对于甲公司拥有的大量艺术品和其他收藏品，A注册会计师深感在辨认真伪与确认品质方面存在困难。此时，他应实施的最适当的审计程序是(　　)。

A. 采用精确的磅秤进行测量，留意测量过程中磅秤的移动情况

B. 通过高空摄影进行测量，运用几何计算进行估计

C. 使用浸泡、敲击、烘烤等方法辨别真伪、鉴定质量

D. 选择样品进行化验与分析，或利用专家的工作结果

10. 由(　　)根据顾客订单或者对销售预测和存货需求的分析进行生产授权，填制预先编号的生产通知单。

A. 供应部门　　　　　　B. 生产计划部门　　　　　C. 财务部门　　　　　　D. 销售部门

11. 从存货实物中选取项目追查至存货盘点记录，以测试存货盘点记录的(　　)。

A. 存货的计价　　　　　B. 存货是否存在　　　　　C. 完整性　　　　　　　D. 存货的所有权

12. 监盘程序只能对存货的(　　)予以确认。

A. 结存数量　　　　　　B. 发出数量　　　　　　　C. 发出金额　　　　　　D. 结存金额

二、多项选择题

1. 在2013年年末实施存货截止测试程序，可能查明被审计单位(   )。

A. 少计2013年年末的存货和应付账款　　　B. 多计2013年年末的存货和应付账款

C. 虚增2013年度利润　　　D. 虚减2013年度利润

2. 在与被审计单位讨论盘点计划时，注册会计师应关注的事项有(   )。

A. 盘点时间　　　B. 盘点参与人员

C. 盘点期间存货移动的控制　　　D. 在产品完工程度的确定方法

3. 注册会计师对被审计单位的存货进行截止测试的方法有(   )。

A. 实地观察和抽查期末存货

B. 抽查存货盘点日前后的购货发票和验收报告，检查是否每张发票都附有验收报告

C. 从验收部门的业务记录中选取接近截止日的业务，检查其对应的购货发票是否在同期入账

D. 询问存货的安全保护措施是否到位

4. 注册会计师在对存货进行计价测试时需要考虑的问题有(   )。

A. 测试样本是否具有代表性　　　B. 存货计价方法是否合理且一贯

C. 是否有抵押、担保的存货　　　D. 存货跌价准备的计提是否正确

5. 注册会计师需要对应付职工薪酬进行审计，原因在于(   )。

A. 薪酬费用一般是产品成本的重要组成部分

B. 薪酬费用分配不当会影响损益情况

C. 薪酬费用通常是被审计单位的一项重要费用

D. 薪酬一般采用现金的形式支付，因而相对于其他业务更容易发生错误或舞弊行为

6. 首次接受委托未能对期初存货实施监盘，为了获取关于期初存货的审计证据，注册会计师应当(   )。

A. 查阅前任注册会计师工作底稿

B. 复核上期存货盘点记录及文件

C. 检查上期存货交易记录

D. 运用毛利百分比法等分析期初存货的总体合理性

7. 注册会计师在实施存货监盘过程中，应当跟被审计单位安排的存货盘点人员，观察(   )。

A. 被审计单位制订的存货盘点计划是否得到贯彻执行

B. 被审计单位人员盘点数量是否正确

C. 是否准确无误地记录了被盘点存货的数量和状况

D. 存货的移动情况，防止遗漏或重复盘点

8. 存货截止审计的方法是(   )。

A. 抽查存货盘点日前后的购货发票与入库单　B. 审阅验收部门的业务记录

C. 审阅存货明细账的相关记录　　　D. 抽查存货盘点日前后的销售发票与出库单

9. 在抽查时发现差异，表明被审计单位的存货盘点记录在准确性或完整性方面有错误，注册会计师(   )。

A. 应当考虑错误的潜在范围和重大程度，在可能的情况下扩大抽查范围

B. 必要时可要求被审计单位重新进行盘点

C. 应当查明原因并提请被审计单位更正

D. 应当要求被审计单位直接进行账务调整

三、判断题

1. 定期盘点存货，合理确定存货的数量和状况是注册会计师的责任。（　　）

2. 注册会计师应当复核被审计单位的存货盘点计划，并据此合理安排存货监盘。（　　）

3. 如果被审计单位的存货盘存制度和相关内部控制健全有效，注册会计师可以同意被审计单位将盘点时间安排在期中进行。（　　）

4. 在检查已盘点的存货时，注册会计师应当从存货盘点记录中选取项目追查至存货实物，以测试盘点记录的准确性；注册会计师还应当从存货实物中选取存货追查至存货盘点记录，以测试存货盘点记录的完整性。（　　）

5. 在实地观察盘点现场时，注册会计师应当特别关注存货的移动情况，防止遗漏或重复盘点。（　　）

6. 分析各月的存货成本差异率，可以发现利用成本差异率人为调节成本的问题。（　　）

7. 如果存货盘点日不是资产负债表日，注册会计师应当实施适当的审计程序，确定盘点日与资产负债表日之间存货的变动是否已作出正确的记录。（　　）

8. 对存货进行计价测试，一般要选取结存金额较大、价格变动较大的项目。（　　）

9. 生产循环是指从请购原材料开始直到产品销售为止的过程。（　　）

10. 所有薪酬变动都应有人事部门授权。这项控制有助于保证薪酬的正确性，因此，与"存在与发生"的认定有关。（　　）

11. 实地观察是指注册会计师现场监督被审计单位存货盘点工作，但并不参与存货的盘点工作。（　　）

12. 如果注册会计师首次接受委托，未能获取有关本期期初存货余额的充分、适当的审计证据，注册会计师应当根据其重要程度，发表保留意见或否定意见。（　　）

13. 如果验收报告的日期为次年1月份，12月份发货票已收到并入账，则货物未纳入年底实地盘点范围，就会虚增本年的存货和利润。（　　）

四、分析题

1. 注册会计师在对A公司存货项目的相关内部控制进行研究评价之后，发现A公司存在以下5种可能导致错报的情况。

(1) 所有存货都未经认真盘点。

(2) 接近资产负债表日前入库的产成品可能已纳入存货盘点范围，但可能未进行相关会计记录。

(3) 由B公司代管的某种材料可能不存在。

(4) B公司存放于A公司仓库内的某种产品可能已计入A公司存货项目。

(5) 存货计价方法已作变更。

请说明为了证实上述情况是否真正导致错报，注册会计师应当分别执行的最主要的实质性程序(每一种情况只列一项程序)。

2. 甲注册会计师制订了对X公司存货的监盘计划，由助理人员实施监盘工作。

请判断下面有关监盘计划和监盘工作有无不妥之处？若有，请予以更正。

(1) 注册会计师在制订存货监盘计划时，应与X公司沟通，确定检查的重点。

(2) 对外单位存放于X公司的存货，注册会计师未要求纳入盘点的范围，助理人员也未实施其他审计程序。

(3) 在检查存货盘点结果时，助理人员从存货实物中选取项目追查至存货盘点记录，目的是测试存货盘点记录的真实性。

(4) 虽然年末前后是销售旺季，但为进行盘点和监盘，注册会计师要求生产产品的生产线停产。

(5) X公司的一批重要存货，已被保险公司质押，助理人员通过电话询问了其真实性。

3. 甲注册会计师负责对A公司的存货进行监盘，如果在进行监盘时，遇到如下的问题，请分别指出甲注册会计师下一步应当如何处理？

(1) 由于B公司在A公司寄存的L材料与A公司自身的L材料并无区别，故并未单独拜访。

(2) 在监盘时，发现A公司D存货的仓库明细账和实物监盘结果不一致。

(3) A公司对废品与毁损品不进行盘点，以财务部门和仓库部门的账面记录为准。

(4) 甲注册会计师了解到E原材料为易腐易烂物资，由于设备条件限制，A公司将其存放于露天临时仓库内。

(5) 甲注册会计师了解到截至资产负债表日之前的装运出库的存货F在途，A公司对此没有作相关销售的确认。

4. 某企业的原材料采用计划成本核算，注册会计师发现甲材料的计价存在问题，具体情况如下：5月初，材料成本差异为超支差10 800元，库存材料成本300 000元；5月份，购入材料的计划成本为2 400 000元，其实际成本为2 356 800元；5月份，基本生产车间生产产品领用甲材料，计划成本为480 000元，企业结转材料成本超支差9600元。

请你根据材料(1) 说明审计的方法；

(2) 指出存在的问题；

(3) 提出调整意见。

5. 注册会计师在审查某公司的销售费用时，发现临时销售人员的工资发放存在问题，具体情况是：由销售部门负责录用临时销售人员，因为流动性非常大，所以人事部门没有为这些人员建立人事记录，每月由销售科长上报临时销售人员名单，按每人每月800元发放工资，工资款由销售科长填制领款单后向财会部门领取，并负责向销售人员发放，之后将由销售人员签名的工资结算单交回财会部门，财会部门不再进行复核。对此，注册会计师抽查了销售部门全年的工资结算单，发现其中几个月有几个人的工资是由销售科长代领的。

请你分析该公司在工资发放中可能存在的问题及其产生原因，并提出相应的管理建议。

案例分析题

【案例1】 中兴会计师事务所于2013年12月10日接受甲公司的委托进行年度财务报表审计。据了解，甲公司原是华远会计师事务所的常年客户，经向甲公司负责人询问得知，负责甲公司审计业务的华远会计师事务所的注册会计师李峰离职，经李峰介绍，转而委托中兴会计师事务所。中兴会计师事务所的注册会计师要求在12月31日参与对甲公司存货进行盘点，甲公司婉言拒绝，原因是公司曾于6月30日进行了盘点，当时李峰参与了盘点工作，且盘点时的所有资料均可以提供给注册会计师复核，现在刚刚接受一张订单，交货期限很短，如果停工盘点，则难以按期交货。

对此，中兴会计师事务所的注册会计师做了大量的工作，现了解到以下信息。

(1) 李峰与甲公司的总经理私人关系甚好。

(2) 甲公司存货的内部控制有一定漏洞。

(3) 审阅6月30日的盘点记录，其中A产品期末盘存量是20 000件，查阅以前月份的存货明细账，A产品的期末库存每月都保持在10 000件至12 000件之间。

(4) 甲公司的生产经营特点决定了存货的比重较大，约占总资产的40%。

【问题】在这种情况下，注册会计师是否应该坚持对存货进行监督性盘点？如果不能进行，能否出具无保留意见的审计报告？请说明原因。

【提示】在这种情况下，注册会计师必须坚持对存货进行监督性盘点，否则不能出具无保留意见的审计报告。主要考虑如下几个方面原因。

第一，存货的内部控制有一定漏洞，在这种情况下只在期中进行盘点是不妥的，况且存货占总资产的比重很大。

第二，前任注册会计师李峰与甲公司总经理关系甚好，李峰的离职导致甲公司变更委托，在这种情况下，应考虑能否充分信赖前任注册会计师的工作。

第三，6月30日的盘点结果与以前月份的期末存货数量相比有相当大的波动，更加提醒现任注册会计师不能充分信赖前任注册会计师的工作。

【案例2】某注册会计师负责对乙公司2013年度财务报表进行审计。乙公司为玻璃制造企业，2013年年末存货余额占资产总额比重大。存货包括玻璃、煤炭、烧碱、石英砂，其中60%的玻璃存放在外地公用仓库。乙公司对存货核算采用永续盘存制，与存货相关的内部控制比较薄弱。乙公司拟于2013年11月25日至27日盘点存货，盘点工作和盘点监督工作分别由熟悉相关业务且独立的人员执行。存货盘点范围、地点和时间安排如表13-6所示。

表13-6　存货盘点计划的部分内容摘录

地点	存货类型	估计占存货总额的比例	盘点时间
A仓库	烧碱、煤炭	烧碱10%，煤炭5%	2013年11月25日
B仓库	烧碱、石英砂	烧碱10%，石英砂5%	2013年11月26日
C仓库	玻璃	玻璃26%	2013年11月27日
外地公用仓库	玻璃	玻璃39%	——

(1) 存放在外地公用仓库存货的检查。对存放在外地公用仓库的玻璃，检查公用仓库签收单，请公用仓库自行盘点，并提供2013年11月27日的盘点清单。

(2) 存货数量的确定方法。对于烧碱、煤炭和石英砂等堆积型存货，采用观察以及检查相关的收、发、存凭证和记录的方法，确定存货数量；对于存放在C仓库的玻璃，按照包装箱标明的规格和数量进行盘点，并辅以适当的开箱检查。

(3) 盘点标签的设计、使用和控制。对存放在C仓库玻璃的盘点，设计预先编号的一式两联的盘点标签。使用时，由负责盘点存货的人员将一联粘贴在已盘点的存货上，另一联由其留存。盘点结束后，连同存货盘点表交存财务部门。

(4) 盘点结束后，对出现盘盈或盘亏的存货，由仓库保管员将存货实物数量和仓库存货记录调节相符。

【问题】针对上述存货盘点计划第(1)至第(4)项，逐项判断上述存货盘点计划是否存在缺陷。如果存在缺陷，简要提出改进建议。

【提示】(1) 存在三个缺陷。A、B仓库的存货中均存在烧碱，对于同一类型的存货，建议采用同时盘点的方法，不应该安排在不同的时间；对于存放在公用仓库的存货——玻璃，占存货总额的39%，是非常高比例的存货，建议安排时间进行盘点，纳入盘点范围。乙公司内部控制比较薄弱，应该选择在资产负债表日前后进行盘点。

(2) 存在缺陷。对于存放在公用仓库的存货，采取的恰当的盘点方式是发函确认，由于乙公司与存货相关的内部控制薄弱，所以不能够仅仅依靠签收单作为盘点的方式。

(3) 存在缺陷。盘点方式不恰当，对于烧碱、煤炭和石英砂等堆积型的存货，应该选择的盘点方式通常为运用工程估测、几何计算、高空勘测，并依赖详细的存货记录；如果堆场中存货堆不高，可进行实地监盘，或通过旋转存货堆加以估计。

(4) 不存在缺陷。

(5) 存在缺陷。盘点结束后，对于盘盈或盘亏的存货，不应由仓库保管人员对于存货实物数量和仓库记录进行调节，应该安排与仓库保管有关的主管人员负责调节。

【案例3】A注册会计师负责对常年审计客户甲公司2013年度财务报表进行审计。甲公司从事商品零售业，存货占其资产总额的60%。除自营业务外，甲公司还将部分柜台出租，并为承租商提供商品仓储服务。根据以往的经验和期中测试的结果，A注册会计师认为甲公司有关存货的内部控制有效。A注册会计师计划于2013年12月31日实施存货监盘程序。A注册会计师编制的存货盘点计划部分内容摘录如下。

① 在到达存货盘点现场后，监盘人员观察代柜台承租商保管的存货是否已经单独存放并予以标明，确定其未被纳入存货盘点范围。

② 在甲公司开始盘点存货前，监盘人员在拟检查的存货项目上作出标识。

③ 对以标准规格包装箱包装的存货，监盘人员根据包装箱的数量及每箱的标准容量直接计算，确定存货的数量。

④ 存货监盘过程中，监盘人员除关注存货的数量外，还需要特别关注存货是否出现毁损、陈旧、过时及残次等情况。

⑤ 对存货监盘过程中收到的存货，要求甲公司单独码放，不纳入存货监盘的范围。

⑥ 在存货监盘结束时，监盘人员将除作废的盘点表单以外的所有盘点表的号码记录于监盘工作底稿。

【问题】(1) 针对上述①至⑥项，逐项指出是否存在不当之处。如果存在，简要说明理由。

(2) 假设因雪灾导致存货监盘人员于原定存货监盘日未能到达盘点现场，指出A注册会计师应当采取何种补救措施。

【提示】(1) 事项①不存在不当之处。

事项②存在不当之处。在甲公司开始盘点存货前，监盘人员不应当在拟检查的存货项目上作出标识，注册会计师检查的范围不应该让被审计单位知道。

事项③存在不当之处。注册会计师应当对标准规格包装箱包装的存货进行开箱查验，以防止内装存货弄虚作假。

事项④不存在不当之处。

事项⑤存在不当之处。存货监盘的时间定在12月31日，所以对存货监盘过程中收到的存货，需要纳入存货监盘的范围。

事项⑥存在不当之处。注册会计师应当将所有盘点表单的号码记录于监盘工作底稿，包括作废的盘点表单。

(2) 注册会计师应当考虑改变存货监盘日期，对预定盘点日与改变后的存货监盘日(本题存货监盘日期就是资产负债表日，也可以不是资产负债表日)之间发生的交易进行测试。

【案例4】A注册会计师负责对甲公司2013年度财务报表进行审计。在对甲公司2013年12月31日存货进行盘点时，发现部分存货的财务明细账、仓库明细账、实物监盘三者的数量不一致，相关资料如表13-7所示。

表13-7 存货监盘相关资料

库号	存货名称	财务明细账数量	仓库明细账数量	实物监盘数量
1	a产品	35套	30套	30套
2	b产品	27套	25套	27套
3	c材料	1600千克	1600千克	1700千克
4	d材料	1200千克	1200千克	1000千克

【问题】(1) 根据监盘结果，假定不考虑舞弊以及财务明细账串户登记、仓库明细账串户登记的情况，逐项分析存货数量差异可能存在的主要原因。

(2) 针对存货的财务明细账数量与实物监盘数量不一致的情况，简要说明应当实施哪些必要的审计程序。

【提示】(1) 根据监盘结果，分析存货数量差异可能存在的主要原因。

a产品，仓库明细账数量和实物监盘数量相同，但是财务明细账数量大于实物监盘数量，可能存在货物已经发出，但没有及时将相关凭证送交财务部门登记入账，即没有及时确认收入、结转成本的情况，或产品已出库但仓库没有及时将出库单据传递至财务部门等原因所致。

b产品，财务明细账和实物监盘数量相同，但是仓库明细账数量小于财务明细账数量，可能是b产品入库后仓库部门没有及时登记仓库明细账等原因所致。

c材料，财务明细账和仓库明细账数量相同，但实物监盘数量大于财务明细账数量，可能是c材料入库后未及时记入财务明细账与仓库明细账，或c材料退库后没有及时记入财务明细账和仓库明细账等原因所致。

d材料，财务明细账和仓库明细账数量相同，但实物监盘数量小于财务明细账数量，可能是由于d材料报废后未及时进行账务处理、未及时登记仓库明细账，或d材料自然损耗、丢失、被盗等原因所致。

(2) 针对存货的财务明细账数量与实物监盘数量不一致的情况，注册会计师应当实施的审计程序有以下几项。

① 应当查明差异原因，如果确是甲公司账务处理有误，应及时提请甲公司更正；

② 应当考虑错误的潜在范围和重大程度，在可能的情况下，扩大检查范围或提请甲公司重新盘点。

第14章 筹资与投资循环审计

14.1 筹资与投资循环概述

筹资活动是指企业为满足生存和发展的需要，通过改变企业资本及债务规模和构成而筹集资金的活动。筹资活动主要由负债交易和所有者(股东)权益交易组成。投资活动是指企业为通过分配来增加财富，或为谋求其他利益，将资产让渡给其他单位而获得另一项资产的活动。投资活动主要由权益性投资交易和债权性投资交易组成。

14.1.1 筹资与投资涉及的主要业务活动

1. 筹资与投资业务活动的特点

筹资与投资是现代企业资金运动中的两个方面。筹资与投资业务活动的特点如下。

(1) 交易风险大，授权级别高。筹资投资活动不同于一般的生产或购销业务，虽然发生的次数少，但对公司财务状况的影响很大。每笔交易的发生都会使企业面临很大的风险，所以此类业务的授权级别较高，一般需要企业的最高权力机构或高级管理层进行审批和管理。

(2) 交易金额大，发生频率低。筹资与投资活动相对于购货与生产活动而言，一般在审计年度内发生的交易次数较少，但是每笔交易的金额较大，例如发行股票和债券进行的筹资活动。

(3) 要求会计处理准确度高。由于投资和筹资涉及的金额较大，所以漏记或不恰当地对一笔业务进行会计处理，将会导致重大错报，从而对财务报表的公允反映产生较大的影响。

(4) 交易程序复杂，约束条件多。筹资和投资交易必须遵守国家法律、法规和相关契约的规定。筹资与投资活动应严格根据有关法律、法规的要求履行审批手续，向有关机构递交相关文件，并保证文件的真实和有效。同时，公司还应按照有关法律、法规规定的义务进行公告和披露相关信息。

2. 筹资所涉及的主要业务活动

企业所需的资金是企业生存与发展的重要环节。企业拥有的大部分资产源于债权人和股东提供的资金，随着资本市场的发展，企业的筹资渠道日益增多，诸如发行债券、借款、发行股票等都是企业筹集资金的活动。企业的筹资业务由取得和偿还资金有关的交易组成，分为两个主要交易种类：一类是负债筹资交易，包括通过贷款(借款、应付票据)、应付债券取得借款，以及有关本金和利息的偿还等；另一类是所有者权益交易，包括向所有者筹资(向发起人筹资或向股东筹资)、企业减资以及股利支付等。

具体来说，筹资活动的业务主要有以下环节。

(1) 审批授权。企业通过借款筹集资金需经管理层审批，其中债券的发行每次均要由董事会授权；企业发行股票必须依据国家有关法规或企业章程的规定，报经企业最高权力机构(如股东大会)及国家有关管理部门批准。

(2) 签订合同或协议。向银行或其他金融机构融资须签订借款合同，发行债券须签订债券契约和债券承销或包销合同，向社会公众募集股本还要与证券机构签订承销或包销协议。

(3) 取得资金。签订合同或协议后，企业获得银行或金融机构划入的款项或债券、股票的融入资金，用于企业的生产和经营。

(4) 计算利息或股利。资金的取得需要付出一定的回报，企业应按有关合同或协议的规定，履行义务，及时计算利息或股利。

(5) 偿还本息或发放股利。银行借款或发行债券应按有关合同或协议的规定偿还本息，企业通常在支付利息日指定专人在利息支付备忘录上予以记载，委托独立机构代为发放，并定期核对。股利一般根据股东大会的决定发放，选择自行办理支付或委托代理机构支付。

3. 投资所涉及的主要业务活动

企业在经营过程中为了保持资产的流动性和盈利性，将资产投放于证券或其他企业，即形成投资业务。投资活动的业务主要有以下环节。

(1) 审批授权。一般情况下，企业根据投资的性质和金额建立授权审批制度。投资业务应由企业的高层管理机构进行审批。审批的内容主要包括：投资的理由是否恰当；投资行为与企业的战略目标是否一致；投资收益的估算是否合理；影响投资的其他因素是否被充分考虑等。所有投资决策都应当经审批确认后，方可正式执行。

(2) 取得证券或其他投资。企业可以通过委托理财或直接购买的方式进行股票或债券的投资，也可以单独投资或与其他单位进行合资、联营，形成投资。

(3) 取得投资收益。企业可以取得股权投资的股利收入、债券投资的利息收入和其他投资收益等。

(4) 转让证券或收回其他投资。如果以购买证券的形式投资，企业可以通过转让证券实现投资的收回。如果是单独投资或与其他单位联合经营形成的投资，只有在转让股权、合资或联营期满，或由于特殊原因提前解散时，才能收回投资。

14.1.2 筹资与投资业务中涉及的主要凭证与会计记录

筹资与投资业务中涉及的主要凭证与会计记录可简要概括为表14-1。

表14-1 筹资与投资活动涉及的凭证与会计记录

筹资活动	投资活动
1. 债券或股票	1. 债券或股票
2. 债券契约	2. 债券契约
3. 股东名册	3. 经纪人通知书
4. 公司债券存根簿	4. 企业合同及章程
5. 承销或包销协议	5. 投资协议
6. 借款合同或协议	6. 有关记账凭证
7. 有关记账凭证	7. 有关会计科目的明细账和总账
8. 有关会计科目的明细账和总账	

1. 债券或股票

债券是公司依据法定程序发行，约定在一定期限内还本付息的有价证券。股票是公司签发的证明股东所持股份的凭证。

2. 债券契约

债券契约是明确债券持有人与发行企业双方所拥有的权利与义务的法律性文件，其内容一般包括：债券发行的标准；债券的明确表述；利息或利息率；受托管理人证书；登记和背书；如系抵押债券，其所担保的财产；债券发生拖欠情况如何处理；建立偿债基金的承诺；利息支付和本金返还的方式和处理。

3. 股东名册

发行记名股票的公司应记载的内容一般包括：股东的姓名或者名称及住所；各股东所持股票数量；各股东所持股票的编号；各股东取得其股份的日期。发行无记名股票的，公司应当记载其股票数量、编号及发行日期。

4. 公司债券存根簿

发行记名债券的公司应记载的内容一般包括：债券持有人的姓名或者名称及住所；债券持有人取得债券的日期及债券的编号；债券总额、债券的票面金额、债券的利率、债券还本付息的期限和方式；债券的发行日期。发行无记名债券的公司应当在债券存根簿上记载债券总额、利率、偿还期限和方式、发行日期和债券编号。

5. 合同或协议

筹资与投资活动相关的合同或协议主要包括承销或包销协议、借款合同或协议、企业的章程及有关协议、投资协议等。借款合同或协议是向银行和其他金融机构借入款项时与其签订的合同或协议。公司向社会公开发行股票或债券时，应当由依法设立的证券经营机构承销或包销，公司应与其签订承销或包销协议。

6. 其他文件和凭证

这主要包括董事会决议和股东大会决议等重要会议文件，相关会计科目的记账凭证、明细账和总账等。

筹资与投资循环涉及的主要账户及其对应关系如图14-1所示。

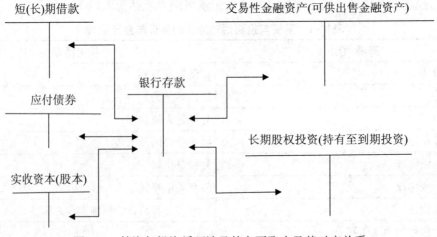

图14-1 筹资与投资循环涉及的主要账户及其对应关系

14.2 筹资与投资循环的控制测试

14.2.1 筹资业务的内部控制和内部控制测试

1. 筹资业务的内部控制

为有效开展筹资业务的经济活动，企业建立内部控制的要点如下。

1) 授权审批控制

筹资业务的授权控制，解决的是办理业务的权限。重大的筹资活动，如大额银行贷款、发行债券、发行股票等，应由董事会作出决议并经股东大会批准后，由财务人员执行；小规模的筹资活动，如短期借款等，则可由财务部门负责人根据授权作出决定。适当的授权控制可明显地提高筹资活动效率，降低筹资风险，防止由于缺乏授权、审批而出现的重大损失或者发生低效率现象。

2) 职责分离控制

职责分工、明确责任是筹资业务内部控制的重要手段。筹资业务的职责分离主要包括：

(1) 筹资计划编制人与审批人适当分离，以利于审批人从独立的立场来评判计划的优劣。

(2) 经办人员不能接触会计记录，通常由独立的机构代理发行债券和股票。

(3) 会计记录人员同负责收、付款的人员相分离，有条件的应聘请独立的机构负责支付业务。

(4) 证券经办人员同会计记录人员分离。例如，办理一项举债业务，应由财务部门根据对资金的需求情况向董事会或管理层提出借款申请，经董事会或管理层审批后，财务部门办理贷款的人员与金融机构商讨借款细节和签订借款合同；取得借款后，由财务部门有关会计人员负责登账记录和监督借款按用途使用；财务部门接到银行转来的结息单后，有关会计人员要核对借款合同并复核利息的计算，再交由出纳员支付款项；出纳员支付利息款后，将凭证交予有关会计人员记账；负责该项借款记账的会计人员定期与金融机构就借款的使用和余额进行核对，保证双方账目相符。再如，发行长期债券的职责分工除了申请、批准(包括得到证券管理部门的批准)、签约分工与借款业务相似外，特别强调记录应付债券业务的会计人员不得参与债券发行；未发行的债券不得由记录债权的会计人员保管；"债券发行备查簿"应由专人管理并定期与债权人核算；债券的收回要经管理层批准，分别由记录应付债券的会计人员销账，由其他专人销毁收回的债券；负责债券利息支付的人员不得兼做记录。

3) 收入和支出款项的控制

如果公司筹资金额巨大，最好委托独立的代理机构代为发行。因为代理机构本身所负有的法律责任以及客观的立场，既从外部协助了企业内部控制的有效执行，也从客观、公正的角度证实了公司会计记录的可信性，防止以筹资业务为名进行不正当活动或者以伪造会计记录为手段来掩盖不正当活动的发生。

无论是何种筹资形式，都面临支付款项的问题，其形式主要是利息的支付或股利的发放。对于支付利息，企业应安排专门人员负责利息的计算工作。应付利息应当在有关人员签字确认后，才能对外偿付。企业可委托有关代理机构代发偿付利息，从而减少支票签发次数，降低舞弊的可能性。除此之外，应定期核对利息支付清单和开出支票总额。股利发放，要以董事会有关发放股利的决议文件(经股东大会批准后)为依据，股利的支付可以由企业自行完成或委托代理机构完成。对于无法支付利息或股利的支票要及时注销或加盖"作废"标记。

4) 筹资登记簿的控制

债券和股票都应设立相应的筹资登记簿，详细登记核准已发行的债券和股票有关事项，如签发日期、到期日期、支付方式、支付利率、当时市场利率、金额等。登记的同时应对不同的筹资项目进行编号，对于增资配股更要详细登记，必要时可以备注形式充分说明。现阶段，由于公司发行债券和股票都是无纸化的形式，一般不存在债券、股票的实物保管问题。

5) 会计记录控制

对筹资业务的会计控制，除了要通过会计系统提供及时、可靠的负债及所有者权益方面的信息外，还要依靠严密的账簿和凭证组织，实施对筹资活动的记录控制。如前所述，筹资业务的会计处理较复杂，会计记录的控制就十分重要。公司必须保证及时地按正确的金额、合理的方法，在适当的账户和合理的会计期间予以正确记录。对于债券，公司应当选用适当的溢价、折价的摊销方法。对发行在外的股票，公司要定期核对持有本公司的前十大股东的名单及持股数量；公司利息、股利的支付必须计算正确后记入相应账户。对未领利息、股利也必须全面反映，单独列示。

2. 筹资业务的控制测试程序

1) 了解筹资业务的内部控制

针对重要的内部控制要点，注册会计师通过询问相关人员、观察相关人员的活动、审阅和检查筹资业务内部控制的文件和记录等方法对筹资业务的内部控制加以了解。注册会计师可以结合企业的实际情况采用调查表、文字表述或流程图等形式及时、适当地记录了解到的筹资业务的内部控制情况。上述程序是风险评估程序中的一个组成部分。

2) 测试筹资业务内部控制

注册会计师在了解筹资业务的内部控制之后，如果准备信赖相关的内部控制，就要对筹资业务的内部控制的执行是否有效进行测试。当然，如果企业筹资业务较少，注册会计师可根据成本效益原则决定直接进行交易的实质性程序。在进行筹资业务的内部控制测试过程中，应针对不同的内部控制要点采用不同的测试方法。

对于授权审批控制可以直接向管理层询问，并检查相关记录和文件；对于职务分离控制可以采取观察和重新执行的方法；对于收入和支出控制可以结合货币资金业务的内部控制测试进行；对于证券发行备查簿的控制可以采取检查的方法；对于会计记录控制，因其控制过程都在账簿资料和有关文件中体现，所以应侧重检查交易和事项的凭证、文件和记录，通过交易轨迹判断相关控制是否有效执行。

具体来说，对筹资业务内部控制的测试应确定以下事项。

(1) 筹资活动是否经过授权批准。

(2) 筹资活动的授权、执行、记录等是否严格分工。

(3) 筹资活动是否建立了严密的账簿体系和记录制度，并定期检查。

3) 评价筹资业务内部控制

注册会计师了解筹资业务的内部控制要点后，测试其执行是否有效，从而最终对筹资业务的内部控制进行分析、评价。在评价环节应考虑相关的内部控制是否完善，能否达到控制的目的，在哪些环节存在缺陷以及可能带来的影响。做了这样的评价之后，找出被审计单位的筹资业务的薄弱环节，以确定其对实质性程序工作的影响，从而确定下一步的审计重点。

14.2.2　投资业务的内部控制和内部控制测试

1. 投资业务的内部控制

1) 授权审批控制

企业进行对外投资，首先要有投资计划。投资计划中详细说明投资的对象、投资目的、影响投资收益的风险。投资计划在执行前必须经过严格的审批授权。企业应当建立严格的对外投资业务授权批准制度，明确审批人的授权批准方式、权限、程序、责任等相关控制措施，规定经办人的职责范围和工作要求。审批人应当根据对外投资授权批准制度的规定，在授权范围内进行审批，不得超越审批权限。经办人应当在职责范围内，按照审批人的意见办理对外投资业务。公司大规模的投资活动，要由董事会研究并经股东大会决定，然后授权给经理人员执行；公司小规模的投资活动，如利用闲置资金购入短期有价证券或出让有价证券，也应由董事会授权，交由财务人员办理。对外投资的授权控制，一是为了保证投资效益，降低投资风险；二是为了避免个人擅自挪用资金，防止财产流失。企业应当在有关的工作人员职责权限或资金管理办法中，规定动用资金对外投资和投资资产处置的审批手续和业务流程。

2) 职责分工控制

公司合法的投资业务，应在业务的授权、执行、记录与资产的保管等方面都有明确合理的分工，不得由一人同时负责上述任何两项工作。例如，投资业务在企业决策机构核准后，可由高层负责人员授权签批，由财务经理办理具体的股票或债券的买卖业务，由会计部门负责进行会计记录和财务处理，并定期同其开户的证券公司核对证券交易业务。只有明确了职责分工，才能形成相互牵制机制，从而避免或减少投资业务中发生错误或舞弊的可能性。

3) 投资资产安全保护控制

对于企业所拥有的投资资产(股票、债券及国库券等)，应建立完善的定期核对制度。由于企业拥有的投资资产没有具体的实物形态，不能够进行所谓的实物盘点。基于此，公司同其开户的证券公司定期核对证券交易业务就成为投资资产安全保障的重要措施。

另外，由公司内部审计人员或不参与投资业务的其他人员进行突击检查也是确保公司投资资产安全的重要手段。

4) 会计控制

企业的投资资产无论是自行投资操作还是委托他人操盘，都要进行完整的会计记录，并对其增减变动及投资收益进行相关会计核算。具体而言，应对每一种股票或债券分别设立明细分类账，并详细记录其名称、数量、取得日期、经纪人(证券商)名称、购入成本、收取的股息或利息、卖出记录等；对于联营投资类的其他投资，也应设置明细分类账，核算其他投资的投出及其投资收益和投资收回等业务，并对投资的形式(如流动资产、固定资产、无形资产等)、投向(即接受投资单位)、投资的计价以及投资收益等作出详细的记录。

另外，企业应建立严格的记名登记制度。企业在购入股票或债券时应在购入的当日登记于企业名下，切忌登记于经办人员名下，以防止冒名转移并借其他名义牟取私利的舞弊行为发生。

2. 投资业务的控制测试程序

1) 了解投资业务的内部控制

注册会计师应通过询问被审计单位有关人员和查阅有关的内部控制文件，了解被审计单位内部控制的情况，也可以采用问卷形式，了解企业是否存在投资内部控制，弄清其内容。对了解到的情况，应及时记录，并用恰当的方法描述出投资业务的内部控制全貌。一般而言，应了解的内容包括：

(1) 投资项目是否经授权批准，投资金额是否及时入账。

(2) 是否与被投资单位签订投资合同、协议，是否获得被投资单位出具的投资证明。

(3) 投资的核算方法是否符合有关财务会计制度的规定，相关的投资收益会计处理是否正确，手续是否齐全。

(4) 有价证券的买卖是否经恰当授权，是否定期核对交易业务。

上述程序是风险评估程序中的一个组成部分。

2) 测试投资业务的内部控制

对投资业务的内部控制测试，应结合各内部控制要点采取不同的方法。对于投资计划的审批授权控制，主要通过查阅有关计划资料、文件或直接向管理层询问来进行审查；对于职责分工控制，可以采取实地观察、重新执行的方法；对于投资资产的安全保护控制，可以采取检查有形资产和查阅相关记录、文件的方法。例如，注册会计师应审阅内部审计师或其他授权人员对投资资产进行定期核对的报告；应审阅其核对方法是否恰当、核对结果与会计记录情况以及出现差异的处理是否合规。如果各期核对报告的结果未发现账证之间存在差异，说明投资资产的内部控制得到了有效执行。对于会计记录控制，可以采取重新执行相关内部控制程序的方法，也可以简易抽查投资业务的会计记录。例如，可从各类投资业务的明细账中抽取部分会计分录，按原始凭证到明细账、总账的顺序核对有关数据和情况，判断其会计处理过程是否合规、完整，并据以核实上述了解到的有关内部控制是否得到了有效执行。

3) 评价投资业务的内部控制

注册会计师完成上述各步骤后，取得了有关内部控制是否健全、有效的证据，并在工作底稿中标明了内部控制的强弱点，即可对内部控制进行评价，确认对投资内部控制的可信赖程度，进而确定实质性程序的重点和范围。

14.3 借款审计

14.3.1 银行借款审计目标

银行借款是指企业为了满足不同的需要向银行借入不同期限的各种借款。由于还款期限不同，银行借款可分为短期借款和长期借款两种。一般情况下，被审计单位并不会高估银行借款，因为这对自身不利，且难以与银行债权人的会计记录相互印证。因此，注册会计师对银行借款的审计，主要是防止企业低估负债，低估融资成本，从而达到高估利润的目的。

银行借款的审计目标主要包括：

(1) 确认被审计单位所记录的银行借款在特定期间是否存在；

(2) 确认被审计单位银行借款是否为被审计单位所承担；

(3) 确定被审计单位在特定期间内发生的银行借款业务是否均已记录，有无遗漏；

(4) 确认被审计单位银行借款相关账户余额是否正确；

(5) 确认被审计单位银行借款是否在资产负债表上恰当地披露。

14.3.2　短期借款的实质性程序

短期借款是指企业向银行或其他金融机构借入的偿还期限在1年以内(含1年)的各种借款。一般而言，短期借款的实质性程序主要包括如下几个。

1. 索取或编制短期借款明细表

注册会计师应首先取得短期借款明细表，并将其与短期借款总账及其所属的各明细科目核对相符，查明有无虚构债务等情况，在期末余额较大或注册会计师认为必要时，可向债权人函证。

2. 审查短期借款的合理性

审核短期借款的法律文件及各原始凭证的内容。注册会计师应依据借款合同，结合市场行情分析审查借款的必要性、合理性，提出改进建议，即审查短期借款是否符合筹资规模和筹资结构的要求，企业是否严格控制有关短期借款的财务风险，降低有关短期借款的资金成本，有无将短期借款用于长期款项支出等不合理的筹措资金使用情况。

3. 函证短期借款

注册会计师应在期末短期借款余额较大或认为必要时，向银行或其他债权人函证短期借款。

4. 检查短期借款的增加

对年度内增加的短期借款，注册会计师应检查借款合同和授权批准，了解借款数额、借款条件、借款日期、还款期限、借款利率，并与相关会计记录相核对。

5. 检查短期借款的偿还情况

对年度内减少的短期借款，注册会计师应检查相关记录和原始凭证，核实还款数额。验证短期借款账户借方发生额同有关支票存根是否相符，相关的会计记录是否正确；计算企业的流动比率和速动比率，验证短期借款的偿债能力。是否有尚未偿还的到期短期借款，如有，应查明企业的持续经营能力。

6. 复核借款利息费用

注册会计师应根据各项借款的日期、利率、还款期限，复核被审计单位短期借款的利息计算是否正确，有无多算或少算利息的情况。如存在上述情况，应作出记录，必要时进行调整。

7. 检查外币借款的折算

注册会计师应审查外币短期借款的增减变动是否按业务发生时的市场汇率或期初市场汇率折合为记账本位币；期末是否按市场汇率将外币短期借款余额折合为记账本位币；折算方法前后期是否一致；折算差额是否按规定进行会计处理。

8. 审查短期借款在资产负债表上的反映是否恰当

短期借款通常在资产负债表的流动负债项下单独列示，对于因抵押而取得的短期借款，应在资产负债表附注中披露。

14.3.3　长期借款的实质性程序

长期借款是指企业由于扩大生产经营规模的需要，而向银行或其他金融机构借入的、偿还期为1年(不含1年)以上的借款。长期借款的审计方法同短期借款的审计方法较为相似。长期借款的实质性程序主要包括如下几个。

1. 索取或编制长期借款明细表

注册会计师应首先获取长期借款明细表，并与总账、明细账及报表核对，审查账账、账表是否相符。

2. 审查长期借款的合法性、合理性

注册会计师应当仔细审核长期借款明细账中借、贷事项及有关原始凭证记录，以判断长期借款的筹措是否有必要，筹资规模、筹资结构是否合理，手续是否齐全，是否具备借款的基本条件，有无还款的物质保证；长期借款的使用是否合法、合规，有无效益；长期借款是否按期偿还，对于没有偿还的借款，要查明原因，督促企业还款，以维护企业资信。

3. 向银行或其他债权人函证重大的长期借款

长期借款的函证可以结合银行存款的函证进行。

4. 检查借款期限

检查1年内到期的长期借款是否已转列为流动负债；年末有无到期未偿还的借款；逾期借款是否办理了展期手续。

5. 审查借款的利息支出

计算短期借款、长期借款在各个月份的平均余额，选取适用的利率匡算利息支出总额，并与财务费用的相关记录核对，判断被审计单位是否高估或低估利息支出，必要时进行适当调整。

6. 审查抵押长期借款

企业的长期借款如是抵押长期借款，应审查该抵押的资产所有权是否归属企业，其价值和现实状况是否与抵押契约中的规定一致；如果企业的长期借款以某项资产或收入作担保，该充作担保的财产是否归属于企业，其价值是否属实，作担保的收入来源是否可靠等；如果企业或其他机构进行担保，其担保来源条件是否具备等。

7. 审查长期借款费用的会计处理

企业所发生的借款费用，是指因借入资金而付出的代价。它包括借款利息、折价或溢价的摊销和辅助费用，以及因外币借款而发生的汇兑损益等，因专门借款而发生的辅助费用包括手续费等。

8. 审查外币长期借款

注册会计师应审查外币长期借款的增减变动是否按业务发生时的市场汇率或期初市场汇率折合为记账本位币；期末是否按市场汇率将外币长期借款余额折合为记账本位币；还应注意审查其记账汇率、账面汇率计算方法是否合规，前后期是否一致，汇兑损益的计算是否正确；为购建固定资产产生的外币长期借款汇兑损益是否正确地在购建固定资产价值和当期损益间分配等。

9. 检查长期借款在资产负债表上的披露是否恰当

长期借款的期末余额应扣除将于1年内(含1年)到期的长期借款，在资产负债表的非流动负债项下单独列示，该项扣除数则在流动负债项下的"一年内到期的非流动负债"中反映。注册会计师应根据审计结果，审查长期借款在资产负债表上是否充分反映，并注意长期借款的抵押和担保是否已在财务报表附注中作了充分的说明。

【例14-1】注册会计师李四、助理审计人员张三于2014年3月5日审查某公司在2013年度长期借款时，发现该公司为建造厂房2013年1月1日专门借款5000万元，借款期限为5年，年利率6%。2013年3月1日有一笔流动资金借款的记账凭证，金额为850 000元，所附原始凭证为银行进账单、银行借款合同，期限为9个月，年利率为8%。借款的本金到期时一次归还，利息分月预提，但由于资金紧张至今未偿还。另外在2013年7月1日购设备专门借款400万元，借款期限为两年，年利率7%。厂房于2013年6月30日完工，且达到预定可使用状态。

通过向银行函证，三笔业务属正常经济业务往来款项，2013年3月1日流动资金借款已重新办理手续。建议编制重分类调整分录：

借：短期借款　　　　　　620 000

　　贷：长期借款　　　　　　620 000

结合短期借款、长期借款项目的明细余额，调整未发现有异常款项。

编制长期借款审定表如表14-2所示。

表14-2　××会计师事务所工作底稿　　　　　　　　　　索引号：

长期借款审定表

被审计单位：某公司　　　　　　　编制：张三　　　　　　日期：2014年3月5日
截止日期：2013年12月31日　　　　复核：李四　　　　　　日期：2014年3月5日

项目	期末未审数	账项调整		重分类调整		期末审定数	上期末审计数	索引号
		借方	贷方	借方	贷方			
报表数	54 000 000				850 000	54 850 000	略	略
总账数	54 000 000				850 000	54 850 000		
明细账数	54 000 000				850 000	54 850 000		
其中：								
厂房借款	50 000 000					50 000 000		
流动资金借款					850 000	850 000		
设备借款	4 000 000					4 000 000		
审计说明								
审计结论	重分类后余额可以确认							

14.3.4　应付债券的实质性程序

一般来讲，受国家相关法律法规的制约，公司的应付债券业务极少发生。但是，如果发生了发行债券业务，其数额将是巨大的。因此，注册会计师对应付债券进行审计，一般以实质性程序为主。应付债券的实质性程序包括如下几个。

1. 取得或编制应付债券明细表

注册会计师应当获取或编制应付债券明细表，同有关明细账和总账、报表数额核对相符。应付债券明细表通常包括债券名称、承销机构、发行日、到期日、债券总额、实收金额、折价或溢价及其摊销、应付利息、担保等内容。

2. 检查债券文件和记录

公司发行债券必须经过股东大会的批准。注册会计师可以从董事会会议记录中获取相关证据。注册会计师检查发行债券的入账原始凭证，并同相关账簿的会计记录核对一致。

3. 函证债券

为了确定应付债券的真实性，注册会计师可以直接向债券的承销机构或债权人函证。

注册会计师应对函证结果与账面记录进行比较，如有差异，应进一步调查其原因。

4. 检查应计利息及债券摊销会计处理

注册会计师可以索取或编制债券利息、债券溢价、折价及其摊销的账户分析表，复核应计利息及债券摊销会计处理是否正确。

5. 检查到期债券的偿还

注册会计师对到期债券的偿还，可以检查相关会计记录，看其会计处理是否正确。如果是可转换债券，公司债券持有人行使了转换权利，将其持有的债券转换为股票，则应检查其转换股票的会计处理是否正确。

6. 检查应付债券在报表上是否恰当披露

应付债券在资产负债表上列示于非流动负债项下。该项目应根据"应付债券"账户的期末余额，扣除将于一年内到期的应付债券后的数额填列。该扣除数应当在流动负债项下的"一年内到期的非流动负债"项目中单独反映。注册会计师应根据审计结果，确定被审计单位应付债券在财务报表及其附注上的反映是否充分。

【例14-2】注册会计师李四于2014年3月10日审查某公司2013年度应付债券时，发现该公司为建造固定资产，于2013年初以10 432 700元的价格发行面值10 000 000元的5年期按年付息到期一次性还本的债券，票面利率6%，债券发行时的市场利率为5%。年末计提利息费用，所做的会计分录为：

借：财务费用　　　　　　　600 000

　　贷：应付利息　　　　　　　600 000

要求：(1)指出上述会计记录存在的问题；(2)作出审计调整分录；(3)对被审计单位的会计分录调整提出建议。

(1) 该公司违背企业会计准则的规定，未将符合资本化条件的债券利息予以资本化。该公司计入当期损益，虚增费用和虚减利润。

(2) 注册会计师作出的审计调整分录：

借：在建工程　　　　　　　521 635

　　应付债券——利息调整　　78 365

　　贷：财务费用　　　　　　　600 000

借：所得税费用　　　　　　　150 000

　　贷：应交税费——应交所得税　　150 000

(报表项目随之调整)

(3) 建议被审计单位作出的会计调整分录为：

借：在建工程　　　　　　　521 635

　　应付债券——利息调整　　78 365

```
    贷：以前年度损益调整          600 000
 借：以前年度损益调整         150 000
    贷：应交税费——应交所得税              150 000
 借：以前年度损益调整         450 000
    贷：利润分配——未分配利润              450 000
```
(登记账簿，报表项目也随之调整)

14.3.5 财务费用的实质性程序

财务费用是公司使用资金的代价。对公司借款费用的审计和对公司财务费用的审计总是紧密结合在一起的。财务费用的审计目标是：确定财务费用是否确实已经发生；确定财务费用的记录是否完整；确定财务费用的计算是否正确；确定财务费用的披露是否恰当。

财务费用的实质性程序包括如下几个。

1. 获取或编制财务费用明细表

注册会计师应当获取或编制财务费用明细表，与报表数、总账数及明细账合计数核对相符。

2. 实施分析程序

注册会计师可以将本期、上期财务费用各明细项目作比较分析，必要时比较本期各月份财务费用，如有重大变动和异常情况，应查明原因，扩大审计范围或进一步追查。

3. 实施财务费用的截止测试

注册会计师可以对财务费用实施截止测试：审阅下期期初的财务费用明细账，检查财务费用各项目有无跨期入账的现象。对于重大跨期项目，应作必要调整。

4. 检查重要的财务费用项目

检查利息支出明细项目，确认利息支出的真实性和准确性；检查汇兑损益的计算方法是否正确；检查大额金融机构手续费的真实性和准确性。

5. 审核财务费用的披露是否恰当

注册会计师应注意审核财务费用的明细项目在报表上的披露是否恰当。

【例14-3】注册会计师李四于2014年3月5日审查某公司2013年度的银行存款时，发现该公司2013年末"银行存款——美元户"的日记账期末余额为456 000美元，折合人民币为3 328 800元，月末市场汇率为1:7.2，所做的会计分录为：
```
 借：营业外支出            456 000
    贷：银行存款——美元户        456 000
```
要求：(1)指出上述会计记录存在的问题；(2)作出审计调整分录；(3)对被审计单位的会计分录调整提出建议。

(1) 该公司违背《企业会计准则——外币折算》准则的规定，对于外币性项目，应采用期末即期汇率将其折算为记账本位币，因期末即期汇率与初始确认汇率不同产生的差额，应确认为当期损益，计入财务费用。同时调增或调减外币货币项目的记账本位币。该公司计入"营业外支出"账户属于会计科目用错。

(2) 注册会计师作出审计调整分录为：

借：财务费用　　　　　　456 000
　　贷：营业外支出　　　　　456 000
(报表项目随之调整)

(3) 建议被审计单位作出的会计调整：

本例不涉及以前年度损益调整，因而不需要作出会计调整分录，但利润表相关项目则需作出调整。

14.4 所有者权益审计

公司所有者权益发生的业务频率较低，但金额较大，性质也很重要。根据会计方程式：资产=负债+所有者权益，如果注册会计师将被审计单位的资产和负债全部审计完结并得出了相应的审计结论，可以从侧面证实所有者权益的正确性。但是，由于现代审计是抽样审计，资产、负债的审计结论并不能全面证实所有者权益的正确性。另外，由于所有者权益发生的次数较少，直接测试所有者权益，可能审计效率更高。

14.4.1 所有者权益的审计目标

所有者权益的审计目标主要包括以下四个方面。

(1) 确定所有者权益是否存在。

(2) 确定是否将所有者权益的经济业务都已记录入账，并已在会计账簿上恰当地记录。

(3) 确定被审计期间发生的所有者权益项目的增减变动是否符合有关法律、法规的规定。

(4) 确定所有者权益在财务报表上是否恰当地披露。

14.4.2 股本的实质性程序

股本是股份有限公司按照公司章程、合同的规定向全体股东筹集的资本。股本代表了股东对公司按其投资比例享有对公司净资产的所有权。股本是在核定的注册资本及核定的股份总额的范围内，通过向股东发行股票而筹集的。在通常情况下，股本不发生变化，只有在股份有限公司设立、增资扩股和减资并经有关部门批准后才发生变化。

对股本审计的实质性程序，注册会计师应当通过"股本"账户进行。其实质性程序主要包括如下几个。

1. 审阅公司章程、实施细则和股东大会、董事会记录

注册会计师应对公司章程、实施细则、股东大会及董事会的决议进行核查，以明确企业股本发行及融资用途。前已述及，在正常情况下，股本增减等业务均须经股东大会或董事会授权或批准，因此，公司的相关文件和记录是注册会计师进行审计工作所必需的重要资料。此外，国家关于公司证券交易的条件、股票发行的方式以及已发行股份实收价值的反映及其处理等规定，对股本审计都是十分重要的。

因此，注册会计师应重点审计股票发行或股本变动的有关资料，如公司章程中所载明的股本额、发行股票总数、每股面值、发行价格等，以确定股本交易业务是否符合法律规定，是否与账簿记录核对相符，进而判断股本在资产负债表上是否已作了恰当反映。

2. 检查股东是否按照公司章程、合同规定的出资方式、出资比例、出资期限出资

注册会计师进行股本审计时，应当了解公司章程、合同中的出资方式、出资比例，确定其内容的合法性。然后具体分析企业实际募股时，是否与公司章程、合同的规定存在差异，了解形成差异的原因，将有关的问题与公司有关人员协商。对审计过程及有关问题的处理，以适当的方式记录于审计工作底稿中。

3. 编制股本账户分析表

注册会计师应取得或自己编制股本账户分析表，以分析各种股本账户。该股本账户分析表应包括日期、金额、股数等内容，并应预留余地以供下次查核时增添之用。股本账户分析表不仅可以充分展示被审计期间余额的正确程度，还可以借以分析、证实有关股本的增减、股票出售所得或损失等，据以计算期末余额，并可与股票登记簿所示总发行股数、金额及有关总账、明细账核对相符。

分析股本时应包括各种变动性质的分析，并就每次变动的内容与相关原始凭证及账户进行核对。所有序时分录均应予以查核，以确定其是否经过适当批准，借贷分录账户是否正确。

如对股本账户作初次审计，注册会计师需对股本自股票发行之日起至被审计之日止的所有股本业务进行详细分析，以便对被审计单位股本的整体演变过程进行全盘了解。初次审计后，一般应将股本账户分析表永久保存，以便下次审计时使用。这样，注册会计师下次审计时，只需将当期股本的增减记录计入，并根据该增减变动交易审查原始凭证即可。

4. 审查股票的变动

股票的发行、收回等交易活动都会引起股本数额的变动。注册会计师应通过审查与股票发行、收回有关的原始凭证和会计记录，验证股本变动的真实性、合法性。应审查的原始凭证包括已发行股票的登记簿、向外界收回的股票、募股清单、银行对账单等。会计记录主要包括银行存款日记账与总账、股本明细账与总账等。

5. 函证发行在外的股票

注册会计师应检查已发行的股票数量是否真实，是否均已收到股款或资产。注册会计师审查已发行的股票数量是否真实，还可向承销或包销的证券公司函证。按照规定，我国目前股票的发行由企业委托证券公司进行。这些机构一般既了解公司发行股票的总数，又掌握公司股东的个人记录以及股票转让情况，故在审计时可采取向证券公司函证或查阅的方法来验证发行股票的数量，并与股本账面数额相核对，确定是否相符。

6. 审查股票发行费用的会计处理

《企业会计准则》规定，股份有限公司委托证券机构发行股票支付的手续费和佣金等，如果是溢价发行的，从溢价中抵销；无溢价，或溢价不足以支付的部分，作为长期待摊费用，在不超过2年的期限中平均摊销，计入管理费用。注册会计师应审查相关的原始凭证和会计记录，以确定被审计单位对股票发行费用的会计处理的正确性。

7. 确定股本在资产负债表上是否恰当地披露

股本在资产负债表上应单项列示，并且在财务报表附注中应披露与股本有关的重要事项，如股本的种类、各类股本金额、股票发行的数额、每股股票的面值、本会计期间发行的股票等。注册会计师应审查股本在资产负债表上披露的恰当性、充分性。

14.4.3 实收资本的实质性程序

1. 索取被审计单位合同、章程、营业执照及有关董事会会议记录

注册会计师应向被审计单位索取合同、章程、营业执照及有关董事会会议记录，并认真审阅其中的有关规定。企业合同、章程对投资各方的出资方式、出资期限及其他要求作了详细规定，一经国家审批部门批准，就具有法律效力，投资各方不得随意更改，应严格履行合同章程所规定的出资义务。国家授权有关部门的批准证书是批准企业成立的法律性文件，投资各方应遵照执行。营业执照是由国家工商行政管理机关批准发给企业的合法经营许可证，它规定企业成立和终止日期。

2. 索取或编制实收资本明细表

注册会计师应向被审计单位索取或自行编制实收资本明细表，作为永久性档案，以供本年度和以后年度审查实收资本时使用。实收资本明细账应当包括实收资本变动的详细记载。编制实收资本明细表时需将每次变动情况逐一记载并与有关的原始凭证和会计记录进行核对。

3. 审查出资期限和出资方式、出资额

注册会计师应检查投资者是否已按合同、章程约定时间缴付出资额，其出资额是否经中国注册会计师验证，已验资者，应查阅验资报告。

4. 审查投入资本的真实性

注册会计师应通过对原始凭证、会计记录的审阅和核对，向投资者函证实缴资本额，对有关财产和实物的价值进行鉴定，确定投入资本的真实存在。审查时，注册会计师应注意审查投入现金是否已确实存入企业的开户银行，收到银行的收款通知单；投入的实物资产是否已办理了验收手续，并列具登记清单。对房地产类固定资产应审查其所有权或使用权证明文件；对设备类固定资产应审查采购发票；对融资租入的固定资产应审查其租赁合同；对投入的无形资产应审查是否已办理了法律手续，接受了有关技术资料。

5. 审查实收资本的增减变动

一般而言，公司不得随意增减企业的实收资本，如有必要增减，首先应具备一定的条件。例如，企业减资需要满足以下三个条件。

(1) 应首先公告所有的债权人，债权人无异议；

(2) 经股东大会决议同意，并修改公司章程；

(3) 减资后的注册资本不得低于法定资本的最低限额。对于实收资本的增减变动，注册会计师应查明原因，查阅其是否与董事会纪要、补充合同以及有关法律文件的规定一致。

6. 审查外币出资时实收资本的核算

以外币出资的，根据有关制度规定，企业对实际收到的外币出资，可以采用合同约定的市场汇率折合为记账本位币记账；合同没有约定的，按下列原则处理。

(1) 登记注册的货币与记账本位币一致时，按收到时的市场汇率折合；

(2) 登记注册的货币与记账本位币不一致时，按企业第一次收到出资额时的市场汇率折合(投资人分期出资，各期出资均应按第一期第一次收到出资额时的市场汇率折合)。

由于有关资产账户与实收资本账户所采用的折合汇率不同而产生的记账本位币差额，作为

资本公积处理。注册会计师应审查企业所采用的汇率以及会计处理的正确性。

7. 确定实收资本是否已在资产负债表上被恰当披露

企业的实收资本应在资产负债表上单独列示，同时还应在财务报表附注中说明实收资本期初至期末间的重要变化，如所有者的变更、注册资本的增加或者减少、各所有者出资额的变动等。注册会计师应在实施上述审计程序的基础上，确定被审计单位资产负债表上的实收资本的反映是否正确，并确定有关投入资本是否在财务报表附注中予以分类揭示。

【例14-4】某会计师事务所注册会计师李四、助理审计员张三于2014年3月15日完成了对某公司新增注册资本的审验工作。发现该公司原章程规定注册资本为人民币3000万元，由全体股东以人民币现金的形式出资。其中甲公司应出资人民币2000万元，乙公司应出资人民币1000万元，注册资本已由双方如期缴入公司，并由某会计师事务所验资。由于市场变化，股东会决议，丙公司参股，使公司注册资本增至6000万元，投资溢价1.1∶1。即丙公司投入3300万元，其中货币资金3100万元，原材料200万元，占增资后注册资本的50%。丙公司增资截止日为2013年12月31日。相关表格如表14-3、表14-4、表14-5所示。

表14-3 新增注册资本实收情况表
截至2013年12月31日止

单位名称：某公司 　　　　　　　　　　　　　　　　　　货币单位：人民币万元

| 股东名称 | 认缴新增注册资本 | 新增注册资本的实际出资情况 | | | | | | | 其中：实缴新增注册资本 | | | |
| | | 货币 | 实物 | 知识产权 | 土地使用权 | 其他 | 合计 | 金额 | 占新增 | 其中：货币资金 | |
										金额	占注册资本比例
丙公司	3000	2800	200				3000	3000	100%	2800	100%
合计	3000	2800	200				3000	3000	100%	2800	100%

会计师事务所(公章) 　　　　　　　　　中国注册会计师(签名、盖章)：李四、张三

表14-4 注册资本及实收资本变更前后对照表
截至2013年12月31日止

单位名称：某公司 　　　　　　　　　　　　　　　　　　货币单位：人民币万元

| 股东名称 | 认缴注册资本 | | | | 实收资本 | | | | | | |
| | 变更前 | | 变更后 | | 变更前 | | 本次增加 | 变更后 | | 其中：货币资金 | |
	金额	出资比例	金额	出资比例	金额	占注册资本比例		金额	占注册资本比例	金额	占注册资本比例
甲公司	2000	67%	2000	33%	2000	67%		2000	33%	2000	33%
乙公司	1000	33%	1000	17%	1000	33%		1000	17%	1000	17%
丙公司			3000	50%			3000	3000	50%	2800	48%
合计	3000	100%	6000	100%	3000	100%	6000	6000	100%	5800	98%

会计师事务所(公章) 　　　　　　　　　中国注册会计师(签名、盖章)：李四、张三

表14-5　实收资本审定表　　　　　　　　　　　　索引号：

被审计单位：某公司　　　　　　　　　　编制：张三　　　　　　日期：2014年3月15日
截止日期：2013年12月31日　　　　　　　复核：李四　　　　　　日期：2014年3月15日

项目	期末未审数	账项调整		重分类调整		期末审定数	上期末审计数	索引号
		借方	贷方	借方	贷方			
报表数	60 000 000					60 000 000	略	略
明细账数	60 000 000					60 000 000		
其中：								
甲公司	20 000 000					20 000 000		
乙公司	10 000 000					10 000 000		
丙公司	30 000 000					30 000 000		
审计说明								
审计结论	余额可以确认							

14.4.4　资本公积的实质性程序

资本公积是非经营因素形成的，不能计入实收资本或股本的所有者权益，主要包括投资者实际交付的出资额超过其资本份额的差额(如股本溢价、资本溢价)、接受非现金资产捐赠、接受现金捐赠、股权投资准备、外币资本折算差额、拨款投入、其他资本公积(如直接计入资本公积的利得或损失)等。资本公积准备项目不能转增资本。资本公积的审计是指对资本公积的形成、使用的真实性、合法性所作的审计。

1. 检查资本公积形成的合法性

注册会计师应首先检查资本公积形成的内容及其依据，并查阅相关的会计记录和原始凭证，确认资本公积形成的合法性和正确性。资本公积形成的审计包括审查资本溢价或股本溢价、审查接受非现金资产捐赠、审查接受现金捐赠、审查股权投资准备、审查拨款转入、审查外币资本折算差额、审查其他资本公积等。

1) 审查资本溢价或股本溢价

对资本溢价应检查是否在企业吸收新投资时形成，资本溢价的确定是否按实际出资额扣除其投资比例所占的资本额计算，其投资是否经企业董事会决定，并已报原审批机关批准；对股本溢价应检查发行是否合法，是否经有关部门批准，股票发行价格与其面值的差额是否全部计入资本公积，发行股票支付的手续费或佣金等余额是否已从溢价中扣除。

2) 审查其他资本公积

(1) 检查以权益法核算的被投资单位除净损益以外所有者权益的变动，被审计单位是否已按其享有的份额入账，会计处理是否正确；处置该项投资时，应注意是否已转销与其相关的资本公积。

(2) 对拨款转入，审阅有关的拨款文件，检查拨款项目的完成情况，结合专项应付款的审计，检查会计处理是否正确。

(3) 以权益结算的股份支付，取得相关资料，检查在权益工具授予日和行权日的会计处理是否正确。

(4) 被审计单位将回购的本单位股票予以注销、用于奖励职工或转让，其会计处理是否正确。

2. 审查资本公积运用的合法性

注册会计师应审查资本公积有无挪作他用；对于资本公积转增资本，注册会计师应审查转增资本是否经董事会决定并报经工商行政管理机关批准，依法办理增资手续；获得批准后，资本公积运用的账务处理是否及时、准确。

3. 确定资本公积在资产负债表上是否恰当反映

注册会计师应审查资本公积是否在资产负债表上单独列示，同时还应将资本公积明细账同"所有者权益变动表"中列示的资本公积的期末余额及期初余额核对相符。

14.4.5 盈余公积的实质性程序

盈余公积是指企业按规定从税后利润中提取的积累资金，是具有特定用途的留存收益。盈余公积的审计主要是指对盈余公积的提取、使用以及在资产负债表上列示的盈余公积数额的合法性和真实性所进行的审计。

1. 盈余公积的内容

盈余公积主要包括如下两种。

(1) 法定盈余公积。法定盈余公积是指企业按照规定的比例从净利润中提取的盈余公积。它一般按照税后利润的10%提取，当法定盈余公积累计金额达到企业注册资本的50%以上时，可以不再提取。

(2) 任意盈余公积。任意盈余公积是指企业经股东大会或类似机构批准按照规定的比例提取的盈余公积。任意盈余公积的提取必须在法定盈余公积和应付优先股股利(如有)提取之后才可提取。

法定盈余公积、任意盈余公积的使用：法定盈余公积、任意盈余公积主要用于弥补亏损和转增资本，但需履行一定的审批手续，而且盈余公积转增资本后留存的部分不得少于公司注册资本的25%。

2. 盈余公积的实质性程序

(1) 审查盈余公积提取的合法性。该程序主要应审查盈余公积提取是否符合法律规定，并经过批准，提取手续是否完备，提取的依据是否正确，有无多提或少提的现象。

(2) 审查盈余公积使用的合法性。该程序主要应审查盈余公积的使用是否符合规定并经过批准，使用是否合理，有无挪作他用的情况。

(3) 审查盈余公积的提取、使用及其账面价值的真实性。该程序主要应根据盈余公积提取、使用的原始凭证、批准数额，逐步审查凭证和账簿记录，看其是否账证相符、账表相符。

(4) 确定盈余公积在资产负债表上是否恰当披露。企业的法定盈余公积、任意盈余公积应合并为盈余公积在资产负债表上反映。同时还应在财务报表附注中说明各项盈余公积的期末余额及期初至期末间的重要变化。注册会计师对此应重点检查。

14.4.6　未分配利润的实质性程序

未分配利润是指公司未作分配的利润。公司年末未分配利润是企业当年税后利润在弥补以前年度亏损、提取盈余公积以后，加上年年末未分配利润，再扣除向所有者分配的利润后的结余金额。它有两层含义：一是该部分净利润没有分配给投资者；二是该部分净利润未指定用途。对未分配利润的审计实际上包括了对实现利润和分配利润的全部有关业务与数据的审计。因此，对未分配利润的审计应与对利润、利润分配的审计结合起来进行。

对未分配利润的实质性程序主要包括如下几个。

1. 审查未分配利润的真实性

审查期初未分配利润账户余额是否与上期资产负债表上所列数额一致。如果是未弥补亏损，注册会计师应查明是税前补亏，还是税后补亏，应纳企业所得税的调整数是否正确。将利润分配的总账与明细账进行核对，审查本年度未分配利润结转的真实性。

2. 审查未分配利润的合法性

审查利润分配方案、分配方式，查明分配决定有无董事会提出的方案和股东会议的决议记录。利润分配方案有无与法律及公司章程规定相抵触之处。

3. 审查结账日后发生的损益调整项目的账务处理是否合法、准确

由于年终结账日后发生的损益调整项目直接调整有关资产、负债项目和"利润分配——未分配利润"账户，注册会计师应着重审查利润分配的增加额，防止企业虚增未分配利润。

4. 审查未分配利润余额在资产负债表上的披露是否适当

注册会计师应根据审计结果调整本年损益数，直接增加或减少未分配利润，从而确定调整后的未分配利润在资产负债表上的披露是否适当。

14.5　投资审计

14.5.1　投资的审计目标

投资的审计目标可概括如下。
(1) 确定投资是否存在；
(2) 确定投资是否归被审计单位所拥有；
(3) 确定投资的增减变动及其收益(或损失)的记录是否完整；
(4) 确定投资的计价方法(成本法或权益法)是否正确；
(5) 确定投资的期末余额是否正确；
(6) 确定投资在财务报表及其附注上的披露是否恰当。

14.5.2　投资的实质性程序

注册会计师应在对投资内部控制测试和评价的基础上，对投资实施实质性程序。投资的实质性程序主要包括如下几个。

1. 取得或编制投资明细表

投资明细表应当分别按照投资的目的进行分类，其主要包括交易性金融资产、可供出售金融资产、持有至到期投资和长期股权投资等。将企业全部投资项目的有关情况完整、系统地予以列示，注册会计师据此可了解企业投资的全貌。投资明细表的主要内容包括：投资种类及说明、年初余额、本年增加及减少额、年末余额、投资收益等。

(1) 对于投资种类，注册会计师应着重验其完整性，即是否所有的投资项目均已入账。审查方法是，将询证或检查的证券与被审计单位的投资明细账相核对，看是否相符，是否有未入账的投资项目。例如，未经许可向其他企业或关联企业进行资金信贷。

(2) 对各投资项目的年初余额，审查时要注意与上年度审计工作底稿中的年末余额核对相符。如有不符，应要求被审计单位予以说明或进一步调查原因。

(3) 对于本年度增加的投资项目，应审核其账面金额是否与有关的原始凭证相符，是否按购入时的实际成本入账。当股票的购入价中包含已宣告而未发放的股利时，应审查其实际成本是否为购入价与股利的差额。

(4) 对于投资减少的项目，注册会计师应将由于减少证券而取得的收入与库存现金或银行存款日记账和投资收益明细账相核对。必要时，还应逆查至来自经纪人的通知单等原始凭证，以确认账面记录的真实性和正确性。

(5) 对于年末余额，注册会计师只需根据年初余额和本年增减变动数复核即可。

2. 实施分析程序

对投资执行分析程序，主要包括三项内容。

(1) 计算交易性金融资产、可供出售金融资产、持有至到期投资和长期股权投资中高风险投资所占的比例，分析投资的安全性，要求被审计单位估计潜在的投资损失。

(2) 计算投资收益占利润总额的比例。分析被审计单位在多大程度上依赖投资收益，判断被审计单位盈利能力的稳定性；将当期确认的投资收益与从被投资单位实际获得的现金流量进行比较分析；将重大投资项目与以前年度进行比较，分析是否存在异常变动。

(3) 对比各投资账户的本年余额与上年度余额以及本年投资交易预算数，并且分别比较各投资项目的收益报酬(如利息和股利等)占该投资账户余额比重在本年度与上年度的变化。通过比较，可以确定是否存在重大的波动差异以及潜在的差错或舞弊现象。如果长期股权投资账户余额显著增加，可能说明有虚构、高估投资资产，或者存在无授权的超预算交易，以及有高估(或低估)的投资收益。注册会计师可以据此确定审计重点及应采取的审计程序。

3. 询证投资的证券

虽然公司投资的证券没有实物形态，但被审计单位可能将投资的证券委托给独立机构(如证券公司等)代为操盘或者在证券公司开户以便证券的买卖。注册会计师应当以被审计单位的名义向这些机构寄出询证函，要求这些机构将客户在结账日所拥有的投资证券的种类、数量、面值等资料直接回复给注册会计师，据此证实投资证券的真实性。

一般来说，证券机构根据被审计单位的要求，打印被审计单位在其营业部开户并进行买卖的"资金对账单"。该对账单详细记录了被审计单位的资金情况，如客户名称、资产账户、资金余额、可用余额、资产市值以及总资产等。"资金对账单"详细记载了被审计单位买卖证券的情况。"当日持仓清单"详细记载了持仓证券的名称、股份余额、参考成本、参考市值以及参考盈亏等内容。该对账单是注册会计师获取的证明被审计单位投资证券真实性的可靠证据。

4. 检查交易性金融资产

(1) 检查交易性金融资产的初始计量及确认是否正确。审计人员在审查交易性金融资产初始计量及确认时，应特别关注其是否按照取得时的公允价值作为初始确认金额，相关的交易费用在发生时是否计入当期损益。有无将实际支付的价款中包含已宣告但尚未发放的现金股利或已到付款期但尚未领取的债券利息，计入交易性金融资产初始确认金额。

(2) 检查交易性金融资产的期末计量是否正确。交易性金融资产的期末计量，是指采用一定的价值标准，对交易性金融资产的期末价值进行后续计量，并以此列示于资产负债表中。交易性金融资产在最初取得时，是按公允价值入账的，反映了企业取得交易性金融资产的实际成本，但交易性金融资产的公允价值是不断变动的，会计期末的公允价值则代表了交易性金融资产的现实可变现价值。根据企业会计准则的规定，交易性金融资产的价值应按资产负债表日的公允价值反映，公允价值的变动计入当期损益。根据上述规定，审计人员应特别关注资产负债表日，交易性金融资产的公允价值高于其账面余额时，企业是否按二者之间的差额，调增交易性金融资产的账面余额，同时确认公允价值上升的收益；交易性金融资产的公允价值低于其账面余额时，审计人员应检查企业是否按二者之间的差额，调减交易性金融资产的账面余额，同时确认公允价值下跌所产生的损失。

(3) 检查交易性金融资产的处置。企业处置交易性金融资产的主要会计问题，是正确确认处置损益。交易性金融资产的处置损益，是指处置交易性金融资产实际收到的价款，减去所处置交易性金融资产账面余额后的差额。其中，交易性金融资产的账面余额，是指交易性金融资产的初始计量金额加上或减去资产负债表日公允价值变动后的金额。如果在处置交易性金融资产时，已计入应收项目的现金股利或债券利息尚未收回，审计人员应注意检查企业是否先从处置价款中扣除该部分现金股利或债券利息之后，再确认交易性金融资产的处置损益。

【例14-5】注册会计师李四、助理会计师张三于2014年3月15日审查某公司2013年度财务报表时发现：2013年3月6日公司以赚取差价为目的从二级市场购入一批M公司发行的股票100万股，作为交易性金融资产，取得时公允价值为每股5.20元，含已宣告但尚未发放的现金股利0.20元，另支付交易费用5万元，全部价款以银行存款支付。该公司所做的会计分录为：

(1) 取得
借：交易性金融资产——成本　　　　　5 200 000
　　投资收益　　　　　　　　　　　　　 50 000
　　贷：银行存款　　　　　　　　　　　　5 250 000

(2) 4月6日收到现金股利
借：银行存款　　　　200 000
　　贷：投资收益　　　　200 000

根据财务报表及交易性金融资产明细表等，编制交易性金融资产审定表如表14-6所示。

表14-6 交易性金融资产审定表

索引号：

被审计单位：某公司		编制：张三		日期：2014年3月15日
截止日期：2013年12月31日		复核：李四		日期：2014年3月15日

项目	期末未审数	账项调整		期末审定数	上期末审计数	索引号
		借方	贷方			
报表数	5 200 000	100 000	200 000	5 100 000	略	略
总账数	5 200 000					
明细账数	5 200 000					
其中：						
成本	5 200 000		200 000	5 000 000		
公允价值变动		100 000		100 000		
审计说明	(1)该公司取得时公允价值为每股5.20元，含已宣告但尚未发放的现金股利0.20元，另支付交易费用5万元，全部价款以银行存款支付。(2)2月6日收到最初支付价款中所含现金股利。(3)2013年12月31日，该股票公允价值为每股5.1元					
审计结论	该公司将已宣告但尚未发放的现金股利计入交易性金融资产成本，收到现金股利计入投资收益属于会计科目用错。建议该公司作出调整分录					

(1) 注册会计师作出调整审计分录为：

借：应收股利　　　　　　　　　　　200 000
　　贷：交易性金融资产——成本　　　　　　200 000
借：投资收益　　　　　　　　　　　200 000
　　贷：应收股利　　　　　　　　　　　　　200 000
借：交易性金融资产——公允价值变动　100 000
　　贷：公允价值变动损益　　　　　　　　　100 000

(报表项目随之调整)

(2) 建议被审计单位作出的会计调整分录为：

借：应收股利　　　　　　　　　　　200 000
　　贷：交易性金融资产——成本　　　　　　200 000
借：以前年度损益调整　　　　　　　200 000
　　贷：应收股利　　　　　　　　　　　　　200 000
借：交易性金融资产——公允价值变动　100 000
　　贷：以前年度损益调整　　　　　　　　　100 000
借：应交税费——应交所得税　　　　 25 000
　　贷：以前年度损益调整　　　　　　　　　 25 000
借：利润分配——未分配利润　　　　 75 000
　　贷：以前年度损益调整　　　　　　　　　 75 000

(登记账簿，报表项目也随之调整)

5. 检查持有至到期投资

(1) 检查持有至到期投资的初始计量及确认是否正确。审计人员在审查持有至到期投资初始计量及确认时，应特别关注其是否按照取得时的公允价值和相关交易费用之和作为初始确认金额。如果支付的价款中包含已到期但尚未领取的利息，应注意检查其是否单独列入应收项目。对于持有至到期投资在持有期间内实现的利息收入，检查其是否按照实际利率和票面利率计入投资收益。

(2) 检查持有至到期投资减值。在资产负债表中，持有至到期投资通常按账面摊余成本列示其价值，但有客观证据表明其发生了减值的，应当根据其账面摊余成本与预计未来现金流量现值之间的差额计算确认减值损失。审计时应重点关注被审计单位对持有至到期投资进行减值测试时，其分类是否合理，标准是否得当，会计处理是否正确。

(3) 检查持有至到期投资的重分类。企业因持有意图或能力发生变化，使某项投资不再适合划分为持有至到期投资的，应当将其重分类为可供出售金融资产，并以公允价值进行后续计量。重分类日，该投资的账面价值与公允价值之间的差额计入所有者权益，在该可供出售金融资产发生减值或终止确认时转出，计入当期损益。审计人员对被审计单位将持有至到期投资重分类为可供出售金融资产时，应重点检查其账务处理是否符合规定要求。

(4) 检查持有至到期投资的处置。处置持有至到期投资时，应注意检查被审计单位是否将所有的价款与该投资账面价值之间的差额计入投资收益。

【例14-6】注册会计师李四于2014年3月15日审查某公司2013年债券投资时，发现该公司2013年1月1日以1 000 000元购入M公司发行的3年期债券，票面利率4.72%，市场利率为5.1%，面值1 250 000元，到期一次还本付息。所得税税率为25%。

所做的会计分录为：

(1) 取得

借：持有至到期投资——成本　　　　　1 250 000

　　贷：银行存款　　　　　　　　　　　　1 000 000

　　　　持有至到期投资——利息调整　　　　250 000

(2) 2013年12月31日计算利息费用

借：持有至到期投资——应计利息　　　59 000

　　贷：投资收益　　　　　　　　　　　　47 200

　　　　持有至到期投资——利息调整　　　　11 800

要求：(1)指出上述会计记录存在的问题；(2)作出审计调整分录；(3)对被审计单位的会计分录调整提出建议。

(1) 按企业会计准则的规定，持有至到期投资为一次还本付息债券投资，应于资产负债表日按票面利率计算确定的应收未收利息，按持有至到期投资摊余成本和实际利率计算确定的利息收入，计入当期损益，按差额计入"持有至到期投资——利息调整"科目。

(2) 注册会计师作出审计调整分录为：

应计利息=1 250 000×4.72%=59 000(元)

利息收入=1 250 000×5.1%=63 750(元)

调增利息收入=63 750−47 200=16 550(元)

利息调增=63 750−59 000=4750(元)

借：持有至到期投资　　　　　　　　16 550

　　贷：投资收益　　　　　　　　　　　　16 550

借：所得税费用　　　　　　　　　　4137.50

　　贷：应交税费——应交所得税　　　　　4137.50

(报表项目随之调整)

(3) 建议被审计单位作出的会计调整分录为：

借：持有至到期投资　　　　　　　　 16 550

　　　贷：以前年度损益调整　　　　　　　　 16 550

借：以前年度损益调整　　　　　　　 4137.50

　　　贷：应交税费——应交所得税　　　　　 4137.50

借：以前年度损益调整　　　　　　　 12 412.50

　　　贷：利润分配——未分配利润　　　　　 12 412.50

(登记账簿、报表项目也随之调整)

6. 检查可供出售金融资产

1) 检查可供出售金融资产的初始计量及确认是否正确

审计人员在审查可供出售金融资产初始计量及确认时，应特别关注其是否按照取得时的公允价值和相关交易费用之和作为初始确认金额。如果支付的价款中包含已到付息期但尚未领取的债券利息或已宣告但尚未发放的现金股利，应注意检查其是否单独列入应收项目。对可供出售金融资产在持有期间取得的现金股利或债券利息，应检查其是否计入投资收益。

2) 检查可供出售金融资产的期末计量

(1) 检查可供出售金融资产公允价值变动。资产负债表日，可供出售金融资产应当以公允价值计量，且公允价值变动计入资本公积(其他资本公积)。对于可供出售金融资产的期末计量的检查，审计人员应特别注意资产负债表日，可供出售金融资产的公允价值高于或低于其账面余额的账务处理是否正确。

(2) 检查可供出售金融资产减值。审计人员在分析判断可供出售金融资产是否发生减值时，应当注意该金融资产公允价值是否持续下降。如果可供出售金融资产的公允价值发生较大幅度下降，或在综合考虑各种相关因素后，预期这种下降趋势属于非暂时性的，检查被审计单位是否认定该可供出售金融资产已发生减值，并确认减值损失。

可供出售金融资产发生减值的，在确认减值损失时，应检查被审计单位是否将原直接计入所有者权益的公允价值下降形成的累计损失一并转出，计入减值损失。

(3) 检查可供出售金融资产的处置。在检查处置可供出售金融资产时，应注意被审计单位是否将取得的价款与该金融资产账面余额之间的差额计入投资收益；是否将原直接计入所有者权益的公允价值变动累计额对应处置部分的金额转出，计入投资收益。

7. 检查长期股权投资

1) 检查长期股权投资的初始计量及确认是否正确

(1) 企业合并形成的长期股权投资的审计。

① 同一控制下企业合并形成的长期股权投资，审查时应注意其在合并日是否按取得被合并方所有者权益账面价值的份额，借记"长期股权投资——投资成本"科目，按支付合并对价账面价值，贷记或借记有关资产、负债科目，按其差额，贷记"资本公积"科目；如为借方差额，借记"资本公积——资本溢价(或股本溢价)"科目，资本公积(资本溢价或股本溢价)不足冲减的，应依次借记"盈余公积""利润分配——未分配利润"科目。

② 非同一控制下合并形成的长期股权投资，审查时应注意其在购买日是否根据企业合并准则确定的合并成本，借记"长期股权投资"科目，按支付合并对价的账面价值，贷记或借记有

关资产、负债科目，按发生的直接相关费用，贷记"银行存款"等科目，按其差额，贷记"营业外收入"或借记"营业外支出"等科目。

(2) 以其他方式取得的长期股权投资的审计。除企业合并形成的长期股权投资外，企业还可以通过支付现金、发行权益性证券、投资者投入、非货币性资产交换、债务重组等其他方式取得长期股权投资，审查时应注意企业是否根据不同的取得方式，分别确定长期股权投资的初始投资成本，作为入账的依据。

2) 检查长期股权投资的核算方法的选用是否恰当

长期股权投资，通常可以采用成本法或权益法进行核算。审计人员应首先检查企业有哪些投资项目适合用权益法核算，并通过询问管理层或函证被投资企业等方式，确认企业是否确实对接受投资企业拥有共同控制或重大影响，检查企业是否对这些项目采用了权益法。投资企业能够对被投资企业实施控制或不具有共同控制和重大影响，并且在活跃的市场中没有报价、公允价值不能可靠计量的长期股权投资应采用成本法核算。审计人员应获得该投资企业能够控制被投资企业或不具有共同控制和重大影响的证据，确定被审计单位采用成本法的合理性。

3) 审查长期股权投资的核算方法

(1) 采用成本法核算的长期股权投资会计处理的审查。对于被审计单位的长期股权投资采用成本法核算的，应按被投资单位宣告发放的现金股利或利润中属于本企业的部分，借记"应收股利"科目，贷记"投资收益"科目；属于被投资单位在取得投资前实现净利润的分配额，应作为投资成本的收回，贷记"长期股权投资"科目。

(2) 采用权益法核算的长期股权投资会计处理的审查。对于被审计单位的长期股权投资采用权益法核算的，审计人员应当分别按照下列情况进行检查。

① 长期股权投资的初始投资成本大于投资时应享有被投资单位可辨认净资产公允价值份额的，被审计单位是否不调整已确认的初始投资成本；长期股权投资的初始投资成本小于投资时应享有被投资单位可辨认净资产公允价值份额的，是否按其差额，借记"长期股权投资——投资成本"科目，贷记"营业外收入"科目。

② 资产负债表日，被审计单位是否根据被投资单位实现的净利润或经调整的净利润计算应享有的份额，借记"长期股权投资——损益调整"科目，贷记"投资收益"科目；被投资单位发生亏损、分担亏损份额超过长期股权投资而冲减长期权益账面价值的，是否借记"投资收益"科目，贷记"长期股权投资——损益调整"科目。

被投资单位以后宣告发放现金股利或利润时，企业计算应分得的部分，是否借记"应收股利"科目，贷记"长期股权投资——损益调整"科目；收到被投资单位发放的股票股利，是否不进行账务处理，但在备查簿中进行登记。

③ 发生亏损的被投资单位以后实现净利润的，企业计算应享有的份额，如有未确认投资损失的，是否首先弥补未确认的投资损失；弥补损失后仍有余额的，借记"长期股权投资——损益调整"科目，贷记"投资收益"科目。

④ 在持股比例不变的情况下，被投资单位除净损益以外所有者权益的其他变动，企业按持股比例计算应享有的份额，借记"长期股权投资——所有者权益其他变动"科目，贷记"资本公积——其他资本公积"科目。

(3) 长期股权投资核算方法转换会计处理的审查。被审计单位如果根据长期股权投资准则将长期股权投资自成本法转按权益法核算时，应检查其是否按转换时该项长期股权投资的账面价值作为权益法核算的初始投资成本。初始投资成本小于占被投资单位可辨认净资产公允价值份额的差额，是否借记"长期股权投资——投资成本"科目，贷记"营业外收入"科目。

长期股权投资自权益法转按成本法核算的，除构成企业合并的以外，应检查其是否按中止采用权益法时投资的账面价值作为成本法核算的初始投资成本。

4) 审查长期股权投资的投资收益

投资收益主要指企业投资后，从被投资单位取得的股利或利息。不同的投资，对投资收益的会计处理各不相同。对于长期股权投资收益的检查应分别根据成本法和权益法进行。采用成本法核算时，检查投资企业是否按被投资单位宣告发放的现金股利或利润中属于本企业的部分，借记"应收股利"科目，贷记"投资收益"；属于被投资单位在取得本企业投资前实现净利润的分配额，应作为投资成本的收回。采用权益法核算长期股权投资时，应主要检查企业投资收益增减额的正确性，即是否按其在被投资企业投资比例来分享投资收益，还应当检查企业在实际收到接受投资企业分配来的股利和利润时，是否重复记入"投资收益"科目。

【例14-7】注册会计师李四、助理审计人员张三于2014年2月16日审查某公司2013年长期股权投资时发现，该公司2013年1月取得B公司30%的股权，支付价款5000万元，取得投资时被投资单位净资产账面价值为26 000万元。该公司的所得税税率为25%。所做的会计分录为：

借：长期股权投资——成本　　　　　50 000 000

　　贷：银行存款　　　　　　　　　　　　50 000 000

根据长期股权投资明细表等，编制长期股权投资审定表如表14-7所示。

表14-7　长期股权投资审定表

被审计单位：某公司　　　　　　　　编制：张三　　　　　索引号：

截止日期：2013年12月31日　　　　　复核：李四　　　　　日期：2014年2月16日

　　　　　　　　　　　　　　　　　　　　　　　　　　　　日期：2014年2月16日

项目	期末未审数	账项调整		期末审定数	上期末审计数	索引号
		借方	贷方			
报表数	50 000 000	28 000 000		78 000 000	略	略
总账数	50 000 000					
明细账数	50 000 000					
其中：						
账面余额	50 000 000					
减值准备						
审计说明	公司违背《企业会计准则——长期股权投资》的规定，未将初始投资成本小于取得投资时应享有被投资单位可辨认净资产公允价值份额的差额计入当期损益并调整长期股权投资成本，导致账面价值的虚减。 审计调整分录： 借：长期股权投资　　28 000 000 　　贷：营业外收入　　28 000 000					
审计结论	经调整后余额可以确认					

8. 审查投资业务的授权审批情况

检查投资证券应侧重于以下几个问题：首先，审计人员应检查投资证券的购入和售出是否经过管理层的授权和批准。对此，审计人员应当查阅客户董事会或管理层有关证券交易的会议记录或决议加以证实。其次，核对投资支出和收回的金额是否正确无误。审计人员应该对经纪人通知单、有关投资协议、合同、章程等资料是否与核准文件、现金收支(非现金资产的增减)相符，并与投资总分类账和明细分类账的余额核对，看是否正确、相符。

9. 检查本期发生的重大股权变动

对于当期(尤其是会计年度结束前)发生的重大股权转让，应当审阅股权转让合同、协议、董事会和股东大会决议，分析其是否存在不等价交换，判断被审计单位是否通过不等价股权转让调节利润粉饰财务情况；对于年内通过并股和参股取得股权的，应分析被审计单位根据被投资单位的净损益确认投资收益时，是否以取得股权后发生的净损益为基础，应特别注意股权转让协议是否存在倒签日期的现象，股权转让涉及的款项是否已经支付或收取。

10. 确定对外投资在资产负债表上是否恰当披露

在财务报表中，审计人员应对以下事项进行审查。

(1) 各类投资的期末账面余额和年初账面余额。

(2) 被投资单位由于所在国家或地区及其他方面的影响，其向投资企业转移资金的能力受到限制，应披露该受限制的情况、原因和期限等。

(3) 当期及累计未确认的投资损失金额。

14.6 其他相关账户审计

14.6.1 应收、应付项目的审计

1. 其他应收款审计

其他应收款的审计目标为：

(1) 确定其他应收款是否存在；

(2) 确定其他应收款是否归被审计单位所有；

(3) 确定其他应收款增减变动的记录是否完整；

(4) 确定其他应收款期末余额是否正确；

(5) 确定其他应收款在财务报表上的披露是否恰当。

其他应收款的实质性程序包括以下几个。

1) 获取或编制其他应收款明细表

(1) 复核加计正确，并与总账数和明细账合计数核对是否相符，结合"坏账准备"科目与报表数核对是否相符；

(2) 了解重大明细项目的其他应收款内容及性质，进行类别分析，重点关注是否存在资金被关联企业(或实际控制人)大量占用、变相拆借资金、隐形投资、误用会计科目、或有损失等现象；

(3) 结合应收账款、其他应付款等明细余额，检查是否有同时挂账的项目，核算内容是否重复，必要时作出适当调整；

(4) 检查非记账本位币其他应收款的折算汇率及折算是否正确；

(5) 分析有贷方余额的项目，查明原因，必要时，作重分类调整；

(6) 标识重要明细账户。

2) 对其他应收款进行函证

(1) 编制"其他应收款函证结果汇总表"，对函证结果进行评价；

(2) 对于未回函的其他应收款，应执行替代审计程序。针对重要的其他应收款，编制重要明细账户增减变动表，特别是关联企业(或实际控制人)的增减变动表。必要时，收集该单位资料，并分析其变动的合理性。

(3) 如果实施函证和替代审计程序都不能取得充分、适当的审计证据，应当考虑实际情况，实施追加的审计程序。

3) 获取或编制其他应收款账龄分析表

(1) 测试账龄划分的适当性。要求被审计单位根据资产负债表日后收款情况对账龄分析表进行更新。如果未收款余额不重大，则无须针对每一账户的账龄进行测试，或测试的范围无须太大。

(2) 关注审计时已收回的其他应收款金额，对已收回金额较大的款项进行检查，如核对收款凭证等，并注意凭证发生日期的合理性，分析收款时间是否与合同相关要素一致。

4) 检查坏账准备

(1) 取得或编制坏账准备计算表，复核加计正确，与坏账准备总账、明细账合计数核对相符。将其他应收款坏账准备本期计提数与资产减值损失相应明细项目的发生额核对，是否相符。

(2) 评价坏账准备所依据的资料、假设及计提方法。复核其他应收款坏账准备是否按经股东大会或董事会批准的既定方法和比例提取，其计算和会计处理是否正确。

(3) 检查其他应收账款坏账准备计提和核销的批准程序，取得相关审计证据。

(4) 检查其他应收款中是否存在债务人破产或者死亡，以及破产财产或者遗产清偿后仍无法收回，或者债务人长期未履行偿债义务的情况，如果是，应提请被审计单位处理。

(5) 检查其他应收款转作坏账损失的项目是否符合规定，会计处理是否正确，是否审计已办妥税务部门审批手续。

(6) 若转作坏账损失的项目未经税务部门批准，需调整应纳税所得额。

(7) 若实际核销的款项涉及关联方的，检查被审计单位是否作出适当披露。

(8) 检查已经确认并转销的坏账重新收回的，其会计处理是否正确。

5) 标明应收关联方

标明应收关联方，包括持股5%以上(含5%)股东的款项，执行关联方及其交易审计程序，并注明合并报表时应予抵销的金额；对关联企业、有密切关系的客户的交易事项作专门核查：

(1) 了解交易事项的目的及所应收款项的原因，检查合同等相关文件资料；

(2) 向关联方、有密切关系的客户函证，以确认交易的真实性、合理性。

6) 检查其他应收款是否已按照企业会计准则的规定在财务报表中作出恰当列报，关注其他应收款是否已按照账龄及单位类别进行披露

2. 其他应付款审计

其他应付款的审计目标为：

(1) 确定其他应付款的发生及偿还记录是否完整；

(2) 确定其他应付款的期末余额是否正确；

(3) 确定其他应付款的披露是否恰当。

其他应付款的实质性程序如下。

(1) 获取或编制其他应付款明细表，复核加计正确，并与报表数、总账数和明细账合计数核对相符；分析有借方余额的项目，查明原因，必要时作重分类调整，结合应付账款、其他应付款明细余额，查明有没有双方同时挂账的项目，核算内容是否重复，必要时作重分类调整。

(2) 请被审计单位协助，在其他应付款明细表上标出截至审计日已支付的其他应付款项，抽查付款凭证、银行对账单等，并注意这些凭证发生日期的合理性。

(3) 判断选择一定金额以上和异常的明细余额，检查其原始凭证，并考虑向债权人发函询证。

(4) 对非记账本位币结算的其他应付款，检查其折算汇率是否正确。

(5) 审核资产负债表日后的付款事项，确定有无未及时入账的其他应付款。

(6) 检查长期未结的其他应付款，并作妥善处理。

(7) 检查其他应付款中关联方的余额是否正常，如数额较大或有其他异常现象，应查明原因，追查至原始凭证并作适当披露。

(8) 检查其他应付款的披露是否恰当。

3. 长期应付款审计

长期应付款的审计目标为：

(1) 确定长期应付款的发生、偿还及计息的记录是否完整；

(2) 确定长期应付款的期末余额是否正确；

(3) 确定长期应付款的披露是否恰当。

长期应付款的实质性程序如下。

(1) 获取或编制长期应付款明细表，复核加计正确，并与报表数、总账数和明细账合计数核对相符；检查长期应付款的内容是否符合企业会计准则的规定。

(2) 检查各项长期应付款相关的契约，有无抵押情况。对融资租赁固定资产应付款，还应审查融资租赁合约规定的付款条件是否履行，检查授权批准手续是否齐全，并作适当记录。

(3) 向债权人函证重大的长期应付款。

(4) 检查各项长期应付款本息的计算是否准确，会计处理是否正确。

(5) 检查与长期应付款有关的汇兑损益是否按规定进行了会计处理。

(6) 检查长期应付款的披露是否恰当，注意一年内到期的长期应付款应列入流动负债。

4. 应收股利审计

应收股利的审计目标为：

(1) 确定应收股利是否存在；

(2) 确定应收股利是否被审计单位所有；

(3) 确定应收股利增减变动的记录是否完整；

(4) 确定应收股利可否收到；

(5) 确定应收股利期末余额是否正确；

(6) 确定应收股利的披露是否恰当。

应收股利的实质性程序如下。

(1) 获取或编制应收股利明细表，复核加计正确，并与总账数和明细账合计数核对相符，与报表数核对相符。

(2) 与长期股权投资、交易性金融资产、可供出售金融资产等相关项目的审计结合，验证确定应收股利的计算是否正确，检查会计处理是否恰当。

(3) 对于重大的应收股利项目，审阅相关文件，测试其计算的准确性。必要时，向被投资单位函证并记录。

(4) 检查应收股利减少有无异常。

(5) 检查期后收款情况，对审计时已收回金额较大的款项进行常规检查，如核对收款凭证、银行对账单、股利分配方案等。

(6) 关注长期未收回且金额较大的应收股利，询问被审计单位管理人员及相关职员或者查询被审计单位的情况，确定应收股利的可收回性。必要时，向被投资单位函证股利支付情况，复核并记录函证结果。

(7) 确定应收股利已恰当列报，确定境外投资应收股利汇回是否存在重大限制，如果存在，是否已充分披露。

5. 应付股利审计

应付股利的审计目标为：

(1) 确定资产负债表中记录的应付股利是存在的；

(2) 确定所有应当记录的应付股利均已记录；

(3) 确定记录的应付股利是被审计单位应当履行的现时义务；

(4) 确定应付股利的金额正确，与之相关的计价调整已恰当记录；

(5) 确定应付股利在财务报表中已作出恰当列报。

应付股利的实质性程序如下。

(1) 获取或编制应付股利明细表，复核加计是否正确，并与报表数、总账数及明细账合计数核对相符。

(2) 审阅公司章程、股东大会和董事会会议纪要中有关股利的规定，了解股利分配标准和发放方式是否符合有关规定并经法定程序批准。

(3) 检查应付股利的计提是否根据董事会或股东大会决定的利润分配方案，从税后可供分配利润中计算确定，并复核应付股利计算和会计处理的正确性。

(4) 检查股利支付的原始凭证的内容、金额和会计处理是否正确。检查现金股利是否按公告规定的时间、金额予以发放。

(5) 向主要股东函证，以确定未付股利的真实性和完整性。

(6) 检查董事会或类似机构通过的利润分配方案中拟分配的现金股利或利润，是否按规定未作账务处理，并已在附注中披露。

(7) 检查应付股利的列报是否恰当，按主要投资者列示欠付的应付股利金额并说明原因。

6. 预计负债审计

预计负债，是指支出时间和金额不定，但符合负债确认条件的现时义务。预计负债的审计目标为：确定预计负债是否存在；确定预计负债是否完整；确定预计负债的计量是否符合规定；确定预计负债的会计处理是否正确；确定预计负债的披露是否恰当。

预计负债的实质性程序如下。

(1) 获取或编制预计负债明细表，复核加计数是否正确，并与报表数、总账数和明细账合计数核对是否相符。

(2) 向相关银行函证担保事项。

(3) 对已涉诉并已判决的对外担保，取得并审阅相关法院判决书。

(4) 对已涉诉但尚未判决的对外担保，取得被审计单位律师或法律顾问的法律意见书。

(5) 检查预计负债的估计是否正确，会计处理是否准确。

(6) 检查预计负债在财务报表附注中的披露是否充分。

14.6.2　无形资产与长期待摊费用审计

1. 无形资产审计

无形资产是指企业拥有或控制的没有实物形态的非货币性资产。无形资产分为可辨认无形资产和不可辨认无形资产。可辨认无形资产包括专利权、非专利技术、商标权、著作权、土地使用权等；不可辨认无形资产是指商誉。无形资产的审计目标为：

(1) 确定无形资产是否存在；

(2) 确定无形资产是否归被审计单位所有；

(3) 确定无形资产增减变动及其摊销的记录是否完整；

(4) 确定无形资产减值准备的计提是否正确；

(5) 确定无形资产的年末余额是否正确；

(6) 确定无形资产在财务报表上的披露是否恰当。

无形资产的实质性程序为：

(1) 索取或编制无形资产明细表，复核加计合计数是否正确，并与报表数、总账数和明细账合计数核对是否相符。

(2) 获取无形资产的有关协议和董事会纪要等文件资料，检查无形资产的性质、构成内容、计价依据，其所有权是否归被审计单位所有；检查无形资产各项目的摊销政策是否符合有关规定，是否与上期一致。被审计单位若改变摊销政策，检查其依据是否充分。

(3) 检查无形资产的增加。对股东投入的无形资产，检查是否符合有关规定，并经过适当的审查批准。无形资产的价值是否分别与验资报告及资产评估结果确认书或合同协议等证明文件一致，会计处理是否正确。对自行取得或购入的无形资产，检查其原始凭证，确认计价是否正确，法律程序是否完备，会计处理是否正确。

(4) 检查无形资产转让的会计处理是否正确，特别要检查转让的是所有权还是使用权。

(5) 检查本期摊销额是否正确，会计处理是否正确。

(6) 检查无形资产减值准备的计提是否正确。

(7) 检查无形资产在财务报表及附注中的披露是否充分。

2. 长期待摊费用审计

长期待摊费用是指企业已经支出，但其影响不限于支付当期，因而应由支付当期和以后各受益期共同分摊的费用支出。如租入固定资产的改良支出以及摊销期限在1年以上的其他待摊费用。长期待摊费用的审计目标为：

(1) 确定长期待摊费用是否确实存在；

(2) 确定长期待摊费用入账和摊销的记录是否完整；

(3) 确定长期待摊费用期末余额是否正确；

(4) 确定无形资产的摊销政策是否恰当；

(5) 确定无形资产减值准备的计提是否正确；

(6) 确定长期待摊费用在财务报表上的披露是否恰当。

长期待摊费用的审计程序如下：

(1) 获取或编制长期待摊费用明细表，复核其加计数是否正确，并核对其期末合计数与报表数、总账数和明细账合计数是否相符。

(2) 抽查重要的原始凭证，检查长期待摊费用增加的合法性和真实性，查阅有关合同、协议等资料和支出凭证，检查其是否经过授权批准，会计处理是否正确，是否存在应计入期间费用的支出。

(3) 检查摊销政策是否符合会计准则的规定，复核并计算摊销额及相关的会计处理是否正确，前后期是否保持一致，有无存在随意调节利润的情况。

(4) 检查长期待摊费用在资产负债表上的披露是否恰当。

14.6.3 利润表相关账户的审计

1. 投资收益的审计

投资收益的审计目标为：

(1) 确定记录的投资收益是否已经发生，且与被审计单位有关；

(2) 确定投资收益记录是否完整；

(3) 确定与投资收益有关的金额及其他数据是否已恰当记录；

(4) 确定投资收益是否记录于正确的会计期间；

(5) 确定投资收益的内容是否正确；

(6) 确定投资收益的披露是否恰当。

投资收益的实质性程序为：

(1) 获取或编制投资收益分类明细表、复核加计正确，并与总账数和明细账合计数核对相符，与报表数核对相符。

(2) 与以前年度投资收益比较，结合投资本期的变动情况，分析本期投资收益是否存在异常现象。如有，应查明原因，并作出适当的调整。

(3) 与长期股权投资、交易性金融资产、交易性金融负债、可供出售金融资产、持有至到期投资等相关项目的审计结合，验证确定投资收益的记录是否正确，确定投资收益被计入正确的会计期间。

(4) 确定投资收益披露是否恰当。

2. 营业外收入的审计

营业外收入，是指企业取得的与生产经营活动没有直接关系的各种收入，主要包括处置非流动资产利得、非货币性资产交换利得、债务重组利得、罚没收入、政府补助、捐赠利得、盘盈利得及无法支付的应付款项等。

营业外收入的审计目标是：确定营业外收入确实已经发生；确定营业外收入的记录完整；确定营业外收入的计算金额正确；确定营业外收入在利润表上的披露恰当。

营业外收入的实质性程序包括：

(1) 获取或编制营业外收入明细表，复核其加计数是否正确，并与报表数、总账数和明细账合计数核对是否相符。

(2) 检查营业外收入明细项目的设置是否符合规定的核算内容与范围，是否划清营业外收入与其他收入的界限。

(3) 检查非流动资产处置利得：应结合相关非流动资产的审计，检查是否在授权范围内履行了必要的批准程序，抽查相关原始凭证，审核其内容的真实性和依据的充分性，检查会计处理是否符合相关规定。

(4) 检查非货币性资产交换利得：应结合非货币性资产交换的审计，检查是否在授权范围内履行了必要的批准程序，并抽查相关原始凭证，审核其内容的真实性和依据的充分性，检查会计处理是否符合相关规定。

(5) 结合债务重组的审计，检查债务重组利得，是否在授权范围内履行了必要的批准程序，并抽查相关原始凭证，审核其内容的真实性和依据的充分性，检查会计处理是否符合相关规定。

(6) 结合递延收益审计，检查政府补助的批准文件，复核收入的性质、金额、入账时间是否正确。

(7) 结合相关资产的盘点及监盘资料，检查盘盈利得金额计算是否正确，是否获得必要的审批程序，抽查相关原始凭证，审核其内容的真实性和依据的充分性，检查会计处理是否符合相关规定。

(8) 检查捐赠利得相关的原始凭证，相应的税金是否提取，金额计算及账务处理是否正确。

(9) 结合相关科目审计，检查其他与营业外收入相关的入账金额及会计处理是否正确。

(10) 抽取资产负债表日前后几天的若干张凭证，实施截止测试，若存在异常迹象，考虑是否有必要追加审计程序，对于重大跨期项目，应作必要调整。

(11) 检查营业外收入是否已按照企业会计准则的规定在财务报表中作出恰当列报。检查营业外收入是否按照非流动资产处置利得、非货币性资产交换利得、债务重组利得、政府补助、盘盈利得、捐赠利得等分项披露。

3. 营业外支出的审计

营业外支出，是指企业发生的与生产经营活动没有直接关系的各种支出，主要包括处置非流动资产损失、非货币性资产交换损失、债务重组损失、罚款支出、捐赠支出、非常损失、盘亏损失等。

营业外支出的审计目标是：确定营业外支出是否发生；确定营业外支出的记录是否完整；确定营业外支出的计算是否正确；确定营业外支出的披露是否恰当。

营业外支出的实质性程序包括：

(1) 获取或编制营业外支出明细表，复核其加计数是否正确，并与报表数、总账数和明细账合计数核对是否相符。

(2) 检查营业外支出明细项目的设置是否符合规定的核算内容与范围，是否划清营业外支出与其他费用的界限。

(3) 结合固定资产清理、无形资产等的审计，检查非流动资产处置损失计入营业外支出的金额和有关会计处理是否正确。

(4) 检查非货币性资产交换损失，应结合非货币性资产交换的审计，检查计入营业外支出的金额和有关会计处理是否正确。

(5) 结合债务重组的审计，检查债务重组损失，计入营业外支出的金额和有关会计处理是否正确。

(6) 检查公益性捐赠支出的会计处理是否正确，注意公益性捐赠资产已计提的减值准备是否结转。检查公益救济性捐赠是否按税法规定进行企业所得税纳税调整。

(7) 对非常损失应详细检查有关资料，被审计单位实际损失和保险理赔情况及审批文件，检查会计处理是否正确。

(8) 对因盘亏、毁损的资产发生的净损失，检查是否按管理权限报经批准后处理，会计处理是否正确。

(9) 结合预计负债的审计，对由对外提供担保、未决诉讼、重组义务产生的预计负债，应取得担保合同、仲裁或法院判决书等，检查计入营业外支出的金额是否适当，有关会计处理是否正确。

(10) 检查非公益性捐赠支出、税收滞纳金、罚金、罚款支出、各种赞助费支出是否进行应纳税所得额调整。

(11) 抽取资产负债表日前后一天的一张凭证，实施截止测试，若存在异常迹象，应考虑是否有必要追加审计程序，对于重大跨期项目应作必要调整。

(12) 检查营业外支出是否已按照企业会计准则的规定在财务报表中作出恰当列报。营业外支出是否按非流动资产处置损失、非货币性资产交换损失、债务重组损失、公益性捐赠支出、非常损失、盘亏损失等各项目分项披露。

本章小结

本章主要讲述了筹资与投资循环所涉及的主要业务活动、主要凭证与会计记录；筹资与投资循环的控制测试；借款审计；所有者权益审计；投资审计；其他相关账户审计。

复习思考题

一、单项选择题

1. 甲注册会计师在审计某公司长期借款业务时，为确定"长期借款"账户余额的真实性而进行函证。函证的对象应当是(　　)。

A. 该公司的律师 　　　　　　　　B. 金融监管机构

C. 银行或其他有关债权人 　　　　D. 该公司的主要股东

2. 注册会计师在审计应付债券时，如果被审计单位应付债券业务不多，可直接执行(　　)。

A. 内部控制调查 　　　　　　　　B. 控制测试

C. 实质性程序 　　　　　　　　　D. 穿行测试

3. 注册会计师在审计股票发行费用的会计处理时，若股票溢价发行，应查实被审计单位是否按规定将各种发行费用(　　)。

A. 冲减溢价收入 　　　　　　　　B. 计入长期待摊费用

C. 计入资本公积 　　　　　　　　D. 计入管理费用

4. 所有者权益的审计一般(　　)。

A. 以控制测试为主 　　　　　　　B. 以实质性程序为主

C. 以细节测试为主 　　　　　　　D. 以分析程序为主

5. 注册会计师为了验证被审计单位在资产负债表日所列示的可供出售金融资产确实归被审

计单位所有，应当实施的最佳审计程序是(　　)。

A. 将交易与会计记录进行核对，确定所有交易均经批准或授权

B. 抽查投资交易原始凭证，证实有关凭证是否已预先编号

C. 将明细账与总账进行核对

D. 函证被托管的证券，实际盘点企业自行保管的证券

6. 在应付债券的审计中一般不涉及的账户是(　　)。

A. 在建工程　　　　　　　　　　B. 投资收益

C. 财务费用　　　　　　　　　　D. 银行存款

7. 甲公司上市发行普通股股票，下列审计程序中注册会计师最不可能执行的是(　　)。

A. 向该公司的开户银行函证　　　B. 向证券登记结算公司函证

C. 检查股票备查登记簿　　　　　D. 检查该公司已签发的现金支票

8. 企业不按期确认应付债券的应计利息，不会影响(　　)。

A. 应付债券的面值　　　　　　　B. 财务费用的账面记录

C. 应付债券的账面价值　　　　　C. 在建工程的账面记录

9. 审查未分配利润时，一般不涉及的账户是(　　)。

A. 应付股利　　　　　　　　　　B. 股本

C. 本年利润　　　　　　　　　　D. 利润分配

10. 注册会计师在审查企业的债券投资业务时，不需要审查(　　)。

A. 是否采用实际利率法进行溢价摊销　　B. 每期摊销额计算是否正确

C. 是否正确选择成本法或权益法　　　　D. 是否按期计算应计利息

二、多项选择题

1. 注册会计师在审查无形资产的摊销时，应查实(　　)。

A. 摊销年限是否合理　　　　　　B. 摊销金额是否计算无误

C. 摊销的会计处理是否正确　　　D. 摊销是否经授权批准

2. 对于实收资本的减少，注册会计师应查明被审计单位是否(　　)。

A. 事先通知所有债权人，债权人无异议

B. 事先通知所有债务人，债务人无异议

C. 经股东大会决议同意，并修改公司章程

D. 减资后的注册会计师不低于法定注册资本的最低限额

3. 某公司长期股权投资采用权益法进行核算，在审查长期股权投资的投资收益时，注册会计师应重点查实(　　)。

A. 该公司采用权益法核算长期股权投资是否经过批准

B. 被投资方净损益的金额是否真实

C. 该公司的投资比例是否真实、准确

D. 被投资方分派现金股利的金额是否真实

4. 某客户的财务负责人担任证券投资的会计记录工作，他不宜再(　　)。

A. 参与证券买卖　　　　　　　　B. 参与证券保管

C. 兼任证券业务的授权审批　　　D. 兼任证券买卖的负责人

5. 下列关于所有者权益审计的说法中正确的有(　　)。

A. 通常以实质性程序为主　　　　B. 通常不需要了解相关的内部控制

C. 控制测试是必须要执行的程序　　　　　　　D. 通常的审计重点是有无高估

6. 为证实长期借款披露的恰当性，注册会计师应注意(　　)。

A. 借款合同中有关限制条件的财务信息的披露情况

B. 一年内到期的长期借款的分类情况

C. 长期借款的授权批准情况

D. 长期借款的抵押和担保的披露情况

7. 下列审计程序中属于分析程序的是(　　)。

A. 根据长期借款的加权平均总额和加权平均利息率计算全年的利息费用，并与实际利息费用比较

B. 根据每月的借款利息和平均利息率推算长期借款的金额，据以检查长期借款的漏计和低估情况

C. 根据票面利率和债券的面值计算应计利息数，并验证企业的账面记录

D. 验算需要资本化的利息金额

8. 对管理费用和财务费用进行审查，需要执行的实质性程序一般有(　　)。

A. 趋势分析　　　　　B. 截止测试　　　　　C. 是否长期挂账　　　　D. 是否超范围列支

9. 为证实被审计单位是否存在未入账的长期负债业务，注册会计师可选用(　　)程序进行测试。

A. 审查年内到期的长期负债是否列示在流动负债类项目下

B. 函证银行存款余额的同时证实负债业务

C. 分析财务费用，确定付款利息是否异常高

D. 从相关的借款合同追查至借款明细账的记录

10. 在对被审计单位长期借款进行实质性测试时，注册会计师一般获取的审计证据包括(　　)。

A. 长期借款合同和授权批准文件

B. 长期借款明细表

C. 重大长期借款的函证回函、逾期长期借款的展期协议

D. 相关抵押资产的所有权证明文件

三、判断题

1. 注册会计师应提请被审计单位将其对子公司的投资采用权益法核算。(　　)

2. 如果企业的投资证券是委托某些专门机构代为保管，注册会计师应向这些保管机构进行函证，以证实投资证券的存在性和金额准确性。(　　)

3. 由于对所有者权益项目审计主要以实质性程序为主，所以注册会计师可以不了解所有者权益的相关内部控制。(　　)

4. 注册会计师审查公开发行股票公司已发行的股票数量是否真实、是否已收到股款时，应向主要股东函证。(　　)

5. 应付债券的审计一般以实质性程序为主。(　　)

6. 注册会计师应根据各项借款的日期、利率、还款期限，复核被审计单位短期借款的利息是否正确，有无多算或少算利息的情况。(　　)

7. 公司所有者权益发生的业务频率较低，但金额较大，性质也很重要。根据会计方程式——资产=负债+所有者权益，如果注册会计师将被审计单位的资产和负债全部审计完结并得出了相应的审计结论，可以从侧面证实所有者权益的正确性。(　　)

8. 注册会计师应向被审计单位索取或自行编制实收资本明细表，作为当期档案，以审查实收资本时使用。（　　）

9. 对投资执行分析程序，计算长期股权投资中高风险投资所占的比例，分析投资的安全性，并要求被审计单位据此调整相关账项。（　　）

10. 审查可供出售金融资产初始计量及确认时，如果支付的价款中包含已到付息期但尚未领取的债券利息或已宣告但尚未发放的现金股利，应注意检查是否列入其中。（　　）

四、分析题

注册会计师在对A公司2013年度财务报表进行审计时，发现A公司2013年10月12日支付价款100万元从二级市场购入B公司发行的股票100 000股，每股价格10.50元(含已宣告但未发放的现金股利0.50元)，另支付交易费用2000元。

A公司作了如下会计处理：

借：交易性金融资产——成本　　　　　　　　1 000 000

　　应收股利　　　　　　　　　　　　　　　　50 000

　　财务费用　　　　　　　　　　　　　　　　2000

　　贷：银行存款　　　　　　　　　　　　　　1 052 000

注册会计师了解到该股票年末市场价格为每股17元，A公司将持有的B公司股权划分为交易性金融资产，且持有B公司股权后对其无重大影响。A公司年末对该股票按公允价值作了如下会计处理：

借：交易性金融资产——公允价值变动　　　700 000

　　贷：资本公积——其他资本公积　　　　　　700 000

案例分析题

分析存在的问题，提出处理意见，并编制审计调整分录。

【案例】某会计师事务所接受委托，对某上市公司2013年度财务报表进行审计。注册会计师于2013年12月份对该公司的内部控制进行测试。审计工作底稿部分内容如下。

1. 该公司股东大会批准董事会的投资权限为1亿元以下，董事会决定由总经理负责实施。总经理决定由证券部负责总额在1亿元以下的股票买卖。该公司规定，公司划入营业部的款项由证券部申请，由会计部审核，总经理批准后划转入公司在营业部开立的资金账户。经总经理批准，证券部直接从营业部资金账户支取款项。证券买卖、资金存取的会计记录由会计部处理。注册会计师了解和测试投资的内部控制后发现：证券部在某营业部开户的有关协议及补充协议未经会计部或其他部门审核。根据总经理的批准，会计部已将8000万元汇入该账户。证券部处理证券买卖的会计记录，月底将证券买卖清单交给会计部，会计部据以汇总登记。

2. 该公司控股股东的法定代表人同时兼任该公司的法定代表人，总经理是聘任的。在公司章程及相关协议中未具体载明股东大会、董事会、经营班子的融资权限和批准程序。经了解，该公司由财务部负责融资，2013年根据总经理的批示向工商银行借入了1亿元贷款。

【问题】1. 根据上述内容，假定未描述的其他内部控制不存在缺陷，请指出该公司内部控制在设计和运行方面的缺陷，并提出改进建议。

2. 根据对该公司内部控制的了解和测试，请分别指出上述内部控制缺陷与投资交易与何种认定相关。

【提示】1. 内部控制存在的缺陷及改进建议：

由证券部直接支取款项使授权与执行职务未得到分离，款项的安全得不到保证。建议该公司从资金账户中支取款项时，由会计部审核和记录，由证券部办理。

与证券投资有关的活动要由两个部门控制。有关的协议未经独立部门审核，会使有关的条款未全部在协议中载明，可能存在协议外的约定。建议该公司与营业部的协议应经会计部或其他部门审核。

证券部自己处理证券买卖的会计处理，业务的执行与记录这两个不相容职务未分离，并且未得到适当的授权和批准；月末会计部门汇总登记证券投资记录，未及时按每一种证券分别设立明细账，详细核算。建议该公司由会计部负责对投资进行核算，及时分品种设立明细账详细核算。

借款应得到适当的授权或批准。建议该公司在公司章程或有关决议中具体规定股东大会、董事会、经营班子的有关筹资的权限和批准程序。

2. 内部控制缺陷与财务报表项目认定的关系：

由证券部直接支取款项与投资的"完整性""存在或发生"认定有关。

与证券部的协议未经独立部门审核与投资的"完整性"认定有关。

由证券部进行会计核算、会计部月末汇总与投资的"估价或分摊""完整性"认定有关。在公司章程及相关决议中未载明股东大会、董事会、经营班子的融资权限和批准程序，与借款的"完整性""存在或发生""估价或分摊"的认定有关。

第15章 货币资金审计

15.1 货币资金与业务循环概述

货币资金包括库存现金、银行存款和其他货币资金。货币资金是企业资产中流动性最强的一种资产。任何企业进行生产经营活动都必须拥有一定数额的货币资金，尽管货币资金在企业资产总额中所占的比重不大，但它是企业生产经营活动的基本条件，在企业会计核算中占据重要的位置，也是审计的重要内容。

15.1.1 货币资金审计涉及的主要凭证和会计记录

货币资金涉及的凭证和会计分录主要有：

(1) 库存现金盘点表；

(2) 银行对账单；

(3) 银行存款余额调节表；

(4) 有关科目的记账凭证(如库存现金收付款凭证、银行存款收付款凭证等)；

(5) 有关会计账簿(如库存现金日记账、银行存款日记账等)。

15.1.2 货币资金与业务循环的关系

货币资金与业务循环的关系如图15-1所示。

由图15-1可以看出，货币资金的业务活动与每个业务循环均有直接关系。

(1) 在销售与收款循环中，现销收入的取得及赊销货款的收回，会使货币资金增加；

(2) 在购货与付款循环中，预付货款、现购货物及支付前欠货款，会使货币资金减少；

(3) 在生产与存货循环中，支付工资、支付各种生产费用，会使货币资金减少；

(4) 在筹资与投资循环中，长短期借款的发生与归还，股票、债券的购买与出售，利息、股利的支付与收回等均会造成货币资金的增减变化。

15.2 货币资金的内部控制及其测试

15.2.1 货币资金的内部控制

由于货币资金是企业流动性最强的资产，企业必须加强对货币资金的管理，建立良好的货币资金内部控制制度，以确保全部应收进的货币资金均能收进，并及时正确地予以记录。

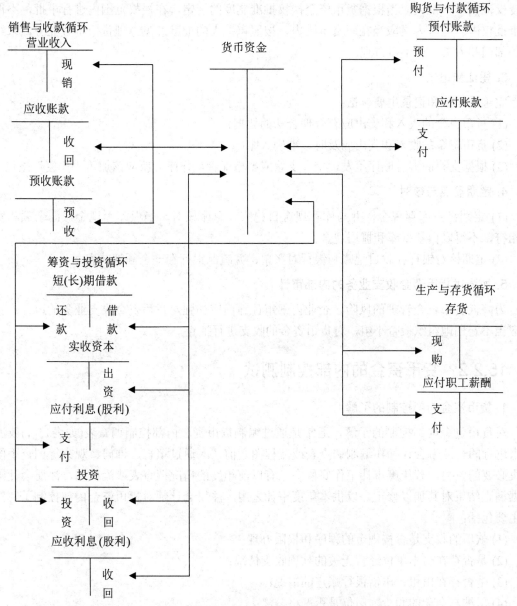

图15-1　货币资金与业务循环的关系

全部货币资金的支出是按照经批准的用途进行使用的，并及时正确地予以记录；库存现金、银行存款余额正确，并得以恰当保管；正确预测企业正常经营所需的货币资金收支额，确保企业有充足又不过剩的货币资金余额。

一般而言，一个良好的货币资金内部控制应包括以下内容。

1. 职责分工

合理的职责分工制度包括：①库存现金的保管与记录分离；②银行对账单的核对与出纳员分离。任何单位不得由一个人办理货币资金业务的全过程。

2. 授权审批

被审计单位应当对货币资金业务建立严格的授权审批制度，明确审批人员对货币资金业务的授权范围。审批人应当根据货币资金授权批准制度的规定，在授权范围内进行审批，不得超越审批权限。经办人员应当在职责范围内，按照审批人的批准意见办理货币资金业务，未经授权的部门和人员一律不得办理。

3. 凭证和记录

完善的凭证和记录主要包括：

(1) 货币资金的收入和支出应有合理合法的凭据；

(2) 货币资金的收入和支出应及时、准确入账；

(3) 根据支票的编号顺序签发，空白支票应严格保管，作废支票应该加盖"作废"戳记。

4. 定期盘点与核对

(1) 定期盘点库存现金，并与库存现金日记账、总账核对，确保库存现金账面余额和实存数相符，不得以白条抵库和挪用现金；

(2) 定期核对银行存款日记账和银行对账单，并编制银行存款余额调节表。

5. 加强对货币资金收支业务的内部审计

为降低货币资金管理的风险，企业内部审计部门应加强对货币资金收支业务的审计。企业还应当不定期地组织检查小组，对货币资金的收支进行抽查。

15.2.2 货币资金的内部控制测试

1. 货币资金内部控制的了解

对货币资金内部控制的了解，通常是通过编制货币资金内部控制调查表(如表15-1)或流程图来进行的。注册会计师在编制调查表或流程图之前，应通过填表、询问、观察等调查手段，收集必要的资料。若年度审计工作底稿中已有以前年度的情况调查表或流程图，注册会计师可根据调查结果对其加以修正，以供本年度审计之用。注册会计师对货币资金内部控制了解的内容主要包括：

(1) 款项的收支是否按规定的程序和权限办理；

(2) 是否存在与本单位经营无关的款项收支情况；

(3) 是否存在出租、出借银行账户的情况；

(4) 出纳与会计的职责、岗位是否严格分离；

(5) 库存现金是否妥善保管，是否定期进行盘点、核对，等等。

以货币资金内部控制调查表为例，如表15-1所示。

表15-1　货币资金内部控制调查表

被审计单位名称		编制人		日期		索引次号	
调查项目		复核人		日期		页次	
调查内容	是	否	不适用	信赖与否		控制测试	
1. 库存现金出纳员与相关总记录是否分离 2. 是否由出纳以外的人员编制银行存款余额调节表 3. 货币资金收支是否有合法的凭证 4. 全部收支是否及时入账							

（续表）

被审计单位名称		编制人		日期		索引次号	
调查项目		复核人		日期		页次	
调查内容	是	否	不适用	信赖与否		控制测试	
5. 支票的签发是否根据支票的编号顺序签发							
6. 支出是否均有核准手续							
7. 是否控制库存现金坐支，当日收入的库存现金是否及时送存银行							
8. 是否做到库存现金日清日结，做到账实相符							
9. 是否以白条抵充库存现金							
10. 是否私设小金库							
11. 出纳办理收付款后是否在收付款凭证上加盖"收讫""付讫"戳记							
12. 出纳人员收取库存现金后是否开出收款收据							
13. 有无库存现金收支业务的内部审计制度							
14. 是否有支票申领、签发制度							
15. 是否建立报销制度							

2. 初步评估控制风险水平

注册会计师在了解和描述被审计单位货币资金内部控制后，应对货币资金的控制风险作出初步评估。在对控制风险作出初步评估的时候，注册会计师应当遵循稳健原则，宁可高估风险也不可低估风险。如果控制风险不可接受，注册会计师应当不实施控制测试，直接进行实质性测试程序。控制风险水平一般用高、中、低来表示。

3. 控制测试

货币资金的控制测试主要包括以下方面。

1) 观察货币资金的处理

注册会计师主要应观察以下内容：

(1) 被审计单位的现金保管与总账的登记是否由不同的人员进行；

(2) 是否存在未入账的现金。

2) 核对现金、银行存款日记账和总账

首先，注册会计师应抽取一定时期的库存现金、银行存款日记账，检查其有无计算错误，加总是否正确无误。如果检查中发现问题较多，说明被审计单位货币资金的会计记录不可靠。其次，注册会计师应根据日记账提供的线索，核对总账中的库存现金、银行存款、应收账款、应付账款等有关账户的记录，看其是否相符。

3) 抽取部分收款凭证检查相关的会计记录

(1) 核对库存现金、银行存款日记账的收入入账日期是否一致；

(2) 核对库存现金、银行存款日记账的收入金额是否正确；

(3) 核对收入凭证与银行对账单的日期与金额是否相符；

(4) 核对收款凭证与应收账款明细账的有关记录是否相符；

(5) 核对实收金额与销售发票所列金额是否一致，等等。

4) 抽取部分付款凭证，检查相关的会计分录

(1) 检查付款的授权批准手续是否符合规定；

(2) 核对库存现金、银行存款日记账的付出金额是否正确；

(3) 核对付款凭证与银行对账单是否相符；

(4) 核对付款凭证与应付账款明细账的记录是否相符；

(5) 核对实付金额与购货发票所列金额是否一致，等等。

5) 抽取盘点表和银行存款余额调节表

抽取部分库存现金盘点表，检查被审计单位是否定期进行库存现金的盘点，并了解盘点结果的处理情况。

抽取一定期间的银行存款余额调节表，将其同银行对账单进行核对，查验其是否按月正确编制并复核银行存款余额调查表。

4. 重新评估控制风险

注册会计师在完成了上述程序之后，在分析货币资金内部控制过程中存在的薄弱环节和缺点的基础上，对前述初步评估的货币资金的控制风险进行修正，据以确定在货币资金实质性测试中对哪些环节可以适当减少审计程序，节约审计时间，哪些环节应相应增加审计程序，提高审计质量，降低审计风险。

15.3 库存现金审计

库存现金包括人民币库存现金和外币库存现金。库存现金的流动性强，易发生问题，应特别注意加强审计。

15.3.1 库存现金的审计目标

(1) 确定资产负债表货币资金项目中的库存现金在财务报表日是否存在，是否为审计单位所有；

(2) 确定库存现金收支业务是否已记录完毕，有无遗漏；

(3) 确定库存现金的期末余额是否正确；

(4) 确定库存现金在财务报表上的披露是否恰当。

15.3.2 库存现金的审计范围

库存现金的审计范围包括：库存的人民币及外汇、证实库存现金收支正确性的原始凭证、库存现金收付款记账凭证、库存现金日记账、库存现金总账、被审计单位某一时日的库存现金盘点记录。

15.3.3 库存现金错报风险分析

1. 库存现金收入不入账，私设"小金库"

具体表现为：

(1) 截留各项营业收入。如截留销售产品收入中的库存现金部分；

(2) 截留出售次品、过期不用的原材料、废旧物资的库存现金收入等；

(3) 私自或有意将投资、联营的所得转移、存放于外单位或境外；

(4) 隐匿回扣、佣金和好处费；

(5) 虚列支出，虚报冒领。

2. 挪用库存现金，即"挪用公款"

具体表现为：

(1) 出纳人员打白条抵顶库存现金；

(2) 经单位领导批准用于个人生活或其他方面需要，从企业借出公款。挪用公款现象实质上是利用企业资产为个人服务，将给企业带来利息损失，甚至影响企业正常的业务经营活动。

3. 贪污公款

具体表现为：

(1) 利用收入库存现金不开发票或收据的形式进行贪污；

(2) 以涂改、撕毁发票或收据的形式进行贪污；

(3) 用假发票或假收据进行贪污；

(4) 利用凭证副本重复报销或用白条虚报支出；

(5) 以开现金支票取款后不入账的形式进行贪污；

(6) 利用涂改或虚报工资表中的有关内容进行贪污；

(7) 私人购物品利用公款报销进行贪污；

(8) 在销售过程中以短斤少两、抬高价格等手段进行贪污。

贪污公款实质上是侵占企业财产，损害所有者、投资者的利益。对此注册会计师应重点关注。

4. 库存现金支出不合理、不合法

具体表现为：

(1) 支付回扣或好处费后虚拟退货，开红头发票入账；

(2) 支付回扣或好处费后，将其直接列入费用；

(3) 用"小金库"库存现金支付回扣或好处费。

15.3.4　库存现金的实质性测试程序

1. 核对库存现金总账与日记账的余额是否相符

如不相符，应查明原因，要求被审计单位作出适当调整，并进行记录。

2. 监盘库存现金

监盘库存现金是证实资产负债表中所列库存现金是否存在的一项重要程序。监盘库存现金，通常包括对已收到但未存入银行的库存现金、零用金等的监盘。监盘库存现金的时间和人员应视被审计单位的具体情况而定，时间最好安排在营业前或营业终止后进行，被审计单位出纳员和会计主管人员必须参加盘点，并由注册会计师监盘。库存现金的监盘应采取突击式监盘，既不事先通知会计部门和出纳员，防止出纳员在盘点前采取措施掩盖弊端，达不到监盘的

目的。库存现金监盘的步骤和方法包括：

(1) 由出纳员将库存现金全部放入保险柜暂未封存，同时要求出纳员将全部凭证入账，结出当日库存现金日记账余额。

(2) 注册会计师应充分了解企业除封存在保险柜的库存现金外，是否还有库存现金存放在其他部门或其他人员手中。对于所有的库存现金，不论存放何处，应同时进行清点。

(3) 审阅库存现金日记账并同时与库存现金收付款凭证核对，一方面检查库存现金日记账的记录与凭证的内容和金额是否相符，有无涂改、伪造现象；另一方面了解凭证日期与库存现金日记账日期是否相符或接近。

(4) 出纳员在会计主管和注册会计师在场的情况下清点库存现金，会计主管人员和注册会计师在旁观察监督，同时由注册会计师编制"库存现金监盘表"，分币种、面值列示盘点金额。出纳员、会计主管及注册会计师应在"库存现金监盘表"上共同签字，作为重要的审计工作底稿。"库存现金监盘表"如表15-2所示。

表15-2 库存现金监盘表

客户：_____   签名   日期

项目：库存现金监盘   编制人：_____ _____   索引号：_____

会计期间：_____   复核人：_____ _____   页　次：_____

盘点日期：　年　月　日

检查账目记录			现金盘点记录		
项目	币种	人民币	面额	数量	金额
一、盘点日现金账面余额	1	——	100		
加：未记账收款金额	2	——	50		
减：未记账付款金额	3	——	20		
盘点日账面应有余额	4=1+2-3	——	10		
二、盘点日库存实有金额	5	——	5		
三、盘点日账存与实存差异	6=4-5	——	1		
其中：白条抵库	7	——	0.5		
原因不明	8=6-7	——	0.1		
四、追溯调整			0.1		
加：报销日至盘点日现金付出数	9	——	存放地点：××		
减：报表日至盘点日现金收入数	10	——	盘点日：　年　月　日		
报表日现金实有金额	11=5+9-10	——	盘点人：××		
报表日现金账面余额	12	——	出纳人员：××		
报表日账存与实存差额	13=12-11	——	会计主管：××		

情况说明及审计结论

盘点人：   监盘人：   复核：

(5) 若有冲抵库存现金的借条、未提现支票、未作报销的原始凭证,需在"库存现金监盘表"中注明或作必要调整;

(6) 盘点金额与库存现金日记账余额进行核对,如有差异,应查明原因,作出记录并适当调整;若盘点时间是在资产负债表日后进行,应调整至资产负债表日。调整公式为

资产负债表日库存现金实有金额=盘点日库存现金实有金额+资产负债表日后至盘点日库存现金支出数-资产负债表日后至盘点日库存现金收入数。

3. 抽查大额库存现金收支业务

抽查大额库存现金收支的原始凭证内容是否完整,有无授权批准,并核对相关账户的进账情况,如有与被审计单位无关的收支业务,应查明原因;审阅库存现金日记账摘要栏,看其库存现金收付业务是否合法,有无超出规定的结算范围;审阅库存现金日记账金额栏,看其库存现金收付业务是否超过了制度规定的限额;审阅对应科目栏,检查各项库存现金收付业务的会计处理是否正确,如有错误,查明原因,并作相应的记录。

4. 审查库存现金收支的正确截止

注册会计师应审查资产负债表日前后一段时间内库存现金收支原始凭证,检查库存现金收支截止期的正确性,注意有无跨期收支项目,如有,应作适当调整。

5. 审查外币库存现金的折算是否正确

检查外币库存现金的收支,是否按规定的汇率折合为记账本位币金额;外币库存现金期末余额是否按期末市场汇率折合为记账本位币金额;外币折算差额是否已按规定进行会计处理。

6. 确定库存现金是否已在财务报表上恰当披露

根据会计制度的规定,库存现金应包含在资产负债表中的"货币资金"项目内,注册会计师应在实施上述审计程序后,确定"库存现金"账户的期末余额是否恰当,进而确定库存现金是否在资产负债表中恰当披露。

【例15-1】注册会计师李楠于2014年3月15日上午8时审查A公司的库存现金日记账和盘点库存现金,结果如下:

(1) 库存现金日记账余额为2921.60元;

(2) 清点库存现金计100元票8张,50元票11张,10元票14张,5元票68张,1元票68张,5角硬币46枚,1角硬币6枚;

(3) 3月14日已收入库存现金而尚未入账的收款凭证1张,计100元;

(4) 3月14日已付出库存现金而尚未入账的付款凭证3张,计640元;

(5) 未经授权人签字的借条1张,计400元;

(6) 邮票20元,系财务部门购入作寄出邮件用,已计入管理费用。

该公司库存现金限额1600元,审计工作底稿复核人王婧,复核日期为2014年3月25日。

要求:(1)根据上述审查和清点结果,填制库存现金监盘表;

(2)针对该公司库存现金业务中存在的问题,提出改进意见。

【解答】库存现金监盘表及注册会计师针对该公司库存现金业务中存在的问题所提出的改进意见如表15-3所示。

表15-3　库存现金监盘表

客户：　A公司　　　　　　　　　　　　签名　　日期
项目：　库存现金监盘　　　　　编制人：李楠　　15/3　　　　　索引号：A1-1
会计期间：＿＿＿＿＿＿＿　　　复核人：王婧　　25/3　　　　　页　次：　12
盘点日期：2013年3月15日

检查账目记录			现金盘点记录		
项目	币种	人民币	面额	数量	金额
一、盘点日现金账面余额	1	2921.60	100	8	
加：未记账收款金额	2	100.00	50	11	
减：未记账付款金额	3	640.00	20	14	
盘点日账面应有余额	4=1+2-3	2381.60	10	68	
二、盘点日库存实有金额	5	1921.60	5	68	
三、盘点日账存与实存差异	6=4-5	460.00	1	46	
其中：白条抵库	7	400.00	0.5	6	
原因不明	8=6-7	60.00	0.1		
四、追溯调整			合计	——	1921.60
加：报销日至盘点日现金付出数	9	——	存放地点：××		
减：报表日至盘点日现金收入数	10	——	盘点日：　年　月　日		
报表日现金实有金额	11=5+9-10	——	盘点人：××		
报表日现金账面余额	12	——	出纳人员：××		
报表日账存与实存差额	13=12-11	——	会计主管：××		

情况说明及审计结论：
① 超过限额781.60元，应及时将超限额库存现金送存银行。
② 短缺60元，应查明原因。
③ 3月14日凭证未及时入账，应做到日清月结。
④ 不能以白条抵冲库存现金，应及时补办手续或尽快收回不符合规定的借出款项

盘点人：吴捷　　　　　　监盘人：李楠　　　　　　复核人：王婧

15.4　银行存款审计

15.4.1　银行存款的审计目标

(1) 确定资产负债表货币资金项目中的银行存款在财务报表日是否存在，是否为被审计单位所有；

(2) 确定银行存款收支业务是否已记录完毕，有无遗漏；

(3) 确定银行存款的期末余额是否正确；

(4) 确定银行存款在财务报表上的披露是否恰当。

15.4.2 银行存款错报风险分析

1. 存入的库存现金来源不合法

注册会计师应审查被审计单位的结算管理制度,审查有无应以银行存款转账结算的业务而以库存现金进行结算。如有,应根据库存现金收入凭证上反映的经济业务,结合库存现金收入金额的大小进行查证企业银行存款的合法性。如有疑问,应查询或调查付款单位的经济业务。

2. 银行存款入账不及时、不足额

注册会计师可将应收账款明细账户的记录与银行转来的凭证及其他会计凭证进行核对来发现问题和疑点,然后再追踪调查该项经济业务的来龙去脉,使问题得以查清。

3. 出租出借银行账户收取好处费

注册会计师可审阅"银行存款日记账"中的摘要及余额记录,分析有无收款不正常的业务内容或模糊不清的摘要记录,如有,应进行账证核对,了解付款单位与被审计单位是什么关系,有无可能发生业务往来,然后在调查付款单位的基础上,结合审查银行存款减少过程中的情况来查证问题。

4. 利用少存多记进行舞弊

财务人员将销售款贪污后,在账上仍作银行存款和营业收入同时增加的处理。注册会计师应将"银行存款日记账"与"银行对账单"进行核对来查证问题;也可以通过销售业务的记账凭证与原始凭证来发现问题的疑点,然后再追踪调查。

5. 从银行存款中提取库存现金的用途不合法、不合理

从银行存款中提取库存现金,必须说明合理的用途,银行才能给予办理提款手续。有些单位在没有正常理由的情况下,利用银行一时的监督不力,从银行存款中提取出库存现金,用于非法开支。如出借账号后提取库存现金,从中收取好处费。注册会计师应检查提取库存现金的有关会计资料中的摘要说明,看其有无正当的理由;提取库存现金后核对其是否计入库存现金账;然后再检查"库存现金日记账"和付款凭证上所反映的业务内容,以及通过"库存现金"科目的对方科目来分析该笔库存现金的去向是否明确,是否合法;必要时与收款单位取得联系,让其协助调查问题。

6. 银行存款支出后不记账以掩盖非法开支

注册会计师可对"银行日记账"进行逐笔核对来查明问题。

7. 开立"黑户",截留存款

黑户是指企业除正常使用的银行存款账户之外,以某种名义在银行开立的,主要是用于收付非法款项或者作为企业的"小金库"。注册会计师应将企业的主营业务收入明细账与库存商品细账核对,检查是否有发出商品而货款长期未收,审查有无假退货。如发现疑点应与供货方联系,查证款项的去向。

15.4.3 银行存款的实质性测试

1. 检查银行存款余额明细表

检查银行存款总账与日记账的余额是否相符,如不相符,应查明原因,要求被审计单位作

出适当调整,并进行记录。

2. 执行分析程序

注册会计师应比较银行存款余额的本期实际数与预算数以及与上年度账户的差异变动,对本期数字与上期实际数或本期预算的异常差异或显著波动必须进一步追查原因,确定审计重点。尤其应注意银行存款中定期存款所占的比例,以确定企业是否存在高息资金拆借,如存在高息资金拆借,应进一步分析拆出资金的安全性。

3. 取得或编制银行存款余额调节表

检查银行存款余额调节表(Bank Reconciliation)是证实银行存款是否存在的重要审计程序。银行存款余额调节表通常是按银行账户及货币种类分别编制的。银行存款余额调节表是由被审计单位提供还是由注册会计师亲自编制,取决于被审计单位内部控制的可依赖程度。如果企业的货币资金内部控制可以依赖,注册会计师可对审计单位提供的银行存款余额调节表进行复核;反之,则应采取自行独立编制银行存款余额调节表的方法。

(1) 自行独立编制银行存款余额调节表的步骤与要点:①要求会计人员将银行存款收付款凭证全部登记记账,并结出余额;向所有在审计年度内存过款的银行或非金融机构函证期末银行存款余额,索取银行对账单(Bank Statement)。②将银行对账单与银行存款日记账和总分类账上的余额加以核对。③调节未达账项并审阅企业编制的银行存款余额调节表,对于对账单与银行存款余额不一致的情况,不仅要调节未达账项,而且要注意有无账务处理上的差错。即使在余额一致的情况下,也要注意有无一收一付金额相等而一方遗漏入账的情况。注册会计师应重点检查银行已收、企业未收和银行已付、企业未付的未达账项。④注册会计师在上述审计的基础上,编制银行存款余额调节表,确认银行存款与对账单是否一致。

(2) 复核企业提供的银行存款余额调节表的步骤与要点:①验算调节表的数字计算。对于金额大的未提现支票、可提现的未提现支票以及注册会计师认为重要的未提现支票,列示未提现支票清单,注明开票日期和收票人姓名或单位。②追查截止日银行对账单上的在途存款,并在银行存款余额调节表上注明存款日期。③审查截止日仍未提现的大额支票和其他已签发的一个月以上的未提现支票。④审查截止日银行已收而企业未收的款项性质及款项来源。⑤核对银行存款总账余额与银行对账单加总金额。

银行存款余额调节表如表15-4所示。

表15-4 银行存款余额调节表

年 月 日

编制人: 日期: 索引号:
复核人: 日期: 页 次:
户 别: 币种: 单 位:元

项 目	金额	项 目	金额
银行对账单余额		企业银行存款日记账余额	

加:企业已收、银行尚未入账金额
其中:1.
  2.
		加:银行已收、企业尚未入账金额
		其中:1.
		  2.	

减:企业已付、银行尚未入账金额
其中:1.
  2.
		减:银行已付、企业尚未入账金额
		其中:1.
		  2.	

调整后银行对账单余额		调整后企业银行存款日记账余额	

经办会计人员:(签字)   会计主管:(签字)

4. 函证银行存款余额

函证银行存款余额是证实资产负债表所列银行存款是否准确的一项重要审计程序。通过向往来银行函证，注册会计师可了解企业银行存款是否存在，同时也可以发现企业未登记的银行借款。审计时，向被审计单位在审计年度内存过款的所有银行发函，其中包括企业在银行存款账户已结清的银行，因为存款账户虽已结清，但银行借款仍有可能存在。同样，虽然注册会计师已直接从某一银行取得了银行对账单和所有已支付支票，但仍有必要向这一银行函证。银行询证函的参考格式如表15-5所示。

表15-5　银行询证函

_____(银行)　　　　　　　　　　　　　　　　　　　　　　　　　　编号：

本公司聘请的××会计师事务所正在对本公司的财务报表进行审计，按照中国注册会计师审计准则的要求，应当询证本公司与贵行的存款、借款往来等事项。下列数据出自本公司账簿记录，如与贵行记录相符，请在本函下端"数据证明无误"处签章证明；如有不符，请在"数据不符"处列明不符金额。有关询证费用可直接从本公司××存款账户中收取。回函请直接寄至××会计师事务所。

回函地址：

邮编：　　　　　电话：　　　　　传真：　　　　　联系人：

截至　　年　　月　　日止，本公司银行存款、借款账户余额等列示如下：

1. 银行存款

账户名称	银行账号	币种	利率	余额	起止日期	是否被质押、用于担保或存在其他使用限制	备注

除以上所述，本公司并无其他在贵行的存款。

注："起止日期"一栏适用于定期存款，如为活期或保证金存款，可只填写"活期"或"保证金"字样。

2. 银行借款

银行账号	币种	余额	借款日期	还款日期	利率	借款条件	抵(质)押品/担保人	备注

除以上所述，本公司并无其他在贵行的借款。

注：此项仅函证截至资产负债表日本公司仍未归还的借款。

3. 其他事项(为其他公司借款提供担保、尚未兑现的银行承兑汇票、已贴现尚未到期的商业汇票、存放在银行的有价证券等)。

　　　　　　　　　　　　　　　　　　　　　　　　(公司盖章)

　　　　　　　　　　　　　　　　　　　　　　　年　　月　　日

结论：

1. 数据证明无误。

　　　　　　　　　　　　　　　　　　　　　　　　(银行盖章)

　　　　　　　　　　　　　　　　　　　经办人：　　年　　月　　日

2. 数据不符，请列明不符金额。

　　　　　　　　　　　　　　　　　　　　　　　　(银行盖章)

　　　　　　　　　　　　　　　　　　　经办人：　　年　　月　　日

5. 抽查大额银行存款收支业务

通过审阅银行存款日记账摘要栏和金额栏，抽查大额银行存款收支的原始凭证内容是否完整，有无授权批准，并核对相关账户的进账情况，如有与被审计单位无关的收支业务，应查明原因并作相应的记录；有无一收一付、一收多付或多收一付，对于数额相等而且日期相差不远的收付事项，应进一步追查是否存在出借银行账户的情况；注意银行存款日记账所列示的开出库存现金支票的内容，是否符合应存现金结算范围，有无套取库存现金的情况；注意银行存款日记账的登记，其收付凭证是否按顺序记账，有无故意调整而掩盖错弊的情况；抽查与银行存款有关的往来账户，查明有无利用往来账户搞非法活动或进行贪污的情况。

6. 审查银行存款收支的正确截止

企业资产负债表上的银行存款余额应当包括当年最后一天收到的所有存放在银行的款项，而不应包括其后收到的款项。同样，企业年终前开出的支票，不得在年后入账。为了确保银行存款收付的正确截止，注册会计师应当在清点支票及支票存根时，确定被单位决算日签发的最后一张支票号码，并检查在此号码前的支票是否均已寄出并入账。

7. 审查外币银行存款的折算是否正确

对于有外币银行存款的被审计单位，注册会计师应检查被审计单位对银行存款的收支是否按规定的汇率折合为本位币金额；外币银行存款期末余额是否按期末市场汇率折合为记账本位币金额；外币折合差额是否按规定计入相关账户。

8. 检查银行存款是否在资产负债表上恰当披露

根据规定，企业的银行存款在资产负债表上"货币资金"项目下反映。所以，注册会计师应在实施上述程序后，确定银行存款账户的期末余额是否恰当，从而确定资产负债表上"货币资金"项目中的数字是否恰当披露。

【例15-2】注册会计师对C公司2013年12月31日的银行存款进行审查。银行存款日记账余额为262 200元，银行对账单余额为146 250元，并发现以下情况：

(1) 银行从C公司银行存款账户中扣除借款利息1800元，公司未入账；

(2) 银行12月29日收到A公司汇来的货款52 500元，公司未入账；

(3) C公司12月29日存入转账支票1张，金额为96 000元，12月30日存入转账支票一张，金额为7500元，银行未入账。

检查银行对账单时发现，12月21日和23日收入和付出支票各1张，金额均为100 000元，C公司银行存款日记账上均无此记录。C公司编制的银行存款余额调节表如表15-6所示。

要求：

(1) 请指出C公司编制的银行存款余额调节表存在的问题；

(2) 分析C公司银行存款业务中可能存在的问题，并提出进一步审查的线索。

【解答】(1) 银行存款余额调节表的编制存在错误。其中银行12月29日收到A公司汇来的货款52 500元调节错误；银行扣除借款利息1800元调节错误；12月21日和23日收入和付出支票各1张，金额均为100 000元，C公司银行存款日记账上均无此记录，企业未做调节；调节表中企业已付，银行尚未入账的38 250元不存在。

(2) 可能存在的问题包括虚构未达账项、出借银行账号等问题。注册会计师应函证银行存款，以了解银行存款的真实性和完整性。

表15-6 银行存款余额调节表

2013年12月31日

项目	金额	项目	金额
银行对账单余额	146 520	企业银行存款日记账余额	262 200
加：企业已收、银行尚未入账金额		加：银行已收、企业尚未入账金额	
其中：1.	96 000	其中：1.	1800
2.	7500	2.	
减：企业已付，银行尚未入账金额		减：银行已付，企业尚未入账金额	
其中：1.	38 250	其中：1.	52 500
2.		2.	
调整后银行对账单余额	211 500	调整后企业银行存款日记账余额	211 500
经办会计人员：李××		会计主管：陈××	

15.5 其他货币资金审计

15.5.1 其他货币资金的审计目标

(1) 确定资产负债表货币资金项目中的其他货币资金在财务报表日是否存在，是否为被审计单位所有；

(2) 确定其他货币资金业务是否已记录完毕，有无遗漏；

(3) 确定其他货币资金的期末余额是否正确；

(4) 确定其他货币资金在财务报表上的披露是否恰当。

15.5.2 其他货币资金错报风险分析

1. 外埠存款错报风险分析

1) 非法开立外埠存款户

其具体存在的形式有：

(1) 捏造申请书，骗取银行的信用，在异地开设采购账户，用于非法交易；

(2) 在异地会同异地单位开设存款户，将企业的存款汇往异地作为外埠存款。

2) 外埠存款支出不合理、不合法

其具体存在的形式有：

(1) 使用外埠存款不是用于临时或零星采购；

(2) 将外埠存款用于联营投资、炒买炒卖股票、债券等交易活动；

(3) 采购人员挪用外埠存款。

2. 银行汇票等存款错报风险分析

1) 银行汇票等使用不合理、不合法

其具体存在的形式有：

(1) 超出银行汇票等的使用范围；

(2) 汇出银行汇票等，套取库存现金，用于非法活动；

(3) 贪污银行汇票等存款。

2) 收受无效的银行汇票等，给企业带来损失

其具体存在的形式有：

(1) 收到非银行签发的银行票据或假冒的银行票据；

(2) 收到银行汇票等的收款人并非本企业；

(3) 收到过期、伤亡或经涂改的银行汇票等。

3) 非法转让或贪污银行汇票

其具体存在的形式有：财务部门收到银行汇票时，不及时存入银行，而是通过背书转让给其他单位从中获得非法收入。

15.5.3　其他货币资金的实质性测试

(1) 核对外埠存款、银行汇票存款、银行本票存款等各种明细账期末合计数与总账数是否相符；

(2) 函证外埠存款户、银行汇票存款户、银行本票存款户期末余额；

(3) 对于非记账本位币的其他货币资金，检查其折算汇率是否正确；

(4) 抽查一定样本量的原始凭证进行测试，检查其经济内容是否完整，有无适当的审批授权，并核对相关账户的情况；

(5) 抽取资产负债表日后的收支凭证进行截止测试，如有跨期收支事项，应作适当调整；

(6) 检查其他货币资金在财务报表中的披露是否恰当；

(7) 根据库存现金、银行存款、其他货币资金的情况，编制货币资金情况审定表。货币资金审定表如表15-7所示。

表15-7　货币资金审定表

被审计单位：　　　　　　编制：　　　　　　日期：　　　　　　索引号：
截止日：　　　　　　　　复核：　　　　　　日期：　　　　　　页次：

项目名称	期末未审数	审计调整		重分类调整		期末审定数	上期末审定数	索引号
		增加	减少	增加	减少			
库存现金								
银行存款								
其他货币资金								
审计说明						审计结论：(在下列选项上打"√") 1. 可以确认。 2. 调整后可以确认		

【例15-3】 2014年1月15日，注册会计师在审查L公司"其他货币资金——银行汇票存款"时发现，2013年9月10日签发的银行汇票50 000元，18#记账凭证，仍未办理结算手续。注册会计师根据银行汇票结算的时间要求，怀疑L公司有挪用公款或其他假账行为。于是调阅18#凭证，其会计分录为：

借：其他货币资金——银行汇票存款　　　　50 000
　　贷：银行存款　　　　　　　　　　　　　　50 000

所附原始凭证为李某申请的汇票申请书。注册会计师询问李某该汇票不及时办理结算的原因，李某供认该汇票交业务员张某办理结算。

要求：分析公司存在哪些问题并提出相应的处理意见。

【解答】注册会计师认为，发生这种情况有两种可能：一是背书转让了该银行汇票；二是该汇票作废了，尚未办理退款手续。注册会计师于是通过银行查询，发现该汇票款尚未划出。

由于L公司结算款项管理存在问题，逾期汇票不及时办理，导致退款，占用公司资金。询问业务员张某时，张某交出了银行汇票结算联和解讫通知联。

审计调整分录如下：

借：银行存款　　　　　　　　　　　　　　50 000
　　贷：其他货币资金——银行汇票存款　　　　　50 000

本章小结

货币资金具有很强的流动性，属于高风险资产。货币资金又与企业生产经营活动的各个循环有着密切的关系，在企业生产经营中起着重要的作用，因此，货币资金审计是财务报表审计的重要内容之一。货币资金涉及的账户和凭证较多，其主要目标是确定货币资金的真实性。

货币资金的审计包括货币资金的控制风险评估和货币资金的实质性测试两部分。货币资金的控制风险评估分为四个步骤：了解和描述货币资金的内部控制；初步评估控制风险；控制测试；重新评估控制风险。货币资金的实质性测试是以控制风险评估为基础的，它包括库存现金、银行存款和其他货币资金的审计。

复习思考题

1. 库存现金截止测试的方法是什么？
2. 审查银行存款余额调节表能否直接验证期末存款余额的真实性？
3. 银行存款余额调节表的审查要点有哪些？
3. 函证银行存款可以同时达到哪些目的？
4. 为什么要函证被审计单位银行存款账户余额为零或已结清的开户银行？

案例分析题

【案例】2013年5月8日，某事业单位会计张某的朋友李某在某商场购买商品一批，价款计260 000元，李某同商场约定，3日内汇回货款，并由李某的一张空白转账支票作抵押。李某找到张某，表示要借一张空白转账支票用作倒卖商品的抵押，3日后即可返还。张某表示同意，回到单位后向出纳员丁某要了一张空白转账支票，声称购买钢材需用。张某将空白转账支票交给李某，李某在将支票交给商场时，商场提出，如果货款3日内不汇来，就用抵押的支票结算货款和运费，李某表示同意。李某将商品运到A市销售，因与买方发生纠纷，货款未能收回。2013年5月12日，商场用抵押的空白转账支票结算了李某所欠的货款和运费计264 000元。张某在得知此情况后，为掩盖事实真相，于2013年6月21日将该笔款项以汇给外地购买钢材的名义把账做平。

【问题】1. 注册会计师应当采取何种审计方法取得审计证据？

2. 注册会计师对该单位可能存在的问题，应提出建立健全哪些相应的内部控制制度？

第16章　完成审计工作与审计报告

完成审计工作是注册会计师在执行了对各项交易及账户余额的测试后、编制与签发审计报告前进行的综合性测试工作，是会计报表审计的最后阶段。完成审计工作阶段，注册会计师要评价审计结果，确定审计意见，提出审计报告。这一阶段所作出的决定，对审计报告有着直接而重要的影响。通常由审计项目的负责人或高级经理来执行，其主要特点是在资产负债表日后执行，关注综合影响而不注重特定交易或账户余额，较多地涉及注册会计师的主观判断。完成审计工作的主要内容包括期初余额审计，复核期后事项与或有损失，取得被审计单位管理当局与律师声明书，评价审计结果；确定审计意见；提出审计报告；与被审计单位沟通，编制管理建议书等方面。

16.1　审计报告编制前的工作

16.1.1　期初余额审计

注册会计师首次接受委托对被审计单位的会计报表进行审计，必然会涉及会计报表期初余额如何审计的问题。如果对期初余额审计过于详细，势必会增加审计成本，给被审计单位带来过重的负担；如果不对期初余额进行审计，则影响本期会计报表发表适当的审计意见。因此，注册会计师首次接受委托涉及的会计报表余额，或在需要发表审计意见的当期会计报表中使用了前期会计报表的数据时，应进行适当的审计。

1. 期初余额的含义

所谓期初余额，是指首次接受委托时，所审计会计期间已存在的余额。它以上期期末余额为基础，反映了前期交易、事项及其会计处理的结果。理解这个概念，需要把握以下特征。

(1) 期初余额是所审计会计期间期初已存在的余额。期初已存在的余额是由上期结转至本期的金额，或是上期期末余额调整后的金额。期初余额与上期期末余额是一个事物的两个方面。就一般而言，期初余额是上期结转至本期账户的余额，在数量上与上期金额相等。但是，有时由于受上期期后事项、会计政策诸因素影响，上期期末余额结转至本期时，需经过调整或重编。

(2) 期初余额反映了前期交易、事项及其会计处理结果。期初余额应以客观存在的经济业务为根据，是被审计单位在以前会计期间发生的交易、事项及其会计人员对此处理的结果。

(3) 期初余额与注册会计师首次接受委托相联系。所谓首次接受委托，是指会计师事务所在被审计单位上期会计报表未经独立审计，或由其他会计师事务所审计的情况下接受的审计委托。

注册会计师应当保持应有的职业谨慎充分考虑期初余额对所审计会计报表的影响。所谓应有的职业谨慎，是指注册会计师在履行专业职责时应当具备足够的专业胜任能力，具有一丝不苟的责任感并保持应有的慎重态度。注册会计师在首次接受委托时会涉及期初余额，而期初余额是本期会计报表的基础，往往对本期会计报表产生重要的影响。因此，注册会计师应当以高度的责任感和慎重的态度，去判断期初余额对所审计会计报表影响的程度。

注册会计师应当根据期初余额对所审计会计报表的影响程度，合理运用专业判断，以确定期初余额的审计范围。判断期初余额对本期会计报表的影响应着眼于以下三方面：一是上期结至到本期的余额；二是上期采用的会计政策；三是上期期末已存在的或有事项及承诺。注册会计师应以这三方面的内容为依据，确定期初余额对会计报表的影响。

注册会计师进行会计报表审计时，一般无须专门对期初余额发表审计意见，但应当实施适当的审计程序，并充分考虑相关审计结论对所审计会计报表发表审计意见的影响，也就是说：

(1) 注册会计师对会计报表进行审计，是对被审计单位所审计会计报表发表审计意见，一般无须专门对期初余额发表审计意见。

(2) 虽然注册会计师一般不对期初余额发表审计意见，但是要对期初余额进行适当审计，因为期初余额是本期会计报表的基础。

(3) 注册会计师要充分考虑到期初余额审计形成的相关结论对所审计会计报表的影响，以决定发表审计意见的类型。

如上期会计报表已经其他会计师事务所审计，注册会计师可与前任注册会计师联系，以获取必要的审计证据，但应征得被审计单位同意。前任注册会计师应当提供必要的协助。前任注册会计师与后任注册会计师联系是一项十分重要的工作。如果注册会计师首次接受委托，后任注册会计师可通过查阅前任注册会计师的工作底稿，通常限于对本期审计有重大影响的事项，如上一年度前任注册会计师发表意见的类型、上一年度的审计计划及其总结、上一年度的管理建议书要点，以及上一年度的其他有关事项。前任注册会计师知悉后任注册会计师与其联系，应当提供必要的帮助。

2. 期初余额的审计

注册会计师对期初余额进行审计，应当获取充分、适当的审计证据，以证实：

(1) 期初余额不存在对本期会计报表有重大影响的错报或漏报。

(2) 上期期末余额已正确结转至本期，或者已恰当地重新表述。

(3) 上期遵循了恰当的会计政策，并与本期一致。

如上期会计报表已经其他会计师事务所审计，注册会计师可通过查阅前任注册会计师的审计工作底稿，获取有关期初余额的审计证据，但应当考虑前任注册会计师的专业胜任能力和独立性，以判断获取证据的充分性和适当性。此外，还要关注前任注册会计师出具的审计报告。如果前任注册会计师对上期会计报表并非出具无保留意见的审计报告，则后任注册会计师特别注意其中与本期会计报表有关的部分。注册会计师如与前任注册会计师联系后仍不能获取充分、适当的审计证据或上期会计报表未经独立审计，应当对期初余额实施以下程序。

(1) 询问被审计单位管理当局。

(2) 审阅上期会计资料及相关资料。

(3) 通过对本期会计报表实施的审计程序进行证实。

(4) 补充实施其他适当的实质性测试程序。

注册会计师实施的上述审计程序，可作如下理解：

首先，注册会计师审计期初余额时，可向管理当局询问有关情况，诸如对本期经营有重要影响的事项、政府新颁布的影响行业发展的法规以及其他重要事项。

其次，在审阅上期会计资料及相关资料时，注册会计师应关注其合法性和公允性。

再次，通过对本期会计报表的审计程序也可证实某些期初余额。在对流动资产或流动负债的期初余额审计时，一般结合当期审计程序进行。例如：应收账款或应付账款的期初余额，通常在本期内即可收回或支付，则此后收回或支付的事实即可视为应收账款或应付账款期初余额存在的适当证据。

最后，有些期初余额项目尚需补充实施其他适当的实质性测试程序。就存货而言，审计本期交易仍难获取期初余额是否适当的证据。因此，注册会计师通常采用其他审计程序。例如：审阅被审计单位上期存货盘点记录及文件，测试期初存货项目的价值量，以及运用毛利百分比法分析比较。对于非流动资产和非流动资产负债期初余额的审计，注册会计师通常要检查其期初的有关记录。在某些情况下，注册会计师可向第三者函证以获取对期初余额的确认。

16.1.2　复核期后事项与或有损失

1. 复核期后事项

按照审计准则，注册会计师对被审计单位会计报表公允性的责任，并不限于资产负债表日前发生的事项和交易，还包括对期后事项的复核。所谓期后事项是指发生在资产负债表日之后的，影响所审计会计报表所反映的财务状况、经营成果和现金流量情况的事项和交易。注册会计师关注期后事项，是因为有可能导致注册会计师改变对所审计会计报表恰当、公允性的意见。一般说来，注册会计师关注期后事项的范围限于从注册会计师日起到外勤工作结束日止。这一期间又称为期后事项期间。

1) 期后事项的种类

根据期后事项存在时间的不同及其对被审计单位会计报表公允性影响程度的不同，有两类期后事项需要被审计单位管理当局考虑和注册会计师复述：一类是对会计报表直接影响并需调整的事项；另一类是对会计报表没有直接影响，但应予以反映的事项。

(1) 对会计报表有直接影响并需要调整的事项。这类事项是指在资产负债表日就已经存在，并对编制会计报表过程中的有关估计有影响的事项或交易。它既为被审计单位确定资产负债表日账户余额提供信息，又为注册会计师核实这些余额提供补充资料。例如注册会计师在确定年末存货余额时，由于存在报废原因而遇到困难，而期后这些存货已作为废料出售，则存货的残值就可以资产负债表日的存货账面价值，调整会计报表价值中原来的余额数。

类似的期后事项，如果金额重要，都需要对被审计单位年度会计报表上相关的账户余额进行调整。诸如：有一笔大额应收账款余额的被审计单位，期后其客户由于财务状况恶化而宣告破产；被审计单位因某一诉讼期后结案而形成大额赔偿款；被审计单位成品库中的产成品期后期间经验收有大量不合格的等，都属应调整会计报表的期后事项。

(2) 对会计报表没有直接影响但应予以反映的事项。这类事项是指在资产负债表日并不存在，而是在此日之后出现的事项或交易。由于这类事项不是被审计年度发生的，所以不需调整会计报表。但为了避免报表使用者产生误解，应在会计报表中以附注形式予以反映(在非常重要的情况下，应作单独说明)。

被审计单位在财务报表日后发生的，需要在财务报表中披露而非调整的事项通常包括：

① 财务报表日后发生重大诉讼、仲裁、承诺；

② 财务报表日后资产价格、税收政策、外汇汇率发生重大变化；

③ 财务报表日后因自然灾害导致资产发生重大损失；

④ 财务报表日后发行股票和债券以及其他巨额举债；

⑤ 财务报表日后资本公积转增资本；

⑥ 财务报表日后发生巨额亏损；

⑦ 财务报表日后发生企业合并或处置子公司;

⑧ 财务报表日后企业利润分配方案中拟分配的以及经审议批准宣告发放的股利或利润。

注册会计师应严格区分两类不同的期后事项,以保证对被审计单位会计报表的公允性表示适当的意见。如果确认发生变化的事项在资产负债表日就已经存在的,应提请被审计单位调整会计报表;如果确认发生变化的事项在资产负债表日后才发生,就不应将资产负债表日的信息并到会计报表中去,而只需在会计报表附注中反映即可。对此,需要注册会计师做仔细的分析与调查。例如,被审计单位上年度报表中大额应收账款的主要顾客在期后事项期间破产,是否一定要调整会计报表中的应收账款与坏账准备呢?这要根据其顾客破产的原因确定。如果注册会计师确定该顾客破产是由于日益恶化的财务状况引起的,这一情况在资产负债表日就已经存在,只是被审计单位不知道而已,那么应要求被审计单位在上年末报表上调整该项损失。如果注册会计师确定该顾客在上年末前财务状况良好,而破产是因为资产负债表日后的意外事件(如火灾)引起的,那么就只需要被审计单位在年末会计报表中附注里加以披露即可。第一类期后事项要求调整报表,那是因为它存在于资产负债表日之前,代表了一种延续多时的情况。第二类期后事项一般不调整会计报表,但当被审计单位的期后事项十分重要时(如影响资本结构),为了充分披露其影响,可以编制补充的会计报表(一般只编资产负债表),以说明假如该期后事项发生在资产负债表日前,将会造成什么结果。

2) 期后事项的复核程序

注册会计师对外勤工作结束日以前发生的期后事项的复核,可以通过以下程序来执行,一是作为年末账户余额审计的一部分,在实质性测试中对期后事项保持警觉;二是在外勤工作结束时,执行专为发现审计年度必须关注的事项或交易程序。

作为年末账户余额审计的一部分进行复核。如复核期后的销售和采购业务,以确定年度末销售及存货等账户余额是否正确。同样,一些期后事项的复核也作为年末账户余额审计的一部分来进行研究的。如复核期后现金收入,来测试年度末应收账款的可收回性;把后续期间存货的进价和记录的成本进行比较,来测试成本与市价孰低。

专为发现审计年度必须关注的事项而进行的复核。这类复核主要包括:

(1) 向被审计单位管理当局询问。一般就负债、承诺、公司资产及资本结构的变化、资产负债表日后的一些异常项目向被审计单位恰当的管理人员询问。询问的内容和人员,因被审计单位业务及分工不同而异。

(2) 阅读资产负债表日后编制的最近期间的期中会计报表。复核与被审计年度同期有关结果的变化,注意被审计单位经营环境的变化。注册会计师应和被审计单位管理当局一起研讨,调查生产经营结果的重大变化。在适当的时候,还应作其他比较。

(3) 阅读被审计单位资产负债表日后编制的会计记录。复核期后期间的日记账及分类账,从而确定所有与被审计年度相关业务的存在及内容。如果尚未编制有关账簿,则应复核有关凭证。

(4) 复核资产负债表日后发布的会议记录。注册会计师可通过检查被审计单位期后期间有关董事会和股东大会的会议记录,确定影响被审计年度会计报表的重大期后事项。

(5) 获取被审计单位管理当局声明书,获得有关期后事项的陈述。

(6) 询问被审计单位的法律顾问,取得有关诉讼、索赔和估价的情况。

通过对期后事项的复核,如果确认被审计单位会计报表上对期后事项没有加以记录或作适当的披露,那么注册会计师就不能签发无保留意见的审计报告,而应根据其重要性程度,表示保留意见或否定意见。因为其财务报表并未按会计准则公允表达。

3) 双重日期与重署日期

尽管注册会计师复核期后事项的责任，一般限于外勤工作结束日。但是外勤工作结束日到发布报告日之间(一般为7天～21天)，注册会计师注意到了发生的重要期后事项，那么就有责任考虑是否应在会计报表中披露或调整。即使这种"注意"来源于被审计单位管理当局或报纸、电台，准则要求注册会计师注意其对会计报表的影响，扩大对新近发生的期后事项的复核。

注册会计师对扩大期后事项的复核有两种选择：

(1) 将所有期后事项复核的期限延长到注册会计师新近确定的期后事项日期，即延长外勤工作结束日。这样做，注册会计师应要求被审计单位调整会计报表，并对审计报告重署日期。

(2) 仅限于对新近确定的期后事项和相关的事项进行复核，并提请被审计单位对会计报表或附注作必要调整，这时，注册会计师应对审计报告签署双重日期，而非重署日期。双重日期应填列在报告上会计师事务所签名的下方。例如，原报告上的日期为2014年3月8日，而期后事项A的日期为2014年3月20日完成。延长外勤工作结束日，在会计报表审计范围内全面地扩大了注册会计师的责任范围；采用双重日期的做法，仅在反映特定事项方面扩大了注册会计师的责任。在实务中，签署双重日期比重署日期更为普遍。

另需指出，注册会计师在审计报告签发后，如果发现了审计报告日就已存在的问题或发现一项或多项必要的审计程序在当时执行中被遗漏，审计准则仍要求注册会计师如果知道这些事实，应核实其存在并确定是否影响对会计报表公允性的判断；如果属遗漏程序应立即执行该程序或替代程序，判断是否要改变审计意见。如以上两种情况使审计意见不可靠，则应通知被审计单位修正会计报表并发布修正后的审计报告。如被审计单位拒绝合作，应通知其董事会并向对该单位有管辖权的管理机构报告。注册会计师还应进一步采取通知程序，让那些信任会计报表的使用者知道，报表不再值得信赖。如果属上市公司，也可要求证监会和股票交易所通知股东，告知原审计报告已不再与其会计报表相关联。

2. 复核或有损失

或有损失是指由于某一特定事项或交易所引起的，将来可能会发生某种意外而须被审计单位承担的潜在损失。或有损失在被审计单位会计报表日虽不能确定，但对截止到报告日被审计单位未披露的或有损失，注册会计师应根据其重要程度，确定是否在审计报告中反映。这是因为，或有损失对注册会计师非常重要。按照会计准则，被审计单位对或有损失应根据未来发生可能性的判断，选择以下方法处理：①作为或有负债应计项目；②在会计报表附注里披露；③不作为应计项目也不加附注，予以忽略。或有损失究竟如何处理需要注册会计师有相当程度的专业判断能力。

1) 或有损失的种类

或有损失的存在一般有三个条件：①由目前情况引起的、对某一外部当事人日后可能有的支付；②未来支付的金额尚不能确定；③结果将由某些未来事件决定。或有负债是构成或有损失的主要组成部分。

或有损失按其性质和原因分主要有两大类：

(1) 直接或有损失。即被审计单位对外直接可能发生的潜在支付，包括被审计单位的未决诉讼、未决索赔、税务纠纷、产品质量担保等。

(2) 间接或有损失。即被审计单位因第三者的原因可能发生的潜在支付，包括应收票据贴现、应收账款抵押借款、通融票据背书及为其他人的债务担保等。

2) 或有损失的复核程序

注册会计师并不限于在完成审计工作阶段才关注或有损失。许多或有损失项目的审计，往往作为其他审计事项的一个组成部分，而不是在完成阶段才作为一个独立的程序来执行。例如：所得税的争执也可作为分析所得税费用、复核往来通信档案的一部分加以核实；在查找未入账的负债项目时，注册会计师也对或有损失高度警觉，另外阅读董事会的会议记录时，注册会计师也会关注或有损失。在完成审计阶段，注册会计师对或有损失的审核，大多数属于复核，而非第一次审计。

或有损失复核的主要目标在于确定或有损失的存在，而其他审计项目的目标主要是核实记录资料的公允、合法性。复核或有损失主要是寻找未记录的或有损失事项，而对其重要性的评价及如何加以反映则较容易解决。

复核或有损失采取的程序主要包括以下各方面。

(1) 向被审计单位管理当局询问。由于或有损失项目由管理当局直接负责，因此，管理当局是这些事项有关信息的主要来源。注册会计师应向管理当局询问和索取下列资料：

① 询问其确定、评价、与控制诉讼、索赔及或有负债相关的事项的方针政策和工作程序。

② 取得其书面声明，保证其已按会计准则的规定，对全部或有损失作了反映。

③ 取得其有关诉讼、索赔及或有负债的全部文件资料和凭证。

④ 取得其与银行之间的往来函件、贷款协定及担保条件。

⑤ 取得其有关债务的其他说明资料。

(2) 向被审计单位律师或法律顾问函证，以获取其确认意见，表明对资产负债表日已存在的以及资产负债表日至复函日所存在的或有损失的意见。

(3) 复核审计期间税务机关的税务结算报告，检查有无税款拖延及存在税务纠纷。

(4) 向被审计单位开户银行及往来银行函证有关应收票据贴现及贷款担保。

(5) 阅读被审计单位董事会及股东大会会议记录，确定是否有关于诉讼或其他或有事项的记录。

(6) 寻找被审计单位对未来事项和有关协议的承诺。如被审计单位是否作出了按某一价格购买原料或租赁设备的承诺或按某一固定价格出售商品的协议的承诺。

16.1.3 整理复核审计工作底稿

审计意见是以审计工作底稿为基础的，而审计工作底稿又是以注册会计师在实施审计过程中，按规定程序，运用科学方法取得的实际证据为依托。为了使收集到的分散的、个别的证据形成具有充分证明力的证据体系，并在此基础上恰当地形成整体的审计意见，注册会计师必须对审计证据进行分类、整理和分析，使之条理化、系统化。根据审计项目的要求，全面复核审计工作底稿中所记录的审计事项及相应的审计证据。

16.1.4 编制审计差异调整表

审计差异是指注册会计师在审计中发现的被审计单位的会计处理与适用的会计准则、会计制度不一致形成的差异。根据产生的原因，可把审计差异分为会计核算差异和重分类差异两种。

会计核算差异是指因企业对经济业务进行了不正确的核算而引起的差异。如将应予资本化的借款利息计入财务费用，不仅需要调整财务报表，还需要调整相关账户的记录。

重分类差异是指企业未按适用的会计准则、会计制度规定编制财务报表而引起的差异。如期末"应付账款"明细账出现借方余额时，应将其明细借方余额填列在资产方预付账款项目中，而不应按"应付账款"期末总账余额填列报表等。

　　无论是会计核算差异，还是重分类差异，在工作底稿中通常都以会计的形式予以汇总反映，即编制账项调整分录汇总表、重分类汇总表和未更正错报汇总表。

　　(1) 账项调整分录汇总表。基本格式如表16-1所示。

　　(2) 重分类分录汇总表。基本格式如表16-2所示。

　　(3) 未更正错报汇总表。基本格式如表16-3所示。

表16-1　审计差异调整表——账项调整汇总表　　　　　　　　　单位：万元

客　　户　佳邻公司　　　　　　　　　　签名　　日期
项　　目　账项调整分录汇总表　　　　　编制人_____　　　　　索引号：_____
会计期间　2013年度　　　　　　　　　　复核人_____　　　　　页　次：_____

序号	调整内容及项目	索引号	调整金额 借方	调整金额 贷方	影响利润(+或-)	影响资产负债表 (+或-)
1	资产减值损失		221.52		-221.52	
	应收账款			120		资产-120
	其他应收款			101.52		资产101.52
2	营业外支出		250		-250	
	管理费用		45		-45	
	其他应收款		5			资产5
	待处理财产损溢			300		资产-300
3	营业外支出		120		-120	
	其他应付款			120		负债120
4	应交税费		159.13			负债-159.13
	所得税费用			159.13	159.13	
5	盈余公积		47.74			权益-47.74
	利润分配			47.74		权益47.74
合计			848.39	848.39	-477.39	

被审计单位代表：××
项目负责人：××
双方签字：××× ×××
√：被审计单位接受调整建议

参加人员：×××
注册会计师：×××
签字日期：年　月　日

表16-2　审计差异调整表——重分类调整分录汇总表　　　　　　单位：万元

客　　户　佳邻公司　　　　　　　　　　签名　　日期
项　　目　重分类调整分录汇总表　　　　编制人_____　　　　　索引号：_____
会计期间　2013年度　　　　　　　　　　复核人_____　　　　　页　次：_____

序号	重分类内容及项目	索引	调整金额 借方	调整金额 贷方	备注
1	预付账款		1500		
	应付账款			1500	
2	应收账款		2000		
	预收账款			2000	
合计			3500	3500	

被审计单位代表：××
项目负责人：××
双方签字：××× ×××
√：被审计单位接受调整建议

参加人员：×××
注册会计师：×××
签字日期：年　月　日

表16-3 审计差异调整表——未更正错报汇总表   单位：万元

客　　户 佳邻公司   签名　　日期
项　　目 未调整不符事项汇总表   编制人_____   索引号：_____
会计期间 2013年度   复核人_____   页　次：_____

序号	未调整项目	索引号	未调整金额		备注
			借方	贷方	
	资产减值损失		0.30		
	其他应收款			0.30	
	持有至到期投资——应计利息		15		
	投资收益			15	
合计			15.30	15.30	

未予调整的影响 1. 净利润15.225 2. 净资产16.7 3. 总资产16.7		
	金额 15+0.3×(1−25%)=15.225	百分比 15.225÷2 564=0.5%

被审计单位代表：×× 项目负责人：×× 双方签字：××× ××× √：被审计单位接受调整建议	参加人员：××× 注册会计师：××× 签字日期：　　年　月　日

对于审计中发现的核算差异，应运用重要性原则，从数量和性质两方面考虑：

第一，对于单笔核算差异超过所涉及财务报表项目层次重要性水平的，应视为建议调整的错报事项。

第二，对于单笔核算差异低于所涉及财务报表项目层次重要性水平，但性质重要的，比如涉及舞弊或违法行为的核算差异、影响收益趋势的核算差异、股本项目等不期望出现的核算差异，应视为建议调整的错报事项。

第三，对于单笔核算误差低于所涉及财务报表项目层次重要性水平，并且性质不重要的，一般应视为未调整的错报事项；但若干笔同类型未调整错报事项汇总数超过财务报表项目层次重要性水平时，应从中选取几笔转为建议调整的错报事项。

注册会计师确定了建议调整的错报事项和重分类差异后，应以书面形式及时征求被审计单位对需要调整财务报表事项的意见。若被审计单位予以采纳，应取得被审计单位同意调整的书面确认；若被审计单位不予采纳，应分析原因，并根据未更正错报的性质和重要程度，确定是否在审计报告中予以反映，以及如何反映。

16.1.5　编制试算平衡表

1. 试算平衡表

试算平衡表是指注册会计师在被审计单位提供的未披露财务报表的基础上，考虑调整分录、重分类分录内容以确定已审数与报表披露数的表式。有关资产负债表和利润表的试算平衡表的参考格式如表16-4和表16-5所示。

表16-4 资产负债表试算平衡表

万元

客　户　佳邻公司
项　目　资产负债表试算平衡表
会计期间　2013年度

编制人　　　　复核人　　　　签名　　　　日期

索引号：
页　次：

资产方

项目	审计前金额 借方	调整金额 借方	调整金额 贷方	审定金额 贷方	重分类调整 借方	重分类调整 贷方	报表反映 数借方
货币资金	8600			8600			8600
交易性金融资产							
应收票据							
应收账款	19 740		120	19 620	2000		21 620
预付账款	1030			1030	1500		2530
应收利息							
应收股利							
其他应收款	1692	5	101.52	1595.48			1595.48
存货	16 300			16 300			16 300
待处理流动资产损溢	300		300				
长期股权投资	2180			2180			2180
持有至到期投资	500			500			500
固定资产	34 460			34 460			34 460
工程物资							
在建工程	11 500			11 500			11 500
无形资产							
合计	96 302	5	521.52	95 785.48	3500		99 285.48

负债及所有者权益方

项目	审计前金额 贷方	调整金额 借方	调整金额 贷方	审定金额 贷方	重分类调整 借方	重分类调整 贷方	报表反映 数贷方
短期借款	26 000			26 000			26 000
应付票据							
应付账款	8080			8080		1500	9580
预收账款	1350			1350		2000	3350
应付职工薪酬	480			480			480
应付股利	950			950			950
应交税费	1400	159.13		1240.87			1240.87
其他应付款	2280		120	2400			2400
长期借款	11 400			11 400			11 400
应付债券							
长期应付款							
股本	20 000			20 000			20 000
资本公积	11 870			11 870			11 870
盈余公积	5400	47.74		5352.26			5352.26
未分配利润	7092	477.39	47.74	6662.35			6662.35
合计	96 302	684.26	167.74	95 785.48		3500	99 285.48

表16-5　利润表试算平衡表　　　　　　　　　　　　　　万元

客　　户　佳邻公司　　　　　　　　　　签名　　　日期
项　　目　利润表试算平衡表　　　　　　编制人＿＿＿＿＿＿　　索引号：＿＿＿＿＿＿
会计期间　2013年度　　　　　　　　　　复核人＿＿＿＿＿＿　　页　次：＿＿＿＿＿＿

项目	审计前金额	调整金额 借方	调整金额 贷方	审定金额
一、营业收入	52 526			52 526
减：营业成本	39 461			39 461
营业税金及附加	773			773
营业费用	2400			2400
管理费用	4305	45		4350
财务费用	1532			1532
资产减值损失		221.52		221.52
加：投资收益(损失以"-"号填列)	232			232
二、营业利润(亏损以"-")号填列	4287	266.52		4020.48
加：营业外收入	183			183
减：营业外支出	48	370		418
三、利润总额	4422	636.52		3785.48
减：所得税费用	1380		159.13	1220.87
四、净利润	3042	477.39		2564.61
五、每股收益	略			
(一)基本每股收益	略			
(二)稀释每股收益	略			

2. 试算平衡表编制说明

(1) 试算平衡表中的"审计前金额"栏，应根据被审计单位提供的未审计财务报表填列。

(2) 有些财务报表项目会在调整分录中多次出现，可先通过"T"字形账户汇总，再填入。

(3) 在编制完成试算平衡表后，应注意核对项目之间的勾稽关系。如资产负债表试算平衡表左边的"审计前金额""审定金额"各栏合计数应分别等于其右边相应各栏合计数；资产负债表试算平衡表左边的"调整金额"栏中的借方合计数与贷方合计数之差应等于右边的"调整金额"栏中的贷方合计数与借方合计数之差；资产负债表试算平衡表左边的"重分类金额"栏中的借方合计数与贷方合计数之差应等于右边的"重分类金额"栏中的贷方合计数与借方合计数之差，等等。

【例16-1】甲会计师事务所注册会计师A和B于2014年3月25日完成了对佳邻有限公司2013年度财务报表的工作。该公司未经审计的财务报表资料如表16-6和表16-7所示。经审计发现以下问题。

(1) 该公司采用备抵法核算坏账，坏账准备按应收账款余额的6%计提，2013年末未经审计的资产负债表反映的应收账款借方余额21 000万元，其他应收账款借方余额1692万元，应付账款贷方余额8080万元，预收账款的贷方余额1350万元，有关明细组成如下：

应付账款-A　　　6000万元　　　　　　预收账款-F　　　2100万元

应付账款-B　　　-1500万元　　　　　预收账款-G　　　1000万元

应付账款-C	2080万元	预收账款-H	-2000万元
应付账款-D	1000万元	预收账款-I	190万元
应付账款-E	500万元	预收账款-J	60万元
合计	8080万元	合计	1350万元

(2) 2013年12月31日，佳邻公司清查盘点库存原材料，发现短少300万元，作了借记"待处理财产损溢——待处理流动资产损溢"科目300万元，贷记"原材料"科目300万元的会计处理。经查清短缺原因并报经批准，其中发现非常损失部分250万元，属于一般经营损失的为45万元，属于管理员李XX过失而应由其赔偿部分为5万元。佳邻公司于2014年2月的会计记录中对此作了相应会计处理，冲销了2013年资产负债表中"待处理流动资产损溢"项目金额300万元。

表16-6 资产负债表

2013年12月31日 万元

资产	行次	金额	负债及股东权益	行次	金额
流动资产：			流动负债：		
货币资金		8600	短期借款		26 000
交易性金融资产			应付票据		
应收票据			应付账款		8080
应收股利			预收账款		1350
应收利息			应付职工薪酬		480
应收账款		19 740	应付股利		950
其他应收款		1692	应交税费		1400
预付账款		1030	其他应付款		2280
存货		16 300	流动负债合计		40 540
待处理流动资产损溢		300	非流动负债		
流动资产合计		47 662	长期借款		11 400
非流动资产：			应付债券		
长期股权投资		2180	长期应付款		
持有至到期投资		500	非流动负债合计		11 400
固定资产		34 460	负债合计		51 940
工程物资			股东权益		
在建工程		11 500	股本		20 000
无形资产			资本公积		11 870
长期待摊费用			盈余公积		5400
其他非流动资产			未分配利润		7092
非流动资产合计		48 640	股东权益合计		44 362
资产合计		96 302	负债及股东权益合计		96 302

表16-7 利润表

2013年 万元

项目	行次	本年累计
一、营业收入		52 526
减：营业成本		39 461
营业税金及附加		773
营业费用		2400
管理费用		4305
财务费用		1532
资产减值损失		
加：投资收益(损失以"−"号填列)		232
二、营业利润(亏损以"−"号填列)		4287
加：营业外收入		183
减：营业外支出		48
三、利润总额		4422
减：所得税费用		1380
四、净利润		3042
五、每股收益		略

(3) 佳邻公司2013年1月1日按面值购入3年期、年利率为3%、到期还本付息的国库券500万元，按规定对该笔投资业务作了相应的会计处理，但至2013年12月31日对该笔投资未计提投资收益。

(4) 佳邻公司为K公司向银行借款100万元提供担保。2013年10月，K公司因经营亏损进行破产清算，无力还款。银行向法院起诉，要求公司承担连带责任，支付借款本息120万元。2014年2月20日法院终审判决银行胜诉，由佳邻公司支付本息120万元，并于2014年2月有28日执行完毕。公司在2013年末对此未作处理。

要求：

(1) 针对审计发现的上述4种情况，如果不考虑审计重要性水平，注册会计师A和B分别应提出何种审计处理建议？若需要提出来调整建议，请编制审计调整分录(包括重分类调整分录)。

假定编制审计调整分录时，不考虑流转税、费用以及损益结转，但应考虑对所得税和净利润的影响。

(2) 假定佳邻公司接受了注册会计师A和B提出的上述调整建议，请编制主要功能试算平衡表工作底稿。

【解答】(1) 针对审计发现的上述4种情况，注册会计师A和B应建议佳邻公司作如下处理：

一是将应付账款中的借方余额部分通过财务报表重分类调整至预付账款项目，审计调整分录为：

借：预付账款-B公司　　　　　15 000 000
　　贷：应付账款-B公司　　　　　　　15 000 000

二是将预收账款中的借方余额部分通过财务报表重分类调整至应收账款项目，审计调整分录为：

借：应收账款-H公司　　　　　　　　　20 000 000

　　贷：预收账款-H公司　　　　　　　　　　20 000 000

三是按期末应收款项余额的6%补提坏账准备221.52[(21 000+1692+2000)×6%-1260]万元，审计调整分录为：

借：资产减值损失　　　　　　　　　　2 215 200

　　贷：应收账款　　　　　　　　　　　　　1 200 000

　　　　其他应收款　　　　　　　　　　　　1 015 200

四是库存原材料短缺属于2013年发生的事项，应建议佳邻公司区分不同的原因调整2013年度相应的财务报表项目，审计调整分录为：

借：营业外支出-非常损失　　　　　　　　　　　　2 500 000

　　管理费用-物料消耗　　　　　　　　　　　　　　450 000

　　其他应收款-李XX　　　　　　　　　　　　　　　50 000

　　贷：待处理财产损失-待处理流动资产损益　　　　　　3 000 000

五是对5万元其他应收款余额按照6%的比例计提坏账准备0.3(5×6%)万元，作未调整不符事项处理。

借：资产减值损失　　　　　　　　　　3000

　　贷：其他应收款　　　　　　　　　　　　3000

六是按权责发生制补记2013年度的国库投资收益15(500万元×3%)万元，作未调整不符事项处理：

借：持有至到期投资-应计利息　　　　150 000

　　贷：投资收益　　　　　　　　　　　　150 000

七是对资产负债表日已经存在的诉讼担保案件，已结案，需要确认负债，审计调整分录为：

借：营业外支出-赔款损失　　　　　　　1 200 000

　　贷：其他应付款-贷款银行　　　　　　　　1 200 000

八是结合上述影响损益的审计调整分录，应减企业所得税159.13[(221.52+250+45+120)×25%]万元，审计调整分录为：

借：应交税费-应交所得税　　　　　　1 591 300

　　贷：所得税费用　　　　　　　　　　　1 591 300

九是将上述损益类账户转入"本年利润"账户，审计调整分录为：

借：本年利润　　　　　　　　　　　　4 773 900

　　所得税费用　　　　　　　　　　　1 591 300

　　贷：管理费用　　　　　　　　　　　　450 000

　　　　营业外支出-赔款损失　　　　　　3 700 000

　　　　资产减值损失　　　　　　　　　　2 215 200

(2) 编制试算平衡表工作底稿如表16-4和表16-5所示。

16.1.6　获取管理层声明

1. 管理层声明的性质和作用

管理层声明包括口头声明和书面表明，注册会计师认为口头声明对财务报表具有重要影响，应提请管理层以书面形式予以确认。注册会计师获取的管理层书面声明通常包括：

(1) 管理层直接提供的声明书；

(2) 注册会计师为正确理解管理层声明所提供的且经管理层确认的函；

(3) 管理层的相关会计分录；

(4) 管理层签署的财务报表副本。

这里主要介绍的是管理层直接提供的声明书。

被审计单位管理层声明书，是被审计单位管理层向注册会计师声明的与财务报表相关的陈述，是重要的审计证据。注册会计师在出具审计报告前，应向管理层索取声明书。

被审计单位管理层声明书为明确被审计单位管理层对财务报表的责任提供了依据，同时将管理人员对有关审计问题的回答以书面形式记录下来，当被审计单位与注册会计师发生意见分歧和法律诉讼时，可以作为书面证据，有利于保护注册会计师。但因为管理层声明书属于非独立来源的书面声明，因此不能将其视为非常可靠的证据。

被审计单位管理层声明书形式上出自被审计单位管理层，实际上是由注册会计师准备好内容，要求被审计单位用其公司信笺书写打印，并由公司层管理人员(一般是总经理和财务总监)签名后递交审计机构。如果被审计单位管理层拒绝就对财务报表具有重大影响的事项提供必要的书面声明，或拒绝就重要的口头声明予以书面确认，注册会计师应将其视为审计范围受到严重限制，并发表保留意见或无法表示意见的审计报告。注册会计师如果对影响财务报表的重大事项无法实施必要的审计程序，获取充分、适当的审计证据，即使取得管理层声明，仍视为审计范围受到严重限制，并发表保留意见或无法表示意见的审计报告。

2. 管理层声明书的格式

(1) 标题：××管理层声明书。

(2) 收件人：管理层声明书的收件人为接受委托的审计机构及签署审计报告的注册会计师。

(3) 声明内容：根据注册会计师要求声明的内容，列出各项声明。

签章：由被审计单位及其会计机构负责人签署，并加盖被审计单位公章。

(4) 日期：被审计单位管理声明书的日期应与审计报告的日期一致，以防日期不一致而可能发生的误解。但在特定情况下，被审计单位管理层可能会对某些交易或事项出具单独或者专项的声明书，在这种情况下，声明书的日期可以是注册会计师获取该书的日期。

3. 管理层声明书的内容

(1) 已按会计准则和会计制度的要求编制财务报表，财务报表的真实性、合法性、完整性由管理层负责。

(2) 财务会计资料已全部提供给注册会计师检查。

(3) 股东大会及董事会(或其他高层领导会议)的会议记录全部提供给注册会计师查阅。

(4) 被审计期间的所有交易事项均已入账。

(5) 关联方交易的有关资料已提交注册会计师检查。

(6) 期后事项和或有事项均已向注册会计师提供，重大的期后事项已作调整或披露。

(7) 对注册会计师在审计过程中提出的所有重大调整事项已作调整。

(8) 无违法、违纪、舞弊现象。

(9) 无蓄意歪曲或粉饰会计报表各项目的金额或分类的情况。

(10) 无重大的不确定事项。

(11) 其他需作声明的事项。

下面列示一种常见的管理层声明书的范例，供参考。

管理层声明书

××会计师事务所××、××注册会计师：

本公司已委托贵所对本公司20××年度的财务报表进行审计，并出具审计报告。为了表示对贵所审计工作的理解、支持和充分合作，兹就有关情况声明如下：

1. 本公司已按照《企业会计准则》和《企业会计制度》的要求编制20××年度财务报表，这些财务报表的编制基础与上年度保持一致，本公司管理层对报告的真实性、合法性和完整性承担责任。

2. 本公司业已提供所有的财务及会计记录，股东大会、董事会会议记录以及有关的资料。

3. 本公司业已提供全部关联方清单、关联方交易清单及有关资料，对重大关联交易事项均已作披露。

4. 本公司提供的财务报表没有重大错报漏报，所有的重大的经济业务与会计事项均已按规定入账。

5. 本公司所有财务承诺、或有事项、期后事项业已全部提供，并已在财务报表或其附注中调整或披露。

6. 本公司确信：

(1) 没有任何重大未预计的负债。

(2) 没有任何重大未预计的或未披露的可能诉讼赔偿、背书、承兑、保证等或有负债。

(3) 没有任何重大违反法律、法规或合同的规定而需要调整或披露的事项。

(4) 没有发现管理人员或其他员工舞弊的情形。

(5) 没有蓄意歪曲或粉饰财务报表各项金额或分类的情形。

7. 本公司各项资产完全属实，并按规定提取了必要的资产减值准备。

8. 本公司对拥有的全部资产享有充分的所有权，以资产提供担保的情况已全部披露。

9. 本公司严格遵守了合同规定的条款，不存在因未履行合同而对财务报表产生重大影响的事情。

10. 本公司编制财务报表所依据的持续经营假设是合理的，没有进行清算或大幅度缩减经营规模的计划或打算。

11. 就审计报告日至财务报表公布日之间影响财务报表或附注的期后事项，本公司承诺在财务报表公布日之前以文字形式及时告知。

××公司 (盖章)

公司负责人 (盖章)

会计机构负责人 (盖章)

20××年×月×日

16.1.7 取得律师声明书

在对被审计单位期后事项和或有事项等进行审计时，注册会计师往往要向被审计单位的法律顾问和律师进行函证，以获取其对资产负债表日业已存在的，以及资产负债表日至他们复函日这一时期内存在的期后和或有事项等的确认证据，被审计单位律师对函证问题的答复和说明，就是律师声明书。律师声明书通常可提供有力的证据，帮助注册会计师解释并报告有关的期后事项和或有事项，从而减少注册会计师误解上述事项的可能性，但其本身不足以对注册会计师形成审计意见提供基本理由。

对律师的函证，通常通过被审计单位向其律师寄发询证函的方式来实施。律师的责任在于声明被审计单位对于有关期后事项和或有事项等情况的说明作出评价。

一般说来，对律师的函证通常由注册会计师起草，由被审计单位寄发给曾为其进行法律咨询代理的所有律师和法律顾问，并要求其律师和法律顾问将回函直接寄给注册会计师。律师的责任在于声明被审计单位有关或有事项和期后事项的叙述是否完整，有无遗漏。

律师声明书的格式和措辞尚无固定模式，单位不同或情况不同，律师出具的声明书也各不相同，但是，律师声明书的内容可能会直接影响注册会计师发表审计意见的类型。下面列示一种常见的律师询证函及律师询证函复函的范例，供参考。

律师询证函

××律师事务所并_____律师：

　　本公司已聘请××会计师事务所对本公司_____年____月___日(以下简称资产负债表日)的资产负债表以及截止于资产负债表日的该年度利润表、股东权益变动表和现金流量表进行审计。为配合该项审计，谨请贵律师基于受理本公司委托的工作(诸如常年法律顾问、专项咨询和诉讼代理等)，提供下述资料，并函告××会计师事务所：

　　一、请说明存在于资产负债表日并且自该日起至本函回复日止本公司委托贵律师代理进行的任何未决诉讼。该说明中谨请包含以下内容：

　　1.案件的简要事实经过与目前的发展进程；

　　2.在可能范围内，贵律师对于本公司管理层就上述案件所持看法及处理计划(如庭外和解设想)的了解，及您对可能发生结果的意见；

　　3.在可能范围内，您对发生的损失或收益的可能性及金额的估计。

　　二、请说明存在于资产负债表日并且自该日起至本函回复日止，本公司曾向贵律师咨询的其他诸如未决诉讼、追索债务以及政府有关本公司进行的调查等可能涉及本公司法律责任的事件。

　　三、请说明截止于资产负债表日，本公司与贵律师事务所服务费的结算情况(如有可能，请依服务项目区分)。

　　四、若无上述一及二事项，为节约您宝贵的时间，烦请填写本函背面《律师询证函复函》并签章后，按以下地址，寄往××会计师事务所(地址：××市××路××号；邮编：××××××)。

　　谢谢合作！

××公司　　　　　　　　(盖章)
公司负责人　　　　　　(盖章)
20××年×月×日

律师询证函复函

××会计师事务所：

　　本律师于_____期间，除向_____公司提供一般性法律咨询服务，并未有接受委托，代理进行或咨询如律师函中一、二项所述之事宜。

　　另截至　　　　　　年　　　月　　　日止，该公司

　　□ 未积欠本律师事务所任何律师服务费。

　　□ 尚有本律师事务所的律师服务费计人民币_____元，未予付清。

_____律师事务所
律师_____(签章)
20××年×月×日

　　律师声明书作为一项外部证据，虽然具备较强的证明力，但注册会计师应根据律师的职业条件和声誉来确定律师声明书的合理性。注册会计师对律师声明书应从整体上分析，以确定它对审计询证函的总体反映，确定它与注册会计师所知的情况是否矛盾。倘若律师声明书表明或暗示律师拒绝提供信息或是隐瞒信息，或是对被审计单位叙述的情况应予修正而不加修正，注册会计师就应认为审计范围受到限制，也就不能出具无保留意见的报告。

16.1.8　执行分析程序

　　分析程序被广泛运用于审计阶段的全过程，以帮助注册会计师评价审计过程中形成的审计结论的恰当性和财务报表整体反映的公允性。

　　在对财务报表进行总体复核时，注册会计师首先应当全面审阅财务报表及其附注，考虑针对实质性程序中发现的异常差异或未预期差异所获取的证据是否充分、适当，这些异常差异或未预期差异与审计计划阶段的预计之间的关系。然后再将分析程序运用于财务报表上，以确定是否还可能存在任何其他的异常或未预期的关系。如果这些异常或未预期的关系存在，则注册会计师必须在完成审计外勤工作时追加实施额外的审计程序。

16.1.9　与被审计单位管理层、治理层的沟通

与被审计单位管理与治理层的沟通是审计工作中不可缺少的部分，注册会计师沟通的对象中包括治理结构中的相关人员及管理层。其中，治理层是指对被审计单位战略方向以及管理层履行经营管理责任、负有监督责任的人员或组织。治理层的责任包括对财务报告过程的监督。管理层是指对被审计单位经营活动的执行负有管理责任的人员或组织。管理层负责编制财务报表，并受到治理层的监督。

沟通不只限于完成审计工作的时候，在审计计划阶段，注册会计师应当就双方的责任和义务、计划审计范围和时间、注册会计师的独立性等问题与被审计单位管理层与治理层进行沟通，在审计实施阶段，注册会计师应当就审计工作中发现的问题与管理层直接沟通，注册会计师还应当就与财务报表审计相关、根据职业判断认为与治理责任相关的重大事项，以适当的方式及时与治理层沟通。

注册会计师应当利用在了解被审计单位及其环境时获取的有关治理层结构和治理过程信息的基础上，确定与被审计单位治理结构中哪些适当人员沟通。

在报告阶段，注册会计师应当就以下事项与管理层进行沟通。

(1) 有关财务报表的分歧；

(2) 重大审计调整事项；

(3) 会计信息披露中存在的可能导致修改审计报告的重大问题；

(4) 被审计单位所面临的可能危机及其持续经营能力等的重大风险；

(5) 审计意见的类型及审计报告措辞；

(6) 注册会计师拟提出的关于内部控制等方面的建议；

(7) 其他需要沟通的事项。

如果有不适合与管理层讨论的事项，包括管理层的胜任能力和诚信问题等，以及有必要与治理层沟通的事项，注册会计师应当按照《中国注册会计师审计准则第1151号——与治理层的沟通》的有关规定，与被审计单位治理层沟通。

16.1.10　撰写审计总结

在完成审计实质性程序之后，审计项目经理应当对审计工作底稿进行全面复核，并在此基础上撰写审计总结(Audit Summary)，概括地说明审计计划执行情况及审计目标是否实现。

通过撰写审计总结，审计项目经理可以及时发现审计过程中的疏漏，并采取补救措施，确保审计质量；可对已作出的专业判断进行一次全面的再鉴定，便于正确地表达审计意见；审计总结可以为上一级复核者在复核审计工作底稿时提供一份完整而全面的汇总资料，使三级复核得到切实的保证，同时也为审计工作底稿的二级、三级复核者对本项目的审计概况有一个总体了解；审计总结的撰拟过程，是经验与教训的总结过程，有利于提高拟定者及其他审计项目组成员的专业水准，积累实务经验；审计总结是出具管理建议书的基础，也为下一期间的审计作了必要的衔接与铺垫。

审计总结一般需包括如下内容。

(1) 公司简介，阐述被审计单位的背景信息及重大会计政策的变更情况等。

(2) 审计概况，说明在审计中所采用的审计方法、获取的审计证据、财务报表项目的余额

或发生额、不符事项的调整或未调整的理由、关联交易、财务承诺、期后事项以及需要负责该项目的部门经理和主任会计师注意的其他重大事项等。

(3) 审计中发现的主要问题和建议的重要调整事项。

(4) 审计结论，说明拟出具的审计报告意见类型及对被审计单位内部控制的建议与评价。

16.1.11 评价审计结果

注册会计师评价审计结果，主要为了确定将要发表的审计意见的类型以及在整个审计工作中是否遵循了注册会计师审计准则。为此，注册会计师必须完成以下工作。

1. 对重要性和审计风险进行最终的评价

对重要性和审计风险进行最终评价，是决定发表何种类型审计意见的必要过程。该过程可以通过以下两个步骤来完成：

第一步，按财务报表项目确定可能的错报金额，包括已识别的具体错报和推断错报。

第二步，根据财务报表层次重要性水平，确定错报金额的汇总数对整个财务报表的影响程度。

如果注册会计师得出风险处在一个可接受的水平这样一个结论，则可以直接提出审计结果所支持的意见。如果注册会计师认为审计风险不能接受，则应追加实施额外的实质性程序或者让被审计单位作必要调整，以便使重要错报的风险降低到一个可接受的水平。否则，注册会计师应慎重考虑该审计风险对审计报告的影响。

2. 对已审计财务报表进行技术性复核

对已审计财务报表进行技术性复核，可以通过填列和复核财务报表检查清单的方式来进行。

3. 对已审计财务报表形成审计意见并草拟审计报告

在每个领域或报表项目的测试都完成之后，项目经理应将所有成员的审计结果汇总。完成审计工作阶段后，为了对会计报表整体表示适当意见，必须将这些分散的审计结果加以汇总和评价。在对审计意见形成最后决定之前，会计师事务所通常要同被审计单位商讨有关事项。在会议上，注册会计师可口头报告这次审计所发现的问题，并说明建议被审计单位作必要调整或表外披露的理由，同时管理层也可以在会上申辩其立场。如果商讨达成了一致协议，注册会计师即可签发标准审计报告，否则，注册会计师则考虑出具其他类型的审计报告。

16.2 审计报告概述

16.2.1 审计报告的作用

审计报告(Audit Report)是审计工作的最终成果。就民间审计而言，审计报告是注册会计师根据注册会计师审计准则的要求，在执行审计工作的基础上对被审计单位财务报表发表审计意见的具有法定证明效力的书面文件。

注册会计师签发的审计报告，主要有以下三个方面的作用。

1. 鉴证作用

民间注册会计师是以超然独立的第三者身份，通过审计报告对被审计单位财务报表中所反映的财务状况、经营成果和现金流量情况的合法性和公允性发表自己的意见。由于注册会计师的超然独立的身份及其良好的职业道德得到了政府和社会各界的普遍认可。因而，由注册会计师签发的审计报告具有鉴证作用。

2. 保护作用

根据注册会计师所提供的，依据被审计单位财务报表的客观情况而出具不同类型审计意见的审计报告，各财务报表信息使用者可以提高或降低对财务报表的信赖程度，能够在一定程度上对被审计单位的财产、债权人和股东的权益及企业利害关系人的利益起到保护作用。

3. 证明作用

审计报告是注册会计师在审计任务完成后对其审计过程和结果所做的总结。它可以表明审计工作的质量和明确注册会计师的审计责任。通过审计报告，可以证明注册会计师在过程中是否实施了必要的审计程序，是否以审计工作底稿为依据客观地发表审计意见，发表的意见是否与被审计单位的实际情况相一致，审计工作的质量是否符合一定的要求。通过审计报告，可以证明注册会计师审计责任的履行情况。

16.2.2　编制审计报告的步骤

审计报告一般由审计项目负责人编制。编制审计报告时，审计项目负责人应当仔细查阅注册会计师在审计过程中形成的审计工作底稿，并要检查注册会计师的审计是否严格遵循了独立审计准则的要求，被审计单位是否按照企业会计准则和国家其他有关财务会计法规的规定以及有关协议、合同、章程的要求编制会计报表，进行会计核算等，注册会计师等在按照独立审计准则要求进行并形成一整套审计工作底稿的基础上，根据被审计单位对国家有关规定和经济关系人有关要求的执行情况，提出公正、客观、实事求是的审计意见。一般来说，编制审计报告需要经过以下几个步骤。

1. 整理和分析审计工作底稿

在现场审计过程中，注册会计师所积累的审计工作底稿是分散的、不系统的。编写审计报告时，注册会计师应根据委托审计的目的、要求，对审计工作底稿进行整理和分析，全面总结审计工作。审计小组的每位成员都应整理好自己的审计工作底稿，着重列举审计过程中发现的问题。审计项目负责人应对全部审计工作底稿中的记录、证据和有关结论进行检查、复核和分析，也可以召开汇报讨论会。检查和审计工作底稿，应仔细审阅，检查注册会计师的审计是否严格遵守了审计准则要求，被审计单位的会计核算是否能使注册会计师按专业要求进行审计并形成有效的审计工作底稿。通过对工作底稿的检查、复核和分析，进行去伪存真、去粗取精、由此及彼、由表及里思考筛选，按重要性原则提炼出有价值的信息，形成初步的审计结论，作为编写审计报告的基础。对审计工作底稿进行整理和分析的情况，也应当在审计工作底稿中予以记录和说明。

2. 调整被审计单位的会计报表

在整理和分析审计工作底稿基础上，注册会计师应向被审计单位介绍审计情况、初步结论和对于会计事项、报表项目的调整意见，提请被审计单位加以调整，一般来说，注册会计师发现被审计单位会计账簿和会计报表的数据、内容或处理方法有错误，应提请改正。对于会计处理不当或其他应该调整的事项(如或有损失、期后事项)，应提请被审计单位予以调整，或在审计报告中予以说明。审计报告如用于公布目的的，应附列被审计单位的主要会计报表，除会计报表不需调整外，注册会计师应以被审计单位调整后的会计报表作为附送会计报表。

3. 确定审计报告意见的类型和措辞

注册会计师在了解被审计单位是否接受提出的调整意见和是否已经作了调整以后，可以确定审计报告意见的类型和措辞。这是编写审计报告的主要内容。如被审计单位会计报表已经调整，其合法性予以确认以后，除专业要求说明外，审计报告不必将被审计单位已调整的事项再作说明。如果被审计单位由于某种原因未能接受调整建议，注册会计师应当根据需要调整事项的性质和重要程度，确定是否在审计报告中予以反映。对于期后事项的影响，除被审计单位已调整报表附注或说明外，注册会计师也应根据其性质和重要程度，确定是否在审计报告中予以说明。如果在审计之前，被审计单位已将需要调整的会计报表送出，注册会计师应将需要调整的主要事项在审计报告中说明，并附列调整后的会计报表(包括资产负债表、利润表、现金流量表及其他附表等)。对于委托的项目，如果有一部分或一项内容委托人已约请其他审计机构进行了审计，编写审计报告时应注意划清与其他审计人员之间的责任。对此可在审计报告中予以说明。

4. 撰写审计报告

注册会计师在整理、分析工作底稿和调整会计报表，并确定审计意见类型和措辞后，应拟定出审计报告提纲，概括和汇总审计工作底稿所提供的资料。审计报告提纲没有固定格式，应根据审计报告种类确定其具体结构。审计报告结构可以只拟定简单提纲，长文式审计报告应编写全面、具体的报告提纲。根据报告提纲进行文字加工就能编写出审计报告。审计报告一般由项目负责人编写，如由助理人员编写，须由项目负责人复核、校对。审计报告校对必须按前述规定的形式、结构和专业术语来表述，以便为各使用者所理解。审计报告完稿后，应经过会计师事务所业务负责人的复核，主要对审计报告的意见及审计证据的充分性与适当性进行检查，确保出具的审计报告客观、公正和实事求是。审计报告经审核、修改定稿并完成签署后，正本直接报送委托人，副本归档存查。

16.2.3 编写审计报告的要求

审计报告是注册会计师提供给委托人的表明审计意见的书面文件，是审计工作的最终成果。为便于审计报告使用者根据意见来判断被审计单位的财务状况、经营成果和现金流量情况，发挥审计报告的作用，编写审计报告时应符合下列基本要求。

1. 评议要清晰简练

审计报告旨在表达审计意见，是非常严肃的实用文体。写作审计报告时语言必须清晰准确，简洁洗练。一方面要注意用词清楚明确，文字朴实，对问题的定性、定量应慎重斟酌，恰如其分，切忌使用模棱两可的文字和夸张的语言，不需追求文辞华丽，也不需像理论文章一样推理论述。另一方面，审计报告要开门见山，不要转弯抹角，文字不宜写得过长，做到有话则长，无话则短。总之，审计报告应达到事实清楚，责任明确，意见表达准确，便于使用者理解。

2. 证据要确凿充分

审计报告向使用者传递信息，提供其决策的依据。因此审计报告所列的事实或材料必须确凿充分。这也是发挥审计报告作用的关键所在。为此，审计报告一定要从实际出发，凭事实说话，切不可泛泛而谈，言之无物，更不可虚构材料，提供伪证。一方面，审计报告所列事实，必须确凿可靠，引用资料必须经过复核，运用的依据必须查对原文和出处；另一方面，审计报告所列事实必须具备充分性，应足以支持审计意见的形成，决不能凭主观愿望对被审计单位财务状况、经营成果提出意见或结论。如果被审计单位内部控制不健全，无法取得确凿、充分的证据，注册会计师可以同委托人约定，首先帮助被审计单位进行整理，并适当扩大检查范围。事实胜于雄辩，只有确凿充分的证据，审计报告才能令人信服，才能达到客观、公正的要求。

3. 态度要客观公正

客观公正是审计工作的根本原则。编写审计报告必须持客观公正的态度，遵守注册会计师的审计准则或规则，绝不能丧失注册会计师独立、客观、公正的立场。审计报告中作出判断或提出意见，不论是给予肯定、表示保留还是表示否定，都必须站在客观公正的立场上，不能先入为主，带有个人成见或单凭印象草率表示意见。对于涉及审计责任的事项，态度更应明朗，不能含糊其辞或故意采用模棱两可之词。这是保证审计报告权威性的先决条件。

4. 内容要全面完整

编写审计报告要做到内容完整、重点突出，并按业务委托书约定的时间认真及时地完成报告工作。内容全面完整是指审计报告要按审计报告准则规定的形式、结构和内容编写。书写形式上，应当能清楚地表明收件人、签发人、签发单位；主体部分按照导言段、范围、说明段、意见段的结构编写；签署和时间要齐全。尤其需要注意的是，由于实地审计工作完成日和审计报告完成日之间，被审计单位可能发生影响会计报表的事项，这已不属于注册会计师承担责任的时间范围，因此，审计报告签署日期是完成外勤工作的日期，而不是审计报告完成日或会计报表截止日。还应注意，所谓审计报告要全面完整，并不是面面俱到。相反，说明和表述审计意见时，应重点突出，充分揭示被审计单位所存在的影响会计报表的重要事项，而对于一些无足轻重的枝节问题可以不写。

16.3 审计报告的基本内容

审计报告采用统一的结构和形式，目的是便于阅读者正确理解。审计报告的基本结构分为两部分：正文和附件。其中正文部分又包括以下基本内容。

1. 标题

审计报告的标题应当统一规范为"审计报告"。

2. 收件人

审计报告的收件人是指注册会计师按照业务约定书的要求致送审计报告的对象，一般是指审计业务的委托人。审计报告应当载明收件人的全称，如"××股份有限公司全体股东""××有限责任公司董事会"等。

3. 引言段

审计报告的引言段应当包括以下内容：

(1) 指出被审计单位的名称；

(2) 说明财务报表已经过审计；

(3) 指出构成整套财务报表的每一张财务报表的名称；

(4) 提及财务报表附注(包括重要会计政策概要和其他解释性信息)；

(5) 指明构成整套财务报表的每一张财务报表的日期和涵盖的期间。

4. 管理层对财务报表的责任段

管理层对财务报表的责任段应当说明编制财务报表是管理层的责任，这种责任包括：

(1) 按照适用的财务报告编制基础编制财务报表，并使其实现公允反映；

(2) 设计、执行和维护与财务报表编制相关的内部控制，以使财务报表不存在由于舞弊或错误导致的重大错报。

5. 注册会计师的责任段

注册会计师的责任段应当说明以下内容：

(1) 注册会计师的责任是在执行审计工作的基础上对财务报表发表审计意见。

(2) 注册会计师按照中国注册会计师审计准则的规定执行了审计工作。中国注册会计师准则要求注册会计师遵守中国注册会计师职业道德守则，计划和实施审计工作以对财务报表是否存在重大错误获取合理保证。

(3) 审计工作涉及实施审计程序，以获取有关财务报表金额和披露的审计证据。选择的审计程序取决于注册会计师的判断，包括对由于舞弊或错误导致的财务报表重大错报风险的评估。在进行风险评估时，注册会计师应考虑与财务报表编制和公允列报相关的内部控制，以设计恰当的审计程序，但目的并非对内部控制的有效性发表意见。审计工作还包括评价管理层选用会计政策的恰当性和作出会计估计的合理性，以及评价财务报表的总体列报。

(4) 注册会计师相信获取的审计证据是充分、适当的，为其发表审计意见提供了基础。

如果结合财务报表审计对内部控制的有效性发表意见，注册会计师应当删除上述第(3)项中"但目的并非对内部控制的有效性发表意见"的措辞。

6. 审计意见段

审计意见段应当说明以下内容：①财务报表是否按照适用的会计准则和相关会计制度的规定编制；②财务报表是否在所有重大方面公允反映了被审计单位的财务状况、经营成果和现金流量。

如果在审计意见中提及的适用的财务报告编制基础不是企业会计准则，而是国际财务报告准则、国际公共部门会计准则或者其他国家或地区的财务报告准则，注册会计师应当在意见段中指明国际财务报告准则或国际公共部门会计准则，或者财务报告准则所属的国家或地区。

7. 注册会计师的签名和盖章

注册会计师在审计报告上签名并盖章，有利于明确法律责任。

审计报告应当由两名具备相关业务资格的注册会计师签名盖章并经会计师事务所盖章方为有效。

(1) 合伙会计师事务所出具的审计报告，应当由一名对审计项目负责最终复核责任的合伙人和一名负责该项目的注册会计师签名盖章。

(2) 有限责任公司会计师事务所出具的审计报告，应当由会计师事务所主任会计师或其授权的副主任会计师和一名负责该项目的注册会计师签名盖章。

8. 会计师事务所的名称、地址及盖章

在实务中，会计师事务所的地址表明会计师事务所所在城市即可，因为审计报告通常载于会计师事务所统一印刷的、标有该所详细通讯地址的信笺上，因此，无须在审计报告中注明详细地址。

9. 报告日期

审计报告应当注明报告日期。报告的日期不应早于注册会计师获取充分、适当的审计证据(包括管理层认可对财务报表的责任且已批准财务报表的证据)，并在此基础上对被审计单位财务报表形成审计意见的日期。

注册会计师在界定审计报告日期时，应当确信已获取以下审计证据。

(1) 构成整套财务报表的所有报表(包括相关附注)已编制完成。

(2) 被审计单位的董事会、管理层或类似机构已经认可其对财务报表负责。

审计报告的日期非常重要。注册会计师对不同阶段的资产负债表日后事项有着不同的责任，而审计报告的日期是划分时段的关键时点。在实务中，注册会计师在正式签署审计报告前，通常把审计报告草稿和已审计财务报表草稿一同提交管理层，如果管理层批准并签署已审计的财务报告，注册会计师即可签署审计报告。注册会计师签署审计报告的日期通常与管理层签署已审计财务报表的日期为同一天，或晚于管理层签署已审计财务报表的日期。在审计报告的日期晚于管理层签署已审计财务报表的日期时，注册会计师应当获取自管理层声明书日到审计报告日之间的进一步审计证据，如补充的管理层声明书。

附件部分主要包括：已审计的财务报表；对会计事项和财务报表项目的调查说明；对报告内容所做的其他解释；委托人要求随附及注册会计师认为有必要附送的其他资料等。

16.4 审计报告的基本类型

审计报告分为标准审计报告和非标准审计报告。标准审计报告是注册会计师出具的无保留意见不附加说明段、强调事项段、其他事项段或任何修饰性用语的审计报告。非标准审计报告，是指标准审计报告以外的其他审计报告，包括带强调事项段、其他事项段的无保留意见的审计报告和非无保留意见的审计报告。非无保留意见的审计报告包括保留意见的审计报告、否定意见的审计报告和无法表示意见的审计报告。

16.4.1 标准审计报告

如果认为被审计单位财务报表同时符合下列条件，注册会计师应当发表无保留意见。

(1) 财务报表已经按照适用的会计准则和相关会计制度的规定编制，在所有重大方面公允反映了被审计单位的财务状况、经营成果和现金流量；

(2) 注册会计师已经按照中国注册会计师审计准则的规定计划和实施审计工作，在审计过

程中未受到限制。

当出具无保留意见审计报告时，注册会计师应当以"我们认为"作为意见段的开头，并使用"在所有重大方面""公允反映"等术语。

当出具无保留意见事项的审计报告又不附加说明段、强调事项段、其他事项段或任何修饰性用语时，该审计报告称为标准审计报告，标准审计报告的参考格式如下。

审计报告

ABC股份有限公司全体股东：

我们审计了后附的ABC股份有限公司(以下简称ABC公司)财务报表，包括20××年12月31日的资产负债表，20××年度的利润表、股东权益变动表和现金流量表以及财务报表附注。

一、管理层对财务报表的责任

编制和公允列示财务报表是ABC公司管理层的责任，这种责任包括：(1)按照企业会计准则的规定编制财务报表，并使其实现公允反映；(2)设计、执行和维护必要的内部控制，以使财务报表不存在由于舞弊或错误而导致的重大错报。

二、注册会计师的责任

我们的责任是在实施审计工作的基础上对财务报表发表审计意见。我们按照中国注册会计师审计准则的规定执行了审计工作。中国注册会计师审计准则要求我们遵守职业道德守则，计划和实施审计以对财务报表是否不存在重大错报获取合理保证。

审计工作涉及实施审计程序，以获取有关财务报表金额和披露的审计证据。选择的审计程序取决于注册会计师的判断，包括对由于舞弊或错误导致的财务报表重大错报风险的评估。在进行风险评估时，我们考虑与财务报表编制相关的内部控制，以设计恰当的审计程序，但目的并非对内部控制的有效性发表意见。审计工作还包括评价管理层选用会计政策的恰当性和作出会计估计的合理性，以及评价财务报表的总体列报。

我们相信，我们获取的审计证据是充分、适当的，为发表审计意见提供了基础。

三、审计意见

我们认为，ABC公司财务报表在所有重大方面按照企业会计准则的规定编制，公允反映了ABC公司20××年12月31日的财务状况以及20××年度的经营成果和现金流量。

××会计师事务所	中国注册会计师：×××
(盖章)	(签名或盖章)
	中国注册会计师：×××
	(签名或盖章)
中国××市	20××年×月×日

16.4.2 非标准审计报告

16.4.2.1 非无保留意见的审计报告

非无保留意见的审计报告是指保留意见、否定意见或无法表示意见的审计报告。

1. 发表非保留意见的情形

当存在下列情形之一时，注册会计师应发表非无保留意见。

(1) 根据获取的审计证据，得出被审计单位财务报表整体存在重大错报的结论。

① 管理层在会计政策选用方面的错报。例如，坏账采用了直接转销法核算；发出存货成本的计量采用了后进先出法；长期股权投资后续计量在成本法与权益法之间随意转换，以调节利润。

② 管理层在会计估计方面的错报。例如，对可能发生的坏账损失金额的高估或低估；没有考虑固定资产在使用寿命内各期提供经济利益的方式不同或负荷程度不同，而采用使用年限法计提折旧。

③ 管理层在财务报表披露方面的错报。例如，没有披露重大已贴现商业承兑汇票形成的或有负债没有充分、清晰地披露关联方及关联交易，从而使财务报表使用者不能了解相关交易对被审计单位财务状况、经营成果和现金流量的影响。

(2) 无法获取充分、适当的审计证据，不能得出财务报表整体存在重大错报的结论(审计范围受到限制)。

① 超出被审计单位控制的情形。例如，由于被审计单位存货的性质或位置特殊，导致注册会计师无法监盘存货；会计记录被破坏，会计记录被无限期地查封。

② 与注册会计师工作的性质或时间安排相关的情形。例如，对于长期股权投资无法获取被投资企业的已审计财务报表；注册会计师接受委托的时间使注册会计师无法监盘存货。

③ 管理层造成的限制。例如，管理层不允许注册会计师观察存货盘点，或者不允许对某项应收账款实施函证等。

在管理层造成限制的情况下，注册会计师应当提请管理层放弃限制。

在某项审计程序无法实施的情况下，注册会计师应当考虑是否可能实施替代审计程序，以获取充分、适当的审计证据。如果亦不能实施替代审计程序，即最终无法获取充分、适当的审计证据，则属于审计范围受限。

根据上述情形造成影响的严重程度，注册会计师可考虑发表保留意见、否定意见或无法表示意见。

注册会计师在出具保留意见、否定意见和无法表示意见的审计报告时，应于"意见段"之前另设"说明段"清楚地说明导致所发表意见或无法发表意见的所有原因，在可能情况下，指出其对财务报表的影响程度，并使用恰当的标题，如"导致保留意见的事项""导致否定意见的事项"或"导致无法表示意见的事项"。

2. 保留意见的报告

保留意见的审计报告是指注册会计师对被审计单位的财务报表的反映有保留而出具的有保留意见的审计报告。保留意见意味着注册会计师认为在财务报表中，由于某些事项的存在，使无保留意见的条件不完全具备，影响了被审计单位财务报表的表达，因而注册会计师对无保留意见加以修正，对影响事项提出保留意见，并表示对该意见负责。

经过审计后，认为被审计单位财务报表的反映就其整体而言是公允的，但还存在下述情况之一时，应出具保留意见的审计报告。

第一，在获取充分、适当的审计证据后，注册会计师认为错报单独或汇总起来对财务报表影响重大，且不具有广泛性。

第二，注册会计师无法获取充分、适当的审计证据以作为形成审计意见的基础，但认为未发现的错误报告(如存在)对财务报表可能产生的影响重大，且不具有广泛性。

当出具保留意见的审计报告时，注册会计师应当在审计意见段中使用"除……的(可能)影响外"等术语。

(1) 因财务报表存在重大错报而出具保留意见的报告参考格式如下。

审计报告

ABC股份有限公司全体股东:

我们审计了后附的ABC股份有限公司(以下简称ABC公司)财务报表,包括20××年12月31日的资产负债表,20××年度的利润表、股东权益变动表和现金流量表以及财务报表附注。

一、管理层对财务报表的责任

编制和公允列报财务报表是ABC公司管理层的责任,这种责任包括:(1)按照企业会计准则的规定编制财务报表,并使其实现公允反映;(2)设计、执行和维护必要的内部控制,以使财务报表不存在由于舞弊或错误而导致的重大错报。

二、注册会计师的责任

我们的责任是在实施审计工作的基础上对财务报表发表审计意见。我们按照中国注册会计师审计准则的规定执行了审计工作。中国注册会计师审计准则要求我们遵守职业道德守则,计划和实施审计工作以对财务报表是否不存在重大错报获取合理保证。

审计工作涉及实施审计程序,以获取有关财务报表金额和披露的审计证据。选择的审计程序取决于注册会计师的判断,包括对由于舞弊或错误导致的财务报表重大错报风险的评估。在进行风险评估时,我们考虑与财务报表编制相关的内部控制,以设计恰当的审计程序,但目的并非对内部控制的有效性发表意见。审计工作还包括评价管理层选用会计政策的恰当性和作出会计估计的合理性,以及评价财务报表的总体列报。

我们相信,我们获取的审计证据是充分、适当的,为发表保留意见提供了基础。

三、导致保留意见的事项

ABC公司20××年12月31日资产负债表中存货的列示金额为××元,管理层根据成本对存货进行计量,而没有根据成本与可变现净值孰低的原则进行计量,这不符合企业会计准则的规定。公司的会计记录显示,如果管理层以成本与可变现净值孰低来计量存货,存货列示金额将减少××元,相应的,资产减值损失将增加××元,所得税、净利润和股东权益将分别减少××元、××元和××元。

四、保留意见

我们认为,除了"三、导致保留意见的事项"段所述事项产生影响外,ABC公司财务报表在所有重大方面按照企业会计准则的规定编制,公允反映了ABC公司20××年12月31日的财务状况以及20××年度的经营成果和现金流量。

××会计师事务所	中国注册会计师:×××
(盖章)	(签名并盖章)
	中国注册会计师:×××
	(签名并盖章)
中国××市	20××年×月×日

(2) 因注册会计师无法获取充分、适当的审计证据而出具保留意见的审计报告参考格式如下。

审计报告

ABC股份有限公司全体股东:

我们审计了后附的ABC股份有限公司(以下简称ABC公司)财务报表,包括20××年12月31日的资产负债表,20××年度的利润表、股东权益变动表和现金流量表以及财务报表附注。

一、管理层对财务报表的责任

编制和公允列报财务报表是ABC公司管理层的责任,这种责任包括:(1)按照企业会计准则的规定编制财务报表,并使其实现公允反映;(2)设计、执行和维护必要的内部控制,以使财务报表不存在由于舞弊或错误而导致的重大错报。

二、注册会计师的责任

我们的责任是在实施审计工作的基础上对财务报表发表审计意见。我们按照中国注册会计师审计准则的规定执行了审计工作。中国注册会计师审计准则要求我们遵守职业道德守则,计划和实施审计工作以对财务报表是否不存在重大错报获取合理保证。

　　审计工作涉及实施审计程序，以获取有关财务报表金额和披露的审计证据。选择的审计程序取决于注册会计师的判断，包括对由于舞弊或错误导致的财务报表重大错报风险的评估。在进行风险评估时，我们考虑与财务报表编制相关的内部控制，以设计恰当的审计程序，但目的并非对内部控制的有效性发表意见。审计工作还包括评价管理层选用会计政策的恰当性和作出会计估计的合理性，以及评价财务报表的总体列报。

　　我们相信，我们获取的审计证据是充分、适当的，为发表保留意见提供了基础。

　　三、导致保留意见的事项

　　ABC公司20××年12月31日的应收账款××万元，占资产总额的×%。由于ABC公司未能提供债务人的地址，我们无法实施函证以及其他审计程序，以获取充分、适当的审计证据。

　　四、保留意见

　　我们认为，除了"三、导致保留意见的事项"段所述事项产生影响外，ABC公司财务报表在所有重大方面按照企业会计准则的规定编制，公允反映了ABC公司20××年12月31日的财务状况以及20××年度的经营成果和现金流量。

　　××会计师事务所　　　　　　　　　　　　　　中国注册会计师：×××
　　　（盖章）　　　　　　　　　　　　　　　　　　　　（签名并盖章）
　　　　　　　　　　　　　　　　　　　　　　　中国注册会计师：×××
　　　　　　　　　　　　　　　　　　　　　　　　　　（签名并盖章）
　　中国××市　　　　　　　　　　　　　　　　　20××年×月×日

3. 否定意见的审计报告

　　否定意见的审计报告与无保留意见的审计报告相反。注册会计师提出否定财务报表公允地反映被审计单位的财务状况、经营成果和现金流量情况的审计意见。

　　注册会计师经过审计后，在获取充分、适当的审计证据后，如果认为错报单独或累计起来对财务报表的影响重大且具有广泛性，注册会计师应当发表否定意见。

　　注册会计师在出具否定意见的审计报告时，应在"审计意见段"中使用"由于导致否定意见的事项段所述事项的重要性"等专业术语。

　　否定意见审计报告在审计报告中不常见，只有当注册会计师认为错报对财务报表的影响程度超出一定范围，以致财务报表整体无法被接受，失去其价值时才出具否定意见的审计报告。

　　否定意见的审计报告的参考格式如下。

审计报告

ABC股份有限公司全体股东：

　　我们审计了后附的ABC股份有限公司(以下简称ABC公司)财务报表，包括20××年12月31日的资产负债表，20××年度的利润表、股东权益变动表和现金流量表以及财务报表附注。

　　一、管理层对财务报表的责任

　　编制和公允列报财务报表是ABC公司管理层的责任，这种责任包括：(1)按照企业会计准则的规定编制财务报表，并使其实现公允反映；(2)设计、执行和维护必要的内部控制，以使财务报表不存在由于舞弊或错误而导致的重大错报。

　　二、注册会计师的责任

　　我们的责任是在实施审计工作的基础上对财务报表发表审计意见。我们按照中国注册会计师审计准则的规定执行了审计工作。中国注册会计师审计准则要求我们遵守职业道德守则，计划和实施审计工作以对财务报表是否不存在重大错报获取合理保证。

　　审计工作涉及实施审计程序，以获取有关财务报表金额和披露的审计证据。选择的审计程序取决于注册会计师的判断，包括对由于舞弊或错误导致的财务报表重大错报风险的评估。在进行风险评估时，我们考虑与财务报表编制相关的内部控制，以设计恰当的审计程序，但目的并非对内部控制的有效性发表意见。审计工作还包括评价管理层选用会计政策的恰当性和作出会计估计的合理性，以及评价财务报表的总体列报。

我们相信，我们获取的审计证据是充分、适当的，为发表否定意见提供了基础。

三、导致否定意见的事项

如财务报表附注×所述，ABC公司20××年持有甲有限公司股份28%，但采用成本法核算。如果按权益法核算，ABC公司20××年12月31日的长期投资账面价值将减少××万元，净利润减少××万元，从而导致ABC公司由盈利××万元变为亏损××万元。

四、否定意见

我们认为，由于"三、导致否定意见的事项"段所述事项重要性，ABC公司财务报表没有在所有重大方面按照企业会计准则的规定编制，未能公允反映ABC公司20××年12月31日的财务状况以及20××年度的经营成果和现金流量。

××会计师事务所	中国注册会计师：×××
(盖章)	(签名并盖章)
	中国注册会计师：×××
	(签名并盖章)
中国××市	20××年×月×日

4. 无法表示意见的审计报告

无法表示意见是指注册会计师说明其对被审计单位的财务报表不能发表意见。

注册会计师出具无法表示意见的审计报告，不同于拒绝接受委托，也不是不愿意发表意见，它是注册会计师实施了一定的审计程序后发表审计意见的一种方式。如果注册会计师已经确定应当出具保留意见或否定意见的审计报告，不得以无法表示意见的审计报告来代替。保留意见或否定意见是注册会计师在取得充分、适当的审计证据后形成的。由于被审计单位财务报表存在错报，按其影响的严重程度而表示保留或否定的意见，并不是无法判断使用的措辞或问题的归属。无法表示意见是由于某些限制而未对某些重要事项取得证据，没有完成取证工作，使得注册会计师无法判断问题的归属。

注册会计师如果无法获取充分、适当的审计证据以作为形成审计意见的基础，但作为未发现的错报(如存在)对财务报表可能产生的影响非常重大且具有广泛性，注册会计师应当出具无法表示意见的审计报告。

当出具无法表示意见的审计报告时，注册会计师应当在审计意见段中使用"由于'导致无法表示意见的事项'段所述事项的重要性""我们无法获取充分、适当的审计证据以为发表审计意见提供基础""我们不对财务报表发表审计意见"等专业术语。

无法表示意见审计报告的参考格式如下。

审计报告

ABC股份有限公司全体股东：

我们接受委托，审计后附的ABC股份有限公司(以下简称ABC公司)财务报表，包括20××年12月31日的资产负债表，20××年度的利润表、股东权益变动表和现金流量表以及财务报表附注。

一、管理层对财务报表的责任

编制和公允列报财务报表是ABC公司管理层的责任，这种责任包括：(1)按照企业会计准则的规定编制财务报表，并使其实现公允反映；(2)设计、执行和维护必要的内部控制，以使财务报表不存在由于舞弊或错误而导致的重大错报。

二、注册会计师的责任

我们的责任是在按照中国注册会计师审计准则的规定执行审计工作的基础上对财务报表发表审计意见。但由于"三、导致无法表示意见的事项"段所述事项，我们无法获取充分、适当的审计证据以为发表审计意见提供基础。

三、导致无法表示意见的事项

ABC公司未对20××年12月31日的存货进行盘点，金额为××万元，占期末资产总额的40%。我们无法实施存货监盘，也无法实施替代审计程序，以对期末存货的数量和状况获取充分、适当的审计证据。

四、无法表示意见

由于"三、导致无法表示意见的事项"段所述事项的重要性，我们无法获取充分、适当的审计证据为发表审计意见提供基础，因此，我们不对ABC公司财务报表发表审计意见。

××会计师事务所 (盖章)	中国注册会计师：××× (签名并盖章) 中国注册会计师：××× (签名并盖章)
中国××市	20××年×月×日

5. 非无保留意见的决策

错报和审计范围受到限制与非无保留意见类型之间的关系如表16-8所示。

表16-8   非无保留意见的决策表

事项或情形	对财务报表产生或可能产生的影响	
	重要但不广泛	重要且广泛
错报(金额或性质)	保留意见	否定意见
审计范围受到限制	保留意见	无法表示意见

16.4.2.2 审计报告的强调事项段

1. 强调事项段的含义

审计报告的强调事项段(Explanatory Paragraph)是指审计报告中含有的一个段落，该段落提及已在财务报表中恰当列报或披露的事项，根据注册会计师的职业判断，该事项对财务报表使用者理解财务报表至关重要。

2. 增加强调事项段的情形

如果认为有必要提醒财务报表使用者关注已在财务报表中恰当列报或披露，且根据职业判断认为对财务报表使用者理解财务报表至关重要的事项，注册会计师在已获取充分、适当的审计证据证明该事项在财务报表中不存在重大错报的条件下，应当在审计报告中增加强调事项段。

举例如下：

(1) 异常诉讼或监管行动的未来结果存在不确定性；

(2) 提前应用(在允许的情况下)对财务报表有广泛影响的新会计准则；

(3) 存在已经或持续对被审计单位财务状况产生重大影响的特大灾难。

3. 在审计报告中增加强调事项段时注册会计师采取的措施

(1) 强调事项段紧接在审计意见段之后；

(2) 使用"强调事项"或其他适当标题；

(3) 明确提及被强调事项以及相关披露的位置，以便能够在财务报表中找到对应事项的详细描述；

(4) 指出审计意见没有因该强调事项而改变。

由于增加强调事项段是为了提醒财务报表使用者关注某些事项，并不影响注册会计师的审计意见，为了财务报表使用者明确这一点，注册会计师应当在强调事项段中指明，该段内容仅用于提醒财务报表使用者关注，并不影响已发表的审计意见。

4. 参考格式与内容

下面以带强调事项段的无保留意见的审计报告为例，说明其格式与内容。

审计报告

ABC股份有限公司全体股东：

我们审计了后附的ABC股份有限公司(以下简称ABC公司)财务报表，包括20××年12月31日的资产负债表，20××年度的利润表、股东权益变动表和现金流量表以及财务报表附注。

一、管理层对财务报表的责任

编制和公允列报财务报表是ABC公司管理层的责任，这种责任包括：(1)按照企业会计准则的规定编制财务报表，并使其实现公允反映；(2)设计、执行和维护必要的内部控制，以使财务报表不存在由于舞弊或错误而导致的重大错报。

二、注册会计师的责任

我们的责任是在实施审计工作的基础上对财务报表发表审计意见。我们按照中国注册会计师审计准则的规定执行了审计工作。中国注册会计师审计准则要求我们遵守职业道德守则，计划和实施审计工作以对财务报表是否不存在重大错报获取合理保证。

审计工作涉及实施审计程序，以获取有关财务报表金额和披露的审计证据。选择的审计程序取决于注册会计师的判断，包括对由于舞弊或错误导致的财务报表重大错报风险的评估。在进行风险评估时，我们考虑与财务报表编制相关的内部控制，以设计恰当的审计程序，但目的并非对内部控制的有效性发表意见。审计工作还包括评价管理层选用会计政策的恰当性和作出会计估计的合理性，以及评价财务报表的总体列报。

我们相信，我们获取的审计证据是充分、适当的，为发表保留意见提供了基础。

三、审计意见

我们认为，ABC公司财务报表在所有重大方面按照企业会计准则的规定编制，公允反映了ABC公司20××年12月31日的财务状况以及20××年度的经营成果和现金流量。

四、强调事项

我们提醒财务报表使用者关注，如财务报表附注×项所述，截至财务报表批准日，XYZ公司对ABC公司提出的诉讼尚在审理中，其结果具有不确定性。本段内容并不影响已发表的审计意见。

××会计师事务所   中国注册会计师：×××

   (盖章)   (签名并盖章)

                                                中国注册会计师：×××

                                           (签名并盖章)

中国××市   20××年×月×日

16.4.3 审计报告的其他事项段

1. 其他事项段的含义

其他事项段，是指报告中含有的一个段落，该段落提及未在财务报表中列报或披露的事项，根据注册会计师的职业判断，该事项与财务报表使用者理解审计工作、注册会计师的责任或审计报告相关。

2. 增加其他事项段的情形

对于未在财务报表中列报或披露，但根据职业判断认为与财务报表使用者理解工作、注册会计师的责任或审计报告相关且未被法律法规禁止的事项，如果认为有必要沟通，注册会计师应当在审计报告中增加其他事项段。例如，在极其特殊的情况下，即使由于管理层对范围施加的限制导致无法获取充分、适当的审计证据可能产生的影响具有广泛性，注册会计师也不能解除业务约定。在这种情况下注册会计师可能认为有必要在审计报告中增加其他事项段，解释为何不能解除业务约定。

3. 在审计报告中增加其他事项段时注册会计师采取的措施

(1) 其他事项段紧接在审计意见段和强调事项段(如有)之后。如果其他事项段的内容与其他报告责任部分相关，这一段落也可以置于审计报告的其他位置；

(2) 使用"其他事项"或其他适当标题；

(3) 指出审计意见没有因该其他事项而改变。

4. 参考格式与内容

下面以带其他事项段的无保留意见的审计报告为例，说明其格式与内容。

审计报告

ABC股份有限公司全体股东：

我们审计了后附的ABC股份有限公司(以下简称ABC公司)财务报表，包括20××年12月31日的资产负债表，20××年度的利润表、股东权益变动表和现金流量表以及财务报表附注。

一、管理层对财务报表的责任

编制和公允列报财务报表是ABC公司管理层的责任，这种责任包括：(1)按照企业会计准则的规定编制财务报表，并使其实现公允反映；(2)设计、执行和维护必要的内部控制，以使财务报表不存在由于舞弊或错误而导致的重大错报。

二、注册会计师的责任

我们的责任是在实施审计工作的基础上对财务报表发表审计意见。我们按照中国注册会计师审计准则的规定执行了审计工作。中国注册会计师审计准则要求我们遵守职业道德守则，计划和实施审计工作以对财务报表是否不存在重大错报获取合理保证。

审计工作涉及实施审计程序，以获取有关财务报表金额和披露的审计证据。选择的审计程序取决于注册会计师的判断，包括对由于舞弊或错误导致的财务报表重大错报风险的评估。在进行风险评估时，我们考虑与财务报表编制相关的内部控制，以设计恰当的审计程序，但目的并非对内部控制的有效性发表意见。审计工作还包括评价管理层选用会计政策的恰当性和作出会计估计的合理性，以及评价财务报表的总体列报。

我们相信，我们获取的审计证据是充分、适当的，为发表保留意见提供了基础。

三、审计意见

我们认为，ABC公司财务报表在所有重大方面按照企业会计准则的规定编制，公允反映了ABC公司20××年12月31日的财务状况以及20××年度的经营成果和现金流量。

四、其他事项

在审计过程中，我们发现ABC公司于20××年12月通过了在201×年实施大幅度降低产品售价扩大市场占有率的经营策略，这预计将导致ABC公司在201×年出现利润减少××万元，提醒财务报表使用者关注。本段内容并不影响已发表的审计意见。

××会计师事务所　　　　　　　　　　　　中国注册会计师：×××
　(盖章)　　　　　　　　　　　　　　　　　(签名并盖章)
　　　　　　　　　　　　　　　　　　　　中国注册会计师：×××
　　　　　　　　　　　　　　　　　　　　　(签名并盖章)
中国××市　　　　　　　　　　　　　　　20××年×月×日

---

5. 其他报告责任段

除审计准则规定的注册会计师对财务报表出具审计报告的责任外，相关法律法规可能对注册会计师设定了其他报告责任。如果注册会计师在以财务报表出具的审计报告中解决其他报告责任，应当在审计报告中将其单独作为一部分，并以"按照相关法律法规的要求报告事项"为标题。此时，审计报告应当区分为"对财务报表出具的审计报告"和"按照相关法律法规的要求报告的事项"两部分。其参考格式如下。

审计报告

ABC股份有限公司全体股东：

一、对财务报表出具的审计报告

我们审计了后附的ABC股份有限公司(以下简称ABC公司)财务报表，包括20××年12月31日的资产负债表，20××年度的利润表、股东权益变动表和现金流量表以及财务报表附注。

(一) 管理层对财务报表的责任

编制和公允列报财务报表是ABC公司管理层的责任，这种责任包括：(1)按照企业会计准则的规定编制财务报表，并使其实现公允反映；(2)设计、执行和维护必要的内部控制，以使财务报表不存在由于舞弊或错误而导致的重大错报。

(二) 注册会计师的责任

我们的责任是在实施审计工作的基础上对财务报表发表审计意见。我们按照中国注册会计师审计准则的规定执行了审计工作。中国注册会计师审计准则要求我们遵守职业道德守则，计划和实施审计工作以对财务报表是否不存在重大错报获取合理保证。

审计工作涉及实施审计程序，以获取有关财务报表金额和披露的审计证据。选择的审计程序取决于注册会计师的判断，包括对由于舞弊或错误导致的财务报表重大错报风险的评估。在进行风险评估时，我们考虑与财务报表编制相关的内部控制，以设计恰当的审计程序，但目的并非对内部控制的有效性发表意见。审计工作还包括评价管理层选用会计政策的恰当性和作出会计估计的合理性，以及评价财务报表的总体列报。

我们相信，我们获取的审计证据是充分、适当的，为发表保留意见提供了基础。

(三) 审计意见

我们认为，ABC公司财务报表在所有重大方面按照《企业会计准则》的规定编制，公允反映了ABC公司20××年12月31日的财务状况以及20××年度的经营成果和现金流量。

二、按照相关法律法规的要求报告的事项

本部分执行的格式和内容取决于相关法律法规对其他报告责任的规定。

××会计师事务所　　　　　　　　　　　　中国注册会计师：×××
　(盖章)　　　　　　　　　　　　　　　　　(签名并盖章)
　　　　　　　　　　　　　　　　　　　　中国注册会计师：×××
　　　　　　　　　　　　　　　　　　　　　(签名并盖章)
中国××市　　　　　　　　　　　　　　　20××年×月×日

包含其他报告责任段，但不含有强调事项段或其他事项段的无保留意见的审计报告也被视为标准审计报告。

16.4.4 编制和使用审计报告的要求

为便于各财务报表的使用者根据审计意见来了解和判断被审计单位的财务状况、经营成果和现金流量，发挥审计报告的作用，编制及审计报告时，应符合下列基本要求。

1. 内容要全面完整

审计报告是会计师事务所提供给各财务报表使用者的"产品"，各财务报表使用者要根据审计意见，对被审计单位的财务状况、经营成果和现金流量作出正确判断。所以，注册会计师在编制审计报告时，内容一定要全面完整。审计报告的书写格式，应当明确表明收件人、签发人、签发单位等有关内容。审计报告应当按照《中国注册会计师审计准则第1501号——对财务报表形成审计意见和出具审计报告》等准则的要求编制，确保对审计对象、理由和结论等的明确表述。签署审计报告的日期应为注册会计师完成审计工作的日期，而不是被审计单位的资产负债表日。

2. 责任界限要分明

注册会计师应当按照审计准则的要求，通过实施适当的审计程序和审计方法，收集必要的审计证据，从而判断被审计单位财务报表的编制是否符合适用的会计准则的要求，是否公允地反映了被审计单位的财务状况、经营成果以及现金流量，并把自己判断的结论即审计意见在审计报告中恰当地表达出来。

3. 审计证据要充分、适当

审计报告是向使用者传递信息，提供其决策的依据。因此，审计报告所列的事实必须证据充分、适当，这也是发挥审计报告作用的关键所在。为此，审计报告一定要从实际出发，凭事实说话，不可虚构证据，提供伪证。一方面，审计报告所列事实必须可靠，引用资料必须经过复核；另一方面，审计报告所列事实必须具有充分性，应足以支持审计意见的形成，绝不能凭主观愿望对被审计单位的财务状况、经营成果和现金流量提出审计意见。"事实胜于雄辩"，只有证据充分、适当，才能使审计报告令人信服，达到客观、公正的要求。

4. 审计报告的使用要恰当

审计报告是注册会计师对被审计单位特定时期内与财务报表反映有关的所有重大方面发表审计意见，并不是对被审计单位的全部经营管理活动发表审计意见。因此，在相关审计业务约定书中就必须明确这一点。注册会计师应当要求委托人按照审计业务约定书的要求审计报告。委托人或其他第三者因使用审计报告不当所造成的后果，与注册会计师及其所在的会计师事务所无关。

16.5 管理建议书

管理建议书，是指注册会计师在完成审计工作后，针对审计过程中已注意到的，可能导致被审计单位财务报表产生重大错误报告的内部控制重大缺陷提出书面建议。现行审计准则要求，注册会计师对审计过程中注意到的内部控制重大缺陷，应当告知被审计单位管理当局，必要时，可出具管理建议书。

16.5.1　管理建议书的意义和作用

审计报告和管理建议书都是注册会计师提出的关于审计结果的正式文件。审计报告为被审计单位的有关利害关系人了解其财务状况、经营成果和现金流量情况，判断自己的投资或信贷决策提供依据。管理建议书为被审计单位管理部门掌握经营管理中存在的问题，改进内部控制和强化会计管理提供建议，管理部门借以改善控制和管理措施，增强企业的生存和竞争能力。但管理建议书与审计报告的性质、作用、内容和要求是不同的。

1. 管理建议书的意义

管理建议书是注册会计师在完成审计工作后，针对审计过程中已注意到的，可能导致被审计单位会计报表产生重大错报或漏报的内部控制重大缺陷提出的书面建议。提交管理建议书是注册会计师的职业责任，是对被审计单位提供的最有价值的服务之一。

注册会计师在审计过程中，可以了解被审计单位内部控制和经营中的不足与缺陷。职业责任要求注册会计师完成审计工作后，不仅应出具审计报告，而且要根据对被审计单位内部控制的观察、了解，以自己的经验和判断，向被审计单位管理部门提出改进建议，以帮助其改进经营管理。因此，管理建议书是衡量注册会计师提供审计服务质量的重要标志。管理建议书的优劣，也是鉴定注册会计师工作态度、责任精神、道德品质以及专业水平的依据。而且管理建议书所提建议的深度、广度和效果，往往也是委托人决定是否聘任或委托担任审计的重要因素。

2. 管理建议书的作用

管理建议书不同于审计报告。它是注册会计师在审计过程中就内部控制的评审结果提交的建议，虽然内部控制检查可以成为一项约定，但提交管理建议书大多不作为审计约定项目的内容。从性质上看，管理建议书既不是审计的委托事项，也不是承接会计咨询业务的报告，而是对被审计单位提供的一种纯粹的服务。其报送对象一般只限于被审计单位管理部门或董事会、股东大会，不对外公布。所提出的问题及改进建议不具有公证性和强制性。

管理建议书的具体作用表现在两个方面：一方面，由于注册会计师的职业特点，在审计过程中按规定需要检查被审计单位的内部控制系统，能够了解被审计单位经营管理中的关键所在。通过管理建议书，可以针对内部控制弱点，提供进一步完善内部控制、改进会计工作、提高经营管理水平的参考意见。这种意见最及时、最有效，能促使被审计单位注意加强控制，改善工作，以防止弊端的发生。另一方面，注册会计师借助管理建议书，事先提出了改进建议，可以把注册会计师的法律责任降到最低限度。

16.5.2 管理建议书的结构内容

管理建议书应说明审查的范围、发现的内部控制缺陷，提出关于实现整体控制目标的判断意见及改进建议。其基本结构和内容包括：

(1) 标题。标题统一使用"管理建议书"。

(2) 收件人。管理建议书的收件人应为被审计单位管理当局。

(3) 审计目的、会计责任与审计责任。

(4) 管理建议书的性质。管理建议书所指出的重大缺陷，仅为审计过程中发现的，并非内部控制可能存在的全部缺陷，也不应视为对被审计单位内部控制发表的鉴证意见。

(5) 前期建议改进但仍未改进的内部控制重大缺陷。

(6) 本期审计发现的内部控制重大缺陷及其影响和改进建议。对所发现的问题应以其影响的重要程度为序分类进行排列，如会计系统方面的；会计工作机构、人员职责及内部稽核系统方面的；财产管理方面的；内部审计系统方面的，等等。对每一问题应包括：

① 对该项内部控制存在的问题的简要阐述；

② 对存在问题的分析意见；

③ 改进建议及理由。

管理建议书中所提出的问题，主要是关于被审计单位内部控制是否存在重大缺陷(包括内部控制设计弱点和运行偏差)，有时也包括其所编制的会计报表是不是遵循国家有关法规、会计准则和制度。所表示的意见应使阅读者明白其现实控制对内部控制主要目标的符合程度，即注册会计师表示内部控制对预防和发现错误和弊端的判断意见。管理建议书提出意见和建议应具有逻辑性，最重要的意见通常列为首项。

管理建议书中应当将被审计单位准备依据建议进行调整或改进的情况加以说明。如果被审计单位对审计过程中提出的问题，已进行调整或改进，可只作简要说明；对于未进行调整或改进的问题，应将注册会计师和被审计单位有关人员的意见一并列示。如果因审计单位对以前年度管理建议书所提出的问题与建议未采纳，并从而扩大了内部控制的缺陷或弱点，应明确指出并作重点分析。一般来说，提出的问题、意见与建议，主要针对会计控制而言。对于会计控制之外的影响企业经营与发展的问题，也可以采取一定的方式在管理建议书中予以说明。

(7) 使用范围及使用责任。管理建议书应指明其使用范围，并要求被审计单位合理使用。因使用不当造成的后果，与注册会计师及其所在的会计师事务所无关。还应说明注册会计师的建议以控制测试为基础，有一定的局限性，不可能提示被审计单位内部控制中现存的全部问题或弱点及由此引发的所有错弊。建立完善的内部控制是被审计单位管理部门的责任。提供管理建议书不是审计业务的规定内容，而是会计师事务所为被审计单位提供的委托项目之外的服务。

(8) 签章。管理建议书应由注册会计师签章，并加盖会计师事务所公章。

(9) 日期。管理建议书应当注明日期。

管理建议书的结构和内容举例说明如下。

【例16-2】

管理建议书

黄河公司管理部门：

我们已对贵公司2013年度的会计报告进行了审计。在审计中，根据规定的工作程序，我们了解了贵公司内部控制中有关会计制度、会计工作机构和人员职责、财产管理制度、内部审计制度等有关方面的情况，并做了分析研究。我们认为，根据贵公司的生产经营规模和管理需要，现有的内部控制制度总体上是比较健全的。但为了适应贵公司进一步扩大经营和提高管理水平的需要，使内部控制制度更加完善，现将我们发现的内部控制方面的某些问题及建议提供给你们，希望引起你们的注意，并能具有一定的参考价值。

一、关于会计制度方面问题的评价及建议

贵公司的会计核算符合要求，基本上能够全面、正确地反映经济业务，基本遵守了国家有关会计制度规定；会计科目的设置，包含了会计核算范围内的基本内容；会计凭证及处理等方面基本符合有关要求，但在审计中，我们也发现了一些问题。

(一) 有关会计科目设置问题

贵公司目前设置的会计科目，主要是根据自身管理要求建立的，与我国企业会计制度的设置要求有一定距离。

根据我国企业会计制度规定，设置会计科目时，应符合会计制度的统一要求，只有会计制度中没有要求的科目，企业可依据自身特点和管理需要设置。建议贵公司对照我国企业会计制度的规定，对原有会计科目作必要的调整。

(二) 有关会计凭证问题

贵公司在发生销售退回时，只是填制退货发票，退款时，没有取得对方的收款收据或汇款银行凭证，会计人员仅根据退货发票进行了相应的会计处理。

我国会计制度对这一内容已作了明确规定，对这一做法的不当性，我们已向有关人员提出，他们愿意考虑我们的意见。

(三) 有关银行存款的清查问题

贵公司的银行存款账与银行对账单不按月核对并编制银行存款余额调节表。经查询，由于没有按月编制银行存款余额调节表，公司财务部不能及时了解未达账项，在一定程度上影响了财务分析工作。

二、会计工作机构、人员职责及内部稽核制度

贵公司会计机构设置比较健全，会计人员职责规定也比较明确。但会计人员数量较少，每个人要承担多种职责，对于凭证的复核工作做得不仔细。在查账过程中，我们发现一些凭证无复核人的签章。我们认为，凭证是记录企业生产经营业务的基本资料，凭证的审核工作是进行会计核算的基本内容，建议贵公司予以重视。

三、财产管理制度

(一) 存货管理中存在的问题

贵公司存货占用的流动资产额度过大。公司流动资产共200万元，其中存货约占85%，应当成为资产管理的重点。

我们建议贵公司应注意以下几方面的工作：

1. 认真做好存货的定期盘点工作。贵公司自上一会计年度终了对存货进行清查至今再未进行过盘点。公司的存货账与我们查账中抽查结果出现一定差异。我们认为，只有及时获得存货的实存情况，才能够加强对存货的管理，并及时处理有关问题。

2. 积极处理积压产品。贵公司目前产成品占用达85万元，占全部存货的50%，为了加速流动资产的周转，减少仓储成本和利息支出，建议贵公司加强市场预测，及时进行产品的推销和处理。

建议贵公司建立一个专门的市场预测部门，通过对近期、长期的市场情况进行分析预测，控制公司的生产及销售，以求得对存货成本的控制。

(二) 固定资产管理中存在的问题

1. 固定资产管理制度不健全。贵公司固定资产一般是根据实际需要购建；对在用及未用固定资产的管理也没有明确的制度规定。我们认为，贵公司固定资产品种较多，价值较大，固定资产管理制度不健全，对固定资产的管理和使用均有不良影响。建议贵公司尽快建立固定资产购建预算制度、固定资产实物管理制度等。

2. 固定资产价值确定不及时。贵公司自开始投入固定资产，直至进入生产期后，固定资产一直按估价入账。公司的固定资产应按原价入账。作为投资的固定资产，应按投资的各方认定的价格入账；公司购入的固定资产，应按照原始价值计算入账。因此，贵公司对已明确单价的固定资产，应及时进行账面估价的调整。

3. 固定资产计提折旧的起始时间有误。贵公司从开始投入固定资产至今一直按投入当月计提固定资产折旧。按规定，固定资产投入当月应不计提折旧，报废月照提折旧。建议贵公司对固定资产折旧账进行调整。

四、内部审计制度方面的问题

贵公司已经建立了内部审计机构和制度。在成立内部审计机构后，内部审计部门发现了公司内财务管理及其他管理方面的一些问题，提供了一些有价值的意见，对公司加强内部控制起到了一定的作用，对我们的审计工作也提供了帮助。目前公司内部审计机构存在的主要问题是：人员配备比较薄弱，审计工作的组织很不合理，一些管理部门的配合存在问题等。

我们建议贵公司做好以下几方面的工作：

1. 明确内部审计部门的职责范围，明确各部门相互关系，明确内部审计性质，使各部门对内部审计部的工作予以支持。

2. 目前内部审计部只有一个人是内部审计师，一个人从事一些辅助工作。公司应为审计部充实1～2名从事过审计工作的人员，并且对现在从事辅助工作的人员进行培训，提高专业能力。

我们提供的这份管理建议书，不在审计业务约定书约定项目之内，是我们基于为企业服务的目的，根据审计过程中发现的内部控制问题而提出的。因为我们主要从事的是对会计报表的审计，所实施的审计范围是有限的，不可能全面了解企业所有内部控制的内容，所以管理建议书中也不可能包括所有的内部控制弱点，以及由于这些弱点可能或已经造成的影响。对于上述内部控制问题，我们已经与有关管理部门或人员交换过意见，他们已确认上述问题的真实性。

本管理建议书只提供给贵公司。另外，我们是接受贵公司董事会的委托进行审计工作，根据他的要求，请将管理建议书内容转达给他们。

会计师事务所(公章)　　　　　　　　　　　　　　　中国注册会计师：××

(地址)　　　　　　　　　　　　　　　　　　　　　2014年2月15日

16.5.3　管理建议书的基本要求

管理建议书是针对内部控制的弱点而提出的，多数意见是在审计过程中对被审计单位财务资料的深入研究中识别而来的。但怎样确定哪些事项应纳入管理建议书，什么条件下需要提供管理建议书，如何编写管理建议书等，需要了解管理建议书的基本要求。管理建议书的基本要求也是注册会计师出具有价值的管理建议书所必须掌握的。

1. 提交管理建议书的要求

注册会计师提交管理建议书应遵守独立审计准则的要求。建议范围主要是指可能对会计记录、会计报表的公允性、合法性产生影响的有关内部控制，包括：内部会计控制、内部财务收支管理系统、财产管理系统、会计工作机构的内部稽核系统、内部审计系统、各管理机构的内部报告和相互牵制系统，以及其他与会计工作联系密切的内部控制系统。注册会计师在审计过程中发现上述内部控制中存在的问题后，应随时向被审计单位有关部门或人员提出和交换意见，并将具体情况记录在工作底稿中，但审计工作完成后，是否要提交管理建议书，应视以下原则处理。

(1) 对于年度会计报表审计业务，因审计程序中包含内部控制评审的要求，一般均应提供管理建议书。但是，如果被审计单位内部控制比较健全，或存在的问题基本不影响会计记录与会计报表的真实性，注册会计师可将发现的问题记录于审计工作底稿中，在与被审计单位有关人员交换意见时，以适当的方式提出，可不再提交管理建议书。

(2) 对于中期会计报表和特定目的的审计业务，是否提供管理建议书，分别视以下两种情况处理：

① 凡规定的审计程序中要求评审内部控制，并在评审中发现了问题，则应提供管理建议书。

② 凡规定的审计程序中不要求评审内部控制，或虽要求评审内部控制，但未发现应当提请

被审计单位管理部门重视并改进的问题，则可不提交管理建议书。

2. 编写管理建议书的要求

编写管理建议书不仅需要收集、整理有关内部控制现实情况的材料，还应征集各有关方面和被审计单位的意见，形成管理建议。有时委托人可能要求注册会计师对内部控制单独提出评审报告(包括内部控制的全面检查、局部检查或符合性测试的报告，通常是另定的一项业务约定)，但由于管理建议书与审计过程中的内部控制检查结果密切相关，管理建议书与内部控制检查报告有类似之处。后者虽可单独提出，但往往可以成为管理建议书的一个部分。但不论何种情况，编写管理建议书应对内部控制的问题、意见和建议，实事求是地提出、分析和进行判断，作出切实可行的建议方案。为此，编写管理建议书应遵循一定的要求。

(1) 编写管理建议书之前，应做好以下各项工作，并将工作结果和管理建议的形成做成工作底稿，以确保管理建议书具备合理性、客观性。

① 分析、整理对被审计单位内部控制评审的各种资料，作出评价结果。

② 从财务资料中研究、识别内部控制所存在的缺陷。

③ 查阅以前提供的管理建议书，追查其执行的结果。

④ 征询参与审计工作的税务咨询、管理咨询及其他方面的有关专家的意见。

⑤ 与被审计单位管理人员就有关问题及建议进行讨论和研究。

对以上有关工作的结果在工作底稿中详细加以记录，包括观察到的情况、建议意见、与被审计单位讨论的结果、有关的参照说明和处理情况等。上述各项工作一般可在完成相关内容审计时随时进行。

(2) 起草管理建议书时除基本结构按规定要求来写外，还应根据下列要求确定具体内容。

① 仔细分析工作底稿中有关内部控制问题及建议的详细资料，在此基础上确定管理建议书的基本内容。

② 提出的内部控制问题及意见与建议，应按其在内部控制中的重要程度为序，依次排列。

③ 对于审计过程中已向被审计单位提出，而被审计单位未调整或未改进的重要事项应作详细说明。

(3) 草拟完成的管理建议书先应经审计小组(或项目)负责人审核，然后将修改后的草稿提交给被审计单位，请被审计单位有关人员确认其内容的真实性。对被审计单位确认后退回的草稿，再斟酌有关内容和文字表达，纠正欠妥之处。

(4) 根据修改后的草稿编写正式的管理建议书。对管理建议书应建立审核制度，由会计师事务所负责人审核签署后，正式提交给被审计单位。

本章小结

审计报告是注册会计师根据审计准则的规定，在执行审计工作的基础上，对被审计单位财务报表发表审计意见的正式书面文件。审计报告是审计工作的最终成果。审计报告编制前的工作主要包括整理复核审计工作底稿、编制审计差异调查表、编制试算平衡表、获取管理声明书、获取律师声明书、执行分析程序、与管理层与治理层沟通、撰写审计总结、评价审计结果。

审计报告一般包括标题、收件人、引言段、管理层对财务报表的责任段、注册会计师的责任段、审计意见段、注册会计师的签名和盖章、会计师事务所的名称、地址及盖章、报告日期。

　　审计报告的类型包括标准审计报告、带强调事项段或其他事项段的无保留意见审计报告、保留意见审计报告、否定意见审计报告和无法表示意见审计报告。审计报告的类型及适用范围是本章学习的重点。

　　管理建议书，是指注册会计师在完成审计工作后，针对审计过程中已注意到的，可能导致被审计单位财务报表产生重大错误报告的内部控制重大缺陷提出书面建议。现行审计准则要求，注册会计师对审计过程中注意到的内部控制重大缺陷，应当告知被审计单位管理当局，必要时，可出具管理建议书。

复习思考题

　　1. 简述审计报告的含义与作用。

　　2. 什么是审计差异、核算差异和重分类差异？

　　3. 注册会计师可出具哪几种类型的审计报告？

　　4. 简述发表无保留意见的条件。

　　5. 举例说明审计范围受到限制的情形。

　　6. 在哪些情况下，注册会计师可以在意见段后增加强调事项段？

　　7. 在什么情况下审计报告应增加说明段，说明段的位置如何？

　　8. 说明无保留意见审计报告与非无保留意见审计报告之间的区别。

　　9. 怎样运用专业来判断确定应对被审计单位出具否定意见、保留意见或无法表示意见的审计报告？重要性在其中发挥了什么作用？

　　10. 对于审计报告的报告日期有何要求？

案例分析题

　　【案例】某会计师事务所注册会计师对红天股份有限公司2013年度财务报表进行了审计，于2014年2月28日完成了审计工作，获取了充分、适当的审计证据。2014年3月5日审计报告完稿。A为项目经理，B为负责该项目的合伙人。注册会计师确定的财务报表层次重要性水平为10万元。复核底稿时发现：

　　1. 该公司对年度应调整的应收账款500万元作了调整，但对注册会计师提出的调整建议的其他应收款2万元未予以调整。

　　2. 该公司对机器设备计提折旧以前一直采用平均年限法，由于行业技术进步较快，自2013年1月1日起改为加速折旧法，此项变更已在财务报表附注中做了说明。

　　【问题】1. 上述事项是否会对审计意见类型产生影响，请简要说明理由。

　　2. 如果注册会计师出具了如下审计报告，请指出审计报告在内容和措辞上存在的问题，并提出相应的改正意见。

审计报告

红天股份有限公司全体股东：

一、对财务报表出具的审计报告

我们审计了后附的红天股份有限公司(以下简称红天公司)财务报表，包括2013年12月31日的资产负债表、2013年度的利润表、股东权益变动表和现金流量表以及财务报表附注。

(一) 管理层对财务报表的责任

编制和公允列报财务报表是红天公司管理层的责任，这种责任包括：(1)按照企业会计准则的规定编制财务报表，并使其实现公允反映；(2)设计、执行和维护必要的内部控制，以使财务报表不存在由于舞弊或错误而导致的重大错报。

(二) 注册会计师的责任

我们的责任是在审计工作的基础上对财务报表发表审计意见。我们按照中国注册会计师审计准则的规定执行了审计工作。中国注册会计师审计准则要求我们遵守职业道德守则，计划和实施审计工作以对财务报表是否不存在重大错报获取合理保证。

审计工作涉及实施审计程序，以获取有关财务报表金额和披露的审计证据。选择的审计程序取决于注册会计师的判断，包括对由于舞弊或错误导致的财务报表重大错报风险的评估。在进行风险评估时，我们考虑与财务报表编制相关的内部控制，以设计恰当的审计程序，但目的并非对内部控制的有效性发表意见。审计工作还包括评价管理层选用会计政策的恰当性和作出会计估计的合理性，以及评价财务报表的总体列报。

我们相信，我们获取的审计证据是充分、适当的，为发表保留意见提供了基础。

(三) 审计意见

我们认为，红天公司财务报表在所有重大方面均按照企业会计准则的规定编制，公允反映了红天公司2013年12月31日的财务状况以及2013年度的经营成果和现金流量。

(四) 强调事项

我们提醒财务报表使用者关注，红天公司对本年度应调整的应收账款500万元作了调整，但对我们提出的应予调整的其他应收款2万元未予调整。本段内容不影响已发表的审核意见。

××会计师事务所	中国注册会计师：×××
(盖章)	(签名并盖章)
	中国注册会计师：×××
	(签名并盖章)
中国××市	20××年×月×日

第17章 验资

本章将介绍验资所涉及的相关概念，包括验资的含义与责任，验资的适用范围，验资的流程；验资的原理、过程和方法；信息评估的标准及方法、验资报告的内容及格式等，通过本章，可以对验资所涉及的相关理论、技术和方法有一定的认识和掌握。

17.1 验资含义与责任

17.1.1 验资含义

验资，是指注册会计师依法接受委托，对被审验单位注册资本的实收情况或注册资本及实收资本的变更情况进行审验，并出具验资报告。验资是一项会计专业鉴证业务，验资分为设立验资和变更验资，一般由注册会计师完成，属于注册会计师法定业务。《中华人民共和国注册会计师法》明确将验资业务列为注册会计师的法定业务之一。注册会计师的审验意见可以提高被验资单位注册资本及资本变动的可信赖程度。

企业在申请开业或变更注册资本前，一般委托注册会计师对其注册资本的实收或变更情况进行审验，公司登记机关根据审验结果予以办理相应的注册登记或变更登记(个人独资企业、合伙企业等不需提交验资报告)。下列情况，一般需要验资：企业成立时，对投入资本的验资；企业成立后，资本发生变动，即对资本增加、减少、转让等情况的验资。通常所说的验资，一般指对投入资本的验资。

2013年以后，我国《公司法》取消了对公司设立必须验资的规定，即公司注册登记时，可以不进行验资。

17.1.2 验资责任

验资是注册会计师业务的一个重要领域，2013年之前，我国《公司法》明确规定："股东缴纳出资后，必须经依法设立的验资机构验资并出具验资证明。"现在，尽管已经取消了这个规定，但很多时候，应一些投资者或债权人要求等，验资也是十分必要的。

一般来说，企业从事生产经营活动，要以拥有一定数量的资本为前提。资本代表股东或投资者的利益，是限定投资方承担责任、盈亏分配、企业承担债务的基础。当投资者数量较多时，为了保证各投资者投入资本的真实性，避免因出资真实性问题引起纠纷，对投资者投入资本进行验资是十分重要的。

需要注意的是，在验资关系中，验资人对委托人的合同债权人没有直接的侵权行为，验资人即使有虚假验资的行为，也只是针对其与委托人之间的委托验资关系而发生的；与第三人直接关系的不是验资人，而是与第三人有直接的合同关系的委托人。验资关系与合同关系没有直接的联系，验资人不可能对第三人构成违约或者是侵权。所以，认定验资人对第三人有侵权行为，验资人应对第三人负侵权责任，是没有事实依据和法律依据的。

侵权赔偿责任是终极责任，责任主体无追偿权。侵权赔偿责任是当事人基于其过错而应承担的民事责任。侵权人有侵权行为，就应对被侵害方承担侵权责任，当几方有共同的侵权行为时，几方依其过错大小承担相应的赔偿责任。侵权赔偿责任是一种终极责任，责任人是责任的最终承担者，当事人承担相应的责任后，不可以将该责任转嫁，也不能够向其他人追偿。如果认定验资人承担侵权赔偿责任，即是认定此责任为一种终极责任，验资人承担相应责任后，不能够将该责任转嫁给他人，也不得向其他人追偿。此种认定，是不利于验资人的，是损害了验资人对委托人的追偿权利的，也是不符合法律的规定和法律的精神的。

确定验资责任是侵权赔偿责任，降低了委托人的责任。委托人作为合同当事人，应该履行其全部的合同债务，适用全面履行的原则，这是确定无疑的，是合同法律的明确规定。委托人与第三人之间是一种合同关系，在这合同关系中，委托人应是终极责任人，委托人履行债务后，不得向其他人追偿，也不得转嫁此债务。将验资人的责任确定为侵权赔偿责任，即是认定验资人应承担一定的终极责任，委托人的合同债务由委托人和验资人作为终极责任共同分担了，验资人承担的那部分责任就不需要委托人承担，这样，就降低了委托人的责任，委托人就占到了便宜，获得了不正当的利益。委托人获得这种利益没有合法依据，不应该受到法律保护。所以，从此角度来看，验资人承担的不应是侵权责任。

将验资人的责任确定为侵权赔偿责任，增大了验资人的责任。依据司法解释的规定，验资人出具虚假的验资报告，是违法行为，当然应承担一定的责任。但是，把验资人责任确定为对委托人的合同债权人的侵权责任，确定为一种终极责任，验资人承担此责任后，不能再向委托人追偿，那么，验资人承担的责任就过重了，对验资人是不公平的。因此，将验资人的责任认定为侵权赔偿责任，加大验资人的终极责任必然会降低委托人的终极责任，这也是不公平的。

17.2 适用范围

1. 验资的对象

一般来说，验资是对新设立企业的出资者对公司投资的注册资本实收资本(包括货币与实物)的审验，这属于设立验资。对已经设立的企业注册资本变动的审验，属于变更验资。

需注册会计师进行设立验资的情况主要包括：

(1) 被审验单位向公司登记机关申请设立登记时全体股东的一次性全部出资和分次出资的首次出资；

(2) 公司新设合并、分立、新设立的公司向公司登记机关申请设立登记。

需注册会计师进行变更验资的情况主要包括：

(1) 被审验单位出资者(包括原出资者和新出资者)新股入资本，增加实收资本(股本)；

(2) 被审验单位将资本公积、盈余公积、未分配利润等转为实收资本(股本)；

(3) 出资者将其对被审验单位的债权转为股权；

(4) 被审验单位因合并增加实收资本(股本)；

(5) 被审验单位因吸收合并、派生分立、注销股份等减少实收资本(股本)；

(6) 被审验单位整体改制，包括由非公司制企业变更为公司制企业或由有限责任公司变更为股份有限公司时，以净资产折合实收资本。需要指出的是，公司因出资者、出资比例等发生变化，注册资本及实收资本金额不变，需要按照有关规定向公司登记机关申请办理变更登记，但不需要进行变更验资。

2. 验资的范围

上面已经说过，需要验资的有设立、变更等情况。将上述概括起来，验资的范围一般包括：

(1) 被审验单位向企业登记机关申请设立(开业)登记；

(2) 出资者分期缴纳注册资本；

(3) 企业新设合并、分立，或企业改制时以部分资产进行重组，通过吸收其他股东的投资或转让部分股权设立新的企业，新设立的企业向工商行政管理部门申请设立登记；

(4) 被审验单位出资者(包括原出资者和新出资者)新投入资本，增加实收资本(股本)；

(5) 被审验单位将资本公积、盈余公积、未分配利润等转为实收资本(股本)；

(6) 出资者将其对被审验单位的债权转为股权；

(7) 被审验单位因合并增加实收资本(股本)；

(8) 被审验单位因吸收合并、派生分立、注销股份等减少实收资本(股本)；

(9) 被审验单位整体改制，包括由非公司制改为公司制企业、内外资企业互转。

3. 验资的作用

(1) 验资有利于界定所有者权益。验资，不仅能证明资本真实的投入，还能明确界定各个股东的出资额，出资方式，各个股东股份所占的份额，有利于明确产权关系及利润分配关系。

(2) 验资有利于规范企业行为。通过验资，可以确保企业有真实的资本投入，有力地避免了一些人不投入资本设立虚假企业这种现象的出现，避免了社会经济秩序因此混乱。

(3) 验资有利于企业得到社会的信任。通过验资，证明企业注册资本的真实性，可以让企业得到社会的信任，得到银行方面的信任进而有助于得到银行贷款，或得到客户的信任进而有助于得到客户的订单等。

17.3 验资流程

1. 验资的一般流程

以新设立企业为例，设立企业及验资流程可分为如下几个。

(1) 到工商行政管理局登记分局进行公司名称核准，领取公司名称核准通知书。

(2) 起草公司章程，并由各股东签字(章)确认。公司章程需明确规定各股东的投资金额、所占股权比例及出资方式(现金或实物资产，无形资产)。

(3) 凭工商管理部门的公司名称核准通知书及各股东的身份证明文件(身份证)到银行开设公司临时账户。

(4) 各股东全部以现金出资的，应根据公司名称核准通知书及公司章程规定的投资比例及投资金额，分别将投资款缴存公司临时账户，缴存投资款可采用银行转账或直接缴存现金两种方式。需注意的是，股东在缴存投资款时，在银行进账单或现金缴款单的"款项用途"栏应填写"XX(股东名称)投资款"。

(5) 股东如以实物资产(固定资产、存货等)或无形资产(专利、专有技术)出资，则该部分实物资产或无形资产需经过持有资产评估资格的人或资产评估公司评估，并以经评估后的评估价值作为股东的投入额。以实物资产作价投入的，所作价投入的实物资产不得超过公司申请的注册资本额的50%；以无形资产作价投入的，所作价投入的无形资产不得超过公司申请的注册资本额的20%。

(6) 与会计师事务所签订验资业务委托书，委托会计师事务所验资。一般所说的验资，仅指这个步骤。

2. 验资时需向会计师事务所提供的资料

(1) 公司名称核准通知书；

(2) 公司章程；

(3) 公司租赁合同，如果是自有房产的需提供自有房屋产权证明；

(4) 股东身份证明，个人股东提供身份证，法人(公司)股东提供营业执照；

(5) 股东投资款缴存银行的银行进账单(支票头)或现金缴款单；

(6) 如个人股东是以个人存折转账缴存投资款的，则需提供个人存折；提供以上资料时，会计师事务所需验原件后留存复印件；

(7) 协助会计师事务所到公司开户银行询证股东投资款实际到位情况；

(8) 几个工作日后到验资的会计师事务所领取验资报告，并到工商行政管理局登记备案。

17.4 验资报告

验资报告是会计师事务所或者审计事务所及其他具有验资资格的机构出具的证明资金真实性的文件。验资机构出具的验资报告是表明公司注册资本数额的合法证明。依照国家有关法律、行政法规的规定，法定验资机构是会计师事务所和审计师事务所。验资后，验资机构应出具验资报告，连同验资证明材料及其他附件，一并交与委托人，作为申请注册资本的依据。

1. 验资报告主要包括的要素

(1) 标题。验资报告的标题应当统一规范为"验资报告"。

(2) 收件人。验资报告的收件人是指注册会计师按照业务约定书的要求致送验资报告的对象，一般是指验资业务的委托人。验资报告应当载明收件人的全称。

(3) 范围段。验资报告的范围段应当说明审验范围、出资者和被审验单位的责任、注册会计师的责任、审验依据和已实施的主要审验程序等。

(4) 意见段。验资报告的意见段应当说明已审验的被审验单位注册资本的实收情况或注册资本及实收资本的变更情况。对于变更验资，注册会计师仅对本次注册资本及实收资本的变更情况发表审验意见。

(5) 说明段。验资报告的说明段应当说明验资报告的用途、使用责任及注册会计师认为应当说明的其他重要事项。

对于变更验资，注册会计师还应当在验资报告说明段中说明对以前注册资本实收情况审验的会计师事务所名称及其审验情况，并说明变更后的累计注册资本实收金额。

如果在注册资本及实收资本的确认方面与被审验单位存在异议，且无法协商一致，注册会计师应当在验资报告说明段中清晰地反映有关事项及其差异和理由。

(6) 附件。验资报告的附件应当包括已审验的注册资本实收情况明细表或注册资本、实收资本变更情况明细表和验资事项说明等。

(7) 注册会计师的签名和盖章。验资报告应当由注册会计师签名并盖章。

(8) 会计师事务所的名称、地址及盖章。验资报告应当载明会计师事务所的名称和地址，并加盖会计师事务所公章。

(9) 报告日期。验资报告日期是指注册会计师完成审验工作的日期。

2. 应当拒绝出具验资报告并解除业务约定的情况

注册会计师在审验过程中，遇有下列情形之一时，应当拒绝出具验资报告并解除业务约定：

(1) 被审验单位或出资者不提供真实、合法、完整的验资资料的；

(2) 被审验单位或出资者对注册会计师应当实施的审验程序不予合作，甚至阻挠审验的；

(3) 被审验单位或出资者坚持要求注册会计师作不实证明的。

出具验资报告范文举例如下。

验资报告

辽××验[2014]00×号

某某有限公司：

我们接受委托，审验了贵公司截至2014年某月某日止申请设立登记的注册资本实收情况。按照相关法律、法规以及协议、章程的要求出资，提供真实、合法、完整的验资资料，保护资产的安全、完整是全体股东及贵公司的责任。我们的责任是对贵公司注册资本的实收情况发表审验意见。我们的审验是依据《中国注册会计师审计准则第1602号——验资》进行的。在审验过程中，我们结合贵公司的实际情况，实施了检查等必要的审验程序。

根据协议、章程的规定，贵公司申请登记的注册资本为人民币某万元，全体股东于2014年某月某日之前一次缴足。经我们审验，截至2014年某月某日止，贵公司已收到全体股东缴纳的注册资本(实收资本)合计人民币某万元(大写)。各股东全部以货币出资。

本验资报告仅供贵公司申请办理设立登记及据以向全体股东签发出资证明时使用，不应被视为是对贵公司验资报告日后资本保全、偿债能力和持续经营能力等的保证。因使用不当造成的后果，与本所及执行本验资业务的注册会计师无关。

附件：1. 注册资本实收情况明细表；
　　　2. 验资事项说明。

××会计师事务所

中国注册会计师：××
中国注册会计师：××

中国辽宁

2014年×月×日

附件1

注册资本实收情况明细表

截至2014年某月某日止
货币单位：万元

被审验单位名称：

股东名称	认缴注册资本		本期实际出资情况						实收资本				
	金额	出资比例	货币	实物	知识产权	土地使用权	其他	合计	金额	占注册资本总额比例	其中：货币出资		
											金额	占注册资本总额比例
某某	480	80%	480					480	480	80%	480	80%
某某	120	20%	120					120	120	20%	120	20%
合计	600	100%	600					600	600	100%	600	100%

某某会计师事务所

中国注册会计师：××
中国注册会计师：××

附件2

验资事项说明

一、基本情况

某某有限责任公司(以下简称贵公司)系由某某(以下简称甲方)和某某(以下简称乙方)共同出资组建的有限责任公司，取得某市工商行政管理局核发的《企业名称预先核准通知书》，现正申请办理设立登记。

二、申请的注册资本及出资规定

根据协议及章程的规定，贵公司申请登记的注册资本为人民币600万元，由全体股东于2014年某月某日之前一次缴足。其中：甲方认缴人民币480万元，占注册资本的80%，出资方式为货币资金480万元；乙方认缴人民币120万元，占注册资本20%，出资方式为货币。

三、审验结果

截至2014年某月某日止，贵公司已收到甲乙双方缴纳的注册资本(实收资本)合计人民币600万元，实收资本占注册资本的100%。

（一）甲方实际缴纳出资额人民币480万元。其中：货币出资人民币480万元，于2014年某月某日缴存××公司在华夏银行开立的人民币临时存款账户内。

（二）乙方实际缴纳出资额人民币120万元。其中：货币出资人民币120万元，于2014年某月某日缴存××公司在华夏银行开立的人民币临时存款账户内。

（三）全体股东的货币出资金额合计人民币600万元，占注册资本的100%。

四、其他事项

变更验资报告范文举例如下。

验资报告

辽××验[20××]×号

公司全体股东：

　　我们接受委托，审验了贵公司截至200　年　月　日止新增注册资本的实收情况。按照国家相关法律、法规的规定和协议、合同、章程的要求出资，提供真实、合法、完整的验资资料，保护资产的安全、完整，是全体股东及贵公司的责任；我们的责任是对贵公司新增注册资本的实收情况发表审验意见。我们的审验是依据《独立审计实务公告第1号——验资》进行的。在审验过程中，我们结合贵公司的实际情况，实施了(检查、监盘、查询及函证)等必要的审验程序。

　　贵公司原注册资本为人民币　元，根据有关协议、章程的规定，贵公司申请增加的注册资本为人民币　元。经我们审验，截至200　年　月　日止，贵公司已收到股东交纳的新增注册资本合计人民币　元(大写)，其中以货币出资　元，实物出资　元。

　　同时我们注意到，贵公司本次增资前的注册资本为人民币　元，已经会计师事务所审验，并于　年　月　日出具(　)号验资报告。截至　年　月　日止，变更后的累计注册资本实收金额为人民币　元。

　　本验资报告供贵公司申请注册资本变更登记及据以向股东签发出资证明时使用，不应将其视为是对贵公司验资报告日后资本保全、偿债能力和持续经营能力等的保证。因使用不当所造成的后果，与执行本验资业务的注册会计师及会计师事务所无关。

　　附件：1. 新增注册资本实收情况明细表、注册资本及实收资本变更前后对照表；
　　　　　2. 验资事项说明。

××会计师事务所

中国注册会计师：××

　　中国辽宁

中国注册会计师：××

报告日期：200　年×月×日

附件1

表1   新增注册资本实收情况明细表

截至   年   月   日止

被审验单位名称：   货币单位：

股东名称	认缴新增注册资本	新增注册资本的实际出资情况						其中：实缴新增注册资本
		货币	实物	无形资产	净资产	其他	合计	
合计								

会计师事务所(公章)
中国注册会计师：
(签章)

表2   注册资本及实收资本变更前后对照表

截至   年   月   日止

被审验单位名称：   货币单位：

股东名称	认缴注册资本				实收资本					
	变更前		变更后		变更前		本次增加额	变更后	
	金额	比例	金额	比例	金额	比例		金额	比例
合计									

会计师事务所(公章)
中国注册会计师：
(签章)

附件2

验资事项说明

一、变更前的基本情况

贵公司由   (以下简称甲方)、   (以下简称乙方)共同出资组建,于200 年 月 日取得   工商行政管理局颁发的 号《企业法人营业执照》。

(若公司成立后注册资本发生增减变动或股权结构发生变动,应简要说明历次变动情况及工商变更登记情况)

200 年 月 日,贵公司董事会(股东会)作出决议,增加注册资本 元,变更后的注册资本为(币种) 元,现正申请办理注册资本变更登记手续。

二、新增注册资本及出资规定

根据董事会(股东会)决议和修改后章程的规定,贵公司新增注册资本人民币 元,其中: 出资人民币 元,出资方式为货币资金,出资人民币 元,出资方式为货币资金及房产。

三、审验结果

截至200 年 月 日止,贵公司已收到股东交纳的新增注册资本合计人民币 元。

(一) 合计交纳人民币 元。其中:200 年 月 日交存银行人民币账户 账号 元;200 年 月 日交存 银行人民币账户 账号 元。

(二) 合计交纳人民币 元。其中:200 年 月 日交存 银行人民币账户 账号 元;200 年 月 日投入建筑面积 m^2 标准厂房,评估价值为 元,全体股东确认的价值为 元,厂房已办妥财产权转移手续。

资产评估有限公司对出资的厂房进行了评估,并出具了(文号)资产评估报告。

四、其他事项

1. 本次增资前曾有股权转让但未办理工商变更登记的,应说明"上述股权转让尚未办理工商变更登记,待本次变更时一并办理"。

本章小结

本章主要讲述验资相关理论。验资是指注册会计师依法接受委托,对被审验单位注册资本的实收情况或注册资本及实收资本的变更情况进行审验,并出具验资报告。一般来说,新设立企业或已经设立的企业注册资本变动都属验资范围。验资报告主要包括下列要素:①标题;②收件人;③范围段;④意见段;⑤说明段;⑥附件;⑦注册会计师的签名和盖章;⑧会计师事务所的名称、地址及盖章;⑨报告日期等。

复习思考题

1. 验资的含义是什么?

2. 哪些情况需要验资?

3. 委托会计师事务所验资时,企业需提供哪些材料?

4. 验资报告主要包括哪些要素?

5. 注册会计师在审验过程中,应当拒绝出具验资报告并解除业务约定的情况有哪些?

第18章 会计咨询与会计服务业务

按照我国现行法律、法规的规定，会计师事务所的业务范围包括审计业务和会计咨询、服务两大领域。本章主要介绍会计咨询、服务相关概念，会计咨询与会计服务业务的原理、过程和方法、会计咨询与会计服务业务的标准及方法等，对会计咨询与会计服务业务的各种技术和方法有个宏观的认识和了解。

18.1 会计咨询、服务业务的特点和范围

18.1.1 会计咨询、服务业务的特点

注册会计师开展会计咨询、服务业务是社会经济发展的客观要求，也取决于注册会计师的智力密集型的职业特点。会计咨询就是注册会计师凭借其职业特点和智力优势，受托或主动服务于企业、单位的经营者，在帮助其建立、健全内部管理系统和会计制度，进行经营诊断、建立电算系统、组织人员培训以及对重大经济决策和重要项目的实施进行论证等方面提供专业咨询的民间审计业务，目的是帮助企业、单位提高经营管理水平。会计咨询的过程实际是改善管理的过程，需要以企业整体作为研究对象，在综合分析企业内、外部条件的基础上，为企业提供与其实际管理问题有关的专业知识和技术，所涉及的并不仅仅是会计工作。随着市场经济体制的建立和完善，经济管理要求的不断提高，提供会计咨询将成为作为市场中介机构的会计师事务所开拓和发展其业务领域的重要方向。

会计咨询并不是注册会计师的法定业务，作为受托咨询，性质上是参谋性的服务，具有有偿性和自愿性。但作为一项特殊的智力服务，其职业特点主要表现为以下几个。

1. 独立性

注册会计师开展咨询工作时，应遵循独立思考的工作方法，保持态度上、方法上和实施咨询程序上的独立性，既不带任何成见和偏见，又不依赖他人而独立地工作。独立性是保证其工作取得成效，并获得企业和社会人士信赖的重要前提。

2. 客观性

注册会计师开展咨询工作要保持公正的立场，如实地反映问题，不受企业内外各种因素的干扰，不迁就任何个人的片面观点。客观性是保证咨询工作科学、有效的重要条件。

3. 创造性

会计咨询工作应面向实际，深入调查，把握主要问题，以高度的科学求实精神和创造精神，来探求能够提高企业经济效益的切实可行的方案。创造性表现在：针对企业的实际情况，设计和推行新的财务会计核算方法，建立新的会计工作管理程序，开发出新的高效率的会计核算软件，实行有效的财务会计人员培训方式等。创造性是会计咨询具有生命力的源泉。

4. 科学性

会计咨询业务中，注册会计师应重视调查研究，运用科学的方法来进行预测、分析和评价，尤其应重视定量分析，以便提出有充分科学依据又切实可行的方案。会计咨询建议或方案的科学性表现在：提出的建议、方案要有科学的计算依据和事实根据，实施方案能给企业带来经济效益，而且所提出的方案适合企业现有的财力、人力和管理水平，并综合考虑了企业的内外部条件，可以求得整体最优化。

5. 协作性

会计咨询过程是注册会计师与委托单位管理人员密切配合、协同工作的过程，这项工作需要双方的协调配合。良好的协作、交往能力是注册会计师开展会计咨询的基本素质或要求。注册会计师应以高度负责的精神与委托单位紧密合作，深入进行调查研究，提出切实有效的方案。咨询小组应当协作配合好，并虚心听取委托单位管理人员的意见，谦虚待人。同时要不徇私情，敢于揭露企业存在的问题，以诚相见。

18.1.2　会计咨询、服务业务的范围

会计咨询、服务业务的工作范围很广，工作内容极为丰富。其主要内容包括下列各项咨询业务。

(1) 设计财务会计制度，担任会计顾问，提供会计、财务、税务和经济管理咨询。

(2) 代理纳税申报。即注册会计师可以接受委托，根据委托人的收入或所得，代理委托人办理纳税申报，向税务机关申报纳税。

(3) 代办申请注册登记，协助拟订合同、章程和其他经济文件。

(4) 培训财务会计人员。

(5) 其他会计咨询业务。注册会计师在社会服务领域有待开拓的咨询业务还很多，例如，接受委托办理委托单位会计人员的业务考核，在人才市场上为用人单位提供会计人才的评估服务，接受普通高校委托指导会计专业学生的实习和论文等。会计咨询并不仅限于受托办理单纯的会计业务的咨询服务，它已超出了正常会计工作的范围，充分发挥了注册会计师的专长，为社会提供综合性的服务。

18.2　会计咨询、服务业务的程序和要求

18.2.1　会计咨询、服务业务的程序

会计咨询业务的程序，是指会计咨询业务的正常工作步骤和环节。对于会计咨询的程序没有人提出标准的模式，实际生活中，由于会计咨询的对象和内容不同，其工作程序也不可能完全相同。但根据注册会计师的职业特点，总结会计咨询的成功经验，对会计咨询的基本程序可以概括为以下几个阶段。

1. 接受委托阶段

会计咨询一般是接受委托进行的，应与委托人签订咨询业务约定书。在签订咨询业务约

定书前，应了解委托人的基本情况，明确对方要求咨询的范围和具体项目，确定是否能够承担咨询任务，能否在时间上及时安排。确定接受委托后，应配备合格的注册会计师，成立咨询小组，与委托单位签订咨询委托书(或合同)，并由咨询小组制订咨询计划，以保证咨询工作的顺利开展。

2. 深入调查，搜集资料阶段

注册会计师在与委托单位签订咨询业务约定书后，应按委托要求，根据咨询计划，深入进行调查，采用调查表、座谈会等形式征求意见，和企业中有实际经验的人员一起对企业的生产、财务、成本等进行调查、分析。对于重要的数据资料，注册会计师应亲自测定、分析。调查过程中，应严格执行咨询计划规定的各项工作，每个参加咨询工作的人员都应认真履行自己所承担的工作。调查过程也是收集、整理、鉴定有关资料的过程，应随时根据掌握的情况，分析解决问题的方法，以便形成初步的方案。

3. 提出方案，编写咨询，服务报告阶段

在深入调查和初步分析的基础上，研究存在的问题，提出改善与解决问题的方案。提出方案是一个优化的过程和决策的过程。咨询小组应对每一个备选方案进行论证，预测其经济效益，作出财务经济分析，选择最为满意的方案。方案的最后选定应由委托企业领导表态，注册会计师不能包办代替。在双方协商确定推荐的方案后，咨询小组应编写咨询报告。咨询报告的内容应包括委托咨询单位的基本情况，咨询目的、范围、依据、方法，主要问题的原因，咨询的结果或提出方案的可行性及预期效果等。如有附件应说明附件的内容。咨询报告由会计师事务所和咨询人员签章后，送交委托人。

4. 指导实施具体改进措施或方案阶段

注册会计师对提出的咨询意见、措施或方案应指导委托单位实施，帮助其改善经营管理，提高经济效益。通过注册会计师定期或不定期到委托单位回访，帮助企业进行人员培训，指导其实施。注册会计师还应检查实施的效果，必要时应提出补充建议。

18.2.2 会计咨询、服务业务的要求

1. 执行会计咨询业务应遵守的基本要求

执行会计咨询业务及处理各方面的关系时，应遵守以下各项基本要求。

(1) 严格遵守国家的有关法律、法规和政策；

(2) 恪守独立、客观、公正的原则，为社会各界提供符合规定要求的服务；

(3) 一切判断应基于客观事实；

(4) 不仅服务于解决企业的问题，更要着眼于提高企业的管理水平；

(5) 对委托者恪守各项约定，严格保守秘密，不得将任何资料泄露给第三者；

(6) 不做因维护委托者的利益而损害第三者利益的事，也不做以委托者以外的利益为目的的人事或贸易的推荐或介绍；

(7) 不接受力所不能及的委托咨询任务；

(8) 不吹嘘自己的业绩，不诋毁或诽谤其他咨询人员或咨询团体；

(9) 不接受额外的酬金，严格按事先商定的标准收费；

(10) 以实施方案后经济效益的大小来衡量咨询工作的成效。

2. 执行会计咨询业务其他注意事项

从注册会计师的职业道德和法律责任来看，开展咨询业务还应注意：

(1) 一般不宜由同一位注册会计师向同一位委托人提供会计咨询和审计业务，也就是不能把两种不相容的服务结合起来(即"职业内部的专业化")。

(2) 注册会计师办理咨询业务时，如代办纳税申报、代为编制财务报表等，就使其与未审定财务报表发生了联系，但注册会计师的这种服务应对未审定财务报表承担潜在的法律责任，对委托单位应具有认真和谨慎从事的责任，而且有重大过失的注册会计师对第三者(报表使用者)也具有赔偿的责任。注册会计师从对未审定报表的潜在责任出发，应避免人们误解其会计咨询业务代行了审计职能，一定要在与委托人签订的咨询约定书中明确会计咨询的范围、性质，在出具的咨询报告中，要特别注明有关财务报表未经审计以及注册会计师不对财务报表发表意见。

(3) 注册会计师对于委托单位的预测、计划等含有不确定因素的未来事项，不得就其可实现程度作出保证。

(4) 进行会计咨询服务时，应避免直接承担管理决策的责任，不得代行委托单位的管理职能。

(5) 咨询服务的收费原则上应以工作量的大小和专业要求的高低为主要依据，不得以服务成果的大小决定收取费用的高低(除有特殊约定者以外)，也不得以降低收费的方式招揽业务。

18.3 投资咨询

18.3.1 投资环境评价

1. 投资环境的构成因素

1) 投资环境的构成因素分类

(1) 按内容分，可以分为狭义的投资环境和广义的投资环境。狭义的投资环境是指投资的经济环境，包括一国经济发展水平、经济发展战略、经济体制、基础设施、市场的完善程度、产业结构、外汇管制和经济物价的稳定程度等。广义的投资环境除包括狭义的投资环境外，还包括政治、法律、社会文化等对投资可能发生影响的所有外部因素。我们所说的投资环境通常是指广义的投资环境。

(2) 按范围分，可以分为宏观投资环境和微观投资环境。宏观投资环境是指整个国家范围内影响投资的各种因素的总和。微观投资环境是指一个地区范围内影响投资的各种因素的总合。微观投资环境是一国宏观投资环境的构成部分，微观投资环境因各个地区的经济状况、社会文化、基础设施、优惠政策等的不同而各异，但微观投资环境的改善会促进一国宏观投资环境的改善。

(3) 按投资环境表现的形态来看，可以分为硬环境和软环境。硬环境能够影响投资的外部物质条件，如能源供应、交通运输、邮电通讯、自然资源和社会生活服务设施等。软环境能够影响投资和各种非物质形态因素，如政策、法规、行政办事效率、政府管理水平以及宗教信仰等。

2) 投资环境的构成因素

(1) 经济状况。经济状况在国际投资活动中的众多因素中是最直接、最基本的因素，也是国际投资决策中首先考虑的因素。经济状况主要研究经济发展水平、市场的完善和开放程度、基础设施状况、经济和物价的稳定程度和经济政策等内容。

一般来说，一国的经济发展水平较高，就意味着该国有较大的市场、较多的机会和较好的经营条件，对外国投资者就有较大的吸引力。对经济发展水平的衡量，是根据一国经济的发达程度，把不同的国家划分为发达国家和发展中国家。发展中国家又分为制成品出口国、原料出口国与石油出口国。经济发展水平不同的国家，其投资需求和市场结构方面有着较大的差异。就工业品市场而言，发达国家偏重于资本和技术密集型产品，而发展中国家则侧重于劳动密集型产品。就消费品市场而言，发达国家在市场营销中强调产品款式、性能和特色，品质竞争多于价格竞争。而发展中国家则侧重于产品的功能和实用性，销售活动因受到文化水平低和传媒少的限制，价格因素重于产品品质。经济发展水平的高低所引起的市场结构和投资需求的不同，必然引起各个国家对外资利用规模和结构的差异。

(2) 市场的完善和开放程度。正常的生产和运行需要有一个完善和开放的市场环境。市场体系的完善，意味着各类主要市场如商品市场、金融市场、劳动力市场、技术市场、信息市场等已发育齐全，形成了一个有机联系的市场体系。同时，完善的市场体系也意味着该体系内的每个市场都是规范的。市场的开放程度，是指一国允许外国投资者不受限制地进入本国市场的程度。如果在对一国市场的利用方面不存在本国投资者和外国投资者的差别待遇，则可认为该国的市场有较高的开放度，否则，就被认为开放度不够。对外国投资者来说，一国市场的完善和开放是一个很关键的问题。完善和开放的市场是较好投资环境的重要内容，对外国投资者有较大的吸引力。反之，封闭和残缺的市场只会使外商望而却步。外国投资者在多数发展中国家遇到的市场问题，一方面是市场不够完善，另一方面是受到较多的限制，从而阻碍了外来投资的进入。

(3) 基础设施状况。基础设施状况包括两个方面的内容：一是工业基础设施的结构和状况；二是城市生活和服务设施的结构和状况。基础设施的好坏是吸引国际直接投资的基本条件。它的内容主要包括：能源，包括基础能源和水力、电力、热力等供应系统和供应状况；交通运输，包括铁路、公路、水路和航空运输等方面的条件；通信设施，包括邮政、广播、电视、电话、电传等方面的设施；原材料供应系统；金融和信息服务；城市生活设施状况，如住房、娱乐、饮食等；文教、卫生设施和其他服务设施。基础设施的建设是与国际投资密切相关的外部物质条件，外国投资者是不可能到一个能源供应短缺、交通不便、信息闭塞和生活条件艰苦的地区进行投资的。正因为如此，东道国政府都很重视基础设施的建设和完善。

(4) 经济和物价的稳定程度。经济和物价是否稳定，主要看以下几个指标的情况：①经济增长速度是否持续稳定，若出现忽高忽低、大起大伏的情况，则说明经济不稳定。②通货膨胀率的高低，通货膨胀率越高，货币贬值程度就越大。西方学者一般把年通货膨胀率是否超过两位数作为币值是否稳定的一个界限。③国家债务规模的大小。如果一个国家债务尤其是净债务规模过大，变成"债务经济"，那么这个国家的经济就是脆弱的，一旦国内或世界经济中出现一些重大的事件，就可能导致该国经济的大波动。由于经济和物价的稳定是保证企业生产经营活动正常进行的基本条件之一，所以外国投资者一般在进行国际投资时，都很重视这一因素。在经济和物价不稳定或经济状况较差的情况下，企业很难达到预期的经济效果和利润水平，因而也很少有投资者愿意在这种条件下进行投资。

(5) 经济政策。一国的经济政策往往和国际经济有着密切的联系，因而对国际投资也有着较大的影响。经济政策具体包括：①贸易和关税政策。国际投资必然伴随或表现为大量的国际商品流动，包括机器设备、原材料、中间产品和产成品的国际交换。一国采取何种贸易和关税政策，是自由贸易政策还是保护贸易政策，是高关税还是低关税，是较少的非关税壁垒还是较多的非关税壁垒，对国际投资有着比较明显的影响。一般来说，那些实行自由贸易政策、关税低、非关税壁垒少的国家，会被认为具有较好的投资条件。②经济开发政策。这一政策包括工业化政策、产业开发政策和地区开发政策等。工业化政策的核心是促进和保护本国工业的发展。多数发展中国家在实行工业化政策时，一般都会遇到资本投入不足的困难，故希望通过引进外资来弥补这一不足。为了保护国内工业的发展，实行工业化政策的国家一般都限制成品的进口，在此情况下，原有的外国出口商品生产者往往采用在当地投资生产或者其他的合作方式进入该国市场。产业开发政策常常是为优先发展某些特定地区，或者边远落后地区，或者重点发展地区而制定的政策。一般说来，符合一国地区开发政策的国际投资，往往也能得到一定的优惠。③外汇与外资政策。外汇和外资政策直接影响到外国投资者的利益，关系到资本能否自由进出，利润和其他收益能否汇回的问题，所以一般也甚为国际投资者所关注。

2. 投资环境评价的方法

1) 冷热图表法

冷热图表法是由美国经济学家伊尔·A. 利特法克和彼得·班廷于1968年提出的。他们对60年代后半期美国、加拿大等国工商界人士进行的调查资料，通过7种因素对各国投资环境的影响进行综合分析后提出了投资环境冷热比较分析法。其基本原理是：将投资环境要素整合为政治稳定性、市场机会、经济增长及成就、文化一体化、法律阻碍和地理及文化差距7个综合因素，并根据其实际状态确定冷热度，然后综合各综合因素的冷热度进行环境优劣的判断。在上述多种因素的制约下，一国投资环境越好(即"热国")，外国投资者在该国的投资参与成分就越大；相反，若一国投资环境越差(即"冷国")，则该国的外资投资成分就越小。

(1) 政治稳定性。一国或地区政治稳定为投资活动提供了良好的外部条件，该国或地区政府能够鼓励和促进企业发展，创造出良好的适宜企业长期经营的环境。一国的政治稳定性高时，这一因素为"热"因素，反之，为"冷"因素。

(2) 市场机会。完善的市场机制和良好的市场环境给投资者创造了投资机会，一个国家或地区市场经济发达，市场机会多，则能够吸引投资者的投资，当市场机会大时，为"热"因素，反之，为"冷"因素。

(3) 经济发展和成就。一国或地区经济发展程度、效率和稳定形式是企业投资环境的另一因素。经济发展快和成就大，为"热"因素，反之，为"冷"因素。

(4) 文化一元化。一国或地区内各阶层的人民，他们之间的相互关系、处世哲学、人生的观念和目标等，都要受到其传统文化的影响。文化一元化程度高，为"热"因素，反之，为"冷"因素。

(5) 法令阻碍。一国或地区的法令繁杂，并有意或无意地限制和束缚现有企业的经营，影响今后企业的投资环境。若法令阻碍大，为"冷"因素，反之，为"热"因素。

(6) 实质阻碍。一国的自然资源和地理环境往往对企业的经营产生阻碍，实质阻碍大时，为"冷"因素，反之，为"热"因素。

(7) 地理及文化差距。两国或地区距离远，文化迥异，社会观念及语言文字的差别有碍思想交流。地理及文化差距大，为"冷"因素，反之，为"热"因素。

冷热法是最早的一种投资环境评估方法，虽然在因素(指标)的选择及其评判上比较笼统和粗糙，但它却为评估投资环境提供了可利用的框架，为以后投资环境评估方法的形成和完善奠定了基础。

该方法比较侧重对宏观因素的考察，而缺乏对一些微观因素如基础设施、资金、劳动力技术水平的稳定性、价格等因素的分析。

2) 等级尺度法

等级尺度法又称多因素评分法，是1969年由美国学者罗伯特·斯托伯在《如何分析国外投资气候》一文中提出的投资环境评价的等级尺度法。他对一国投资环境的一些主要因素，按对投资者重要性大小，确定不同的评分标准，再按各种因素对投资者的利害程度，确定具体评分等级，然后将分数相加，作为对该国投资环境的总体评价。

该方法的基本思路是：围绕着东道国政府对外国直接投资者的限制和鼓励政策，确定影响投资环境的八大因素，即资本收回限制，外商股权比例，对外商的管制程度，货币稳定性，政治稳定性，给予关税保护的意愿，当地资本可供程度，近五年通货膨胀率。根据每个因素对整体投资环境的重要性，确定评分区间。同时，根据每个因素的完备程度分成若干层次，在各因素的评分区间内，确定各层次的分值。进行投资环境评价时，只要根据受评国的情况，对号入座，分别评出各因素的分值，然后将各因素的分值加总，即可得出投资环境评价总分。投资环境因素等级评分表如表18-1所示。

表18-1 投资环境因素等级评分表

项目	投资环境因素	等级评分
资本外调 0~12分	无限制	12
	只有时间上的限制	8
	对资本有限制	6
	对资本和利润收入都有限制	4
	严格限制	2
	完全不准外调	0
外商股权 0~12分	准许并欢迎全部外资股权	12
	准许全部外资股权但不欢迎	10
	准许外资占大部股权	8
	外资最多不得超过股权半数	6
	只准外资占小部分股权	4
	外资不得超过股权的三成	2
	不准外资控制任何股权	0
歧视和管制 0~12分	外商与本国企业一视同仁	12
	对外商略有限制但无管制	10
	对外商有少许管制	8
	对外商有限制并有管制	6
	对外商有限制并严加管制	4
	对外商严格限制和严格管制	2
	禁止外商投资	0

（续表）

项目	投资环境因素	等级评分
货币稳定性 4～20分	完全自由兑换	20
	黑市与官价差距小于一成	18
	黑市与官价差距在一成与四成之间	14
	黑市与官价差距在四成与一倍之间	8
	黑市与官价差距在一倍以上	4
政治稳定性 0～12分	长期稳定	12
	稳定但因人而治	10
	内部分裂但政府掌权	8
	国内外有强大的反对力量	4
	有政变和激变的可能	2
	不稳定，政变和激变极可能	0
给予关税保护的意愿 2～8分	给予充分保护	8
	给予相当保护，以新工业为主	6
	给予少许保护，以新工业为主	4
	保护甚少或不予保护	2
当地资金的可供程度 0～10分	完善的资本市场，有公开的证券交易所	10
	有少量当地资本，有投机性证券交所	8
	当地资本少，外来资本不多	6
	短期资本极其有限	4
	资本管制很严	2
	高度的资本外流	0
近五年的通货膨胀率 2～14分	小于1%	14
	1%～3%	12
	3%～7%	10
	7%～10%	8
	10%～15%	6
	15%～35%	4
	35%以上	2
总计		100

　　从斯托伯提出的这种投资环境多因素分析法的表格中可以看出，其所选取的因素都是对投资环境有直接影响的、为投资决策者最关切的因素，同时又都具有较为具体的内容，评价时所需的资料易于取得又易于比较。在对具体环境的评价上，采用了简单累加记分的方法，使定性分析具有了一定的数量化内容，同时又不需要高深的数理知识，简单易行，一般的投资者都可以采用。在各项因素的分值确定方面，采取了区别对待的原则，在一定程度上体现出了不同因素对投资环境作用的差异，反映了投资者对投资环境的一般看法。

18.3.2　可行性研究

1. 可行性研究的内容

可行性研究，是指在调查的基础上，通过市场分析、技术分析、财务分析和国民经济分析，对各种投资项目的技术可行性与经济合理性进行综合评价。可行性研究的基本任务，是对新建或改建项目的主要问题，从技术经济角度进行全面的分析研究，并对其投产后的经济效果进行预测，在既定的范围内进行方案论证的选择，以便最合理地利用资源，达到预定的社会效益和经济效益。

可行性研究必须从系统总体出发，对技术、经济、财务、商业以至环境保护、法律等多个方面进行分析和论证，以确定建设项目是否可行，为正确进行投资决策提供科学依据。项目的可行性研究是对多因素、多目标系统进行的不断的分析研究、评价和决策的过程。它需要有各方面知识的专业人才通力合作才能完成。可行性研究不仅应用于建设项目，还可应用于科学技术和工业发展的各个阶段和各个方面。例如，工业发展规划、新技术的开发、产品更新换代、企业技术改造等工作的前期，都可应用可行性研究。

可行性研究大体可分为三个大的方面：

(1) 全面深入地进行市场分析、预测。调查和预测拟建项目产品国内、国际市场的供需情况和销售价格；研究产品的目标市场，分析市场占有率；研究确定市场，主要是产品竞争对手和自身竞争力的优势、劣势，以及产品的营销策略，并研究确定主要市场风险和风险程度。

(2) 对资源开发项目要深入研究确定资源的可利用量，资源的自然品质，资源的赋存条件和开发利用价值。

(3) 深入进行项目建设方案设计，包括：项目的建设规模与产品方案，工程选址，工艺技术方案和主要设备方案，主要材料、辅助材料、环境影响问题，节能节水，项目建成投产及生产经营的组织机构与人力资源配置，项目进度计划，所需投资的详细估算，融资分析，财务分析，国民经济评价，社会评价，项目不确定性分析，风险分析，综合评价等。

2. 可行性研究的步骤

1) 初期工作

(1) 收集资料。包括业主的要求，业主已经完成的研究成果，市场、厂址、原料、能源、运输、维修、共用设施、环境、劳动力来源、资金来源、税务、设备材料价格、物价上涨率等有关资料。

(2) 现场考察。考察所有可利用的厂址、废料堆场和水源状况，与业主方技术人员初步商讨设计资料、设计原则和工艺技术方案。

(3) 数据评估。认真检查所有数据及其来源，分析项目潜在的致命缺陷和设计难点，审查并确认可以提高效率、降低成本的工艺技术方案。

(4) 初步报告。扼要总结初期工作，列出所收集的设计基础资料，分析项目潜在的致命缺陷，确定参与方案比较的工艺方案。

初步报告提交业主，在得到业主的确认后方可进行第二阶段的研究工作。如业主认为项目确实存在不可逆转的致命缺陷，则可及时终止研究工作。

2) 可选方案评价

(1) 制定设计原则。以现有资料为基础来确定设计原则，该原则必须满足技术方案和产量的要求，当进一步获得资料后，可对原则进行补充和修订。

(2) 技术方案比较。对选择的各专业工艺技术方案从技术上和经济上进行比较，提出最后的入选方案。

(3) 初步估算基建投资和生产成本。为确定初步的工程现金流量，对基建投资和生产成本进行初步估算，通过比较，可以判定规模经济及分段生产效果。

(4) 中期报告。确定项目的组成，对可选方案进行技术经济比较，提出推荐方案。中期报告提交业主，在得到业主的确认后方可进行第三阶段的研究工作。如业主对推荐方案有疑义，则可对方案进行补充和修改；如业主认为项目规模经济确实较差，则可及时终止研究工作。

3) 推荐方案研究

(1) 具体问题研究。对推荐方案的具体问题作进一步的分析研究，包括工艺流程、物料平衡、生产进度计划、设备选型等。

(2) 基建投资及生产成本估算。估算项目所需的总投资，确定投资逐年分配计划，合理确定筹资方案；确定成本估算的原则和计算条件，进行成本计算和分析。

(3) 技术经济评价。分析确定产品售价，进行财务评价，包括技术经济指标计算、清偿能力分析和不确定性分析，进而进行国家收益分析和社会效益评价。

(4) 最终报告。根据本阶段研究结论，按照可行性研究内容和深度的规定编制可行性研究最终报告。最终报告提交业主，在得到业主的确认后，研究工作即告结束。如业主对最终报告有疑义，则可进一步对最终报告进行补充和修改。

18.4 代理记账与代理纳税业务

18.4.1 代理记账业务

不具备设置专职会计人员条件的企业应当委托经批准设立从事会计代理记账业务的中介机构代理记账。代理记账是指将本企业的会计核算、记账、报税等一系列的工作全部委托给专业记账公司完成，本企业只设立出纳人员，负责日常货币收支业务和财产保管等工作。

1. 代理记账的条件

从事代理记账，应当符合下列条件。

(1) 至少有三名持有会计证的专职从业人员，同时可以聘用一定数量相同条件的兼职从业人员。

(2) 主管代理记账业务的负责人必须具有会计师以上的专业技术资格。

(3) 有健全的代理记账业务规范和财务会计管理制度。

(4) 机构的设立依法经过工商行政管理部门或其他管理部门核准登记。

2. 代理记账的工作程序和内容

1) 代理记账的工作程序

委托人委托代理记账机构代理记账，应当在相互协商的基础上，订立书面委托合同。委托合同除应具备法律规定的基本条款外，应当明确下列内容。

(1) 委托人、受托人对会计资料真实性、完整性承担的责任；

(2) 会计资料传递程序和签收手续；

(3) 编制和提供财务会计报告的要求；

(4) 会计档案的保管要求及相应责任；

(5) 委托人、受托人终止委托合同应当办理的会计交接事宜。

2) 委托代理记账的委托人应当履行的义务

(1) 对本单位发生的经济业务事项，应当填制或者取得符合国家统一的会计制度规定的原始凭证；

(2) 应当配备专人负责日常货币收支和保管；

(3) 及时向代理记账机构提供真实、完整的原始凭证和其他相关资料；

(4) 对于代理记账机构退回的要求按照国家统一的会计制度规定进行更正、补充的原始凭证，应当及时予以更正、补充。

3) 代理记账的内容

代理记账机构可以接受委托，受托办理委托人的下列业务。

(1) 根据委托人提供的原始凭证和其他资料，按照国家统一的会计制度的规定进行会计核算，包括审核原始凭证、填制记账凭证、登记会计账簿、编制财务会计报告等。

(2) 对外提供财务会计报告。代理记账机构为委托人编制的财务会计报告，经代理记账机构负责人和委托人签名并盖章后，按照有关法律、行政法规和国家统一的会计制度的规定对外提供。

(3) 向税务机关提供税务资料。

(4) 委托人委托的其他会计业务。

4) 代理记账机构及其从业人员应当履行的义务

(1) 按照委托合同办理代理记账业务，遵守有关法律、行政法规和国家统一的会计制度的规定；

(2) 对在执行业务中知悉的商业秘密应当保密；

(3) 对委托人示意其作出不当的会计处理，提供不实的会计资料，以及其他不符合法律、行政法规和国家统一的会计制度规定的要求，应当拒绝；

(4) 对委托人提出的有关会计处理原则问题应当予以解释。

18.4.2 税务代理业务

税务代理指代理人接受纳税主体的委托，在法定的代理范围内依法代其办理相关税务事宜的行为。税务代理人在其权限内，以纳税人(含扣缴义务人)的名义代为办理纳税申报，申办、变更、注销税务登记证，申请减免税，设置保管账簿凭证，进行税务行政复议和诉讼等纳税事项的服务活动。

1. 税务代理的条件及权利、义务和责任

1) 税务代理的条件

会计师事务所需要开展税务代理业务的，必须在本机构内设置专门的税务代理部，配备5名以上经税务机关审定的注册税务师，并报经国家税务总局或省级国家税务局批准，方能从事税务代理业务。国家对税务师实行资格考试和认定制度。对取得注册会计师资格者，可不参加

全国税务师资格考试，其代理资格由省级国家税务局考核认定。

2) 税务代理的权利和义务

(1) 税务代理人有权按规定代理由纳税人、扣缴义务人委托的税务事宜。

(2) 税务代理人依法履行职责，受国家法律保护，任何机关、团体、单位和个人不得非法干预。

(3) 税务代理人有权根据代理业务需要，查阅被代理人的有关财务会计资料和文件，查看业务现场和设施，被代理人应当向代理人提供真实的经营情况和财务会计资料。

(4) 税务代理人可向当地税务机关订购或查询税收政策、法律、法规和有关资料。

(5) 税务代理人对税务机关的处理决定不服的，可依法向税务机关申请复议或向人民法院起诉。

(6) 税务代理人在办理代理业务时，必须向有关的税务工作人员出示税务师执业证书，按照主管税务机关的要求，如实提供有关资料(不得隐瞒、谎报)，并在税务文书上署名盖章。

(7) 税务代理人对被代理人偷税、骗取减税、免税和退税的行为，应予以制止，并报告税务机关。

(8) 税务代理人在从事代理业务期间和停止代理业务后，都不得泄露因代理业务而得知的秘密。

(9) 税务代理人应当建立税务代理档案，如实记载各项代理业务的始末和保存计税资料。

3) 税务代理的责任

(1) 税务师未按照委托代理协议书的规定进行代理或违反税收法律、行政法规的规定进行代理的，由县以上国家税务局处以2000元以下罚款。

(2) 税务师在一个会计年度内违反规定从事代理业务两次以上的，由省级国家税务局注销税务师登记，收回税务师执业证书，停止其从事税务代理业务2年。

(3) 税务师知道被委托代理的事项违法仍进行代理活动或知道自身的代理行为违法仍进行的，由省级国家税务局吊销其税务师执业证书，禁止其从事代理业务。

(4) 税务师在代理过程中触犯刑律，构成犯罪的，由司法机关依法惩处。

(5) 税务代理机构违反规定的，由县以上国家税务局根据情节轻重，给予警告、处以2000元以下罚款、停业整顿、责令解散等处分。

(6) 税务机关对税务师和税务代理机构进行惩戒处分时，应当制作文书，通知当事人，并予以公布。

2. 税务代理的程序

1) 签订委托书

承办税务代理业务，须与被代理人签订代理协议书。委托代理协议书载明代理人的名称、代理权限及其他应明确的内容，并由代理人和被代理人签名盖章。

纳税人、法人可以根据需要委托相关公司进行全面代理、单项代理或临时代理、常年代理。代理公司按委托协议书约定的代理内容和代理权限、期限进行税务代理。超出协议书约定范围的业务需代理时，必须事先修订协议书。

2) 办理税务代理业务的范围

(1) 代办申请税务登记，变更税务登记；

(2) 代办企业注销税务登记，清算审计手续；

(3) 代办企业购领发票手续;

(4) 代办减免审批手续;

(5) 代办企业解散、破产的清算;

(6) 代理纳税申报,制作涉税文书,申请税款退税,建账建制;

(7) 代理纳税申报的扣缴税款报告;

(8) 代理记账业务;

(9) 代理审查纳税情况和其他税务手续;

(10) 培训企业财务、会计、办税专业人员;

(11) 开展税务咨询,受聘为税务顾问;

(12) 办理税务、财务纠纷的调解查记业务;

(13) 申请税务行政复议或税务行政诉讼;

(14) 销售会计报表及税收、财务方面的书籍;

(15) 提供税务咨询、会计咨询等专业性服务;

(16) 提供年度审计、专项审计及法律、行政法规规定的其他业务,并出具相关的审计报告;

(17) 其他业务。

3) 税务代理关系的终止

税务代理期限届满,委托协议书届时失效,税务代理关系自然终止。在一些特定的情形下,被代理人或税务代理人在委托期限内可单方终止代理业务,单方终止委托代理关系的,终止方应及时通知另一方,并向当地税务机关报告后,同时公布终止决定,办理税务资料交接手续。

18.5 管理咨询

1. 与企业日常生产经营相关的管理咨询

注册会计师利用专业知识和行业中积累的经验和声誉为客户改进经营管理、提高管理效率、提供咨询服务。具体包括如下内容。

(1) 协助企业制定经营发展战略并帮助实施;

(2) 帮助企业重构组织架构、业务流程、内部控制与风险管理;

(3) 协助企业绩效评价;

(4) 协助企业在信息系统中建立分析、决策模型;

(5) 协助企业设计职工福利计划;

(6) 企业人力资源管理的咨询;

(7) 协助企业建立激励约束机制;

(8) 协助企业选择和实施企业资源计划(ERP);

(9) 顾客关系管理咨询;

(10) 企业财务转型咨询;

(11) 企业信息化咨询;

(12) 财务顾问;

(13) 企业公共关系管理；

(14) 企业无形资产清查与优化管理咨询服务。

2. 一般企业并购重组的管理咨询

注册会计师利用专业知识和行业中积累的经验和声誉为客户在改制、并购重组中提供咨询意见，以利于维护企业改制、并购重组中各个方面利益人的利益，规范企业改制(并购重组)行为，提高企业并购重组效率。具体包括如下内容。

(1) 帮助企业选择并购对象；

(2) 财务、税务与经营尽职调查；

(3) 协助并购重组交易价格确定；

(4) 参与企业合同与信贷谈判；

(5) 帮助企业设计收购、融资、重组、改制方案；

(6) 股权方案优化设计服务；

(7) 并购重组中税务与会计问题咨询；

(8) 企业并购重组中特殊问题解决方案咨询，如资产剥离、权益融资、债权人利益保护、职工补偿金核算、策略性退出和再出售等咨询；

(9) 企业并购重组后商业再生的咨询，如战略评估、流程改造、资产调换、成本控制、业绩评价、资产管理、税收重组等咨询业务；

(10) 企业并购后的整合咨询业务；

(11) 破产顾问服务、托管人与接管人服务；

(12) 破产诉讼与赔偿管理咨询；

(13) 企业危机管理；

(14) 境外企业并购的咨询服务；

(15) 国企改制架构重组复杂交易咨询服务；

(16) 中小企业重组管理咨询服务。

3. 上市公司并购重组财务顾问业务

接受并购重组当事人的委托，对上市公司并购重组活动进行尽职调查，全面评估相关活动所涉及的风险；帮助委托人分析并购重组相关活动所涉及的法律、财务、经营风险，提出对策和建议，设计并购重组方案，并指导委托人按照上市公司并购重组的相关规定制作申报文件；对委托人进行证券市场规范化运作的辅导，使其熟悉有关法律、行政法规和中国证监会的规定，充分了解其应承担的义务和责任，督促其依法履行报告、公告和其他法定义务；在对上市公司并购重组活动及申报文件的真实性、准确性、完整性进行充分核查和验证的基础上，依据中国证监会的规定和监管要求，客观、公正地发表专业意见；接受委托人的委托，向中国证监会报送有关上市公司并购重组的申报材料，并根据中国证监会的审核意见，组织和协调委托人及其他专业机构进行答复；根据中国证监会的相关规定，持续督导委托人依法履行相关义务。

4. 涉及企业争端分析与调查的管理咨询

注册会计师以专家证人的身份，或作为调查机关、律师、当事人聘请的专业财务顾问，为企业诉讼、仲裁、调解以及其他纠纷解决形式中的政府有关部门、公安机关、检察机构、法院、律师事务所及律师、公司管理层或董事会或审计委员会、金融机构、商务调查事务所或私家侦探以及需要解决有关法律问题的当事人等提供的财务、经济、商业等方面的咨询服务。具体包括如下内容。

(1) 反洗钱法庭调查；

(2) 反垄断法庭调查；

(3) 反倾销专业服务；

(4) 反商业贿赂专业服务；

(5) 资产追踪与恢复咨询服务；

(6) 商业保险索赔咨询服务；

(7) 购买价格纠纷咨询服务；

(8) 海损事故纠纷咨询服务；

(9) 特许权与收入恢复咨询服务；

(10) 证券纠纷咨询服务；

(11) 建筑纠纷咨询服务；

(12) 股东纠纷咨询服务；

(13) 债权债务纠纷咨询服务；

(14) 税收纠纷咨询服务；

(15) 企业声誉风险管理服务。

5. 企业风险管理咨询

注册会计师利用专业知识和行业中积累的经验和声誉为客户全面风险管理的改进及其提高效率提供咨询服务。具体包括如下内容。

(1) 提高企业风险和价值的洞察力咨询服务；

(2) 设计优化程序和结构的咨询服务；

(3) 创造风险和价值管理能力的咨询服务；

(4) 战略风险管理咨询服务；

(5) 流程风险管理咨询服务；

(6) 技术创新风险管理咨询服务；

(7) 业绩改善咨询服务；

(8) 决策变化咨询服务；

(9) 企业海外拓展的咨询服务；

(10) 其他特殊领域的风险管理咨询服务。

6. 资产评估服务

为客户提供以下服务：整体资产评估；无形资产评估(包括专利技术、非专利技术、商标及商誉)；投资项目评价及咨询、房地产及设备评估；销售网络及人力资源评估、特许经营权评估；公司改制、重组、收购、兼并清算等资产评估等。

本章小结

会计师事务所的业务范围包括审计业务和会计咨询、服务两大领域。会计咨询、服务业务主要内容包括：设计财务会计制度，担任会计顾问，提供会计、财务、税务和经济管理咨询；代理纳税申报；代办申请注册登记，协助拟订合同、章程和其他经济文件；培训财务会计人员；其他会计咨询业务。

　　不具备设置专职会计人员条件的企业应当委托经批准设立从事会计代理记账业务的中介机构代理记账。代理记账是指将本企业的会计核算、记账、报税等一系列的工作全部委托给专业记账公司完成。

　　税务代理指代理人接受纳税主体的委托，在法定的代理范围内依法代其办理相关税务事宜的行为。税务代理人在其权限内，以纳税人(含扣缴义务人)的名义代为办理纳税申报，申办、变更、注销税务登记证，申请减免税，设置保管账簿凭证，进行税务行政复议和诉讼等纳税事项的服务活动。

　　会计师事务所还会涉及投资咨询、管理咨询等业务。

复习思考题

　　1. 会计咨询、服务业务包括哪些主要内容？

　　2. 会计咨询、服务业务的程序有哪些？

　　3. 会计咨询、服务业务的要求有哪些？

　　4. 投资环境评价有哪些方法？

　　5. 可行性报告包含哪些内容？

　　6. 代理记账的含义是什么？

　　7. 税务代理的含义是什么？

　　8. 管理咨询包括哪些方面？

参考文献

[1] 吴秋生. 审计学. 上海：上海财经大学出版社，2006

[2] 孙力，王桂媛. 审计. 济南：山东人民出版社，2009

[3] 刘明辉，史德刚. 审计. 大连：东北财经大学出版社，2011

[4] 朱荣恩. 审计学. 北京：高等教育出版社，2012

[5] 秦荣生，卢春泉. 审计学. 北京：中国人民大学出版社，2012

[6] 舒利庆，于静霞，马春静. 审计学. 北京：高等教育出版社，2012

[7] 宋常. 审计学. 北京：中国人民大学出版社，2014

[8] 中国注册会计师协会. 审计. 北京：经济科学出版社，2014

[9] 全国注册会计师考试命题研究中心. 审计. 北京：人民邮电出版社，2014